SHOUXIAN WENSHI ZILIAO

寿县文史资料

(第四辑)

寿县政协文史资料委员会 编

时代出版传媒股份有限公司
安徽文艺出版社

图书在版编目（CIP）数据

寿县文史资料/寿县政协文史资料委员会编. —合肥：安徽文艺出版社，2018.12
ISBN 978-7-5396-6499-6

Ⅰ. ①寿… Ⅱ. ①寿… Ⅲ. ①文史资料－寿县 Ⅳ. ①K295.4

中国版本图书馆CIP数据核字(2018)第236428号

出 版 人：朱寒冬
责任编辑：张 磊　　曾柱柱　　　装帧设计：张诚鑫

出版发行：时代出版传媒股份有限公司　　www.press-mart.com
　　　　　安徽文艺出版社　　www.awpub.com
地　　址：合肥市翡翠路1118号　　邮政编码：230071
营 销 部：(0551)63533889
印　　制：合肥创新印务有限公司　　(0551)64456946

开本：710×1010　1/16　印张：25.5　字数：450千字
版次：2018年12月第1版　2018年12月第1次印刷
定价：60.00元

（如发现印装质量问题，影响阅读，请与出版社联系调换）
版权所有，侵权必究

《寿县文史资料》(第四辑)编委会

主　　任：孙业成
副 主 任：徐晓军　李尧利　戴　龙　朱运阔　余澄清
委　　员：高善鸿　李士林　张应树　李广敏　高　峰　龙　军
　　　　　常远霞　赵士兵　周经玉　戴凤贤　周大兵

主　　编：戴　龙
执行主编：高　峰
副 主 编：李家景
编　　辑：赵鸿冰　王晓珂
图片供稿：王晓珂　赵　阳　宋桂全　王玉明　史学辉　顾　明

目 录

序 …………………………………………………………… 孙业成 001

峥嵘岁月

关于中共寿县小甸集特支成立的始末 ……………………… 朱多良 003
缅怀我的太爷爷薛卓汉 ………………………………………… 朱 洋 008
不能忘却的纪念——记赵策烈士 ……………………………… 赵 阳 010
百岁开国将军曹广化的传奇人生 ……………………………… 杨 飞 013
怀念曹云屏伯伯 ………………………………………………… 许智文 018
略考北伐时期的两份手札 ……………………………………… 曹微微 026
青山有幸埋忠骨——记王永才烈士 …………………………… 李振秀 030
瓦埠暴动始末 …………………………………………………… 朱多良 032

浩气长存

辛亥革命亲历记 ………………………………………………… 卞秉彝 039
忆张树侯 ………………………………………………………… 杨慕起 042
《忆张树侯》一文的补充 ……………………………………… 杨慕起 047

朴实无华柏文蔚	靳树鹏	052
抗日名将方振武	段泽源　蒋二明　江　舒	057
大浪淘沙中的高语罕	刘敬坤	065
忆父亲卞秉粲	卞纯一	068

桑梓人物

种菜论书老寿州	高　峰	075
金克木先生"笑着走了"	金　妤	078
追忆金克木先生	洪祖杰	081
孙多慈的艺术人生	黄丹丹	083
手札里的故事	虞卫毅	087
给孙大光"送礼"	顾　明	089
我与张锲先生的交往	沈世新	093
我的父亲洪君烈	洪祖杰	097
立"志"寿州竭尽力——记父亲与寿县志书	王晓珂	100
青山不老——记淮南市第一代报人张汉鼎先生	楚　樵	104
我的父亲李应麒	李远波	106
青春献水利——记原双门水利站职工陈泽利	金茂举	112
孙状元之子——孙景周	李家景	114

流年碎影

回忆寿州古城内的南、北过驿巷	李传琪	121
解放前在寿县道华学校读书的岁月	李传琪	127
人间仍唱天仙配——司徒越题严凤英雕像楹联	孙以檬	131
寿县报社生活琐记	赵振远	134
一纸碑文铭丰功——父亲与寿县革命烈士纪念塔碑文碑记	赵鸿冰	139
我的编辑生涯	姚善荣	143
那是青春吐芳华——回忆寿县新浪文学社	赵鸿冰	150
我与《徐公亭记》	赵鸿冰	153

史海钩沉

春申君、楚寿春城与晚楚文化的东渐	马育良	159
寿春人民心中的春申君	李家勋	168
袁术称帝与败亡	姚尚书	173
从寿阳宫到菜圃：忠肃王庙的前世今生	项新宇	176
戴宗骞殉国前后史实考	李文馨 李嘉曾	181
寿州孙家与中孚银行	包培之	201
孙家鼐在"戊戌变法"中的作用及其影响	孙治安	210
寿州公学创建记	李家景	217

近事存档

安徽省第一面党旗纪念园	刘倩 赵兵杰	223
曹渊故居	刘倩 赵兵杰	225
"天下第一塘"迈向世界的第一步	叶超 刘扬	228
探访时苗故里	高峰	233
寿县1991年水灾及灾后恢复建设概要	赵阳	237
寿西淮堤退建纪实	赵阳	245
忆2003年抗击"非典"工作	蔡传毓	250
2003年九里联圩保卫战纪实	李士林	256
庙堂伟器：寿州孔庙的前世今生	楚仁君	265
寿县"中国书法之乡"申报回顾	夏长先	269
寿县第一中学整体搬迁记	李春鸣	273
寿县三中迁校记	王继林	275

文博非遗

关于楚晚期都城寿春的几个问题	张钟云	281
破解安徽寿县寿春镇计生服务站汉墓主人之谜的几件藏品	许建强	289

寿州锣鼓	陈 卓	297
非遗让古城名扬四海	时洪平	301
《淮南子》与二十四节气的创立	陈广忠	305
从古代文献对豆腐的最早记载谈刘安与豆腐的关系	楚 樵	309
古城沧桑水文章	苏希圣	314
略释国保单位寿州古城墙碑文	王建国	317
读城隍庙碑记	王继林	321
闵大洪赠画	赵 阳	323
廉颇墓地何处寻	黄家忠	326
寿州锣鼓中的【长流水】	罗西林	328

宗教民俗

报恩寺恢复佛事活动始末	高 峰	333
四顶山奶奶庙"抱娃娃"习俗的人类学考察	郭福亮	339
耿仲夷诗与淮上方言	黄家忠	346
"鞅掌"古今谈	石云孙	348
八公山古庙会	余 涛	352
保义二月二龙灯会历史沿革及变迁	陈立松	356
寿县佛教发展简述	李家景	358

耆旧诗文

述学	孙多慈	367
寿县珍珠泉联语辑存	黄家忠	370
留痕	司徒越	373
寿州六人诗联		384

后记		398

序

孙业成

《寿县文史资料》(第四辑)终于以崭新的面目面世了。本辑40余万字,共分9个篇章,为目前寿县政协已出文史资料中分量最重的一辑,这是新时代寿县政协文史工作取得的丰硕成果。在此,我代表寿县政协向《寿县文史资料》(第四辑)的出版表示热烈的祝贺!向为编辑出版工作付出辛勤工作的同志们表示衷心的感谢!

编辑出版文史资料,发挥文史资料资政育人的重要作用,是人民政协的光荣传统。寿县县委、县政府高度重视政协文史工作,从宏观和经费上大力支持,县财政每年都列有专项经费予以保障。县政协更是责无旁贷,在县政协2018年度工作要点中,将《寿县文史资料》(第四辑)编辑出版工作作为重点工作,列入议事日程,明确一名分管负责同志专抓,并由政协文史委一名副主任牵头成立了编委会,开展具体工作。从2018年4月,县政协分管负责同志带领县政协专委办、文史委和编委会成员,先后深入瓦埠、小甸、隐贤、正阳关等地采风调研,赴安徽省安庆市大观区、湖北省武汉市武昌区和荆州市荆州区、河北省邢台市平乡县、山东省枣庄市市中区以及河南省商丘市睢阳区、淮阳县和潢川县等地考察与寿县有关的人文史迹,为全面开展编辑工作打下坚实的基础。编辑工作启动以来,得到社会各界的鼎力相助,截至8月上旬,完成书稿40多万字的编辑工作。本辑文史资料的出版,有以下几点值得肯定:一是征稿得到全县社会各界人士的积极响应,有识之士纷纷赐稿。二是稿件涉及面广,有历史、人文、名流、社会经济、红色文化等等,有考察,有亲历,有佐证,林林总总,内容丰富多彩。三是分量重,篇幅和质量都超过前三辑。四是效率高,从4月份考察到8月份成稿,只用了短短5个月时间,而且都是编委成员牺牲节假日休息时间完成的,确实难能可贵,值得褒扬。

今年是改革开放40周年,中共小甸集特支成立95周年,《寿县文史资料》(第四辑)中用大量的篇幅介绍了从民主革命时期到中国共产党成立后,无数革命前辈、仁人志士为了民主、独立和人民幸福而付出的牺牲,是进行革命传统教育和爱国主义教育的生动教材。本辑中,寿县籍名流俊彦在寿县历史上留下的精彩篇章,

更是今天的寿县人文化自信的源泉。

进入新世纪新阶段以来,我县的政协文史工作获得新的发展机遇和广阔的发展空间。政协文史工作者认真学习贯彻习近平新时代中国特色社会主义思想和中共中央重大决策部署,不断增强做好新形势下政协文史工作的责任感和使命感,始终坚持正确的政治方向,推动政协文史工作获得新发展、取得新成果。下一步要在突出统一战线和"亲历、亲见、亲闻"的"三亲"特色上下功夫,充分发挥人民政协的政治优势和组织优势,科学规划寿县文史资料征编工作,积极开展富有文史特色的参政议政活动,吸收新技术,开创新领域,不断提升政协文史工作科学化水平。要加强组织领导,加大协作力度,抓好文史队伍,重视阵地建设,努力为政协文史工作的开展创造良好条件。要交流文史工作情况及经验,动员政协广大文史工作者,积极有为地做好新形势下的政协文史工作,充分发挥政协文史资料资政育人的作用,为加快"南工北旅生态县"建设,奋力开创现代化五大发展美好寿县做出新的贡献!

《寿县文史资料》(第四辑)付梓之际,谨此为序。

2018 年 12 月

(作者系寿县政协党组书记、主席)

峥嵘岁月

关于中共寿县小甸集特支成立的始末

朱多良

如何推翻军阀统治、振兴中华,运用何种思想武器改造社会,寿县革命志士在不断探索、不断前进。柏文蔚、高语罕等人时常与陈独秀交流思想,痛感于民主共和徒有其名,民族危机愈益深重,因而认识到:欲救亡图存、富国强民,必先冲破封建思想文化的禁锢,建立民主主义的新思想、新道德、新文化。经过辛亥革命和二次革命的失败,他们进一步认识到:救中国,建共和,进行政治革命,必须"从思想革命开始",于是掀起一场空前的思想解放运动。

一、高语罕对寿县革命青年的影响

1915年,陈独秀创办的《新青年》杂志高扬科学和民主的大旗,掀起一场规模空前的新文化运动。寿县革命知识分子以宣传新思想、启发民智、改造旧社会为己任,办学校、出报刊,埋头教书育人,大力推广新文化,宣传、介绍科学社会主义思想。

陈独秀成为新文化运动和"五四"运动的总司令,是与寿县人的大力支持分不开的。自1902年以后,陈独秀陆续结识了柏文蔚、常恒芳、孙毓筠、范传甲、薛哲、薛子祥、袁家声等许多寿县籍仁人志士,他们在辛亥革命前后,携手战斗。柏文蔚1912年任安徽都督后,三次聘请陈独秀任秘书长,后来又将在上海老渔阳里2号的住宅送给陈独秀,同时作为《新青年》编辑部。柏文蔚、袁家声还出资在安庆主办《新建设》日报;管鹏、管曙东等人也在安庆创办《民治报》,皆宣传民主革命,反对封建军阀。

讲到新文化运动和安徽早期党员,不能不讲高语罕。高语罕是新文化运动的名将、中共早期著名人物、安徽革命运动的领袖,与陈独秀志同道合,相交相知30多年,在安徽近现代史以至中国革命史、文化教育史上应占有一席之地。

1915年9月,陈独秀发动新文化运动之时,避居上海的高语罕立即响应,很快成为《新青年》的经常撰稿人，在第一卷他发表了《青年与国家前途》《青年之敌》，指明青年一代的任务与前途，号召青年奋起救亡图存；他在第二卷连载《青岛茹痛记》，揭露德、日帝国主义在山东的罪行，在爱国青年中引起强烈共鸣，也成为后来"五四"运动中全国各地青年争相阅读的宣传材料。

1916年秋，高语罕应邀到芜湖任教后，仍与《新青年》杂志社保持密切联系，《新青年》《每周评论》《新潮》《新生活》等报刊每期都是成捆成捆地寄给高语罕，高即分发给进步师生传阅，并定期组织讨论，交流心得体会。1918年秋，省立五中部分学生在高语罕的倡议和支持下，成立无政府共产主义的团体——安社，编辑出版《自由之花》小报，部分寄往全国大中城市，甚至日本。蒋光慈、李克农、钱杏邨（阿英）、赵宗汉、胡苏明等人都是安社的成员，以后均走上了革命道路。1918年至1920年间，高语罕编写成《白话书信》百余篇，作为芜湖商业夜校和工读学校的教材，后应广大读者要求多次修改再版，竟出至39版，在安徽乃至全国都有影响。《白话书信》是安徽最早系统宣传马克思主义的读本。

1921年春，高语罕从上海仅有的10余名党员中邀董亦湘、郑太朴、沈泽民等早期共产党员和寿县人时绍武、武可权等进步教师来芜湖任教，并带来《共产党宣言》等进步书刊在师生中传阅。在他的支持下，芜湖学社成立，《芜湖学生会旬刊》、《芜湖》半月刊先后创办，不断载文宣传新文化、新思想，批判封建专制和军阀统治。

高语罕不仅是安徽新文化运动的领袖，还是安徽现代教育改革的先驱者。1919年，他在省立五中第一个创办学生自治会，倡导民主办学，宣传进步思想，努力推动学校社会化、校务民主化，在全省教育界影响很大，在全国也较早。接着，高语罕又提议开办"平民学校"（俗称"工人夜校"）和两所商业学校，招收纱厂工人、人力车夫、商店学徒和职员，男女学生都收，每晚上课两小时。高语罕亲自编写教材，亲自上课。在1920年春之前，高语罕又开办一所工读学校，招收百余名贫苦子弟，设有木科、藤科、漆科，学生们半天劳动、半天学习，共同生活。高语罕亲自讲课，并给学生定下三条原则：自己劳动、自己生活、自己学习。工读学校开办两年，后并入公立职业学校木工科，仍是半工半读，这是安徽第一所勤工俭学学校，在全国同类学校中开办时间最长。最重要的是，高语罕在开办学校亲自授课中培养了大批进步青年，寿县人占了一定比例，尤其是在省立五中，高语罕宣传马克思主义和社会主义革命思想，培养了一批革命骨干，如曹渊、孙一中、曹鼎、李坦、崔筱斋、凌霄等均为寿县人。

在省立五中期间，高语罕发动和领导的学生运动，在全省以至全国都有很大影响,北京、上海的进步报刊称省立五中为"执安徽学运'牛耳'的学校"。此后,高语罕往返芜湖、上海、寿县等地开展革命活动。高语罕非常关心学生和青年的健康成长,关心学生的生活和思想活动,注重培养学生的品格和能力,尽力推荐毕业生到其他学校深造或介绍就业,被尊称为"青年导师"。

1920年春夏间,高语罕在上海与陈独秀、李汉俊、邵力学、陈望道等经常联系,会谈、研究和宣传马克思主义。高语罕成为陈独秀在安徽建立党、团组织的联系人,因此也为寿县党组织的建立奠定了组织基础。

二、在乡和旅外人士对寿县革命的影响

从1919年到1923年,寿县在芜湖读书的薛卓汉、曹渊、王培吾、徐梦秋、曹广化、方运炽等数十名学生受到"五四"运动和高语罕等进步教师的影响,特别是听了恽代英同志的《反对帝国主义》《废除二十一条》《青年运动的道路》等演讲,受到很大的鼓舞和启发,他们组织了"爱社",进行革命宣传活动,并同家乡的进步青年、知识分子联系,寄回介绍马列主义的书籍《唯物史观》《社会进化史》《新青年》等给他们阅读。曹渊等人在芜湖公立职业学校组织"马克思主义读书会"。薛卓汉、曹渊、曹广化等人还利用寒暑假返回家乡,以串亲访友的形式,宣传马列主义和反帝反封建的道理。他们在芜湖中学毕业后,有的回到家乡,分在学校里以小学教员身份为掩护进行革命活动,另一部分学生如薛卓汉、方运炽、曹蕴真、胡允恭、徐梦秋等转入国共两党领导的上海大学读书,曹渊、曹少修、李坦等人则在上海大学旁听。

1923年在芜湖的寿县籍团员王坦甫与党员曹蕴真,团员薛卓汉、余天觉、徐梦秋及教育界进步人士佘小宋等共同发起马克学术研究会,并公开登报吸收会员。这些学生从多方面影响了家乡的进步青年,使寿县的革命气息愈显浓厚。

1922年至1923年间,在芜湖、安庆求学和工作的寿县籍青年王坦甫、曹蕴真、徐梦周、薛卓汉、徐梦秋、薛卓俊、朱松年、毕仲翰、石得镐、沈莘非、孙第新、常林士、张庆喜、薛骞、陶久仿、沈永滨、薛卓江等先后加入社会主义青年团。当时寿县籍团员在全省各县中人数最多。1922年,寿县籍党员已有6人,他们是高语罕、茅延桢、曹蕴真、鲁平阶、徐梦周、毕仲翰。

在旅外进步人士的支持、影响下,在全国新文化运动的推动下,寿县在乡人士也在文化教育界掀起新文化热潮。受新文化思潮影响较早的有姚皋店小学、瓦埠小学、李山庙小学。1919年,石德纯创办石塘小学。1921年,乡绅孙光甫创建寿阳

公学。"五四"运动后,历来尊师重教的寿县人民迫使县公署开始兴办新式学校,城乡有志于文化教育的进步人士纷纷捐资捐物办学,甚至不拿薪水也愿教书育人。

受新式学校、进步报刊的教育影响,寿县人民的民主革命思潮愈益浓厚,实业救国、教育救国、科学救国、法治救国、民主共和、自治、自由、平等独立等各种思想在群众中传播开来。新文化运动在寿县的开展,促进了人民的觉醒,为马克思主义在寿县的传播打下了群众基础。

三、特殊的地理位置为特支成立创造了外部环境

寿县小甸集坐落在瓦埠镇东部,距离瓦埠镇9公里,向南离合肥80公里,向北距离淮南50公里,向西可以从瓦埠镇坐船到达寿县县城,向西南可以经过六安直通大别山。虽说小甸集离上述几个城市不远,但在当时行动极其不便,要想外出,必须走水路。瓦埠镇历史上有"金瓦埠"之称,从瓦埠坐船经过寿县县城可通江达海,从淮河到长江,可到达沿江各大城市,包括上海、南京、芜湖、安庆、武汉等。所以,小甸集与外界既有一定联系又相对闭塞,进行革命活动进退自如。

四、中共寿县小甸集党团组织的成立

1922年春,在寿县小甸集任教的曹蕴真,以在外地加入团的学生为骨干,在小甸集成立了SY("中国社会主义青年团"的英文缩写)特支。书记曹蕴真,团员先后有徐梦周、鲁平阶、胡宏让、徐梦秋、徐德据等,隶属上海社会主义青年团的领导。寿县社会主义青年团组织的成立,为建立寿县地方党的组织准备了条件。

在成立小甸集SY特支后,临时形成了中共小甸集小组,由曹蕴真、徐梦周、鲁平阶三人组成。中共小甸集小组是安徽最早的中共组织,也是鄂豫皖最早的中共组织,为小甸集特支的成立奠定了基础。

五、中共寿县小甸集特支的成立

由于寿县群众基础好,革命热潮高涨,寿县籍党团员人数多,1923年冬,共产党员曹蕴真、薛卓汉、徐梦秋等根据党的指示,接受了在寿县发展组织的任务,从上海返回家乡。他们很快介绍了方运炽、曹练白、陈允常等人入党。随着党员人数的增多、革命队伍的壮大,在寿县地区建立党组织的条件已经成熟,这时根据党中央

的指示,1923年冬于寿县小甸集召开党员会议,成立了寿县第一个党支部——中共寿县小甸集特支,特支书记曹蕴真,组织委员鲁平阶,宣传委员徐梦秋。特支直属中央领导,设有交通站,负责来往通讯。这是安徽第一个党支部,也是鄂豫皖第一个党支部。

特支成立后,以瓦埠、李山庙小学、小甸集为阵地,党员多数以教书为掩护,进行革命活动。曹蕴真、徐梦秋在瓦埠小学任教,薛卓汉、方运炽在小甸小学任教。党中央不断地给小甸特支指示,还经常邮寄《新青年》《中国青年》等革命刊物和马列书籍。小甸集特支成立后,便成为当时寿县革命活动的中心和领导力量。

六、中共寿县小甸集特支活动的结束及影响

1924年初,特支书记曹蕴真因患肺病不能工作,特支书记由曹练白担任。为了便于工作的开展,特支又将所有的党员按家庭不同住址进行分工,薛卓汉、陈允常分工在窑口,并向堰口、保义、石集、团城等地做宣传鼓动工作。特支遵照党中央指示,对内发展党员,对外建立农会、妇会、商会等群众组织,领导群众进行反帝反封建斗争。经过大半年时间的活动,党、团组织有了很大发展。

1924年夏,小甸集特支成员曹蕴真、鲁平阶根据组织安排到广州学习和工作;9月,薛卓汉、方运炽、陈允常等人到瓦埠小学教书并建立中共瓦埠小学支部,后到外地活动,只有曹练白一人留在小甸集小学。至此,中共寿县小甸集特支活动停止。

中共寿县小甸集特支所播下的革命火种,逐渐在全县燎原起来,并传播到省内外许多地方。特支为党的事业培养了许多革命骨干,为党的早期革命做出了不可磨灭的贡献。

缅怀我的太爷爷薛卓汉

朱 洋

太爷爷薛卓汉1898年生于安徽省安庆市，祖籍寿县窑口集，今年（2018年）是他120周年诞辰。

1911年薛卓汉入怀宁县直小学读书，后考入旅沪安徽中学就读，1919年春由旅沪安徽中学转入芜湖安徽省立第二甲种农业学校读书。入校后不久，"五四"运动像巨浪一般冲入芜湖，激发了广大师生的爱国热情。5月7日上午，芜湖各校师生2000多人及群众拥向街头举行游行示威抵制日货，成立了芜湖学生联合会。5月25日，在安庆召开了全省学生联合会议，薛卓汉被选举为委员。

1922年3月，芜湖黄包车工人罢工，芜湖纱厂工人罢工，薛卓汉代表学生联合会积极支持工人们罢工斗争，还深入芜湖工会，创办工人夜校，培养了一批有志青年。1923年，在安徽公立职业学校，薛卓汉经王坦甫、余天觉两人介绍加入中国共产主义青年团，后又考入上海大学社会系，在那里接受邓中夏、瞿秋白、张太雷、蔡和森、恽代英、施存统等同志的教诲，并加入了中国共产党，再受党中央的委派在家乡小甸集和曹蕴真一起建立安徽省第一个党支部，直属中央领导。

1924年，党派他到安庆恢复发展党团组织、积极参与上海发生的"五卅"运动。他撰写文章在上海《公理日报》上发表，揭露日本帝国主义的侵华罪行。在《中国青年》第53期上，他发表《皖北寿县农民生活》一文，揭露了地主剥削阶级的罪行。

1925年，党派他到广州参加毛泽东、周恩来等领导创办的第五期农民运动讲习所学习，毕业后党又派他到武汉担任国民党（左派）安徽临时省党部执行委员兼农民部长、委员长。1926年，薛卓汉同曹广化、廖运周等人赴广州参加北伐，并担任毛泽东的秘书。1958年，毛主席视察安徽时曾向陪同人员张治中了解薛卓汉家中的情况，可见毛主席对我太爷爷的关爱之情。

1927年3月22日，安徽省国民党召开第一次代表大会，23日上午，蒋介石怂恿国民党右派及伪省工会的暴徒捣毁会场，打伤代表，破坏大会的召开，造成了全省闻名的"三二三"反革命事件，薛卓汉被打成重伤。同年4月初，国民党安徽第一次代表大会改在武汉召开,并制定了安徽的施政纲领,薛卓汉被选为国民党安徽执行委员。1930年,中国工农红军第一军在鄂豫皖苏区正式成立,党派他任第一军政治部副主任。1931年冬,薛卓汉在大别山被张国焘以莫须有的罪名杀害,时年33岁,毛泽东、周恩来闻讯后都深感痛惜。

  太爷爷薛卓汉是一位忠诚的革命志士,他对安徽早期的学生运动、工人运动、农民运动、军队建设都做出了很大的贡献,他的革命业绩在安徽革命斗争史上写下了光辉的一页,他的英名流芳百世。作为一名先烈后代,我一定继承先驱的革命传统,奋发有为,为把家乡寿县建设得更加美好贡献青春和热血。

不能忘却的纪念

——记赵策烈士

赵 阳

隐贤镇是国家历史文化名城寿县的四大古镇之一,古称百炉镇,因三国时曹操屯兵于此打造兵器得名,唐时大学士董邵南隐居于此,后遂改称隐贤。隐贤镇历史底蕴深厚,文物古迹繁多,较有名的有泰山古庵、董子读书台、孝感泉等。隐贤镇人杰地灵,古往今来涌现出大批仁人志士,革命烈士赵策就是其中一位。

赵策,1909年农历十月十四日出生于隐贤集一个书香门第,自幼天资聪慧,从小受到父亲赵子余先生开明进步思想的熏陶,追求真理,向往光明。1927年,他在南京三民中学读高中时参加了反帝大同盟,继而加入中国共产党,树立了为人民求解放、不怕牺牲的崇高志向。"九一八"事变后,赵策全力投入反蒋抗日的救亡运动,遭到反动军警迫害。离校返乡后,他以茶庵小学教员身份为掩护,在中共皖北中心县委领导下,具体负责寿县互济会的工作。互济会的主要任务是,掩护党组织开展活动,扩大党的影响,营救被捕同志,募捐财物,筹划武器弹药,支援寿县红军游击队的武装斗争等。赵策曾担任寿县、凤台、定远三县总指挥兼纵队长,在红军游击队消灭"剿共团"团长姚霭卿及匪首毕少珊的斗争中,发挥了极为重要的作用,做出了重大贡献。

姚霭卿是隐贤集一带的"地头蛇",时任寿县保安副司令,充任"剿共团"团长,反动透顶,作恶多端,群众恨之入骨。1933年秋,寿县红军游击队

赵策烈士

决定除掉姚霭卿。按照党组织的安排,赵策利用父辈的声望和教师的身份,积极侦察姚的活动情况。12月下旬,当地党组织负责人涂仲庸和赵策等人侦察到姚霭卿要召集会议,策划摧毁共产党组织。寿县县委和红军游击队立即行动,采取智除的办法,处决了姚霭卿。

除奸斗争和游击战争的不断胜利,使寿县反动当局十分震惊。为了破坏地下党组织,消灭游击队,反动当局以"共匪"的罪名,于1934年5月23日派兵逮捕了赵策。

赵策被捕后,反动当局对他施以酷刑,戴脚镣手铐,坐老虎凳,把他吊在屋梁上,身上压上石磨,逼他供出地下党组织与游击队的活动情况。他们认为赵策只是个出身名门的文弱书生,稍动刑具是不难动摇的。未料赵策横眉冷对,坚贞不屈。严刑无效,寿县专员席楚霖亲自出马,以"成全他的性命"、封官许愿予以劝降。赵策不为所动,严词拒绝。不仅如此,他还利用法庭这个场所,痛斥国民党贪官污吏鱼肉百姓、残害革命志士的反动罪行。在牺牲的前三天,赵策还组织难友越狱暴动,由于叛徒的出卖,越狱失败。赵策烈士在狱中,念念不忘党的事业,时时怀念革命战友,他带信给胞弟赵筹、战友涂仲庸同志,要他们不要为他的牺牲而悲伤,"要坚强起来,继续与敌人斗争到底,夺取革命斗争的最后胜利"!

赵策在狱中的40天,是他短暂生命中最辉煌、最灿烂的40天。他用自己的实际行动,用自己的生命,践行了一个共产党人为党的事业不惜贡献一切的崇高誓言!

1934年7月1日,赵策昂首挺胸,大义凛然,步出监狱,沿途高呼"血债要用血来还!""共产党一定要胜利!"等口号,走向敌人的刑场。面对刽子手的枪口,他拒不下跪,盘腿席地而坐,对刽子手说:"只许打一枪,打两枪是孬种!"然后高呼"中国共产党万岁!",英勇就义,时年25岁。

赵策壮烈牺牲后,遗体被运回家乡,葬在隐贤集南约1.5公里的淠河边。中华人民共和国成立后不久,当地党和政府重修了烈士墓园,并将赵策列为皖西地区著名烈士,其生平简介及血衣等遗物在皖西革命烈士纪念馆里展出。

70多年过去了,枪声早已平息。可滔滔不绝的淠河水,犹似还在述说那久远的记忆;呼呼作响的松涛声,好像还在呼唤那不朽的灵魂。赵策,这位曾几何时演绎了惊天地、泣鬼神故事的英烈,就这么无声无息地长眠于家乡这块土地上。当年,为了共和国和共和国的人民,敌人的子弹在击中他的时候,烈士没有任何的后悔,因为当他成为一名共产党员时,就把自己交给了祖国和人民。如今,烈士所企盼的都已到来。

为了更好地缅怀烈士的英勇事迹，寿县将赵策烈士墓园列为爱国主义教育基地。随着红色旅游的蓬勃兴起，必将有愈来愈多的人来到赵策烈士墓园，怀着无限敬仰的心情，表达对烈士的深切怀念，激励为社会主义建设努力奋斗的决心，告慰烈士的在天之灵！

百岁开国将军曹广化的传奇人生

杨 飞

在新中国的开国将帅中,有一位极富传奇色彩的安徽籍将军,他有勇有谋,屡立战功,先后荣获二级八一勋章、二级独立自由勋章、一级解放勋章和一级红星功勋荣誉章。他就是少将曹广化。

一

曹广化,1905年1月13日出生于安徽寿县小甸集的一户贫苦农民家里。其父母是忠厚老实的农民,靠种地维持一家人最基本的生活。在饥一顿饱一顿的艰苦生活中,曹广化慢慢长大。穷人的孩子早当家,懂事的曹广化不忍心看着父母操劳,常常帮父亲下地干活,帮母亲烧水、捡柴、干杂活,做一些力所能及的家务。生活虽然艰辛,但也造就了曹广化刚烈正直、疾恶如仇、勇敢倔强的性情。

1921年,16岁的曹广化进入芜湖省立职业学校学习。曹广化深知学习机会的来之不易,因而格外用功,加上他天资聪颖,各门功课都取得了优异成绩,深得老师器重。

中国共产党成立后,马克思主义在安徽得到传播,一大批进步学生接触了马列主义,曹广化也是其中一位。当时,在曹渊等人的影响下,曹广化很快便为革命道理所吸引,他联想起自己家乡贫困的现实,心中燃起了对封建官僚、地主、军阀阶级的刻骨仇恨。曹广化积极参加芜湖的学生运动,还与在芜湖读书的寿县籍同学薛卓汉、曹渊等组织了"爱社",进行革命宣传活动,并同家乡的进步青年知识分子联系,推动家乡革命形势的发展。

开国将军曹广化

因组织"爱社"的机缘，曹广化与同乡曹渊结下了深情厚谊。曹渊幼年曾随激进的民主主义革命者张树侯读书，受革命思想启蒙，1921年秋考入芜湖省立职业学校后即被选为学生会主席，稍后还组织了职校马克思主义读书会。1924年，曹渊考入黄埔军校第一期第三队学习，同年加入中国共产党。1926年9月5日，时任国民革命军第四军叶挺独立团第一营营长的曹渊在武昌攻城战中不幸牺牲。曹广化投身黄埔军校、加入中国共产党，都与曹渊对其影响有关。

1924年夏，上海大学党组织派党员胡萍舟和凤台的吴云等六人回原籍寿县、凤台从事革命活动。当时寿、凤两地失学学生较多，他们回来后经过商量，决定利用这一条件，发展党团组织，培植革命力量。经过积极的筹备，他们在寿县小甸集曹小郢子开办了"淮上中学补习社"。

补习社成立后，曹广化即进入该社学习。当时，补习社招收了三四十名失学青年，讲授"社会进化史""唯物史观浅说"等进步课程，介绍国内外形势，传播革命思想。在补习社的教育和胡萍舟、吴云等人的言传身教中，曹广化的思想认识有了很大的提高。

二

1925年5月，曹广化在得知黄埔军校本校及上海、汉口、开封各国民党党部同时招收入伍生的消息后，想起好友曹渊的嘱咐，便赶赴开封报考。经过统一考试，曹广化被录取为黄埔军校第四期学生，他遂由开封奔赴广州。路上，为安全起见，曹广化还一度化名为曹延民。

曹广化在军校里接受了入伍生的各项训练，对步兵操典、射击教范、战术学、兵器学、交通学、筑城学、军制学、制式教练、战斗教练、实弹射击、野外演习等都有所接触，为其以后指挥革命战斗打下了基础。曹广化在军校里还有幸聆听了周恩来等人的精彩演讲，阅读了一些进步书籍，受到了爱国主义和革命英雄主义教育，政治觉悟提高很快。

然而就在曹广化在黄埔军校内努力操练、立志学成报国之际，由于身体方面的原因，他不得不辍学，离开了曾为之魂牵梦绕的黄埔军校，以至于日后每想起此事，曹广化都嗟叹不已，深感遗憾。

曹广化从黄埔军校辍学后，顶替寿县因故未来参加学习的赵屏东进入广州农讲所学习。他在这里聆听了毛泽东、周恩来、彭湃、恽代英等革命家的授课，学习了革命理论，研究了农民运动，使自己的政治觉悟和理论水平都得到了很大的提高。

鉴于曹广化在各方面已达到了一个共产党员的标准，组织上批准了他的入党请求。从此，倾心革命的曹广化正式踏上了无产阶级先锋队的光辉历程。

三

1926年9月，曹广化从农民运动讲习所学习结业，惦记着家乡的革命事业，他随即回到合肥地区，按照党的指示和组织原则，与崔筱斋、胡济等人在合肥北乡双河集崔家祠堂成立了中共合肥北乡支部，直属时在上海的党中央领导。该支部是合肥地区最早的共产党组织，也是安徽全省乃至全国较早的中共基层党组织之一。北乡支部成立后，曹广化等人积极深入群众，宣传共产党主张，培养和发展党员，壮大革命队伍。

为贯彻中央"开展农运"的指示，曹广化、崔筱斋、胡济三人又于这年11月在崔小圩秘密筹建了"安徽省农民运动委员会"。该会成立以后，一直和上海的中共中央保持着密切联系，通过信件汇报工作和接受党中央的指示。在这段时间内，曹广化还利用各种关系，通过单个串联发动农民，动员他们起来革命，迎接北伐革命军的到来。

"安徽省农民运动委员会"成立后不久，在曹广化等人的艰辛努力下，双河集以及附近一带地区便相继建立了五个农民协会，从而成为合肥地区最早一批在共产党领导下的农民协会组织。正因为如此，中共中央于1926年11月15日在"目前农运计划"第三条中，还将合肥列为全国开展农民运动的中心地区之一。

1931年3月，中共中央巡视员方运炽与中共皖北特委巡视员来到寿县，在瓦埠镇的上奠寺召开寿（县）、凤（台）、阜（阳）三县联席会议，决定成立中共皖北（寿县）中心县委员会，并酝酿举行瓦埠镇农民暴动。

寿县瓦埠一带贫苦农民千余人，在中共皖北中心县委曹广化等人领导下，组成皖北红军游击队，举行了瓦埠暴动。这是一场在中国共产党领导下的农民反封建反压迫的武装斗争，它为寿县人民革命史写下了光辉的一页。

1932年5月，红二十五军一部攻占正阳，曹广化及时汇报当地政治、经济情况，使红军得到大量军需物资，同时他还组织史大郢一带游击组开展扒粮斗争，配合红军行动，解决群众春荒缺粮问题。稍后红二十五军转移，曹广化又根据组织决定，率领100多名游击队员参加红军，加入了革命军队的滚滚"红流"中。

四

加入红军后，曹广化先后任军参谋部书记、总司令部机要科科长、团政委等职，参加了举世闻名的长征。抗日战争爆发后，他又历任中央军委军事工业局政治处主任、中央军委后勤政治部组织科科长、陕甘宁晋绥联防军第三八五旅第七七〇团政治委员。解放战争时期，曹广化转任东北民主联军第四纵队第十师政治部主任、东北民主联军辽东军区后勤部政治部主任、东北野战军后勤部运输部政委职务。中华人民共和国成立后，他又先后担任中南军区军需部政治部主任、中南军政大学第一分校政委、步兵学校政委、总干部部军衔奖励部副部长，渐成人民解放军的一员高级将领。

1955年9月27日下午，中国人民解放军在北京中南海隆重举行首批将官军衔授予典礼。曹广化时任总干部部军衔奖励部部长，他作为全军评衔工作的具体组织实施者，曾与负责这项工作的同志，在全面了解干部情况的基础上，自上而下、普遍排队、纵横比较、反复衡量、征询意见、逐一审查，慎重地提出授衔预案，还曾几次跟随军委和总部领导同志向毛泽东等中央首长汇报授衔预案。

此后，曹广化相继担任总政治部干部部副部长、防化学兵部政委、军事检察院检察长、总政治部组织部顾问等职，在党的十一届三中全会上，他还被选为中央纪律检查委员会常委，后在时任中共中央纪律检查委员会常务书记黄克诚的提议下出任中央"两案"（即林彪案、江青案）审理领导小组办公室（也称"中纪委二办"）主任。

"中纪委二办"在当时是一个神秘的部门，它主要负责1949年以来特别是"文革"中包括"两案"在内的历史事件的清查和审理工作。当时"文革"刚刚结束不久，对"两案"最后怎样定性处理，意见也并不一致，"中纪委二办"即肩负着拨乱反正的历史重任，这也从一个侧面反映出党中央对曹广化的信任。

为了不辜负党的期望，曹广化带领"中纪委二办"的同志们集中时间，对"两案"进行材料收集和分析整理工作。在那个时期，曹广化异常忙碌，他既负责"两案"办公室的"抓总"工作，又要亲自参与"林彪案"的起草工作，还要向领导汇报。

根据黄克诚的指示，曹广化与"中纪委二办"人员做了大量艰苦细致、去伪存真的工作。对于这段史实，曾任总参军训和兵种部政委的田永清将军如是说："在中央的授权下，他们（指曹广化等'中纪委二办'工作人员）还到中南海阅看档案材料，了解哪些是毛泽东的失误，哪些是林彪、江青等主要案犯的罪行。据此，原来的起诉书砍掉了11个问题，在此基础上起草的新起诉书只写了7件大事。对'林彪案'的起诉书前后写了16稿，对'江青案'的起诉书也反复做了修改。"

对曹广化在中央审理"两案"中的重要作用，田永清将军评价道："各项准备工作万无一失之后，从1980年11月20日到1981年1月25日，在两个多月的时间里，最高人民法院特别法庭分为第一审判庭和第二审判庭，公开对'两案'的主要案犯进行了审理。多行不义必自毙。林彪、江青一伙被永远钉在了历史的耻辱柱上。曹广化为这'两案'特别是为'林彪案'公诉、审理付出了大量心血，也为历史所铭记。"

1985年，曹广化从工作岗位上退了下来，但为国家为人民奋斗的精神没有丝毫的减退，他常将这句话挂在嘴边："毛主席讲过，人是要有一点精神的。人老了，但精神不能垮、不能倒。无论何时何地，我们共产党人都要有一个精神支柱，都要有坚定的理想信念。"将军是这样说的，也是这样做的。田永清将军就曾说过："曹老96岁高龄时，仍然腰不弯，背不驼，步履稳健，精神矍铄。说起话来有条有理，有根有据。他接待过许多人的访谈，对于数十年前的一些事情，他仍然清楚、准确地记得时间、地点。"

2004年4月21日，曹广化将军在北京因病逝世。如按我国传统的计算年龄的习俗，他应算作一位百岁将军。

怀念曹云屏伯伯

许智文

2015年1月23日,我怀着沉痛的心情,前往广州殡仪馆悼念曹云屏伯伯。一路上,我思绪万千,怎么也不相信他就这样离我们而去。

曹云屏,1924年3月出生在安徽寿县一个农村家庭,2岁时父亲曹渊为革命牺牲。从小他就生活在寿县,直到14岁那年才从寿县到延安。在这段时间里,他断断续续读完小学和两年私塾,并跟随着家乡革命者开展秘密活动和武装斗争。

1938年4月,曹云屏和其堂兄曹云青奔赴延安。在延安,他先后在陕北公学、延安大学和中央党校学习,并在陕甘宁边区保安处工作。1945年10月,曹云屏奉命组织"西京大队"赴东北,在北满的松江、合江地区发动群众、清匪反霸、土改、建党、建政,创建东北革命根据地,曾任民运工作队长、县公安局长。1949年曹云屏南下江西;1953年调广东,担任保卫队长、广州市公安局某处处长,广州市工业部门局长,广州市计委副主任、主任,广州市市政府秘书长。

我和曹老的认识,源于我爷爷许继慎和曹老的父亲曹渊的关系,说到这关系,还需从他们的经历说起。

我爷爷许继慎,1901年生于安徽省六安县土门店的一个普通农民家庭;8岁破蒙读书;1920年赴安庆求学,就读于安徽省立第一甲种工业学校、第一师范学校;1921年4月参与创建并加入社会主义青年团;1922年任安徽省学生联合会常委兼联络部长;1923年12月加入中国共产党,后因领导学生运动被反动政府通缉,离开安庆到当时有很多中共干部任教的上海大学旁听。

曹云屏

曹老的父亲曹渊1901年2月19日出生于寿县东南乡曹家岗一户贫苦农民家庭。1920年到芜湖，就读于芜湖教育界人士高语罕等人募款创办的工读学校和芜湖安徽公立职业学校；在芜湖积极声援安庆学生运动，支援芜湖人力车工人的大罢工等。1922年秋冬被迫离开芜湖到上海。1923年春，胡萍舟等人进上海大学学习，曹渊同胡萍舟在一起，就有机会到上海大学旁听。

也许是命运的安排，也许是他们志同道合，许继慎和曹渊从此走上同一道路，那就是救国救民之道，他们俩由同乡的关系转到同学的关系。

1923年1月，《孙文越飞联合宣言》发表，确定了孙中山执行"联俄、联共、扶助农工"的三大政策的决心。联俄是国际友人向他伸出援助之手，通过国际的援助，他想建立一支属于自己的革命政府军队，培养革命队伍的军官，只有这样，才能平定陈炯明的叛乱和推翻当时的北洋军阀，于是开始创办黄埔军校，共产党和国民党都积极地筹备。其实，黄埔军校是国共合作的产物。

1924年春，黄埔军校到上海开始秘密招生，许继慎和曹渊此时正在上海大学，他们在这里结识了一大批共产党的领导干部、理论家、教育家和社会活动家，比较系统地学习研究马列主义，并阅读上海大学创办的《新青年》《向导》等刊物，使他们清楚认识到只有武装力量才能反对反动势力的力量。此时，黄埔军校招生也正是他们所向往的，当时，党组织决定让安徽的许继慎、曹渊、杨溥泉、王逸常、廖运泽等去投考，许继慎和曹渊同时被录取，许继慎编在第一期学生第二队，曹渊编在第一期学生第三队。

许继慎在黄埔军校成立的第一个"黄埔支部"任候补干事，当时支部干事会共五人，蒋先云是黄埔支部书记，王逸常是宣传干事，杨其纲是组织干事，候补干事还有一个是陈赓。许继慎积极参加党组活动，在学校里学习、军训、生活各方面都积极发挥模范带头作用。

曹渊在金佛庄和茅延桢的介绍下光荣地加入中国共产党，平时除学习军事、政治外，同时还要继续学习马列主义，并研究党的政策。

经过六个月的艰苦学习和训练，11月底，黄埔军校第一期学生毕业；同年底，教导团成立，教导团的各级干部都由第一期的教职员和毕业生担任。许继慎、曹渊被分配在教导团任党代表。

1925年2月1日，第一次东征开始，东征即讨伐盘踞在东江的陈炯明，讨伐分三路进攻东江，黄埔军校生被编为东征军许崇智部粤军的右路，许崇智任总司令，蒋介石任参谋长，主要攻打淡水、平山、海丰、陆丰和潮汕。

黄埔军校的学生奋勇当先，一路攻下淡水、平山、海丰、陆丰和汕头，由于东征左路刘震寰桂部和中路杨希闵滇部消极观战,陈炯明纠集其他地区的部队向孤军进入汕头的东征右路军反击,在普宁以西的棉湖,教导第一团以一千多人同敌军近万人展开了激战,双方力量悬殊,黄埔军校的学生奋力拼杀,双方对峙三小时之久,最后由于粤军的加入,才击溃敌军,这就是东征最著名的棉湖之战。第一次东征,许继慎、曹渊都表现得非常勇敢,双双升任连长。

同年5月,广东政府滇军杨希闵、桂军刘震寰发动叛乱,在中国共产党和国民党"左"派坚持下,6月调回东征军镇压叛军。

平息杨、刘叛军后,黄埔军校的教导团已扩编成两个师,后来同许崇智的粤军改编成一个师,合并成立国民革命军第一军。1925年9月,东江的陈炯明卷土重来,国民政府决定举行第二次东征,蒋介石任东征总指挥,汪精卫为党代表,周恩来任东征军政治部主任。

第二次东征最为关键的是惠州之战,惠州三面环水,城高而坚,易守难攻。9月13日开始攻城,攻击重点目标是北门,东征军以炮火轰击城门、城楼等。下午,攻城先锋队挟梯爬城,但梯短城高,故多次冲锋都未成功,东征军损失极大。后来有人建议绕城进攻海丰,留下一个纵队攻城,但苏联顾问不同意,他认为惠州不攻下,直接影响东征军的士气,故还是按原计划攻城。翌日,野炮、山炮猛轰北门,城墙上工事被摧毁,攻城先锋队乘机占领城墙,经过激烈的奋战,东征军迅速占领惠州,惠州之战,双方死伤惨重,城外死尸堆积如山,地上的血流成了一道黑色的沟渠。

11月中旬,攻打兴宁时,第三师某团同陈炯明的一个师兵力遭遇,终因寡不敌众而溃败下来,该团团长见敌人压过来,换下军装,企图逃跑,时任第三师第七团办公室少校干事、代理党代表的许继慎正好率领第七团两个连赶来增援,追上这位团长,规劝他穿上军装,士兵见团长回来,士气高涨。敌人久攻未克,本无心恋战,也就纷纷逃窜。这事许继慎缄口不谈,后来蒋先云如实向周恩来汇报,并在党内表扬了许继慎。东征胜利后,曹渊升任为营长。

第二次东征胜利后,蒋介石看到共产党的势力不断壮大,他心里非常害怕,如坐针毡。11月在潮州,他以调和黄埔军校"青军会"和"孙文主义学会"为由,要求大家统一思想、统一行动,面对"孙文主义学会"那套,人只能有一个信仰,共产党和国民党必须要分开,否定共产党所存在的价值,青军会以蒋先云、许继慎、曹渊等为代表,在共产党领导下同他们据理力争,以事实说明共产党员忠于国民革命,他们之中有的已在东征中牺牲生命。最后,蒋介石规定:1.共产党的一切活动要公开。2.共产党可以跨进国民党,国民党不能跨进共产党。这些规定其实是针对共产党的,中山舰事件后,强迫共产党退出国民革命军第一军。

中山舰事件前,许继慎根据周恩来的指示回家乡,建立土门店党小组,随后回到广州,在周恩来负责的广州大佛寺高级政治训练班任第二中队队长。

曹渊3月请假回家探亲,5月回广州在第四军独立团任第一营营长。

北伐前夕,北洋政府统治大半个中国,主要有直、奉、皖三大军阀。兴师北伐,统一中国,是孙中山的遗愿。在两次东征和平定杨、刘叛军后,国民革命政府决定北伐,由于蒋介石的"攘外必先安内"的主张,制造"中山舰事件",大力清除国民革命军第一军的共产党员,共产党以大局为重,叶挺独立团于5月20日率先挥师北上。

从黄埔军校到第二次东征,曹渊和许继慎由同乡、同学的关系转为同一个战壕的战友关系,而在北伐战争期间,他们才成为真正的生死之交,当生死一刹那,他们才知生命是多么宝贵,为了他们的救国救民之道,他们抛开了所有的一切,甚至生命。

曹渊是随叶挺独立团一路北上,在泗汾同敌人打的遭遇战,以一个营的兵力同敌人两个团对抗,这足以体现曹渊足智多谋,有胆有识。

叶挺独立团在浏阳时,许继慎奉党组织的命令,率30多名营、连、排干部去叶挺独立团工作,许继慎任二营营长,从此以后,他又同曹渊在一个战壕里并肩战斗了。

随叶挺独立团他们参加了平江、汀泗桥、咸宁等战役,在攻打贺胜桥战役中,由于贺胜桥是打开武汉的最后一道门户,其地理位置尤为重要,再加上贺胜桥本身地理环境复杂,四面环水,只有一条粤汉铁路贯通南北,在这条铁路上有三座像"品"字形的山峰,吴佩孚亲率部队在此设了三道防线,决心在贺胜桥同北伐军决一死战。攻城时,叶挺独立团当仁不让,攻下了第一道防线,许继慎带领独立团二营冲在最前面,按计划应该向贺胜桥进攻,此时,许继慎发现印斗山是敌人的炮兵和指挥所阵地,如果不攻下印斗山,就没办法占领贺胜桥。于是,他带领二营向印斗山进攻,由于二营孤军进入,再加上敌方刘玉春率第八师增援,二营被包围。这时,一颗子弹穿过许继慎的胸脯,从左边肋骨到右边胸骨,一直打过去。在此危急关头,曹渊带领一营冲上前,同许继慎一起指挥战斗,几经激战,最后终于打下了贺胜桥。在这次战役中,如果没有曹渊冲上去,许继慎此后的人生应该重写了。

武昌城的血战,由于北伐军两次攻城都失败,伤亡惨重,而且武汉的三个镇,其中汉口、汉阳通过赤化,不日可拿下,武昌就成了一座孤城,外无援兵,内无粮草,武昌城将不攻自破,时任攻城的总指挥李宗仁下令停止攻城。9月3日蒋介石从长沙赶到武昌城外，在听取汇报后，固执地认为打武昌同打惠州一样，在没视察阵前的情况下，下令强行攻城，就因为他的固执让不少的革命军白白地牺牲在武昌城下。据统计，叶挺独立团从湖南到武汉，伤亡人员是809人，武昌一战就牺牲了313人。

叶挺下达蒋介石的攻城任务后，曹渊和许继慎都自告奋勇，争当攻城先锋。考虑到第二营在攻打贺胜桥时伤亡太大，许继慎又重伤未愈，就由曹渊第一营担任先锋队。9月5日凌晨3时许，曹渊第一营已开始向规定的宾阳门和通湘门之间的登城点登城，守城的吴军奋力反抗，以猛烈的火力阻止先锋队，少数登上城墙的官兵终因寡不敌众而无一幸存。曹渊看到此时的情景，心里焦急万分，恨不得自己冲上城墙，无奈他不可能丢下全营不管。经过数小时的浴血奋战，他拿起笔向叶挺报告："天已拂晓，登城无望，职营伤亡将尽，现仅有十余人。但革命军人有进无退，如何处理，请指示。"当他最后署名"渊"字的最后一笔时，头部中弹，"渊"字的最后一笔拖了一寸多长，就这样曹渊献出了他年轻的生命。

许继慎听到曹渊牺牲的消息后，悲痛欲绝。从此，他失去同他一起并肩战斗多年的一位至亲至爱的战友，恨自己没办法去搭救他。更让人痛心的是，曹渊这么优秀的黄埔军校军官，还没有来得及展示他真正的才华，就这么走了，使中国共产党少了一位优秀的军事骨干。

攻城无望，最后北伐军围城一个月之久，于10月10日占领武昌。年底，许继慎伤愈归队，先后任国民革命军第4军第25师第73团参谋长、第11军第24师第72团团长，随叶挺负责武汉保卫工作。后来许继慎在保卫武汉战役中身负重伤，因此，未能参加南昌起义。1930年中央派许继慎到鄂豫皖革命根据地，把黄麻起义、商南起义、六霍起义的三支起义队伍整合在一起，统编成红一军，这支队伍就是后来赫赫有名的红四方面军。由于张国焘诬陷，以莫须有的罪名，于1931年11月在河南光山白雀园将许继慎杀害，年仅30岁。

1945年，党的"七大"为许继慎平反昭雪，恢复党籍，追认为革命烈士。1988年，许继慎被确定为36位中国人民解放军军事家之一，2009年9月名列100位为新中国成立做出突出贡献的英雄模范，中共中央总书记胡锦涛评价他为中国工农红军杰出的红军将领。

许继慎和曹渊如同天上璀璨的星星，才华出众，英勇善战，可惜早早地陨落。他们用生命换来了中华人民共和国的诞生，相信他们在九泉之下也会瞑目吧。

同曹老的相识是因高晓黎女士。记得那是2012年5月的一天，我们正在黄埔军校参观，高女士对我说想带我去见两个人，这两个人便是曹云屏曹老和曾庆榴教授,她说:"曹老是曹渊的儿子,在北伐攻打贺胜桥时还救过你爷爷。"其实,我早就对革命先烈曹渊有所了解,闻其名就知其人了。接着她又说:"曹老曾任广州市政府秘书长,又是黄埔军校同学会会长,虽然他已88岁高龄,但他了解很多关于黄埔军校的事,你可以从他那里知道黄埔军校和你爷爷的一些事。"不管他对黄埔军校了解多少,作为一个晚辈,同是安徽人,而且我们的前辈又有着这么深厚的感情,我无论如何都应该去拜访,于是就同曹老约好下午去见他。

在未见曹老前,我心里又犯嘀咕,曹老见到我会怎么想,我这样去见他会不会太冒失了。一见面,高女士把我介绍给他,他第一句话就说:"你1996年来广州,已经有十六个年头,怎么不早点来找我,我一直以为你们在湖南。"他的一句话打消了我的顾虑,我解释道:"我爸妈是一个生活很低调的人,他们是不太愿意去给人家添麻烦的,只图平平安安过好自己日子的人,同我爷爷有关系的人,他们都没有刻意去找,所以养成我们也是这样的。不过,对您我们是应该来拜访的,您的父亲在贺胜桥救过我爷爷,才有了我爷爷后来的辉煌人生,这是我们做得不对的。"对于这一切曹老表示你也别太在意,这是前辈们为了他们的解放事业奋战在疆场上,他们是亲密的战友,生死之交的兄弟,他们之间的感情是我们这代人没办法体会到,甚至亲人之间都不一定有的这份感情。接着,他同我了解我爸妈的近况,让我转告他们要好好保重身体。我同他说我爸妈过几个月会到广州,到时一定来拜访您老人家。

从这次见面以后,我也陆续拜访过几次曹老,同他交流,我零星整理了一些他所说的内容,他谈到他的父亲和他的人生经历。当年,他母亲生他的时候,他父亲曹渊已通过在上海黄埔军校的初试,正在广州进行复试,得知老婆生了一个男孩,心里非常高兴,在入学黄埔军校登记表格上,家属这栏儿子的名字写上了曹云灿,这个名字是曹渊给儿子起的名,直到曹老八十岁以后才知道。

在他两岁时,他的父亲回家探过亲。曹老当时太小,对父亲没有一点印象,只听到长辈说过,有一次,父亲抱他时,没有抱好,脑门上磕了一下,现在还留下疤痕,当时他还指着疤痕给我们看,就在那年9月份他父亲就永远地离开了他。后来,他同母亲生活在一起,再也没有见过父亲,父亲去世的事,因他太小就没有告诉他,具体什么时候知道的,他也记不太清楚,只是自己隐隐约约地从大人谈话之间感觉到了。

在他的记忆中,有几次跑反,他觉得挺好玩的。大人们会挑着箩筐跑到山上去,把他放到箩筐里,另一边放些吃的干粮,躲过几天就下来。后来才知,白狗子来了,他们家是烈士的家属,除了他父亲,家里还有伯父曹少修和堂哥曹云露都是从事革命工作的,如果被抓到是要砍头的。

1938年,全国各地掀起抗日热潮,在安徽寿县,也展开了各种抗日宣传活动。安徽工委的同志就对曹云屏说:"你父亲是革命烈士,你应该向你父亲学习加入革命。"于是,经过家人商量,由别人指导执笔给当时在武汉的周恩来和南昌的叶挺写了两封信。信寄出去没过多久,他先收到叶挺的回信,紧接着,周恩来也回信给他。说到这里,曹老站起来走到他的书房,把周恩来写给他的信拿给我们看,信中写道:"曹渊同志为谋国家之独立、人民之解放而英勇地牺牲了。这是非常光荣的。我全党同志,对曹渊同志这种英勇牺牲精神,表示无限的敬意。"同时,还鼓励他到延安去学习,并随信寄了20元做路费。接着他说,当时他和母亲非常激动,这足以说明老一辈革命家永远会记得为革命牺牲的先烈,作为烈士的家属来说是莫大的安慰。

就这样,曹老和堂兄曹云青在当地的党组织安排下到延安去学习。他们到延安之前先绕道去南昌见叶挺,当时,叶挺已奔赴皖南前线,南昌办事处的人告诉他们,过几天会有军车去,因他们行期有限,就没有去了。这次是曹老一生唯一的一次见叶挺的机会,很可惜错过了,说到这里,曹老眼里流露出无限的遗憾。

接着,他们到武汉见到了周恩来,周恩来亲切地向他们问长问短,并鼓励他们到延安好好学习,完成他们先烈未竟的事业。

说到叶挺独立团,曹老非常激动,他说叶挺独立团是中国共产党组建的第一支自己的正规军队,在北伐时,他们为第四军赢得"铁军"的称号,中国红军在延安会师的三大主力都融入了"铁军精神"。

红一方面军,最先是由南昌起义部队组建的,参加起义的部队就有叶挺的第十一军第二十四师和原叶挺独立团七十三团;红二、六方面军,孙一中于1929年10月奉命到湖北参与组建中国工农红军第六军,任军长兼前委委员,原是继曹渊之后的叶挺独立团一营营长;红四方面军是鄂豫皖地区,由许继慎把鄂豫皖三支起义的队伍组建成红一军,任红一军军长,1931年同红十五军合编成中国工农红军第四军。这三大主力都有叶挺独立团铁军精神。1972年6月,周恩来在一次讲话中说:"许继慎这个同志我了解,政治上很强,很能打仗,红四方面军的战斗作风与他有很大关系,他把叶挺独立团的战斗作风带到了红四方面军。"

不仅如此,毛泽东举行的秋收起义中,就有卢德明的警卫团参加,卢德明任起义总指挥,他原是叶挺独立团第四连连长,第二营营长。虽然起义不久他牺牲了,但他所训练的警卫团跟随毛泽东上了井冈山,与朱德留在江西南昌起义的部队会合,为红一方面军的创建做出了重大贡献。

我父母2012年10月到广州,我便带着父母去拜访曹老,当白发苍苍的老人聚在一起时,此刻他们的内心情感是无法用言语表达的,只是双手紧紧地握在一起。曹老长我父亲五岁,在我父亲面前像个大哥一样,问长问短。我父亲不善言谈,显得有些拘束,问一句就答一句,然后曹老就侃侃而谈,让我们倍感亲切。他们谈了他们那个年代,我在一旁听到,感触深刻。他们的上一辈为新中国解放事业而牺牲了他们年轻的生命,而他们这代人,年轻时生活在战火纷飞的年代,新中国成立后,为国家建设事业贡献了他们的一切,这一路走来是多么坎坷不平啊!

曹老自寿县老家出来,最后到广州,让他感慨最深的是他奉命组织"西京大队"到东北去工作,并担任队长。当时他只有二十几岁,要负责护送二百多人到东北,在那战火连绵的时代,他肩负的担子非常重,对他来说实属不易。

到了东北,领导要求他们去开展群众工作,宣传共产党的政策,不能强迫群众,话要怎样说,组织上都有规定,不然,工作没办法开展,而且东北的气候非常恶劣,他就是在这样的环境下锻炼自己,让自己的思想不断成熟。

我的父亲许民庆,从小没有像曹老那样要跑反、躲白狗子,他是在二舅爷和五舅爷家里长大的。在我父亲3个月大时,我爷爷许继慎就去了鄂豫皖革命根据地,在2岁还不到时,爷爷就被张国焘迫害致死。1943年春,我父亲14岁那年,我奶奶因病也离我父亲而去,当时,奶奶不敢让父亲去找共产党,爷爷那时还未平反,只告诉他:"你爸是国民党团长,老家人都没有了。"我父亲在阳江读完小学,然后在五舅爷的赞助下,在广州建国高级工业职业学校读完汽车驾驶和修理专业,属现在的中专,以后就靠自己在外打拼。

父亲自学校毕业后,只是默默地做好自己的工作,在工作岗位上搞技术革新,如,用汽车的零部件改装成湖南第一台25吨的吊车;汽车加装拖车,解决当时汽油运输的困难;甩掉扁担和绳子,用手推车运炮弹,就这个,部队还组织参观学习过。这些技术革新,在当时解决了不少工作上的问题。

曹老听后,感慨万千,他说:"我们这辈人也经历过各种苦难,各种运动,但同父辈比,我们这点又算什么呢?我们的后一代,甚至再下一代,可能就没有多少人了解他们了,你们要多写一些他们的文章,给你们后代看。"他指着我们,然后又说,"没有他们的浴血奋战,能换来今天的幸福生活吗?所以不能忘记他们。"

当这一幕一幕在我的脑海里不断浮现时,我们已到广州殡仪馆,我们随着人群走进白云大厅时,大厅已有很多人来参加曹老的追悼会,有政府机关工作人员、亲朋好友,大家都怀着沉重的心情同曹老依依告别。曹老走完了他的一生,他留给我们的是对他无限的怀念。

(作者为许继慎将军孙女,现居广州)

略考北伐时期的两份手札

曹微微

笔者有幸在广州市政府原秘书长曹云屏的家中见到两份珍贵的手札,分别是周恩来总理、叶挺将军所书,内容收录如下:

云屏贤弟:

来函收阅。令尊曹渊同志为谋国家之独立、人民之解放而英勇地牺牲了。这是非常光荣的。我全党同志,对曹渊同志这种英勇牺牲精神,表示无限的敬意。

此次接读来函,知云屏弟尚在家中,以家境贫苦,虽无法升学,而求深造之心甚切,足证曹渊同志有其子也。如弟能离开家庭,则望来汉口,以便转往陕北延安或陕公受训,并付来洋贰拾元,藉作来汉路费。

如来汉,望到日租界中街八十九号大石洋行找办事处可也。

近安

周恩来
三月十九

另一封为:

云屏贤侄:

尔来信已收到,不胜欣慰。尔先父是模范的革命军人,且是我的最好的同志,不幸殉职于武昌围攻之役。清夜追怀,常为雪涕。十年来,我亦流亡异地,每思查考后裔而未获。今幸读尔来信,恍如见我故友也!尔须我助尔读书费用,我当然应尽力帮助。请尔即将尔读书计划,并每年需款多少及汇款确实地址告知,我自当照办。

敝军通讯地址是南昌书院街明德村四号,新四军通讯处。希望即刻得着尔的复信。

近安。

叶挺敬启
二月二十三日

这两份手札是写给曹云屏的,文中所提到的曹渊是他的父亲,是北伐战争的英雄,而在考证过程中两件珍贵的革命文物同时更揭开了一段光荣的革命战争史。

一、曹渊生平简介

曹渊(1902—1926),字浦泉,安徽省寿县小甸集曹家岗人,幼年家贫,但酷爱学习,跟从素有"铁笔"之称的民主主义者张树侯先生读书,受到了革命思想的启蒙。"五四"运动后,先后在芜湖、上海等地学习,受上海大学的胡萍舟同志影响,开始接受马克思主义,并投身学生爱国运动。1924年,考入黄埔军校,成为第一期学员。入校后受周恩来影响和关怀加入中国共产党。毕业后从征,1926年出师北伐,根据叶挺提议,周恩来批准,任独立团第一营营长。独立团即"国民革命军第四军独立团",这是中国共产党的第一支革命武装。

曹渊生命短暂,但参加了无数次的革命战争。1925年先后两次参加了东征战斗,因战功显赫由八连连长升任国民革命军第一军第三师第九团第一营营长。1926年,蒋介石发动"三二〇"反革命政变后,曹渊和共产党在第一军中工作的同志们都退出了第一军。

1926年4月,党的武装部队独立团由团长叶挺同志率领,由新会来到了广州。叶挺同志要求党选派一部分同志充实独立团。经周恩来批准,曹渊同志任第一营营长。5月中旬,独立团首先走上光荣伟大的革命征程,第一营最先出发,首要任务就是负责运送炮弹、枪弹数十万发于友军唐生智部。在运送过程中,调动了运输工人和反帝国主义罢工的工人兄弟,克服了千难万险。所有军事物品到达目的地郴州时,完好无损。友军感到异常惊讶和感谢。由此可看出曹渊出色的指挥能力。

此后,历经战攸县、克醴陵、袭平江、突破汀泗桥、夺取贺胜桥等一系列险恶战斗,战无不胜,攻无不克,打出了铁军的赫赫威名,打出了共产党人的精神风貌,多次受到聂荣臻等领导的表扬和军部传令嘉奖。

二、武昌战役

1926年9月5日,北伐军、武汉工人和郊区农民组织了攻击武昌城的战斗,规定攻城部队每个团组织一个营为奋勇队,率先攻城。战前同志们纷纷留下诀别书,视死如归,在中国革命史上留下了"古有抬棺出阵的故事,今有留书攻城的壮举"这一动人壮举。

零时左右,曹渊身先士卒,在没有重武器的条件下冒着敌人的猛烈射击,急速前进。一营三个连迫近城边,竖起云梯,带着斧头、驳壳枪、手榴弹和各种爆破武器,直奔宾阳门和通湘门之间的城墙,登城与敌人肉搏,消灭了部分敌人。枪林弹雨中,他说:"我是营长我先上。"奋勇队孤军登城,官兵们城上城下,浴血奋战,曹渊指挥奋勇队苦战了一夜,其他的许多攻城奋勇队,在敌人强烈的炮火面前,停止了前进,因此,敌人得以集中兵力,专门对付独立团,在没有任何友军援助的情况下,因敌众我寡,伤亡惨重。

黎明时分,曹渊下令驾云梯,并给叶挺写紧急报告:"天已拂晓,登城无望。职营伤亡将尽,现仅有十余人。但革命军人有进无退,如何处理,请指示。"报告后签上了自己的名字,刚写完,头部中了一颗子弹,"渊"字最后一笔,拖了很长。这份报告是曹渊同志的绝笔,许多共产党人、国民党"左"派军人都见过,它是革命的重要文献,抗日战争时失落了,一直无法寻出。10月10日,北伐军再次发动总攻,攻克了武昌城,取得了北伐战争的决定性胜利。

郭沫若同志日后在所撰的《革命春秋》中,还着重地追叙了独立团攻城战这一可歌可泣的史实。为表彰独立团的战士们,在武昌洪山建有烈士墓。1939年叶挺将军转战大江南北时,还专程到曹渊的老家探望其家属。1965年毛泽东同志的专列在蚌埠停留,安徽省委以第一书记李葆华为首的四位书记前往汇报工作,毛泽东主席在谈话中特别提到安徽有一位曹渊烈士,对革命有过卓越贡献。

而曹渊烈士所在的家族更有曹家三烈士、曹氏五烈士这些具有代表性的英雄人物,在北伐战争中留下了不朽的功勋。在很多传记中都收录了这段光辉的历史,如周士第的《北伐先锋》、徐梦秋的《曹渊烈士传略》、中国人民解放军总政治部组织编著的《团旗为什么这样红》等等,均有著录。而这两份手札的完好保存,更为这段反帝反封建的战争提供了历史的佐证,让我们也由此探寻出了一代北伐名将的革命生涯、革命精神,且从另一面也解释了为什么在艰苦卓绝的革命斗争中,万千共产党人能把生死置之度外,为国为民奋不顾身。党的领导人在繁冗艰巨的革命工作中,心系一普通孩童,从生活学习各方面给予无微不至的关心,践行诺言。烈士遗孤后期的成绩与领导人的悉心栽培是分不开的。这两份手札在战争中辗转了几十个春秋,如今更是宝贵的文献遗产,为研究北伐战争史提供了珍贵的实物资料。

青山有幸埋忠骨

——记王永才烈士

李振秀

寿县烈士陵园是寿县爱国主义教育基地之一,埋葬着王永才、骆公标、刘东亚三位烈士。陵园位于102省道合阜路寿县境内八公山系凤凰山脚下,面朝着东淝河和东台湖。

为详细了解王永才烈士的生平事迹,笔者咨询了民政局的相关机构及工作人员。民政局的存档资料有1964年6月6日的国防部令和1974年11月寿县革委会公函,还有刻在烈士墓上的碑文资料,以及一张烈士登记表,都是不可多得的珍贵史料。

王永才烈士纪念碑(图片提供:宋桂全)

屯留县是英雄的出生地,地处山西省东南部、上党盆地西侧,自古有"古韩要地""三晋通衢"之称。1939年5月,王永才出生在这个古韩要地。新中国成立后,王永才离开了故乡屯留,投奔远在南京的姐姐,开启了自己的求学生涯。资料显示,王永才是一个德智体美劳全面发展的孩子,学生阶段被评为优秀少先队员、优秀团员、三好学生,还曾担任过学生会主席、团支部书记、辅导员等职,是市区社会主义建设积极分子。1956年,17岁的王永才加入中国共产主义青年团。

1962年8月,23岁的王永才响应号召,入伍成为步兵607团特务连通信排有线一排的一名战士,先后担任骑兵通讯员、电话守机员等职。1963年10月,他光荣地加入中国共产党。在人民解放军这所大学校里,王永才努力学习马列主义、毛泽东思想,处处向雷锋同志学习,胸怀革命全局,立足本职工作,干一行爱一行,多次立功受奖。

瓦埠湖,是安徽省淮河流域最大的湖泊,由东淝河下游河段积水而成。20世纪50年代,瓦埠湖被确定为淮河中游的蓄洪区之一,蓄洪水位为22米,为减轻淮河防洪压力做出了贡献。瓦西干渠是淠史杭灌区主要干渠之一,境内长33.68公里。1964年初,王永才和他的战友们来到了瓦埠湖畔参加冬季防汛。为保护干渠两边人民群众生命财产安全,有病在身的王永才与战友们日夜奋战在一线。1964年2月1日,在抢堵瓦西干渠决口时,王永才忘记病痛,带头扛大草袋,争着抢锤打桩,当工程即将被水冲垮的危急时刻,奋不顾身,跳入急流抢堵,不幸被洪水卷走,献出了他年仅25岁的生命。

1964年6月,为表彰王永才烈士这种勇于为人民献身的共产主义精神和忠于革命事业的高贵品质,国防部颁布命令,追授王永才烈士为"模范战士"的光荣称号,命名其生前所在的班为"王永才班"。为缅怀烈士,1974年10月,王永才烈士生前部队党委和寿县革命委员会又共同出资在八公山麓凤凰山脚下给王永才烈士重新建墓、立碑,将其烈士的生平事迹铭刻于碑,永志纪念,供后代瞻仰学习。

以王永才烈士墓为主的寿县烈士陵园,安葬着其他两位为国牺牲的烈士,一位是21岁的刘东亚,一位是23岁的骆公标。三位烈士都在最美好的年华为国捐躯,为祖国和人民流尽最后一滴血。青山有幸埋忠骨,何须马革裹尸还,八公山成为他们的长眠之地。他们为国献身了,但精神永存,烈士的精神正在指引着一代又一代的祖国的建设者们,秉承先烈遗志,为国为民服务一生。

瓦埠暴动始末

朱多良

随着寿县党组织的发展,在第二次国内革命战争时期,寿县相继建立了县委、中心县委。在党的领导下,1931年发动了著名的瓦埠暴动,后诞生了一支工农红军。这支队伍由游击小组发展到游击队,直到独立游击师,转战于合肥、舒城、巢县、无为、庐江、含山、潜山、太湖等地,开展除恶反霸的武装斗争和革命运动,夺取了革命斗争一个又一个胜利,有力地支持了苏区,在安徽革命斗争史上写下了光辉的一页。

一、暴动的背景

一是寿县党的组织逐步壮大。至1927年春,寿县党员人数接近全省的一半。5月,陈延年指导在武汉成立了中共安徽省临时委员会,委员有7人,寿县人王坦甫是委员之一。1927年7月中旬,中共寿县(寿凤)临时委员会在汉口成立,书记为薛卓俊,成员有朱松年、许一清、曹广化;10月25日县委迁回寿县,是安徽最早的县委。同年11月,新的中共寿县临时委员会在瓦埠成立,书记曹广化,成员为方敦一、张真,指导寿县、合肥、凤台、霍邱党的工作。因为寿县党的骨干多,党的基层组织较强,群众基础好,思想进步,所以到1931年瓦埠地区的党组织已发展到13个党支部,另外还有农协会、妇女会、儿童团等群众组织,被省临委划为第一暴动区,准备开展武装斗争。二是苏区革命斗争的影响。瓦东地区是大别山苏区的外围,苏区红军捷报频传,极大地影响和鼓舞了瓦埠湖畔人民的革命热情。瓦埠地区的革命有一触即发之势。三是瓦埠地区是多灾地区,连年灾害,群众贫困,统治阶级变本加厉,加剧对群众的掠夺,鱼肉百姓,群众对当地地主豪绅恨之入骨,群众不断向反动当局和地主豪绅开展抗捐、抗税、反饥饿、反压迫、田野抢粮等斗争,为暴动积累了丰富经验。

二、暴动的形成

1931年3月27日,中共中央巡视员方英(原名方运炽,又名高宗林)在寿县上奠寺组织召开中共寿县、凤台、阜阳三县党的联席会议,宣布成立中共皖北中心县委(寿县中心县委),中心县委机关设在寿县正阳关,指导寿县、凤台、阜阳、颍上、太和、沈丘、固始、新蔡、息县九个县的工作。

会上传达了中共六届四中全会精神。根据党的中心任务,利用寿县军事上的特殊地理位置,夺取寿县就能控制皖北,决定适时在寿县发动武装斗争,扩大苏区外围斗争。

会议将要结束时,中共瓦埠支部书记王汉平报告说,国民党寿县县长将于29日带七八十军警到瓦埠,准备在瓦埠街设立联防局,作为地主武装的指挥据点。

得到报告后,方英连夜召开县区干部联席会议,经过认真反复分析、反复研究,认为这是发起暴动的好机会,解缴军警枪支。会议决定,一是凡家中有枪的同志,把枪带来,没有枪的要想方设法借枪。二是在国民党县长到来之前,所有参加武装行动的人员在瓦埠街泰山庙附近集中,并秘密携带武器,在国民党武装到达时,立即解除其武装,随即夺取瓦埠街附近地主豪绅的武装,最后发动群众扒粮。三是成立行动委员会。任命曹鼎为书记,杨盟山、魏发祥、薛骞为委员。因薛骞为黄埔三期生,曾在六霍苏区任过红军中央独立第一师副师长,他被任命为军事行动指挥。四是积极争取有关人员参加暴动。会议决定积极动员戚连雨参加暴动,因他家有20来支枪,虽然他较富裕,但因长期受地主豪绅的欺压,所以容易争取。

三、暴动的过程

3月29日上午,参加暴动的人员均按规定秘密携带枪支、大刀、长矛云集指定地点泰山庙。此时,情况有变,国民党县长没有来,来的是国民党双庙区区长路奎汉及其带领的30多人地方常备队,住在瓦埠东街黄子元饭店里。常备队大都是本地人,于是行动委员会的成员产生不同意见,方英进一步统一思想,认为既然已经决定发动武装斗争,不管如何都要去干,先擒双庙区长路奎汉,缴他的枪,再缴附近地主豪绅的枪,最后发动群众扒粮。意见虽然统一了,但由于薛骞迟迟不下命令,给叛徒可乘之机,路奎汉接到密报,立即逃往县城。于是行动委员会又在泰山庙重新开会研究,认为现在已有较好的群众基础,而且也集中了一部分人枪,群众要求迫切,决定以瓦埠街为根据地举行农民暴动,同时撤销薛骞的军事指挥,孙瑞训、曹广海、孙如屏、曹云露等将参加暴动的骨干及群众组织起来,成立中国工农红军寿县游击大队,由方和平任大队长,宋天觉任副大队长,曹鼎任政委,魏化祥任参谋长,大队下设三个中队,戚连雨、曹广海、杨守先、孟宪钦、马实等为中队干部。同时,中心县委领导李乐天、方贯之等到保义、堰口、史大郢等地发动群众,准备策应暴动。

3月30日凌晨,参加暴动的1000多名农民拥向瓦埠街,在望春园饭店门前竖起镰刀斧头旗,宣布暴动开始。紧接着游击大队三个中队分头逮捕地主豪绅10多人。其他地主豪绅闻风丧胆,方家老圩、张家祠堂的地主豪绅都纷纷前来缴械,并派代表向游击队哀求,愿意缴半数枪支,不要扒他们粮食,遭到游击队的严正拒绝。31日,地主杨甫成见游击队进村,吓得不敢开门,把枪从窗口丢了出来。在此次行动中,游击队共缴获长枪100多支、短枪30多支。后来敌人集中力量反扑,为了缓和局势,游击队全部释放了逮捕的地主豪绅。

3月31日早晨,党组织和游击队又发动瓦埠街方圆20多里的3000多名群众,扒掉方小楼地主豪绅的粮食200多石,即4万多斤。同时,方英还号召群众扒自己家的粮食,把他家的粮食全部充作军粮。接着方和平大队长又带领游击队100多名队员前往北瓦房缴枪,恰遇到杨家庙联庄会副会长的弟弟在北瓦房亲戚家,他怀疑是逮捕自己,于是一面鼓动该村地主聚众反抗,一面派人送信给杨家庙联庄会会长张焕亭和他哥哥郑孟杰,要他们集结武装赶快前来救援。

4月1日,杨家庙、双庙集、邵店等地的联庄会纠集地主武装1000多人,气势汹汹地来到瓦埠街攻打游击队,瓦埠街附近的地主豪绅也集合了500多人参加联庄会。因敌我力量悬殊,游击队连夜转移,离开瓦埠街,在张嘴子一带占领了塘圈、古堆丘、新圩三个大圩子,反动武装又跟踪包围了这三个圩子。此时,国民党县长带领县自卫大队也赶到张嘴,双方进行激烈的战斗。敌人依仗人多枪多,轮番进攻。游击队昼夜坚守在三面环水的张嘴,顽强奋战,打退敌人的多次进攻。因敌众我寡,多次突围,未能成功。

在游击队处于生死存亡的紧要关头,中共瓦埠区委在鲁城召开紧急会议,决定利用私人关系向开明地主曹云峰等人借枪,以配合游击大队突围。经过多方努力,借来20多支枪,2000多发子弹,由曹仙度、宋德渊等率领几十人,打着"小甸集联庄会"的旗号,前往张嘴伪装攻打游击大队,占领张嘴以东有利地形,以掩护游击大队从张嘴东边突围。区委安排由宋德渊给游击大队送信,不料在送信途中宋德渊被敌发现捉住,敌人严刑拷打他,但他始终没有暴露秘密,敌人终因查不出证据,便放了他。接着区委又派曹云峙化装成货郎与游击队取得了联系,按照计划,在中共瓦埠区委的周密安排下,游击大队乘黑夜顺利突围,只有第二中队队长戚连雨带领的17名游击队员为掩护游击大队转移而英勇牺牲。游击大队突围后,敌人恼羞成怒,放火烧了张嘴一带几个村庄,敌人割下中队长戚连雨的头颅示众。轰轰烈烈的寿县著名的瓦埠暴动就这样结束了。

四、暴动的教训

瓦埠暴动后,中心县委于同年4月12日召开了寿县各区委、特支书记联席会议,分析瓦埠暴动的经验教训。夏秋之际,中共中央又先后派巡视员柯庆施、吴伯孚、陈文以及皖西北特委巡视员刘东生来寿县检查工作,召开会议,对瓦埠暴动失败的经验教训及意义进行了全面分析,通过讨论,大家一致认为,根据当时党的中心任务,发动非苏区的游击战争,拥护苏维埃和红军,支援鄂豫皖苏区红军第二次反"围剿"斗争,发动瓦埠暴动原则上是对的。失败的原因主要有以下几个方面:一是敌强我弱。敌人有国民党县大队和地主武装联庄会1000多人枪,游击大队仅100多人枪。二是指导错误。没有从扒粮分粮斗争取得胜利后,立即转移,而是坚持以三面环水的瓦埠镇为根据地,被敌包围,犯了教条主义错误。三是准备不够。暴动前没有做好宣传发动和组织工作,没有强调政治斗争的重要性,仅仅号召扒粮。游击大队临时组成,组织不严密。四是对敌过右。全部释放了被逮捕的地主豪绅,对敌人抱有幻想,结果使敌人集结武装向游击队反扑。五是审查不严。导致游击队中少数不纯分子向敌人通风报信,泄露机密。

五、暴动的意义

轰轰烈烈的瓦埠暴动震惊江淮大地,虽然仅仅存在4天而告失败,但意义重大,影响深远,给皖北革命史谱写了光辉的一页。一是声援苏区。暴动吸引了敌人的一部分兵力,有力地声援了鄂豫皖苏区红军第二次反"围剿"斗争。二是锻炼骨干。暴动沉重地打击了封建地主武装势力,锻炼和考验了人民,使劳动人民认识到用革命武装力量打倒反革命武装力量的重要性,枪杆子里面出政权,培养了一批土生土长的军事骨干。三是诞生红军。瓦埠暴动失败后,中国工农红军寿县游击大队自动解散,各个分散的游击小组继续打游击,1934年,在中共寿县中心县委的领导下,将各游击小组编为中共皖北红军游击大队,同年9月将中共皖北红军游击大队与中共合肥红军游击队合编为中共皖西北红军游击大队，1935年2月扩编为中共皖西北红军独立游击师。

  瓦埠暴动是中国共产党领导的安徽省较早的向反动派进行的武装革命斗争。它揭开了寿县武装斗争的序幕，威震江淮，标志着寿县革命斗争由日常的经济斗争转到武装政治斗争。瓦埠暴动产生的游击武装在中国共产党的领导下，转战皖西北，成为一支使敌人闻风丧胆的革命武装力量，这支武装力量，为以后的抗日战争，乃至中国的革命事业做出了不可磨灭的贡献，彪炳史册。

浩气长存

辛亥革命亲历记

卞秉粲

1880年,我生于寿县隐贤集附近农村一个贫苦家庭,18岁就负担了全家六口人的生活。我看到当时清朝政府腐败无能,对外奴颜婢膝,丧权辱国,对内血腥统治,广大人民处于水深火热之中,就产生救国救民的思想,参加了张树侯办的"强立学社",开始从事革命活动。我在清江王巷镇学习六个月的军事速成操,又在合肥尚桥楼孙大年药号学习数月医科,就以治病、卖戒大烟丸药为掩护,奔走各处,搞革命活动。

1906年,我由东北黑龙江去朝鲜。当时日本人在清津修建码头,从山东招去数百工人,我就在那些工人中宣传革命的道理。由于工人深受压迫,生活困苦,我的宣传工作很起作用,工人们革命情绪很高。这时宋教仁也化装成日本人来朝鲜,还取了日本名字叫桃园中结。我与宋教仁在朝鲜留居两月。当时看到工人情绪高昂,我们终日与工人在一起,进行革命宣传。工人中的领导人陈其顺,意志坚决,行动积极,曾数次召开小组会议,决定到工满时,进行暴动起义,渡图们江到中国界,与山中红胡子(当地一些猎人)联合。同时,我又与珲村柏烈武(当时他带有数百军人在那里屯田)以及延吉岗军务督办吴禄贞取得联系。我们因缺少武器,我遂于1908年春,由清津搭轮到日本东京去找孙中山先生,不料这时孙先生到云南去了。在日本守候数月,陈其顺也电催数次。等到孙先生回到东京,见面后商定了办法,正准备发动工人进行暴动时,因时间拖得过长,工期已满,工人们都已走了。而后,我在民报社工作,并参加了同盟会。孙先生指示我回国,到安徽一带进行革命活动。当年冬,我即回国,在六安西北乡新安集杨家岗,组织手工造纸厂,作为革命联络据点。

1911年,得知宋教仁在武汉,我亦去武汉。10月9日夜,早已潜藏在清军营中的革命士兵起义,占领了楚望台军械局,队长吴兆麟参加革命起义,出任指挥。总督瑞澂从后墙逃走,黎元洪逃到一个私人家里藏了起来。第二天,汤化龙等找出黎元洪,推他为都督(参加起义的有革命党人和立宪党人,成员较为复杂)。当时,宣

布中华民国为汉满蒙回藏五族共和国,以红黄蓝白黑为五色国旗,废除清政府,号召各省起义。接着,汉阳、汉口均顺利光复。汉口各国领事被迫宣布中立。

1911年10月下旬,我返回六安,适逢岳相如由寿县来,带有段子祥、权养之二人信件(权、段二人因谋炸端方,被监禁在寿县狱中),内容是说有要事相商,望星夜速来。次日,岳相如往麻埠、流波疃,我往寿县,把武汉情况密报于革命同志,并商定举义光复六安一带。1911年11月上旬,我到寿县双门铺,同李家锐等数十人持枪假装送案,进抵寿县南门;王龙亭、张孟介等率众由东门而进。清官兵毫无抵抗能力,绿营兵十数营全部逃跑,一举将寿县光复,推王龙亭为淮上军司令,分派十八营,分别招集新兵。初入营时,每人发给三百文伙食费,应募人数踊跃,三五日即招齐,未经训练即分头出发。张孟介率领一部分队伍,由正阳关往颍州;另一支往蚌埠。我同段子祥、权养之商议到合肥,半路闻合肥为孙品骖等人光复,又改道前往六安。张树侯亦由合肥赶来。六安未动干戈,即告光复。六安方面工作,由我和权、段三人负责。这时倪嗣冲进兵颍州,与革命军为敌,处处破坏革命,张孟介被迫退出颍州。六安方面的旧官吏,以王兰亭(清翰林)为首的仍有复辟之心。他们招集四乡土劣,主要是四大圩户(丁、史、刘、张),于1912年4月间持枪攻城,声言"打革命"。权、段二人为此甚为焦急。我因在六安时间较久,情况较为熟悉,经过详细了解,这些官吏和土劣,没有什么力量。这一日,我率战士数十人上城门楼,见东门外数千人,分两路攻打六安城,有的还坐了四人大轿,有的骑马。这些乌合之众,使人见之可恨可笑。我同战士举枪对准一个轿顶打去,正好击中史圩主轿顶,将轿顶打翻在地,四个轿夫,不管圩主如何,丢开轿子,拔腿就跑。史圩主半天才从地上爬起,由两个圩丁架着,拼命逃去。众见圩主如此,也各自逃命,丢掉土炮、土枪、大轿数十件。以后,这些旧官吏、土劣,虽数次想攻打革命,但由于我们组织严密、士气旺盛,不敢妄动。不久,我与李白申率领合肥、全椒李少川起义军队,驻滁(州)、来(安)、全(椒)、盱(眙)、天(长)五县,军事方面由我负责。

1913年,袁世凯派走狗张勋南下,我即赶至南京,帮助守城。为了保卫革命果实,与何海鸣等苦战数月,由于兵力不足,外援断绝,终告失败。张逆军进城,抢掠数日,人民深受其害。这时,清政府虽被推翻,取而代之的,却是各地封建军阀,人民仍然处于水深火热之中。颍州军阀王团,在六安杀人抢劫,无恶不作,激起了当地人民的反抗,由谢道明(小名叫谢小六)率领群众打得王团全团大败,王团由六安西北乡李渡口渡河,适逢山水猛涨,河面甚宽,争渡时落水淹死近百人。谢道明率义军进城,秋毫无犯,人民极为拥护。安徽军阀马联甲闻报,正赶吃饭,咬破舌头,将桌子推翻,吐了几口血说:"太平世界,失去名城,如何得了?"即调大军数十营,围攻六安,义军寡不敌众,向西退去。谢道明在六安西独山麻埠之间牺牲了。义军转移到大别山和当地人民结合起来,仍坚持英勇斗争,这对以后共产党所领导的军队起义改为红军,是十分有利的。

                                    1961 年 10 月 7 日

忆张树侯

杨慕起

张树侯（1866—1935），名之屏，寿州人。其父张子兰，是个穷秀才，因生活所迫，就馆寿县。树侯幼年从父兄读书，不久，父去世，靠哥哥西园、朗轩抚养成人。树侯求学之余，还做些杂活，如推磨、种菜等。于右任曾有诗题其所著《书法真诠》云："天际真人张树侯，东西南北也应休。苍茫射虎屠龙手，种菜论书老寿州。"

1890年，张树侯考上了秀才。此后，他渐渐接触了反清革命，产生了革命抱负，因而放弃了科举考试。他为了摆脱家庭拖累，便于进行革命活动，乃将老母妻子迁依岳家曹氏，即曹少修烈士先人之家，在寿县瓦埠地方。

1906年，树侯在芜湖结识吴旸谷等，参加同盟会，奔走革命多年，晚年成为一代书画名人。民国以后，始终未在仕途钻营，以反袁受厄，颠沛流离。他一生落魄，自甘布衣蔬食，如《堂记》所云："豆粥麦饭，欣然一饱，笔花墨雨，舒畅天怀，亦安往而不乐，然要非饱历冰霜者，不能知也。"

辛亥革命前后

1898年，张树侯先生曾和同乡孙少侯（毓筠）等密谋革命，创办了"强立学社"，与孙所办的"阜才学堂"，共同在寿县传播革命思想。接着，寿县有志青年，如孙养癯、段云、权道涵、石寅生等先后东渡，留学日本，寻求出路。他为了学习军事，培养革命力量，扩大革命活动，乃于1904年和张子嘉、吕宪集、吕竣泉、孙卓

张树侯

如等数十人，考入了安庆武备练军学堂，并与柏文蔚等革命党人联络。1905年春，他改充安庆鸣凤学堂教席，以为接洽密会场所。

原先，有皖北人郭其昌，是哥老会首领，谋在安庆起义未成，被捕下狱。树侯潜入狱中与郭其昌通气，了解到匿迹省垣的哥老会地下组织，遂与其联系，集结党人，多次密商，议定外联豫皖会党，内集在省的革命志士，共谋大举；标营中以柏文蔚为内线，先夺械弹，攻占省城。其时，树侯有《书愤》一诗云："昆仑东下五千年，莽莽神州我占先。太息武功凋谢尽，乘时恢复莫盘桓。"当得知同盟会于东京成立时，又有一诗云："同盟军书传海外，三千侠士仗江流。中原从此除膻种，汉族还须再出头。"此诗所具备的反清思想是对的，毛病出在对待种族问题带有狭隘性的色彩。由于他的活动频繁，风声所播，为寿州豪绅孙某侦悉。孙某径向江督周馥告密。周密檄皖抚，先暗杀郭其昌于狱中而不布，同日晚，又派兵来围鸣凤学堂逮捕他。幸为同志卞秉綮（寿县人，当时名华章）得悉，急来鸣凤学堂通知张树侯，他立即逃走，同前来捕他的兵，相距甚近，仅隔前后门而已。其《晚菘堂谈屑》中记有："时将天晚，在院纳凉，悉讯后，为避人疑，手持芭蕉扇一把，伪为大便，光脊而出。"

时霍邱人郑赞丞（芳荪）及李广缙（又名北申），均系淮上同志，在皖南广德筹办矿务局，遂奔就之，暂在那里隐避。清吏逮捕落空，便下令通缉，一时风声险恶。张怕致郑、李受累，乃潜走杭州，依西湖韬光寺和尚隐伏暂避，化名"尹其康"，并得与浙省革命志士相往还，一住数月。迨至缉声稍懈，始返芜湖，就任皖江公学经学讲师，得与吴旸谷等相结识，遂参加同盟会。在离杭时曾有诗云："骇浪惊涛卷地来，血花剑影事堪哀。武林一去几千里，浙水吴山日溯洄。"在芜湖曾有诗示同人云："漫言祖国凭谁挽，要识民权自有真。万里沙场三尺剑，愿将鲜血洗乾坤。"又有："频年碌碌走风尘，车马关河总怆神。世界大千犹有憾，鸠江讲学亦论兵。"可见，他反清的革命思想是很坚决的。

当时的革命，南方特盛，清廷对南方更是严加戒备。张分析当时形势后，认为北方还有隙可乘。适有卞秉綮、杨端甫在吉林胡殿甲处供职。胡是寿州人，任吉强军统领兼吉林陆军小学总办。经卞等向胡推荐，聘树侯为陆军小学教习。他于1906年秋初，毅然出塞，并约六安彭卓甫、霍山朱则羲等人同赴东北。时柏烈武（文蔚）也在东北。

当时吉林省的革命活动，咸以张树侯和柏为领袖，壮志雄心，密谋大举，惜在事将成熟之时，为吉林长官达桂（清官）侦悉，派队逮捕他们，幸在胡殿甲的保护下，得以脱险。张树侯和卞秉綮，化装夜走吉延岗，不能立足，乃潜越国境，到朝鲜清津投陈其顺。陈其顺东北人，时招募吉林边境流民（中、朝均有）两万余人，在清津为朝鲜拆城筑路。张树侯以同胞身份投效,得为陈其顺办文牍,日渐接近,即以战国时"游说"方式向陈其顺解释革命道理,动员其顺率领拆城工众参加起义,深得其顺欣许,并把他的话名之曰"打江山"。那时拆城工众多系赋敛所逼,生活无路而来,所以一招即应。于是,一面派卞秉綮往日本,谒中山先生商筹款械,一面又派工长某东北人与有关方面相约会,计划进扑吉林并策动胡殿甲为内应,期以吉垣为根据地。不意秉綮到日本,适中山先生亲赴蒙自发难,因时间较久,清津拆城筑路已告竣工,不得不将工众遣散,而柏文蔚等也都已南返,因此起义计划没有实现。记得张树侯那时有诗云:"吉林西去走车难,石子垒跟路百盘。壮志豪情余涕泪,灯光剑影照心肝。"

1907年树侯遣返家乡,就任芍西学堂教务,仍以革命思想灌输学生,同时与家乡革命同志联系。次年春,熊成基、范传甲安庆举义失败。熊来寿县,就访于芍西学堂。树侯意欲留熊在寿,约会同志举民团以应之,而熊认为皖省环境险恶,乃远走省外,不幸在吉林就义,范传甲亦在安庆牺牲,一时皖省革命转向低潮。1909年春,树侯离芍西教职,与郑赞丞同赴上海,在沪组织革命机构,寓李少川家。李家为苏、皖间同志的联络机关。树侯专任各方联络工作。1910年间,在沪同志咸以内地发展很重要,一旦首义,才有群众基础。树侯遂与张汇滔、管昆南(鹏)等先后转回寿县,组织力量,来往城乡各地,联络乡里武装,为辛亥的淮上军开创了基础。

1911年春,各方同志,群集广州,将谋大举。张树侯与董少亭动身前来,及至九江,得悉广州起义失败,乃复回里门。

是年秋,武昌起义,淮上军崛起寿州。树侯与瓦埠的方振九率乡里子弟自瓦埠湖东,迁回到湖西各集镇,城乡都是兵不血刃而光复。十月初,淮上军出师毗邻各县时,他先则率众到合肥与孙品骖相会,继则时而寿县,时而六安,时而阜、颍,与张汇滔、权道涵等人,共策整军安民计划。据权道涵生前谈,淮上军所到之处,军政府印均为张树侯所手刻。

光复以后,有些人争官、争利,喧嚷一时,而张树侯一向是奔走劳瘁,坚不钻营宦途。1912年自题小照诗云,"试把余生付金石,更将遗恨托芳编",大有借书画以了天年之慨。

癸丑,袁氏叛国,各地酝酿倒袁,他为黄少泉写了一些诗,这里录二首。诗云:"汉上军声卷地来,江淮千里战云开。浔阳九派岩关壮,赖有将军筑炮台。""帝业于今已化半,一肩行李莫还乡。朔风凛冽方凄紧,漫把良弓一例藏。"这时,倪嗣冲督皖,仇视革命党人,东南五省通缉张树侯的命令齐下,被迫先匿肥西童茂倩家。时川督陈宧,系童的学生,借此渊源,离肥潜走六安,偕同徐迁亭经鄂入川。未几,云南护国军起，他和迂亭指陈利害，策动川督归附讨袁军。1916年，他才回到家乡。继此，北洋军阀当道，国事日非，决心不参与军政活动，遂隐居教学。"五四"前后，任教燕京，目击时艰，愤然归里，匿迹于寿（州）、六（安）、合（肥）等地乡间。大革命伊始，设帐于肥西童茂倩家，每与童老谈及时政，追怀中山先生。曾有句云："北上燕京拯故国，遗留三策（指联俄、联共、扶助农工三大政策）共千秋。"当"四一二"惨案消息传来，曾以书愤诗二十首抨击国民党反动派背叛革命，兹记其一首云："风云义烈感沧桑，痛哭血花溅沪江。新义三民嗟幻影，神州暗淡恨茫茫。"此时，其子曙云（原自上海大学随周总理至广州，进黄埔，从军北伐，加入了共产党）在北伐军总部任编辑，来信问时事，复信中根据他自己的见解，有云："当今青年，如大海孤舟，方向为主，一时逆风起处，澎湃狂澜，则飘荡中流，不知所止，尔曹其勉乎哉。"并有诗云："应识庐山真面目，漫将璞玉当石沙！"

1930年，树侯应友人李少川约去上海，居沪二载，多结翰墨之缘。1934年，应前安徽省烈士省葬委员会之请，为辛亥以来安徽死难烈士撰刻碑文而回居安庆。朋辈为之欢欣，各省友人，咸以诗文寄颂，甚至有从海外寄画者。他不幸于1935年4月18日破晓，在安庆南庄岭省葬委员会内住处逝世。时余与其孙张楠在侧，先生身后，纸笔一束，清风两袖。老友柏文蔚、权道涵、孙养癯、江彤侯等缅怀旧谊，为之集资公葬于安庆城西烈士祠后院内（老火药库的旧址）。

学术简介

张树侯先生性耿介，学术方面也迥异流俗。早年潜心儒家经籍，虽然科举出身，却反对科举制度。曾致力于古典文学的研究，尤重于史学的研究，对历代典章文物，治乱得失的根源，常具远大的眼光，厚今而薄古。

艺术方面，工书画，尤精篆刻。小传有云："平生嗜好甚多，以篓贫故，力不逮亦不悔也。惟于金石文字，好之尤笃。三代篆籀暨汉唐以来诸石刻，罔弗搜罗，以资效仿，至老不衰。"书法，真、草、隶、篆，各体兼优，独辟蹊径，自成一家。古篆隶书，更擅其长。他对书法的研究，极为精审，著有《书法真诠》一本，1932年出版于上海。

绘画，自谓未精，而晚年喜作墨梅及着色红梅，笔力苍劲峭拔。据识者云，是用篆籀笔法兼以行草之功所作。

人谓其书法，源于石刻入手，谓之"铁笔"。其亲刻印章，乃属常事。巨碣大碑，均是自己撰文，自己刻字，往往不先书而以白刃刻于石上者，与书后刻者无异。

先生之遗墨,各地多有藏者,尤以本省为多。惜自抗战以来,迭经兵燹,损失不少。据说,权道涵生前藏有梅花册页一卷,并有真、草、隶、篆各体题词,所盖印章,均系自刻,可谓三绝。篆隶册页二卷,均存我处。石刻包括有通元长老(太平天国宿将)传碑,安庆五烈士碑、九烈士纪念碑、范传甲烈士碑、碧溪精舍记碑、寿县涌泉庵记碑、瓦埠方氏神道碑、合肥明教寺梅花碑以及私人的墓碑等。

著作,除《书法真诠》出版外,其遗著有《淮上革命史》二卷,是为淮上革命的专著(稿存管曙东处)。有《淮南耆旧小传》一卷,系明末以来及太平天国、捻军、书画家、方外等人物的传记。还著有《尚书注》二卷、《联语录存》一卷、《树侯印存》一卷、《晚菘堂谈屑》数卷、《诗文录存》数十卷,有的存放他家,有的存放我处。

《忆张树侯》一文的补充

杨慕起

拙作《忆张树侯》曾在《安徽文史资料选辑》第五辑发表。现就记忆所及，再补充以下史料：

一、孙中山先生曾邀张任总统秘书

1911年冬，皖省南北各县相继光复。一时各地军政分府林立，各据一地扩军，形同割据。各地乡区除散兵游勇（清兵）扰乱地方外，又有土匪趁乱打劫，民不聊生。张树侯闻知中华民国政府成立，并选举了中山先生为临时大总统。张为平靖地方，以安民生而助新政府事权统一起见，亲去南京谒见中山先生。见面时，张把来意说清楚后，中山先生连连称是，即以皖督人选何者为宜问张。张说孙少侯（毓筠）声望素著，他为革命倾家荡产，坐牢亡命，皖省人民对他佩服之至，如他到安徽可以统率各方力量，整顿秩序是不太难的。于是中山先生果断决定命孙少侯出任皖督。为了此事，树侯约请范鸿仙、龚振鹏、蒯若木、管鹏等共同支持少侯，并劝柏烈武（文蔚）为北伐计，不要离开陆军第一军去搞地方事情，暂由少侯到安徽安定地方秩序，待事权统一后看形势再说。是以孙少侯到大通为黎宗岳所阻，烈武派兵护送少侯到安庆。这就是以后少侯让位给柏烈武的预约。与此同时，中山先生面邀树侯任总统秘书，树侯力辞，要回皖协助少侯。中山先生经考虑后，认为树侯所见甚是，遂嘱树侯待皖事粗定就到总统府来。树侯随少侯同船到大通，因宗岳之阻，树侯又回南京向柏文蔚请兵，然后他们才顺利地到达安庆。这段情节有下述依据：一、张树侯《晚菘堂谈屑》记有此事。二、我跟他在安庆期间（民国二十一到二十四年），柏文蔚、孙养癯、权养之等均曾戏称树侯为孙先生的秘书。三、解放后，张树侯家成分错划为富农。"四清"时，曹家岗有曹某（现还健在）向"四清"工作组反映，张树侯没有做过国民党的官，也不是国民党员，他是孙中山的秘书，应给他家按实际划成分，这样才改为小土地出租。据上述三点证明，中山先生约树侯为总统秘书,大概是无疑的,只是树侯并未到职。孙少侯到了安庆,要派树侯任官,他也未接受,以为在野可以为革命做更多的工作。

二、"五四"时期在北京

张树侯于民国七年(1918年)冬因段紫祥(名云)之约,去北京女子师范大学教书。翌年,"五四"运动爆发,他不仅助蔡元培等反对北洋政府,而且亲为学生写标语、传单。在女师大学生游行示威时,他撰写一副对联给学生队伍高举在前列,其联曰:"敌忾同仇,爱国无罪;誓争主权,虽死亦荣。"并题本人名字的落款。这副对联记在他的《联语录存》中并有小注。此为树侯在"五四"运动时期的片断。

三、对"宁汉分裂"的态度

树侯所著《晚菘堂谈屑》中记有与权养之的对话,权先生并加眉注,兹录原文如后:

> 养之问曰:"宁汉分裂,蒋汪合流,玉阶(即朱德)举事南昌,前景如何?"余(即树侯)曰:"总理(孙中山)联共,非为一党之私,乃天下为公之至意。中共主义,仲甫(即陈独秀)为余道之甚详,然以世界潮流合吾国国情观之,共产主义适为吾国所需。总理倡苏俄为师之说,吾意民生主义之实例,非中共莫属。设吾及身见之,必书'德奉三无,功安九有'八字为中共颂。余老矣,君如身践其世,当谓余之预意不虚也。"权养之眉注云:"余坚不附蒋,志决于此时(按指民国十六年),幸留清白之身,待有今日,树老之言验之矣。1952年春,养之于皖北政协。"(括弧内字,皆笔者所加。)

四、保护童茂倩

童茂倩在辛亥时期是我省同情革命的大绅士,家住在舒城桃溪,村名童家旗杆。民国十六年(1927年),蒋介石到南京后,策动"四一二"大屠杀案,童老写诗寄给蒋介石,规劝他要奉行中山先生的主义,不应倒行逆施,引起蒋氏的反感,示意安徽当局监视童老,并有杀害之意。童无力对抗,商之于树侯,因而树侯到童家教书。这是因为,蒋介石初到南京时,曾叫林森(或于右任,笔者手头现无原件,记不清了)写信约树侯去南京,表示蒋对树侯推崇备至。树侯接到这封信(原件解放前和许多名人信件散存在瓦东各亲友家,今还在否,不知),既未回信,也未去宁。因树侯有这种声望,故童老要树侯去他家设馆,以资掩护。树侯到童家后,写了"通天教主"四个大字悬在大门头上。蒋的鹰犬要逮捕童老,问是谁封他的"通天教主"。树侯出面自认是他封的。这件事闹出后,皖省当局反而对童茂倩恭而敬之了。当时人们说,只有张树侯不怕蒋介石。此事储鸣谷(现在霍山政协)常常当故事讲,据储鸣谷说,树侯常骂蒋氏是狗,是"尖嘴狗"。

树侯在桃溪时有许多书画作品,我现尚存一件大幅梅花,题诗曰:"香不如兰蕙,艳不如桃李,只因百卉残,居然数到你。我为写其容,供入清斋里,凡事莫争先,翻能成其美。"诗意固然是题梅,其寓意深刻,盖亦有所指也。落款时间为民国十六年(1927年)冬。

五、在安庆做寿

民国二十三年(1934年)冬,树侯六十晋九寿辰,时在安庆的柏文蔚诸人发有启事寄给国内外友人,启事中有云"鲁殿灵光,民国人瑞……不伎不求,尝窃林壑之志"等语,意为树侯奔走革命多年,不在宦途上钻营。寄发的启事,附有空白宣纸斗方,盖有"晚菘堂"压脚印。"晚菘"二字是树侯自题的堂名,他写有《晚菘堂记》一幅,全文尚存于笔者处。当时国内外寄来的斗方近千张,皆是祝寿的诗、书、画。记得陈独秀、林森的斗方是短文;齐白石是绘画;翁文灏、于右任、柏文蔚、权道涵等是大幅对联及条幅;段祺瑞、汪精卫、孙科等的斗方都是四个大字,汪是"颐寿延年",孙是"松姿苍翠",段是"旷代逸贤";海外有欧美、南洋侨胞及日本朋友的斗方,有的是中文,有的是外文。权道涵的大中堂是用《香祖笔记》上的一首诗:"三十年前学六韬,英名常得预时髦。曾因国难披金甲,不为家贫卖宝刀。臂健尚嫌弓力软,眼明犹识阵云高。堂前昨夜秋风起,横扫千军胜敌矛。"他这首诗只是换了最后一句。又蔡天囚条幅诗:"祝嘏淮南拜八公,先生岂是贯书空。嶙峋瘦骨老犹健,蹭蹬才人志不穷。亮节高风为世仰,笔花墨雨夺天工。剑南格调何拘礼,喜种晚菘学放翁。"这些斗方及书画都在其族弟张辅伯家。辅伯父子是他的碑刻刀手,如安庆五烈士墓碑,皆有"属弟辅伯刻字"一语。

六、树侯的政治见解

在《忆张树侯》文中,对他的学术思想仅有几句评语,没有引证他的原话,这里补充他所著《尚书文范》中的两则,以见一斑。其自序中说:"后人一意尊经,动言三代之盛,殊于物理人情未之详审也;夫以中华五千余年之旧国,而有四千余岁之古书,宁非至宝,然遽谓四千年前之制度,即已圆满,抑亦过矣。"此段是树侯对薄今厚古之批判。

其《君奭篇评》云:"按古者七十而致仕,周召二公皆开国老臣也,武王九十三而终,是时二公至少也应在八十以上,而犹以王室无人,不能退,厥后皆薨于位。夫限年致仕,岂必防其久握政权,又岂其重少侮老哉?盖一人之身,有终身之劳,而无数年之逸,于理既不顺,而且精力已疲,思虑亦多不周,烦苦亦必不堪者。虽曰鞠躬尽瘁,死而后已,然个人之生命甚短,国家之事业方长,若但曰我尽我心,一旦瞑目而逝,一任地覆天翻,而不置一念,甚非至人之所以谋国也。是何如以天下事与天下人共之。天下大矣,人才多矣,从政数十年,皆可退而享林泉之乐,养松乔之寿,优游杖履以尽其天年,而何以大耋之年,不遑暇食,役役以终也。若但合一二私人保私产计,而欲图万年有道之长,虽圣人亦穷于术矣。"此段为树侯对职官终身制之批判。

从以上两段引文可足见,树侯的政治见解是合乎理性、顺乎历史的。

七、释疑

我在《忆张树侯》一文中,提到树侯在讨袁时期被通缉亡命四川时,曾策动川督陈宦归附讨袁军。此文发表后,有人说树侯并没有到过四川,更没有劝说川督陈宦独立和劝陈归附蔡松坡的护国军一事。实则树侯逃到四川一事,不仅其本人所著《书法真诠》一书中提到过,且其子张曙云所著《先父行述》中亦讲到,并有张在四川题《玉泉山馆诗集》亲笔手书为证。树侯所题为:"民国五年新秋合肥朱季方见赠,树侯氏时同客成都题记。"盖有亲刻印章。此皆足证树侯亡命四川说劝陈宦一事并非子虚。

八、张树侯遇害

民国二十三年（1934年）冬天，于右任到安庆，在南庄岭五烈士墓堂与树侯对话多时，竟致吵嘴。当时我和表兄张楠倒茶点烟，侍立于侧。事后方知于右任之到安庆，是蒋介石派来请树侯去（奉化给蒋家）写神道碑的。于未到安庆前，汇两万元到安庆地方银行，说是给树侯的刻工工人们的；至于去奉化的车船，侍从室已经安排好了。于右任讲蒋氏已说，将给树侯一个下届中委位置。不料，树侯不受蒋氏政治的、经济的收买，严词拒绝给蒋家树碑立传、歌功颂德，反而大骂蒋氏，斥责于右任不该来。两人大吵之后，而又杯酒言欢了，我们小孩看着真是莫名所以。于右老走后不久，又来信称赞树侯高风亮节，自愧不如。

民国二十四年（1935年）农历三月十五日下午，安徽省长刘镇华派一部马车到南庄岭接树侯去吃晚饭，我随侍前去。吃饭时并没有许多菜，也未喝酒，饭是切面打荷包蛋（这是适应树侯的爱好），树侯吃了两碗。饭后又写了几幅字，回到南庄岭已是月近中天了。

次日早上七点多钟，树侯尚未起床，我和张楠与树老同住一堂，因他未起床，我们也就落得贪睡了，直到张家豫（辅伯三子）叫吃饭，我们才起床。张楠叫他祖父起床，未闻答应，张家豫把树老被头一掀，见枕上血迹斑斑，口鼻出血，方知树老已殁。当即去找来权养之、卞秉粲等人，他们一致认为是刘镇华毒死的。柏文蔚去找刘镇华质问，刘甚惊愕，立即答应省葬，并拨给助丧费三千元在城西老火药库旧址建墓。事后柏烈武等要告刘镇华的状，而刘托马凌甫（当时厅长）转告烈武说，告状是没有用的，就是告到老蒋那里也是枉然等等。先师权养之常说，树侯如去给蒋家写碑，不会死，还能当"中央委员"，还会发财。由此可见，树侯之死，是蒋介石示意刘镇华干的，更可见蒋介石的残忍恶毒。

解放后，因树侯去世已久，默默无闻。知者虽多，也不过讲他书法篆刻而已，殊不知树侯书法仅其余事耳，其本质实是一位坚贞的民主革命战士。

朴实无华柏文蔚

靳树鹏

柏文蔚(1876—1947),字烈武,安徽寿县人。他是安徽辛亥革命耆宿、功臣,民国时期著名的政治活动家和军事将领。1927年"四一二"事变后,他亲拟电文,率三十三军将领通电反蒋,很快被蒋介石革去军权,坐了冷板凳。国民党自然不怎么宣传柏文蔚,数年前台湾才出版了关于他的著作。就笔者所见而言,主要是记述柏文蔚1927年前的事迹,对其人生最后20年的行状只寥寥数行,语焉不详。

柏文蔚与陈独秀交情很深,从青年到晚年都有深交。然而,大陆对柏的研究和宣传也不很充分。七八年前,笔者曾去安庆、芜湖、南京等地采访和实地考察,又在长春拜访柏文蔚的小女儿柏立女士(吉林省民盟成员,离休前是吉林美术出版社编审),她又示我许多史料。

柏文蔚于1896年参加皖省院试,与比他小3岁的陈独秀同榜考中秀才。陈独秀初出茅庐就名列第一,时称"皖试榜首"。此时他们二人并不认识,但都厌弃科举,倾向新学。第二年,陈独秀赴南京参加江南乡试,也是虚应故事,为使母亲高兴。柏文蔚却干脆没有再考,而是组织阅书报社,研读新书报,创立天足会,也曾务农养畜,又曾开馆授课,终于违背父命,弃馆而去,考取了求是学堂(后改名安徽大学堂)。陈独秀与柏文蔚最初相识是在1902年,地点是安庆市北门的藏书楼。柏文蔚曾改良

柏文蔚

藏书楼,并在楼内召集学生数十人集会反对《中俄密约》。因知府和学校总办干预,他愤而退学,奔走呼号于安庆、南京。当时安徽武备学堂第一、二、三班毕业生没有事做,提调谭学衡呈请巡抚成立武备学堂练军。柏文蔚报名当了学兵。他在学生士兵中创立同学会,散发反清宣传品,联络在狱中的太和县会党头领武举人郭其昌,拟集合万人在省城起事。因准备仓促,事不机密,郭其昌被绞死狱中。柏文蔚乘小船逃到大通,又换大船逃往南京,躲在承恩寺里50多天没露面。

晚清政府腐败无能,早被有识之士切齿痛恨。当时鼓动革命的人士多在学生中活动,进而在士兵和会党中活动。陈独秀等人终于意识到有成立一个秘密军事组织的必要,他同柏文蔚等人联袂做淮上行,先后到怀远、蚌埠、蒙城、涡阳、亳州、太和、正阳关和寿县等地,遍访淮上健儿,重组岳王会。岳王会取法岳武穆精忠报国精神,设秘密机关,入会要焚香宣誓,主要从事军事活动。岳王会总部设在芜湖,陈独秀任会长,这称得上是我国近代军界革命的先声。著名的熊成基起义就是岳王会领导的。

指挥黄花岗起义后殁于香港、被中华民国谥为上将军的赵声,在任南洋第九镇三十三标第二营管带时,召柏文蔚为前队队官。后赵声任三十三标统带,升柏文蔚为管带。他们积极在新军中活动,已有千余人响应革命。两江总督端方风闻他们的活动后,迫赵声去职,柏文蔚等亦云流星散。

柏文蔚1907年来到吉林,先任胡殿甲所统吉强军文帮带兼马步队总教习。当时日本国称延吉为"间岛",释之为"在豆满江之北,海澜河之南,中间之极大区域",对之垂涎已久。每天都有日本人从朝鲜会宁渡图们江经六道沟到延吉,测量地图,调查地点,而当地文武官吏从未上报。盛夏时节,又有许多日本人来到延吉,其中有陆军大将松川敏胤,精通汉文。柏文蔚与松川笔谈两日,已知日本之图谋。柏文蔚对胡殿甲说:"公对延吉有守土之责,一年来日人往来不断,公竟不报省。延吉厅同知阮公槐,终日吸食鸦片,更是不闻不问。一旦有事,上峰责备,公将何词以答?"于是胡殿甲上禀吉林巡抚朱家宝,朱家宝又转呈东三省总督徐世昌,徐世昌又转呈外务部,外务部才有命奉天训练处总办吴禄贞调查边务之行。吴禄贞,湖北云梦人,留日一期士官生,年仅20多岁,文才武略均臻上选。吴禄贞到延吉,民众均视之为钦差,声势显赫。柏文蔚曾听说吴是革命党人,就潜心下气,乘机供献,果然相谈甚欢。吴禄贞调柏为参谋,并随至长白山考察边防。吴回沈阳时对柏说:"好自为之,再来当借重。"不久,清政府有陈昭常督办吉林边务、吴禄贞帮办吉林边务之命。吴即推荐柏为督办公署二等参谋。当时清廷正缉捕宋教仁,宋的追随者吴昆到延吉找到柏文蔚。柏告以搜缉之紧急情况,筹资数百元,吴禄贞也赠500元,吴昆由海参崴改道赴日本。熊成基安徽起义失败后逃往日本，此时潜回长春，藏于同学家，并派人到延吉找到柏文蔚。柏筹500元，吴禄贞亦送500元，嘱熊速去日本。熊成基得款后未速走，被捕获，后在吉林就义。柏文蔚曾奉命赴韩国交涉边务，沿咸镜北道的会宁、清律、西湖津、元山、釜山到汉城。他从韩国户部尚书朴姓之子手中购得大东舆地全图，价500元。朴氏有二子，争图价涉讼，使日警侦知此地图为中国人柏文蔚买去，乃下令搜缉，并扬言说延吉名誉官竟成了国事侦探。一天，日本宪兵手持逮捕柏文蔚的文书问柏文蔚："你知道此人现在何处？"柏答："不知道。"因风声甚紧，柏文蔚躲入中国领事府。广东籍马总领事怕引起外交纠纷，促其回国。后来徐世昌免去吴禄贞吉林边务帮办职，升陈昭常为吉林巡抚并任边务督办，以傅良佐为帮办，代理督办职权。傅良佐猜忌柏文蔚又不敢废除，改委为屯田营管带，驻扎在距延吉200里之三里湾。

1908年夏，傅良佐与日本交涉失败，坚辞边务帮办职，清政府仍以吴禄贞继任。吴禄贞一向恃才傲岸，年轻气盛，提出自为督办，直接奏事，不受吉林巡抚节制，不然不就职。清廷应允，任命他为吉林边务督办并授以陆军协都统。1909年5月，吴禄贞旧地重游，与柏文蔚重逢，又情投意合，彼此都无限欢悦。吴禄贞就职第二天，即奏请成立新军一镇自统，组成屯田一标任柏文蔚为标统。吴对柏说："一年以后，吾人其横飞也。"秋九月，吴禄贞巡阅军事防务，来到柏文蔚所驻屯田营。吴禄贞有吟咏之才，一日夜宿汪清百草沟，吃过晚餐，吴自吟一律，韵为央、黄、忙、阳、觞五字，吟毕言："能和成者准就寝，否则罚其守卫。"旧军统领富德和胡殿甲均红顶花翎，却识字不多，就恳请免作。吴禄贞说："你们二人可不以韵拘，也不以句拘，但总得作几句才能交卷。"富德诗曰："山中雪来早，雪中见鹿蹄。"众人大笑称好，并说有古意。胡殿甲也终于憋出一句："一生做事出牛力，力未用尽扒了皮。"胡殿甲被朱家宝参革后，功名未恢复，故有此牢骚。众人捧腹大笑。吴禄贞评说："故人咏雪诗，有'黑狗身上白，白狗身上肿'之句，富、胡两统领诗句近之矣。"众人依次皆有和，柏文蔚的和诗为：

虎帐谈兵夜欲央，漏残人静月昏黄。
功名已觉三生薄，鞍马空驰十载忙。
未遂封侯非李广，犹堪勋业慕汾阳。
待当骄虏平除日，捧献澄清酒一觞。

吴禄贞和柏文蔚计划在绥芬河大甸子屯兵5000以备反清之用，柏文蔚率人

200、车马5乘亲往考察。正是隆冬时节，他们一行人走过300多里无人烟之地，经大汪清、小汪清、大青岭等地时，松柏参天，横木倒地，就清除障碍前行，在雪地露营3夜。那时柏文蔚还留着辫子（他自称"豚尾"）。一次晨起，辫子被冻在地上，牵扯不能动。他叫士兵用镐锹刨挖，辫子寸断，才从雪地爬起来。

吴禄贞终被清廷所疑，边务督办公署被撤销。吴走后，柏文蔚亦四顾茫然，无所栖止，常有饿腹恐慌。柏在东北期间曾遍访绿林豪杰，结交20多位豪强猛鸷者。

1911年10月12日，报载武昌起义消息。第二天，柏文蔚收三急电，均促其南下。他到上海后，经会议决定黄兴为武汉起义总指挥，柏文蔚为南京起义总指挥。柏文蔚为解放南京立下功勋，荣任第一军军长。清帝下逊位诏，交袁世凯主政议和。第一次议和破裂，革命军参谋本部命令国民革命军第一军军长柏文蔚统一指挥北伐各军沿津浦路北进，收蚌埠，破固镇，打下徐州。袁世凯又通电言和，柏文蔚此次指挥的北伐才告一段落。

这次议和达成协议，孙中山辞临时大总统职，袁世凯任临时大总统职。袁世凯深知南方四大都督（即江西都督李烈钧、广东都督胡汉民、安徽都督柏文蔚、湖南都督谭延闿）的厉害，特别想拉拢收买有实力又有军事才能的柏文蔚。袁世凯收买一个督军有二三十万元就足够了，对柏文蔚一出手就是一张100万元的交通银行支票，柏婉谢。袁世凯又要收柏做门生，柏也借故拒绝。袁世凯终于罢免了南方四督。一个多月后，李烈钧在江西宣布独立，二次革命爆发。柏文蔚再任皖督兴兵讨袁，陈独秀再任都督府秘书长并亲拟《安徽独立宣言》。两个月后，二次革命失败，陈独秀逃往上海，柏文蔚亡命日本和南洋。

柏文蔚一生朴实无华，安贫若素。他退出安徽到南京接任江苏都督时，全家老小随同到宁。柏文蔚母亲主持家政，经济拮据，一家人开不出伙食。有人告诉柏老太太，柏文蔚接管的造币厂钱多得很。柏老太太不明真相，找回柏文蔚大发脾气。柏文蔚才写借条借200元应付家用。

蒋介石忌恨柏文蔚，但柏毕竟是国民党元老，是国民党中央执行委员和国民政府委员，国民党的政要人物，还不敢小看他。蒋介石、孔祥熙、陈果夫、白崇禧都曾提出要给他建豪华住宅，都被他谢绝，就住在南京玄武湖旁自己买下的几间平房里。

"九一八"事变后，柏文蔚请缨出征，蒋介石不准。他请命治理淮河（柏曾写有《导淮全书辑要》序文和《导淮说明书弁言》），蒋介石也不批。柏纵有报国之心，又如之奈何？政坛上的纵横捭阖，重重黑幕，他看惯了，也看厌了，而隐居学佛。他虽然常常诵经，但并没有真正出世，也参加国民党的一些重要会议，也关心国政是非、人民疾苦和抗日大局。抗日战争期间,他隐居在湖南花垣县。当时物价飞涨,家人、亲友、部下一大帮人住在他家,只靠他每月 800 元的薪金,他与家人同吃玉米。每月薪金一到,留下日用外,都是众人平分。他常对部下说,干革命不能爱钱财。他曾和部下约定,不为子女置财产。他说到做到,死后的遗物,只有一些打了补丁的随身衣服和平时写字用的几支毛笔、两方砚台和几锭墨。他先后娶了三房妻室,有四男四女,他的子女都是自创事业。

蒋介石曾派人刺杀柏文蔚,但当他感到柏文蔚对他已无妨碍时,大面上还是过得去的。柏文蔚在湘西过七十寿诞时,蒋介石发去贺电并送去寿幛。1947 年 2 月,柏文蔚登报声明,辞去国民党中央执行委员和国民政府委员等职。4 月 26 日病逝于上海。蒋介石参加了追悼会,《中央日报》也做了显著报道。紧接着国务会议通过了六先烈国葬案,即柏文蔚、陈其美、张继、郝梦麟、李家钰和覃振。其中,柏文蔚是病逝的,因其奋斗经历和所做贡献与先烈无异也。当国民政府将国葬决定通知柏文蔚家人时,柏文蔚已安葬完毕。国葬云云,并未实行。

为什么百万之金、高官显位、宠爱亲情都不能使柏文蔚动心呢?因为他有自己的理想和追求,这就是消灭封建,铲除军阀,建立民主共和国,并身体力行。有人以"居则砥砺风节,出则动关大计""见利不亏其义,见死不更其守"来评说柏文蔚,其确确当之无愧。

抗日名将方振武

段泽源　蒋二明　江　舒

淮上自古多豪杰,方振武便是令安徽人民自豪的民族英杰。他毕生以国家、民族利益为重,为振兴中华奋斗不息,是推翻帝制的民主斗士、抗日救国的先驱、长期与中共合作的爱国将领。他曾两度下狱,三次中弹受伤,所部多次被收编或遣散,八次逃亡,久历沙场,屡涉险境,充满传奇色彩。

路漫漫其修远兮

方振武,安徽寿县人,1885年生。1905年,他进入安徽武备学堂学习军事,在这里,他受到民主革命思潮的影响,立志投身革命,报效国家。1908年11月,他参与熊成基领导的马炮营起义。起义失败,他被捕入狱,后在押解途中机智逃脱。

武昌起义爆发后,方振武参加了光复南京之战。1913年讨袁军兴,他所在的陆军第三师成为讨袁军前锋。

1921年,孙中山举兵北伐,方振武率部随征。北伐失败后,他于1924年在奉军第二军军长张宗昌的镇威军先遣第二梯队(团级编制)任少将司令。

1926年初,方振武毅然脱离反动军阀阵营,加入冯玉祥的国民军,任国民联军第五军军长。1926年秋,冯玉祥举行著名的五原誓师。方率部集体加入国民党,开始响应南方国民革命军北伐。战功卓著,他先后被武汉国民政府和南京政府委任为第九方面军总司令、第一集团军第四军团总指挥等职。

1929年,方振武被调任安徽省政府主

方振武

席。当时,省政府各厅、署负责人大多由南京政府委派。方振武本着"革除积弊、精简节约"的治皖方针,决心"肃清土匪、澄清吏治",并成立土地委员会,清查田亩,清理田赋,精简政府机构。为了便于开展工作,他强行撤换了一批厅、署官员,引起蒋的疑忌,后因联络倒蒋而被免职,又被软禁在南京,后来,又先后被关押在军法处和汤山监狱。

风萧萧兮易水寒

"九一八"事变后,民族危机日益加重。在全国抗日救亡运动怒潮的冲击下,南京政府被迫释放了方振武等人。方振武恐蒋多变,便去了上海,住在法租界亚尔培路(今陕西南路)自己早年购置的小楼内,留起胡须当起了寓公。

1932年1月28日,日军在上海挑起战端,驻上海的十九路军奋起抗击日军进攻,赢得全国人民的热烈拥护和支持,但蒋介石拒不增派援兵,遂使淞沪抗战失利。方振武忧心忡忡,义愤填膺,又为自己手中无一兵一卒而感叹,大呼:"我是两手空空,大牯牛掉在水井里——有力无处使啊!"顿时口吐鲜血,被送进中西疗养院治疗。

出院后,方振武回到位于南京羊皮巷的家中,向在北平的老友、二十九军中将参赞阮玄武发出密电:"决心毁家纾难,抗日救国。"他这时虽恢复了"自由身",但其一举一动仍在蓝衣社特务的严密监控之下。

这年初冬,方振武岳母高太夫人病逝。他沉思良久,认为这是脱离虎口的良机,于是广散帖子,大张旗鼓为岳母举办丧事。"开吊"那天,真是冠盖云集,南京的"党国要人"几乎全到了。蒋介石没有亲自来,但派了代表,还送了挽联。丧礼期间,方振武周旋于各方之中,公开表示今后将留居南京,不再去上海;私下里,派亲信去上海变卖房地和其他财产,筹集10万元换成支票,暗做动身出走的准备。

方移居南京的行动,特别是和党政军要人的频繁来往,果然麻痹了蓝衣社特务。1932年12月20日夜,方振武剃去胡须,化装成商人模样,悄然从家中走出,迅即乘上一辆马车,直奔下关火车站,踏上抗日的征程。

两周后,当方振武到达山西即将组建抗日救国军的消息传到南京时,蒋介石既惊又恼,对特务头目大加训斥:"一个中央大员离开南京你们竟不知道,岂有此理!"

壮志饥餐胡虏肉

方振武逃离虎口,微服北上,经天津、北平、大同等地,于1933年初到达山西省介休,慰劳了旧部鲍则、张人杰两师官兵,并商定成立抗日救国军。

1933年3月1日,在山西省介休城南举行抗日救国军正式成立的誓师大会,方振武出任总指挥。参加誓师大会的除部队官兵外,还有工、农、商、学各界人士2万多人。方振武将军在会上发表了慷慨激昂的演讲,并亲自宣读了抗日救国军向全国发出的通电:"日本帝国主义侵略我中国……蚕食鲸吞,有加无已……振武半生戎马,醉心革命,生死置于度外,权力更何于究心;惟念国之无日,不忍不尽匹夫有责之义。……受命之日,即以身许国之时,以驱除暴日为目的,以收复国土为职志。我至爱之将士,患难相从,甘苦与共。军行所至,纪律恪遵,不得扰及民间一草一木。……救危亡之国,解倒悬之民,碎骨粉身,义无反顾,成败利钝,在所不计。"方将军的一席铿锵的话语,使与会人员热血沸腾,大会气氛达到高潮,军民们不时爆发出"团结一致,抗日救国"的呐喊声……

誓师大会的第二天,抗日救国军出山西东阳关北上抗日。蒋介石、何应钦获悉后,屡次电令抗日救国军就地停止前进。但方振武仍继续指挥部队北上,并在行军途中,宣传抗日,动员民众。一路上,队伍像滚雪球似的越发壮大,还有不少青年学生参加进来。部队到石家庄附近时,方将军把200名青年学生组织起来,成立"抗日救国军青年学校",自任校长,为抗日培养骨干力量。

部队进入宣化地区后,5月18日,宣化县民众召开欢迎抗日救国军大会。方振武在大会上发表了感人肺腑的讲话,激动中咬破中指,在一块白布上写下"有敌无我,有我无敌"八个血字,以示北上抗日的决心。这时台下军民群情激奋,高呼"打倒日本帝国主义!""还我大好河山!"

西北望射天狼

1933年5月26日,冯玉祥在石家庄召集各界代表大会,成立"抗日同盟军",并任总司令。在会上,他发表了抗日通电。5月28日,方振武通电响应冯玉祥起兵抗日,再度申述驰赴前线抗日决心:"振武不敏,实率数万健儿,竭诚拥护,修我刀剑,歼彼凶残。胜则为少康之一旅,败则为田横之五百。"并率部到达张家口,在此与冯会合,被任命为抗日同盟军副总司令。

同盟军成立之际，日军正加紧进攻察北地区，日机连续轰炸张家口，先后攻陷宝昌、康保等城，妄图经张北进逼张家口，消灭抗日力量。6月20日，方振武、吉鸿昌奉命率同盟军主力，兵分三路，北上迎击日军。经过三小时的战斗，打败了日伪军，收复康保，残敌向宝昌逃窜。

6月30日，同盟军主力迫近宝昌，一部进逼沽源。7月1日，方、吉指挥主力部队在宝昌解家营等地与日伪军激战，歼敌3000余名。敌弃城逃往多伦，同盟军乘夜进驻宝昌。

多伦是察省的商业重镇，位于滦河上游，扼华北与蒙古交通的要道，战略位置极为重要。日军茂木骑兵第四旅2000余人及炮兵部在此设防固守，并以伪军索华岑等部为外围，集结在丰宁属之黄旗一带；日军西义一第八师团驻丰宁，互为犄角。日军还在这一线构筑坚固的防御工事。但此地周围地形平坦开阔，是个利于进攻、不利于防守之地。因此，方振武决定乘胜前进，收复多伦，为进一步向热河进攻开辟道路。7月5日，方振武接到情报，蒋介石与日军取得默契，由日方出兵，夹击同盟军，敌人正在派遣大军向多伦城增援。根据军情变化，方振武召开前线军事会议。会上一致认为必须迅速进攻多伦，以收先发制人之效。遂决定由张凌云部任左翼，李忠义部在中央，刘桂棠部任右翼，吉鸿昌率邓文部为总预备队，兵分三路，以求速战速决。6日，各部集结完毕。7日早晨，方振武下达总攻命令。经彻夜激战，至8日下午6时，敌被迫退入城内。

9日拂晓前，同盟军攻占了城外的所有据点。由于敌军炮火密集，数十架敌机轮番轰炸、扫射，抗日军阵地硝烟弥漫，尘土盈尺。方振武、吉鸿昌痛感伤亡重大，决定停止攻击，调整作战部署。

12日凌晨1时，同盟军发起全线总攻。吉鸿昌挥臂冲锋，士气大振，连克数地，直逼城下。隐伏在战壕、弹坑中的敢死队大声呼啸，跃上城头。化装成伪军潜入城内的几十个战士，也在城内鸣枪响应，同时高呼："同盟军进城了！"造成城内秩序混乱。日伪军闻变大惊，开始向城外溃窜。同盟军乃由南、西、北三门冲入城内，巷战约三小时，残敌夺路而逃。

方、吉指挥同盟军主力血战多伦，将日伪军全部逐出察哈尔省境，在抗日战争史上写下了光辉的一页，使日军受到自发动"九一八"事变以来最沉重的打击。这一捷报，极大地振奋了民族精神，增强了人们抗战必胜的信念。

但是，以蒋介石为首的国民党政府却极力阻挠破坏抗日同盟军的活动，以"妨碍中央政令统一""破坏整体国防计划"为罪名，调集16个师20多万人的兵力，对同盟军全面封锁，并和日军商定了协同围攻同盟军的计划。同时以高官厚禄为诱饵，分化、收买同盟军内的不坚定分子。冯玉祥将军被迫于8月5日通电下野，离开张家口，息影泰山。同盟军在日蒋夹击下，处境危艰。

自信挥戈能退日

冯玉祥被迫离开察省，方振武遂于8月16日通电出任抗日同盟军代理总司令，指斥蒋介石、汪精卫等"淫威所播，是非混淆，真正抗日者而招汉奸之诬，真正救国者每被反动之谤"，并下令在抗日救国军所有官兵的臂章上印上"誓死抗日，奋斗到底"的字样。根据中共河北省委前线工作委员会的建议，部队立即进行整编，由方振武、吉鸿昌指挥部队继续战斗。方、吉遂在张家口附近老君堂召开会议，分析形势，统一思想，研究作战方针和行动计划，决定"民众抗日同盟军"改称"抗日讨贼军"，誓与日伪军和投降派战斗到底，方振武任总司令，吉鸿昌任副总司令兼前敌总指挥。可抗日讨贼军离察东进后，何应钦一面赶忙调关麟征等部沿途堵截，一面加紧和日本关东军勾结，密谋联合歼灭抗日讨贼军。

10月初，抗日讨贼军在运动战中陷入重围，东、西、南三面被蒋军包围，北面被日军包围。日军用火炮和飞机不分昼夜地轰炸扫射。这时，抗日讨贼军只剩万余人了，而战线却长10余公里，处处感到兵力单薄。部队左冲右突，气力渐竭，伤亡很大。方、吉被迫于12日晚率队突围。但每个据点，每个关隘，都有日、蒋军的重兵把守，居高临下，猛烈扫射。抗日讨贼军一阵冲杀，终未能突围出去，受制于大、小汤山一带，遭到日军飞机越来越猛烈的轰炸，形势更加险恶。

在这期间，日、蒋先后多次派代表前来谈判，要求方、吉与他们合作，方振武都表示"我们一定为抗日而生，亦决心为抗日而死"。

望门投止思张俭

就在方、吉突围的当天，北平商会会长冷家骥等团体代表再到方部，说南京政府已允诺，军队由蒋收编；军长以上军官不咎既往，礼送到天津；旅长以下付资遣散。方、吉既不愿离开抗日战场，又不愿热血抗日的部下做无谓牺牲，大有"满目山川极望哀，周原禾黍重徘徊"之慨，在当晚突围失败后，不得不同意冷家骥和平收编的条件。

10月15日，方、吉率领抗日讨贼军的各位军、师长到达顺义县孙河镇的一个大庄院。这是国民党第三十二军军长商震的临时驻地。方、商曾几度为敌，方部屡次打败过商的部队。

原来，蒋、何设下骗局，企图在抗日讨贼军放下武器后，轻易捉拿方、吉等抗日反蒋的将士，并悬赏10万元捕杀方振武。何应钦以为方、商素有冤仇，遂打电话要商震扣押方振武。商不愿冒天下之大不韪而为他人火中取栗，当即回答："要扣你们扣好了，我商震也不能做对不起人的事。"于是，何应钦又派蒋军嫡系第十七军军长徐庭瑶前来"洽谈"。

当天中午，商震盛宴款待方、吉、徐众人。开饭前，商的亲信劝方振武脱去上将军服，暗示情况不妙。方即换上长袍马褂赴宴，并于席间托言去厕所，而和吉鸿昌及部分军、师长乘坐北平八大团体的汽车，冒雨开向天津。

这顿饭直吃到傍晚。徐庭瑶原以为方、吉在商震军部，一切当由商震负责，不料方、吉竟久不回座。他急忙四下打听，得知他们已乘车而逃，就一面用电话派人把守住通往天津的所有道路，一面派自己带来的特务排，乘两辆最新的卡车追缉。

方、吉车队开出5公里，驶近一座大桥时，突遇关麟征部一个连的拦阻，问方先生在哪辆车上。坐第一辆的冷家骥，第二辆的吉鸿昌都说在后面。问到最后一辆车，方的随从苏友文也说方先生在后面。幸好关部官兵不认识方振武，天又将黑，远处两辆汽车正亮着灯飞速开来。于是士兵把后面的汽车当成方的座车，方见后有追兵急忙下车，士兵却拦着不让下。方说要小解，嘴里还咕哝说："都是方振武一个人搞的，害得我们大家跟着受罪。"苏友文也陪着方到凹地"解手"。就在后面的卡车快要靠近时，桥头忽然响起集合的哨声，监视他俩的士兵赶忙去集合，准备抓"要犯"。方、苏乘势沿着湿漉漉的高粱地逃脱了。

天刚黑，方、苏二人遇上三师二营的一个营长，这个营长不明白商震等上层将领的心理，喜滋滋地打电话向商震邀功："报告师座，方振武被职营捉住了！"商说："方振武早到北平了，哪有第二个方振武？"这个营长只好在疑惑中放走了两人。

方、苏又摸黑跑了几十里路，到了通州东北的一个村庄。时已入夜，一两百户人家中只有一家灯火未熄。方连忙去敲门，正好是村长家。

这时，忽然外边传来一阵枪声和狗吠声。村长连忙把方、苏两人藏到柴草堆下面的地窖里，原来何应钦已派一个旅在附近各村挨家挨户搜查，不一会就有十多个士兵蜂拥而入，大声喝问："你们这里有没有逃来方振武、吉鸿昌的溃兵……窝藏溃兵是犯法的！"村长说："我是村长刘全福，常去你们司令部送草料，副官们都认识我。我村里没有窝藏坏人。"这些士兵搜索一阵后，便呼啸而去。

村长见方、苏都穿着长袍马褂和皮鞋，便找来几件破旧棉衣给他俩换上，并在方振武的要求下，连夜把他们送了出去。临别时方要把自己的金表送给村长，村长坚持不受，后来方到香港后，还是托人带200元酬谢了这位村长。

他们顶着寒风，直到次日下午3点才到通州，行至北门娘娘宫附近，又被一个便衣侦探拦住。

那家伙一检查，看到方将军的破旧棉衣里露出羊毛衫裤，两人身上都有金表，就把他们带到娘娘宫里的一个营部。那个营长正在破口大骂："这一伙亡命之徒，称什么抗日同盟军，借抗日的好听名词，把地方搞得乱七八糟……真是罪大恶极！"方将军一生英雄，怎能忍受这种辱骂，便慷慨正言："我们是抗日的军队！我就是方振武！抗日还犯法吗？你这位也太不礼貌了吧！"那人一听方振武就在眼前，马上赔笑说："我姓丁，本营营长，也是安徽人。我年轻，不会说话，请原谅！"方问："你们属中央军哪一部分？""属徐庭瑶部。"方说："就是徐军长本人在这里，也会看在抗日和同乡的分上，客客气气招待我的。请借给纸笔，我给徐军长写信，请他给我解决一点路费！"

丁营长一边敬上烟茶，一边为难地说："现在外面风声很紧，您老还是早点离开为好！"于是掏出5元新钞票给方，扭脸对门口的卫兵说："让他们两个走吧！"

方、苏连夜到达天津，投奔老友徐谦。为了不连累友人，方振武决意孤身出走，但要求徐谦多提供些抗日图片，以备到海外大做抗日宣传。为掩人耳目，徐谦在自己出资办的《益世报》上发表"方振武在天津鹿钟麟住宅被刺"的消息，又买了意大利皇后号轮票，让方化装去了香港。

我以我血荐轩辕

"七七"事变后，国共合作抗日，方振武热血沸腾，立即从意大利威尼斯返回祖国，冀图重返抗日战场。他到南京后，与蒋会谈，陈述抗战建国方略，请示赴前线抗日，蒋口头上表示慰勉。上海陷落后，蒋介石任命方为"军事参议院参议兼办公厅主任"。面对这不能带兵的空头衔，方苦笑着说："蒋先生要把我送进画眉笼子里去啊！"

"壮士匣中刀，犹作风雨鸣。"方振武空有满腔抗日报国之志无处施展，内心非常痛苦。在参加抗日无望的情况下，他于1938年7月到广西桂林，筹办一所垦牧场，专门收容安徽及其他各地沦陷区逃亡的青年、学生，一边做"农工合一"的经济实验，一边积极组织人力、物力，并通过华侨捐款，购置枪支弹药，准备亲手训练一支队伍，奔赴抗日战场。但蒋介石最怕他的宿敌再拉起武装，遂派特务严密监视、控制，不断干扰、破坏。方振武被迫于同年10月离开桂林，迁居香港，继续在香港居民和海外华侨中做抗日动员工作。

1941年12月,香港沦陷后,方振武安顿好家人,准备独自回内地参加抗战。友人提醒说路上不安全,蒋介石也对他不怀好意。他坚决地说:"英美已同日本干起来了,老蒋还能不跟英美走？我想他对主张抗日的人,还不敢怎么样!"遂由元朗间道化装逃出香港,不料刚到广东中山县境,就被戴笠的特务部队"保护"起来,不久,特务部队奉蒋介石密令,将他暗害。这位叱咤风云的抗日名将壮志未酬,便惨遭毒手。

大浪淘沙中的高语罕

刘敬坤

一

翻开当年的《新青年》,人们会发现两个读音相近的姓高的人,一个名叫高一涵,另一个名叫高语罕。当时很多人弄不清楚,以为"两高"是一个人,弄得在北京大学当教授的高一涵只好在报上登出声明,说高一涵和高语罕是两个人。高一涵是六安人。

高语罕原名高超,是安徽寿县正阳关镇人。这正阳关居颍河、淠河入淮河的地方,处在商业要冲之地,自然也是财富集中的地区。镇上大的商号很多,其繁荣程度,远超过寿县县城。镇上的人走南闯北,见多识广。

高语罕1888年(清光绪十四年)出生,在镇上读了几年私塾后,于1905年中国学生兴起"留东"之际,赴日本留学,入早稻田大学攻读,与陈独秀相结识。1907年,大批"留东"学生为沙皇侵犯我国东北边境,在日本集会抗议,被日本政府驱逐回国。高语罕回国后,即参加同邑人柏文蔚领导的秘密革命活动,初在凤阳省立第五中学任教,后至芜湖创办工人夜校,曾参与熊成基在安庆领导的马炮营起义。辛亥革命后,柏文蔚任安徽都督,陈独秀任都督府秘书长,组织革命党人为安徽青年军,高语罕被任为秘书长。讨袁之役失败后,高语罕于1914年自安徽转赴上海,与陈独秀在沪上往来密切,成为终身挚友,积极参与陈独秀等发起的新文化运动。1915年9月15日,陈独秀筹办《新青年》杂志(原名《青年杂志》,第二期更名为《新青年》杂志)时,高语罕积极参与工作,并成为《新青年》的主要撰稿人。1917年1月,《新青年》由上海迁往北京编辑出版,高语罕亦自上海移住北京。1920年10月至11月间,经李大钊和张申府介绍,高语罕参加北京的共产主义小组,并在稍后参加了北京马克思主义研究会。1921年,高语罕编著宣传马克思主义的《白话书信》,在上海亚东书局出版,在国内产生了不小的影响。同年7月中国共产党在上海成立后,《新青年》成了共产党的机关刊物,又出版了《向导》,高语罕经常在这些刊物上发表文章。1922年,高语罕赴德国留学,入哥廷根大学学习政治经济学,并受中共中央指示,将旅欧的个别中共党员及组织合并组成一个中共旅欧总支部。高语罕被编在中共德国支部。

1925年春,高语罕自德国留学回国,中共中央局书记陈独秀安排他担任上海总工会宣传科主任,并兼任上海大学教授。同年12月,受黄埔军校政治部主任周恩来的聘请,任该校政治教官,讲授《政治经济学概论》。在讲授课程时,高语罕仍不忘提倡白话文,认为要使白话文成为革命事业的宣传工具,要推广普及,用到革命生活的一切领域中去。高语罕在黄埔军校授课,很受学员的欢迎。1926年1月,国民党召开第二次全国代表大会时,高语罕当选为出席代表,并被中共中央指定为中共出席二大的党团书记。他在大会上发言说:"改造整个社会,不是光靠打倒几个人就行了。我们目前是要打倒北京政府的段祺瑞,但如果不注意肃清我们革命阵线内部的反革命分子和反革命思想,南方恐怕也会出现段祺瑞。蒋介石倘若有反革命的思想和行为,我们也会以对待段祺瑞的态度来对待他,打倒他。"在其他的集会上,高语罕也经常说:"谁要反革命,就要以对待段祺瑞的态度来打倒他。"蒋介石听到高语罕说的这些话后,对人说:"高语罕骂我是段祺瑞,要好好对付他。"

在国民党"二大"上,高语罕当选为中央监察委员,后任中央监察委员会常务委员。1927年3月,高语罕任武汉国民政府财务委员会委员,一度主编《民国日报》,后任国民革命总司令部政治部宣传科长。李何林当时从南京东南大学跑到武汉,找到高语罕说"我家住在霍邱城里"(霍邱县城距正阳关三十公里),就被留在总政治部宣传科。1927年7月下旬,高语罕带着李何林,从汉口到九江,住在甘棠湖烟水亭黄琪翔第四军军部。7月25日,高语罕和叶挺、贺龙、叶剑英、廖乾吾,在雇的小船上召开会议,商讨如何在中共领导下,共同联合起来,以武力来反抗国民党右派的白色恐怖。这次会议史称为甘棠湖"小划子会议"。高语罕等人主张,叶挺、贺龙率军迅速离开九江,前往南昌,准备举行起义。高语罕受命起草《中央委员会宣言》,刊于1927年8月1日南昌的《国民日报》。高语罕和李何林都参加了"南昌起义",这是李何林亲口告诉我的。

二

南昌起义失败后,高语罕辗转又来到上海。这时,陈独秀已离开中共的领导位置,在上海闲居。中共中央要陈独秀和高语罕到莫斯科共产国际去述职,陈独秀拒绝前往,高语罕与陈独秀采取共同行动,亦拒绝前往。这时,陈独秀不便公开,也不能公开出面,一切和外界的联系,都由高语罕代为办理,实质上高语罕成为陈独秀的义务秘书。陈独秀和高语罕均不同意由他们负大革命失败的责任,完全不接受共产国际和中共中央对他们的处理,并开始接受托洛茨基的理论。1929年11月,陈独秀和高语罕被中国共产党开除党籍后,高语罕参加陈独秀与彭述之等在上海组织的"无产者社",并参加陈独秀任总书记的"中国共产党左翼反对派"组织。1932年,陈独秀被捕后,高语罕避居香港,靠卖文度日。1937年"八一三"淞沪抗战爆发,高语罕自香港返抵上海,随即返回故里寿县正阳关。

高语罕回到正阳关家中,恢复使用高超原名,亲邻也都知道高超就是大名鼎鼎的高语罕,是曾经见过大世面的大人物,大家也都代他保守秘密。地方政府也知道原来的共产党人高语罕返回故里,但此时是国共合作时期,所以也对高语罕不闻不问。1938年春夏之交,皖北凤阳、定远等地大量难民拥向武汉,高语罕也用高超的名字在镇政府领了张难民证,后作为难民到了武汉,住进汉口的难民所(此时汉口各学校停课,改为难民所,每日由公家供应稠粥两餐)。高语罕在汉口和由南京搬到汉口的《新民报》取得联系。《新民报》后来没有在汉口复刊,较早由汉口包轮到达重庆(《新民报》负责人陈铭德夫妇均为四川人),高语罕也搭乘该轮到了重庆。当年8月陈独秀由汉口乘轮到达重庆时,高语罕还至朝天门码头迎接。

陈独秀在重庆只短期居住,即受江津的邓仲纯邀请移住江津。这时国立第二安徽中学(后改称国立第九中学)在江津德感坝成立,校长陈访先(国民党中执委)只是个名义负责人,实际负责校务的是总教导主任兼高一分校校长邓季宣(邓仲纯胞弟),和陈独秀也是友好。在江津德感坝居住的安徽人很多,南京支那内学院的佛学大师欧阳竟无也住在江津。高语罕也自重庆移住江津。据沈醉在《戴笠其人》一书中说,戴笠和胡宗南到江津拜会陈独秀谈话时,高语罕一直在场。这时,人们在江津的江滨公园,经常可以看到一位身着长衫的斯文长者在园中散步,此人就是高语罕。有时高语罕也去支那内学院与欧阳大师交谈,大概也化名为重庆《新民报》写点文章,换取点稿费维持生计。1942年5月,陈独秀在江津病危时,高语罕也是最后与之告别的一人,并送陈独秀棺木下葬。

1946年春,高语罕随《新民报》人员乘船到南京,住在城南一低矮民宅中,继续以化名为《新民报》写稿维持生计。1948年,高语罕患病卧床,也无钱医治,原想回故里正阳关家中养病,而此时解放军已逼近皖北。高语罕想到自己是陈独秀的追随者,两人又是老友,就放弃回故里念头,去函家中,请胞妹到南京照顾其病情,不久即在南京病逝。其妹辗转设法,将高语罕棺木运返故里安葬。

忆父亲卞秉粲

卞纯一

家父卞秉粲（华章、炎武）1880年生于寿县隐贤集附近农村一个贫苦家庭，十八岁就担负六口之家的生活。祖父卞朗清，吃素，念经，不管家事。祖母早年病故。家父目睹清政府腐败无能，丧权辱国，割地赔款，广大人民处于水深火热之中，因此救国救民的思想，在年轻时便开始萌生。他身高一米八二，身强貌秀，幼时家贫，读书不多，自学成才，好习武，遇有不平之事，挺身相助，曾参加张树侯办的"强立学社"，结识了石寅生、权养之（道涵）、段子祥、孙少侯、柏烈武、李白申、郑赞丞、张子嘉等，经常与他们讨论时事，偶议反清，开始了革命活动。接着又经过了六个月的"军事速成操"集训和短期的医科学习，就正式以卖药治病为掩护，奔赴各地，进行革命活动。

寿州柏文蔚应募投身安庆武备练军学习军事。张树侯和我父亲也相继来安庆，联合会帮首领郭其昌，密谋革命暴动，不幸事泄。柏文蔚、张树侯、卞秉粲等先后出走，郭被杀，党众四散。安徽在辛亥革命前，暴动虽然未能成功，但已成为辛亥革命的前奏，为推翻清王朝迎来更大的暴风骤雨。

清光绪十九年（1893年），太和武举郭其昌密谋结社，被清廷侦知，将郭押送安庆，过了几堂，郭如实承认，自己是哥老会的会首，却宁死也不暴露其他弟兄的姓名和住址，官府无奈，便将郭关在安庆臬司监狱。

据《界首县志》记载以及郭其昌的侄孙郭云健同志说，在郭其昌被押解安庆以后，他祖父郭赐昌（嘉宾）、三叔郭贺昌（寅宾）、叔伯祖父郭鸿宾及许多哥老会的弟兄们，奔赴安庆，设法营救郭其昌出狱。由于人地生疏，筹划多年，营救未成功。

光绪三十年（1904年），反清革命力量越来越大，参加孙中山革命组织的有卞秉粲、张树侯（都是寿县人）等人，后来柏文蔚在他俩的鼓动下，多次买通狱卒，进狱探访。他们得知郭的旧属有不少在安徽军界干事，同党也遍及各地，于是通过郭其昌的关系，串联青阳、望江、怀宁等处的帮会，组织急进先锋队，密谋举行万人大暴动，计划是：举火为号，打进监狱，救出郭其昌，释放狱囚。新军响应，占领安庆，然后北进淮颍，与当地会帮联合，进而北伐中原，直捣燕京。具体办法是：郭鸿宾化装成钦差大臣到安庆巡视，由随从提着一只装有炸药的手提箱，到安庆朱抚台（家宝）家，乘机把朱炸死，并以爆炸声为信号，群起围攻臬司监狱。因为火捻子燃到箱边而熄灭，未炸成。朱抚台立即下令捉拿郭鸿宾、卞秉綮、张树侯等人，张树侯逃到广德县，我父暂时隐蔽，后流亡黑龙江。在此之前，家父同郭赐昌、郭贺昌、郭鸿宾等人密商，布置再次暴动。不意暴动计划被叛徒朱沛霖向官方告密，朱抚台便急忙决定将郭其昌斩首示众，妄图斩草除根。柏文蔚得到郭其昌被判死刑的噩耗，立即通知郭赐昌，设法劫法场营救。这个计划又被朱沛霖告密了，朱家宝惊恐万状，不敢公开杀害，便暗地在监狱内把郭其昌绞死，时为光绪三十年（1904年）。郭其昌壮烈牺牲年仅38岁，此为辛亥革命在安庆牺牲的第一人。这时情况益加危急，柏文蔚化装成剃头匠，担着剃头担，由安庆南门逃出，在双河口登船去南京。当时在安庆准备起义的哥老会众会员，由于郭其昌之死，连夜逃散。

　　1905年家父流亡到吉林，吉强军统领兼吉林陆军小学总办胡殿甲是寿县人，他很重视我父亲的军事才能，将有关军事方面的军务，交我父代管。张树侯也到吉林，经我父向胡殿甲推荐，聘请张为陆军小学教习。柏文蔚、杨端甫（以后在淮上军六安司令部我父部下任职）和六安彭卓甫、霍山朱则义等人亦相继赴东北。这时吉林省的革命活动，在淮上有志青年的推动下，密谋大举，就在这举义即将酝酿成熟之际，为吉林清官吏达桂侦悉，派队逮捕他们。因为胡殿甲是安徽人，又与我父相处很好，在他的保护下，我淮上志士得以脱险。家父与张树侯化装夜走吉延岗。1906年我父被迫由东北去朝鲜。当时日本人在清津修建码头，从山东招去数百人，我父亲也混在其中做工，利用这一机会，在工人中宣传革命道理。由于工人深受压迫，生活困苦，经我父的宣传鼓动，大大激发了工人的革命情绪。这时宋教仁也化装成日本人来朝鲜，他还取用日本人的名字叫桃园中结。我父与宋教仁、张树侯、商震（启禹）在朝鲜留居两月，看到工人们的高昂革命情绪，十分高兴。当时工人中的领导人陈其顺在我父的宣传影响下，意志坚决行动积极，曾数次召开小组会，决定到工满时举行暴动，再渡图们江，到中国界内与山中红胡子（一些猎人）联合。为了帮助和支持他们这一行动，我父又与恽村、柏文蔚（当时他带有数百军人在那里屯田）以及延吉岗军务督办吴禄贞取得联系，但因缺少武器，革命同志一致要我父到日本找孙中山先生。1908年春，家父由清津搭轮到日本东京，不料这时孙中山先生到云南去了。我父在日本候数月，陈其顺电催多次，等到中山先生回到东京，商定办法，准备叫我父回来发动工人进行暴动时，因时间拖得太长，工期已满，工人们都已走了，我父只得留在日本的民报社工作，入日本宏文学校学习。同年,在日本参加了同盟会。不久,奉中山先生的指示回国。我父回国后,即在六安西北乡新安集附近李渡口东岸约一里的杨家岗,组织手工造纸作为革命联络据点。此时,张树侯、杨端甫等革命同志经常往来此间。

1911年春,家父去武汉和宋教仁合作。由于武汉革命形势发展很快,9月又赶回六安。适逢岳相如由寿县带来权养之、段子祥两人信件(权、段二人因谋杀端方被监禁在寿县狱中),内容是说有要事相商,望星夜速来。次日,岳相如往麻埠、流波疃,家父往寿县把武汉情况密报于革命同志,并与权养之、段子祥等密定举义光复六安一带。因家父在六安活动时间较长,情况比较熟悉,这时我的父亲已与我的母亲韩本贞结婚。母亲是个贫苦农民出身,早年丧父,孤儿寡母住在六安新安集附近韩家园,终年过着日不糊口的生活。

同年10月上旬,父亲到寿县双门铺,同李家锐等数十人持枪伪装送案,进抵寿县南门,因家父有一定的武功,熟习军事操练,在六安、寿县之间,招安一批流民廿余人,手持十三太保(当时是比较先进的手枪),枪法准。王龙亭、张孟介率众从东门进攻,当时城内虽有官兵十数营驻防,但毫无抵抗之力。里应外合,一举光复寿县。我父亲带领战士打进寿县监狱,救出权养之、段子祥二人,与权、段同时被捕的有孙少侯,因孙是清末宰相孙家鼐的家族侄孙,同时孙家鼐又是端方的老师,故早被救出。这就是著名的寿县起义。寿县光复后,即成立了淮上革命军司令部,推王龙亭为淮上军总司令,张孟介、张纶、袁家声为副总司令。着手改编清军,招募新兵,编成十八个兵营。新兵初入营时,每人发给三百文伙食费,应募人数踊跃,三五日即招齐,未经训练便兵分三路向皖北各州县和合肥等地进军。张孟介率领一部分队伍,由正阳关向颍州、阜阳挺进;另一支由袁家声、杨穗久等率领,向蚌埠、定远、怀远等地进军。家父与权养之、段子祥等率队出征合肥,半路闻合肥为孙品骖等人光复,又改道经六安、霍邱等地,张树侯也由合肥赶来,清军闻风逃跑,六安、霍邱未动干戈即告光复。权养之为淮上军六安军政府司令,段子祥为副司令(权、段二人是文弱书生,因坐牢身体不太好,养之先生在坐牢期间,其父因焦虑过分而去世,对养之刺激很大),我父任副司令兼参谋长和财政局长。张树侯虽在六安,但他不愿任职,当时六安工作,实际上由我父亲主持,司令部设在六安田家拐(现六安军分区),秋毫无犯,政纪严明。杨端甫也在司令部任职,还有陈仲禹(解放前系安徽地方银行财务负责人)、杨思道(抗日战争时期任立煌县县长)都在我父部下任职。这时倪嗣冲进兵颍州,与革命军为敌,处处破坏革命。张孟介被迫退出颍州,六安方面的官吏以王兰亭(清翰林)为首,住六安西北乡顺河集(王集),仍有复辟之心,他们招集四乡土顽劣绅主要是丁、史、刘、张四大圩户,于1912年4月,持枪攻城,声言"打革命"。权、段二人为此甚为焦虑,家父因为对六安情况较为熟悉,经过详细了解,这些官吏土劣没有什么力量。这一日,我父亲率战士数十人,上城门楼,见东门外数千人,分两路攻打六安城,我父带领战士英勇还击,招安的二十余人更是英勇善战,利用手中"十三太保",打得进犯之敌拼命逃跑,丢掉土炮、土枪、大轿(当时有的圩主坐轿观战)数十件。以后这些旧官吏、土劣,虽然多次想攻打革命党人,但由于革命军组织严密,士气旺盛,不敢妄动。不久,家父与李白申(霍邱人,是一位淮上军的文人,经常是张树侯字,李白申文。他只留一子叫李文华,李久居我家,死后,其子由我父母抚养成人,娶妻胡桂珍,抗日战争爆发后,随我全家来六安。1938年春,带妻回安庆农村)率领合肥、全椒李少川起义军,驻滁(州)、来(安)、全(椒)、盱(眙)、天(长)五县,我父任国民革命军五县司令。

  1913年因革命形势发展,国贼袁世凯派走狗张勋南下,我父赶至南京帮助守城。为了保卫革命胜利果实,与守城将领何海鸣等并肩苦战数月,终因兵力不足,外援断绝,加之内部矛盾重重,以致南京失守。这时家父化装隐居在谢运甫处。谢是广西知名人士,李宗仁先生青年时,曾在他家办的小学任体育教员。谢运甫住南京竹桥十七号,以后我的大姨表姐(由我父母抚养成人)与谢的外孙侯剑农结婚。张逆军进城,抢掠数日,人民深受其害。我父深深感到虽然清政府已被推翻,但取而代之的,乃是各地封建军阀,人民生活仍然痛苦不堪,先烈的血迹未干,他们就争权夺利,忘记了革命,家父一气之下,就去江南煤矿工作,后又回到安庆从事手工织袜,维持生活。1926年在中国共产党的领导下,革命形势发展很快,家父又投入革命洪流,任新组建的北伐革命军暂编第六军(军长是石寅生)第二旅旅长兼前敌总指挥(没有师),并收编了山东的张小扁两万余人,装备良好,在皖北一带与军阀进行英勇战斗。1927年蒋介石发动"四一二"反革命政变,军长石寅生被扣南京,家父带领该部转战安徽涡阳、蒙城一带。由于内部矛盾,互相争权,这股革命军终于瓦解。父亲回到江南殷家汇,从事织布开矿事业,李白申、张树侯也在我家,李白申夫妇在殷家汇先后去世。不久,我家就迁到安庆北门西丁家巷,仍从事手工织袜,张树侯当时也在我家,后移住南庄岭,经常来往的还有权养之、柏烈武等。

  1931年,六安红军暴动,国民党反动派陈调元派兵进行残酷镇压,六安新安一带不少共产党人,如韩家声(后在大别山战争中牺牲)、杨福初等,来到我家,我父多方进行掩护。1933年柏文蔚、权养之以"安徽省烈士省葬委员会"之名,多次聘请家父主持设计辛亥革命烈士墓。在家父的精心设计下,这一工程完工,并按期举行安葬仪式。此时商震任河南省主席,多次要我父亲去帮助他主持河南工作。我父亲当时看透了反动当局的腐败,拒绝了商先生的邀请,仍从事手工织袜。

抗日战争期间,家乡沦陷。家父不满国民党政府的消极抗日方针,又多次拒绝有关方面的聘请,先后在六安、立煌从事手工造纸和筹建普益农场。县长杨思道帮助选择洪石岩为手工造纸厂厂址(生产土报纸)。筹金由当时省地方银行陈仲禹贷给。此时常与友人石寅生、权养之来往,他们都住天堂湾,石当时任安徽省副参议长,听说被省主席李品仙迫害,含恨而死。权是参议员,1943年因生活所逼,带着妻儿步行回到寿县三觉寺。

中华人民共和国成立后,"一唱雄鸡天下白",家父受到党和人民政府无微不至的关怀和照顾,非常高兴地参加了省文史馆工作和民主党派(民革成员)的活动。1961年10月24日下午,有省委第一书记曾希圣等领导同志参加,在省政协举行辛亥革命老人座谈会,省委负责同志与家父亲切交谈,并说"卞秉粲老先生,是在座年龄最高者,也是辛亥革命时有功的老人"。家父还向在台湾的老同盟会员多次发出呼吁,要求他们认清形势,响应中国共产党的号召,为早日实现祖国统一大业贡献力量。我父亲晚年生活得十分幸福,虽然在"文化大革命"期间,被诬陷为日本特务、反动旅长、司令,但是他坚信这不是中国共产党的正确路线,而是一股逆流,他仍然工作干劲十足,先后在合肥西市、中市、师范学校、省文史馆创建纸厂,为合肥造纸事业打下了基础。后于1973年7月病故,享年93岁。

(周海平整理)

桑梓人物

种菜论书老寿州

高 峰

最近两年,有事没事,总是爱往菜园里跑。这真是一件十分奇怪的事情,也许与年龄有关吧,菜地犹如寺庙教堂,可以有所寄托。但寿州城被黑桶似的城墙箍着,弹丸之地,寸土寸金,城中居然有开阔之地不被开发盖楼而用作种菜,何其奢侈!又是一件让人不得其解的事。

春天的时候,我初访西园菜圃,从北大街的观巷进入,但见北山清苍一抹,城墙乌青逶迤,水泽淡然,清风鸟鸣。当然空气中也有一股不太好闻的大粪的气味。我也不能打扰菜农的劳作,只能聆听菜畦旁边溪水的浅唱和菜花上蜂蝶的轻吟,对着

红旗闸(图片提供:高峰)

一株白菜长久地发呆。在一条长满蒿草的溪涧的尽头，几块条石担起了一架小桥，它几乎被茂密的草蔓遮蔽，但我还是看到了桥洞上方的一块青石上的行书碑刻："毛主席教导：水利是农业的命脉，我们也应予以极大的注意。"这是上面的一行，中间是"红旗闸"三个大字。下面一行落款：中国共产党寿县城关永青管理区总支委员会，公元一九七二年五月十六日。我完全揣摩了上面的碑文之后，我的心跳加快了，我的瞳孔张大了。这一块埋没于菜圃野溪的碑石，竟是出自已故近代著名书法大家司徒越先生的手笔。

司徒越（1914—1990），原名孙方鲲，号剑鸣，安徽寿县人，晚年精研书法，擅长狂草、金文。作品以真入草，别有新意，1976年其作入选日本书展，名动海内外，亦擅书法理论、考古等，发表《草书獭祭篇》《关于芍陂始建时期的问题》等。王业霖先生曾说："提起司徒越，大家都说他是著名的书法家。他的狂草、大篆，在我省、在我国都是独树一帜的。其实，这只是以蠡测海的皮相之说。可以毫不含糊地说，司徒越首先是一位思想家，他那极为活跃的思想，就如同他那翻飞连绵的狂草，绝无片刻的凝滞和僵化。冷峻的时代没有让他留下多少皇皇巨著，偏远的地域又很难使他产生声闻于天的社会效应。对这些，司徒越并不介意。"当然，不介意的先生在书写此碑的一九七二年，还没能享有名动海内外的狂草大家的声誉，且身处水深火热之中。"文革"期间，先生在寿县博物馆工作。说是博物馆，其实就是一座荒芜的破庙。说是工作，其实是被"专政"的对象。造反派们对这位儒雅清瘦的老人没有什么名堂可搞了，却知道他的字写得好，于是就"废物利用，把出专栏、写大标语的政治任务、革命工作交给司徒越，他出的专栏，在版面形式上是第一流的，甚受青睐"（《寿县文史资料》第三辑）。时间过去了几十年，在寿州民间，仍有这样的传说：司徒越先生头天出的专栏，第二天就被人悄悄揭走，人们看到了先生于卑微屈辱中不懈精研书艺，不经意间已显露了日后大家之象，纷纷玩起了收藏。

我为在西园菜地的发现而激动不已。我在"红旗闸"桥碑旁久久盘桓，想透过先生这笔力雄健书影，回望历史烟尘中一个已逝书者精妙的书艺和高洁的人品。不论当初司徒越先生是受人之邀或是不得不接受的"政治任务"而书写了此碑，逝去的一切都不重要了。重要的是，它在喧嚣的风雨岁月中被寂寥地保存了下来，它用坚硬的石质完整地保留着那个时代的鲜明的烙印和一个书者的辛酸人生。它已是西园菜圃不可分割的一部分，它是菜洼里长势很旺的"黄心乌"白菜的菜心。

寿州本地有一种白菜，茎短，簇生厚实绿叶，包裹紧密球状菜心，色嫩黄如明玉，民间称为"黄心乌"。寿州人爱吃"黄心乌"是有历史渊源的，在乾隆和光绪的《寿州志》上，"菘"都是摆在物产之蔬的第一位。不但如此，寿州人在口味上始终如一,保持着一种让人难以理解的执拗和挑剔,也就是说,非本地东园西园的白菜是不买账的。因此,有宋之城墙以来,3.65平方公里的小小城池里,人们往往南城而居,南密而北疏,住得再拥挤逼狭,也要留着城池东北和西北的两片菜畦。寿州爱吃白菜,也会种白菜,除了一代又一代的菜农守着这方菜地,把春夏秋冬的菜园经营得精巧别致、四时新鲜以外,寿州还有一位"种菜"高手,他就是民国时期大诗人、大书家张树侯先生。司徒越先生为西园菜地题写桥碑,当时得没得到菜农几斤白菜作为劳务"润格"不得而知,但因桥碑处于菜园,先生算是与种菜有了一点瓜葛。张树侯也是寿州了不得的人物,以书论之,正、草、隶、篆诸体皆能,又擅篆刻和碑艺,故有"铁笔"之誉。他与"种菜"发生关系,以我后来者揣摩,是因为他的《晚菘堂诗草》。菘者,白菜之雅称也,晚菘者,大概是取了《南齐书》"初春早韭,秋末晚菘"的意思。但秋白菜不如冬白菜好吃。冬天的白菜经霜傲雪之后,有松之节操,味道正好。要不然白菜怎么叫"菘"呢?张树侯先生这也许是一种自况,有"咬得菜根,百事可为"之意味了。这还不算,当年在繁华的都市上海,当民国元老于右任先生看到这个来自昔日皇都现已沦为穷僻之地的寿州张树侯的书论《书法真诠》时,惊叹之余,赋诗一首:

天际真人张树侯,东西南北也应休。
苍茫射虎屠龙手,种菜论书老寿州。

这样说来,两位大家曾经隐逸寿州并在此"种菜论书"是一种历史的巧合了。司徒越有碑存矣,张树侯有诗为证,于右任老先生都这么说了,我们还有什么可怀疑的?

金克木先生"笑着走了"

金 妤

我先是从报纸上看到先生辞世的消息,报上说"遵从金先生遗愿,火化前未举行任何追悼仪式"。我想,金先生的家乡人在先生生病治疗抢救期间也少有人知道或去探望的。

先生过世后,他的子女把消息转告给亲朋好友。父亲从家乡打电话告诉我,说我曾到北京探望采访过金先生,要我为此做点什么。

8年前,我到北京大学拜访金克木先生时,先生是那样才思敏捷、风趣活泼、谈笑风生,面对这样一个开朗、有趣的老人,我怎么也不会想到先生已是80高龄了。

我的到来勾起了先生对家乡的怀念,这种怀念在一般老年人身上会表现出或浓或淡的愁绪,然而在先生身上则表露出愉快的怀念和有趣的记忆。比如说,对寿县城内的街名巷名,先生不但能叫得出来,而且还能说出与之相关的历史典故;再比如说,寿县的城墙,先生惊叹它防洪的功能计算测量得如此之准,再大的水"一到北城墙豁子,淹没了北门外的桥,水势就停了"。

那是一个春天的上午,明媚的阳光照进朗润园里金先生的书房兼卧室,先生坐在我对面,口若悬河地跟我讲寿县的风土人情和历史人物,讲得高兴时,总要哈哈笑几声;说到精彩处,会对着我的眼睛问:"你知道为什么吗?"

"为什么寿凤人给别人打江山可以,

金克木

自己就不行？李鸿章就喜欢用寿凤一带的人，创建了淮军。那时流传这样一句话："两个肥（合肥）抵不上一个瘦（寿）。'辛亥革命时有两个都督皆为寿县人（孙毓筠、柏文蔚）。寿凤一带民风强悍是出了名的。"

"你知道安庆为什么有一段时间曾叫'俺们城'吗？那是因为寿县人方振武当了国民党的省主席后，用了一大帮寿县人，一时间省会安庆到处都讲寿县话，当时人就戏称安庆是'俺们城'。"

"你知道为什么现在姓金的人多起来了？姓金的人来源主要有三处：一是朝鲜族；二是清皇室，现在不比以前，敢姓金的人（指爱新觉罗一族）多起来了；三是金回回，金回回和马回回一样都很有名。我的一个信奉伊斯兰教的朋友还开玩笑地对我说，要考证考证我是不是回回的后裔，哈哈哈。"

窗外的柳絮飞进室内，落到先生的银发上，先生摘去飞絮又神采飞扬地说起来。

在北大，金克木先生是人人皆知的"未名湖畔三雅士"之一（另外两"雅士"是著名学者、作家季羡林先生和张中行先生），他的做人及做学问的原则是不说废话，不求虚名；他有着独立自由和倔强固执的个性。然而在我眼中的先生则是那样可亲可爱、乐观有趣。整个一上午，金先生都在有说有笑——没想到8年后他真的如他自己所言"哭着来，笑着走"了！

笑，是我对先生的第一也是最深的印象。8年前我在青松修竹垂柳丁香掩映的朗润园里叩响金克木先生的家门，第一眼看到的就是鹤发童颜的老人脸上那亲切的笑容；第一句听到的就是笑问："怎么不说安徽话？俺们俺们的怎么不说了？"

先生和我的祖父弟兄几个年少时交往多，我从父亲嘴里知道那时的先生是个聪明异常、才智过人的少年，街坊邻居笑称他为"半截圣人"。18岁时，他便在新思想的召唤下去北京求学了。

先生的志愿是考入北京大学，没想到到北京时已过了考期，于是小小年纪的他便在北京租间陋室，到图书馆上起"我的大学"，又到京城的各个大学去做旁听生，英语、法语、德语、俄语、世界语等，就是在大学里听几节课，买几本原著加一本字典自学成的。20多岁的他又去印度学习梵文经典。1948年，先生由当年的北京大学旁听生，正式被聘为北京大学东方语言文学系的教授，时年36岁。先生精通梵文、巴利文、印地语、乌尔都语，加上英、法、德、俄等语言，他懂得的外语近十种，又大都没有经过系统的、专门的学习培训，靠的就是他的勤奋好学。当然，如果没有聪明过人的头脑和博闻强记的记忆力，也绝不可能有如此造诣的。

8年前我坐在先生的对面，已是耄耋之年的先生对儿时家乡的记忆又鲜活生动起来,城东城西、城里城外,他叙述着的60多年前的往事竟像昨天经历的那样清晰可见、妙趣横生。先生讲得神飞,我听得动情,不知不觉,几个小时过去了。

我早听北大的学生说,金克木先生是从不给人签名的。但先生在谈笑间从书架上拿出他写的六本书,竟然戴上老花眼镜,一本本地给我签上"给金好金克木一九九二"的字来,着实令我感动。

当我向先生告别时,先生拉着我的手,依依不舍。我说下次见面再听您聊,先生说:"可能不会有下次见面了,下次说不定我就到八宝山去了!"

先生的话在今天竟然灵验了,真的没有下次见面了。我的手上尚有先生的余温,我的眼里尚有先生的笑容,我的脑中尚有先生的笑语,可他真的"笑着走了"!

我能为此做点什么呢?我拨通了金先生家的电话,接电话的是金先生的女儿金木婴。她说:"没想到父亲走得这么突然,他还有好多文章要写,好多事情要做,他电脑里还有好几篇正在写或已写好的文章……他生病时精神和情绪都还好,我们兄妹三个都没有思想准备……他对家乡很有感情,经常跟我们说八公山、珍珠泉、淝水之战……父亲虽然没回去过,但对家乡非常关心,家乡发大水了,他天天看报纸,从报纸上还知道淮南的中国豆腐文化节……"

随着话筒那端传来的声音,金先生的音容笑貌又浮现在我眼前。我能做的除了代表父亲弟兄几个,也代表家乡人向金先生的亲属表示哀悼之情;另外,草就此文,一是为纪念,二是告知家乡人金克木先生今已千古。

追忆金克木先生

洪祖杰

得知金克木先生于2000年8月5日因病不幸逝世,已是二十天之后的夜晚。我停止了一切事务,坐在安静的室内,悲痛的追思飞快地把我带入1986年9月。

这年因长女赵昕考入北京高校,我与妻宗霞带着长女入学。虽说这是我们生平首次进京,但我俩无心做各方观赏,而是遵照86岁高龄父亲的再三嘱告,径直找到了位居朗润园的金克木先生的家。

先生很是客气地请我们坐在一间书房兼写作间的软沙发上。当先生得知我俩是家乡洪君烈(绍武)的子和媳时,抢先问起我父亲的身体和饮食起居情况。我俩说父亲生活不讲究,穿着简朴而随便,先生高兴得笑起来,连连道:"专注学术研究而不修边幅,老样子,不修边幅!"但当知道父亲在家乡缺乏学术知音,又深感资料匮乏时,他又感叹道:"可惜啊,可惜啊!"又说,"君烈老先生早就应当出来啦!哪能闷在家里啊!"先生对家父的诚挚关心,使我泪水汪汪。当先生听说我父亲的论著得到中科院语言研究所的嘉许并能按月领取特殊贡献费时,又十分欣慰地频频点头。当时我就想,父亲若是也在座,两位老人促膝谈心,又该是何等的愉快啊!先生的情绪由相识而亲近而热烈起来,他略略仰面,眨着眼睛,记忆的闸门打开了:"我和你叔绍钧同庚,又同坐一条长凳受业攻读。我们遇到了似懂非懂的学问,都去向你父亲探求。他的经、史、子、集比我们读得早也读得透,更记得牢。青少年时代我们朝夕相处,谈学问,谈人生。我住在三步两桥,还是你们家的常客。"我只顾倾听先生认真而有趣的述说,竟忘了笔录,是妻又一次的提醒才使我回过神来。

先生只是不停地说:"日寇入侵,抗战了,我逃到了长沙,你们一家远去了贵州。不料这一别,竟使得我们不能再相见!"见到先生不忘家乡及故旧的深情厚谊,使我敬佩使我感动!

不知不觉,两个多小时匆匆而过。我和妻虽还想长坐以谛听先生的叙谈和教诲,又生怕打扰先生的休息和著文,便不得不提出告退之意。我俩又谢绝了先生挽留用午餐的盛情,实在是不敢再打扰先生了。先生再一次地要我俩向父亲代为问候,又起身从书架上抽取了一册自己著述的关于印度文化的集子,并题写了"请绍武兄指正"的留言。

先生与父亲的书札往来颇多,只可惜被"文化大革命"的两次抄家而散失无存了。我的抽屉里现收藏了多年前的一封父亲给先生去信的底稿。这信写于何年,已经无从查证了。信中写道:"克木先生惠鉴:昔承乡里恩谊,弟得免漂泊,得为教师。"这句话的背景是:日寇侵入皖省,父亲随难民所跋涉到黔东三穗。因再次得到挚友金克木教授举荐,入贵州铜仁的国立第三中学任教。校长周邦道先生延聘教师特别关注的是真才功底,父亲虽由著名学者所荐,仍援用试笔之法。时逢该校兴建抗建堂,多次约人撰建堂原委均不满意,借机请父亲试笔。谁知校长看了父亲的文章大加赞赏,立即给父亲发授高中部国文聘书。父亲在抗战的八年里,就一直在国立三中任教,免受漂泊之苦楚。父亲在世时,每每提及此事,都再三表示感谢金先生在艰难岁月里的举荐之恩。

父亲的信中写道:"不意五十年后复求借重于兄学问深挚之资望。于京归客传语,兄悯我于古汉语史有所考订而难得发表,拟谓可写出存稿提要,由兄代请人作序。"父亲曾告诉过我,金先生已和安师大张涤华教授就此事磋商过,只是因种种原因而未能如愿。然而由此可以想见先生远在京城名校,在授业著文的繁忙之际,仍念念不忘家乡好友的研究成果难于面世的困惑事。先生热衷助人的高贵品质和道德风范,是很值得称道和学习的。

现在,先生虽然走了,先生的品格却让我终生敬仰!

孙多慈的艺术人生

黄丹丹

女画家孙多慈出身于寿县名门。她是光绪帝师孙家鼐的侄孙女,东南五省联军总司令孙传芳的秘书、国民党安徽省委常委孙传瑗的女儿。寿州孙传瑗是个读书人,早年参加同盟会,后来,他带着他的一批学生从家乡寿县迁往安庆。孙传瑗在安庆娶妻生子,孙多慈是其长女。孙多慈出生时,孙传瑗曾赋诗一首,诗中,他自比白居易,说自己像白居易一样爱女儿胜过爱儿子。孙多慈在父亲的宠爱、影响与期望下长成了一个颇有文艺气息的女子。她擅文且爱画,1930年,17岁的孙多慈报考当时的南京中央大学文学院,考试前父亲突然因事被捕,孙多慈发挥失常,名落孙山,来到中央大学美术系当了旁听生。其时徐悲鸿恰是美术系主任,时常亲自授课。因为孙多慈的冰雪聪明,加上有一定的绘画天赋与其少女的清新纯真,在艺术家徐悲鸿的眼中,自然是可爱且又可心的。于是,悲鸿先生的笔下就多了一些描绘孙多慈少女风姿的素描与油画。"慈学画三月,智慧绝伦,敏妙之才,吾所罕见。"这是徐悲鸿对孙多慈的描述。大师的欣赏与教导令孙多慈在1931年7月以第一名的成绩正式考取了中央大学美术系,从此,孙多慈开始了与徐悲鸿为期四年的师生之情,同时也开启了孙多慈的艺术人生。

孙多慈

在读书期间,孙多慈的素描很见功夫,被称为国内第一名手。1935年,孙多慈毕业之初,中华书局就为她印行《孙多慈素描集》。宗白华先生作序称之"落笔有韵,取象不惑,好像生前与造化有约,一经晤面,即能会心于体态意趣之间,不唯观察精确,更能表现有味,是真能以艺术为生命为灵魂者",又说她"观察敏锐,笔法坚实,清新之气,扑人眉宇"。

伴随着孙多慈的艺术人生一起而来的,还有这段被称为"慈悲之恋"的爱情故事。在20世纪30年代初的南京,徐悲鸿对女弟子孙多慈的爱可以用"不胫而走"来形容。徐悲鸿当时的夫人蒋碧薇看见徐悲鸿为孙多慈画的诸多肖像画,尤其是那幅《台城月夜》时,不禁震怒,到晚年,蒋碧薇还向人回忆说那是幅真人大小的油画,画面上一男一女,徐悲鸿本人形象的男人席地而坐,肖似孙多慈的少女侧立其左。天际皓皓明月,远处隐隐台城。画上的少女,脖颈间一方纱巾,随风诗意般飘动。盛怒之下,蒋碧薇写信给孙传瑗,让这位饱读诗书的父亲最好管一管自己的女儿。

爱女如命的孙传瑗自然不能容许已有家累的徐悲鸿与女儿演绎什么"慈悲之恋"。1935年从南京中央大学毕业,已出版个人画册并申请出国深造的孙多慈,因徐妻蒋碧薇的极力阻挠未能获得留学资格。加之父亲对她与徐悲鸿恋爱的极力反对,她来到丽水的一所中学任教。后经人介绍并在父亲的安排下,孙多慈认识了时任浙江省教育厅厅长的许绍棣。

20世纪40年代初,孙多慈与许绍棣结婚。1948年,她任台湾师范大学艺术学院教授,后任院长。1949年,孙多慈举家转移到台湾。与许绍棣婚后,孙多慈游历了国外诸如意大利庞贝古城、法国巴黎等艺术之都,参观了流落异国他乡、陈列于别人博物馆中的中国文物,尤其是中国敦煌壁画后,受其感动与艺术感染,画风渐变。

从目前艺术品拍卖市场上能见到的孙多慈油画作品来看,其早期艺术手法确实与徐悲鸿如出一辙,用笔坚实而厚重,造型准确传神。而后期作品则产生了明显的变化。她的用笔变得跳跃了,松秀而灵动,色调斑斓多姿,技法上具备了印象派对瞬息光影变化与内心感觉的捕捉,但画幅上依然体现了女性画家特有的性灵中的淡远宁静之美。

在台湾,孙多慈还被认为是全能的天才卓荦的画家,因为她除了油画上的造诣之外,国画的山水、人物、花卉、翎毛等也无不工妙,画鹅更号称台湾一绝。正如中国大陆在20世纪五六十年代注重生活化的写生一样,孙多慈也将其准确的素描造型能力引入国画,开创国画写实一种新的生动的面貌。也正如宗白华所称赞的"引中画更近自然,恢复踏实的形体感"。但是,孙多慈写实中国画的风格却并没有摒弃中国画最根本的技法与精神。她的水墨线条依然是纯粹"写"得的,精神中依然充溢着中国化的潇散诗意与高远气韵。

1950年春,孙多慈自台湾到香港举行画展,共展出国画五十余幅、油画水彩二三十幅、素描十余幅,还有若干幅的书法。所展出的百余幅作品,除了非卖品以外,都被人订购一空。

孙多慈不仅艺术修为很高,且为人真诚,朋友很多。著名作家苏雪林赞她"与之相对,如沐春阳,如饮醇醪,无人不觉她可爱"。琦君夸她"与她将近三十年的交往中,我们很少正面讨论人生问题、感情问题,我却感觉得出来,她内心有一份炽热的感情在燃烧。这从她的乐于助人,对青年学生的爱护协助,以及对人世善恶之分明看得出来"。

孙多慈在台期间,不仅教书育人,还在世界各地游历与讲学。她于1948年任台湾师范大学艺术学院教授,后任院长。1963年7月,孙多慈应聘为台湾中国文化大学美术系主任,罗家伦请孙多慈为"台湾国史馆"绘制大型历史油画,有《黄兴马上英姿》《黄兴与夫人徐宗汉》《秋瑾》《陈英士》《卢沟桥抗战》等。苏雪林在《孙多慈女士的史迹画及历史人物画》中对她评价极高:"多慈是学西洋画出身的人,对于造型之学,筑有坚实的基础,她每画一名贤之像,必先求前人所作,参伍折衷,求得一个比较近似的标准。这比较近似本来是难说的,我们既未及身从古人游,前代画家所作,又大多出于想象,有什么标准可以依据?所以她想出一个不画形貌而画灵魂之法。古人的灵魂寄寓于他们自己的作品,熟读他们的作品,则可以想象出他们的音容笑貌,最后神光离合之间,整个法身,倏然涌现,摄之毫端,也许比当时对面真,更能肖似,所谓'以神遇,而不以目视,官知止而神欲行',所谓'求之于牝牡骊黄之外'者是也。"苏雪林与孙多慈是安徽老乡,又都是学

孙多慈

画出身,只是苏雪林后又转攻文学,在台湾师范大学期间更是同事,画室和书房一北一南,又是邻居,缘分和交情都可谓深矣。她的评价从侧面反映了孙多慈在台湾画坛的地位和作用。

孙多慈作为中国近代史上一位非常重要的女画家,与潘玉良齐名。但潘玉良专攻西画,孙多慈则和她的老师徐悲鸿一样中西兼修,在两种绘画领域纵横游走,挥洒自如,都取得了极高的艺术成就。正如她自己所说的那样:"艺术之广博浩瀚诚无涯际,苟吾心神向往,意志坚定,纵有惊涛骇浪、桅折舟覆之危,亦有和风荡漾、鱼跃鸢飞之乐,果欲决心登彼岸者,终不当视为畏途而自辍其志也。"

1970年,孙多慈被查出罹患癌症,经过几年的治疗调养,3次赴美手术治疗,也未痊愈。最后,孙多慈于1975年2月13日病逝于美国洛杉矶其生平好友物理学家吴健雄家中,享年63岁。

手札里的故事

虞卫毅

司徒越先生是皖省著名书法家,也是在全国享有盛名的草书大家。他晚年住在寿县城内。

我和他认识与交往始于1986年,当时我还在无锡部队任教,参加了中国书画函大无锡分校的学习,司徒越先生是函大特聘教授。我曾在函大校刊上拜读过他的《草书獭祭篇》,用的是他的原名"孙剑鸣",而不是他的笔名"司徒越"。经书友相告,得知他是家乡的著名书法家,便利用回乡探亲之便,在同学的陪同下专程到他的居处拜访请教。

他很和蔼,身上透着长者之风。虽然是初次见面,并没有将我当陌生人看待。对我带去的临作与习作,他先是一件件细心看过,然后用极平和、极缓慢的话语指出优长与短缺,最后叮嘱我在临帖上要多读帖、多思考,注意有选择、有思路地临摹和创作。接着又在一起谈了一些书法之外的事。当他听说我在无锡购书比较方便,曾购得罗振玉所书甲骨文对联集时,特意托我回无锡后帮他代购此书和其他资料,并交给了十元购书款。

我回到无锡后,很快买到他需要的几本书,并挂号寄回,在寄书的同时,又写了一封短信,提出求字的愿望。他收到书、信后非常高兴,不久就给我写了回信并寄了一副草书对联赠我。他在回信中这样写道:

卫毅同志:

  来示与书三册先后收到。您才回无锡未能休息,即为我购书,如此热情,不胜感谢。《中国甲骨学史》与《法书要录》都是极好的资料,寿县根本买不到,得此十分高兴。遵嘱为您写了对联一副,内容是通俗的联文"万里山河放异彩,千年人物数今朝",即希指正。(接来信时,适患感冒、发热、咳嗽,未能及时写联、复信,现已好转,请勿为念。)

  寿县近日来多雨,今年甚怕涨水,因根据国务院命令,寿县堤坝要削去一

米,以便蓄洪而确保淮北大堤。所以往年是肩挑手抬添土,加高培厚,今年则是推土机上坝,削减坝高。小利服从大利,只能如此。余不一一。敬祝,工作顺利!孙剑鸣,七月四日。

在信的末尾,又附一言"书款尚欠一元,现寄上,请查收"。

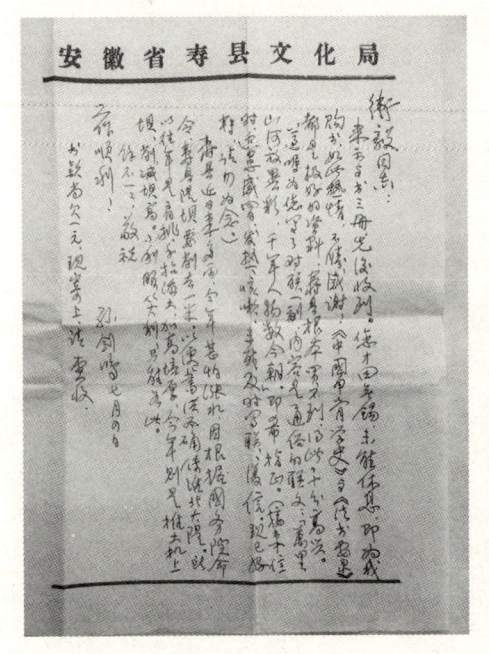

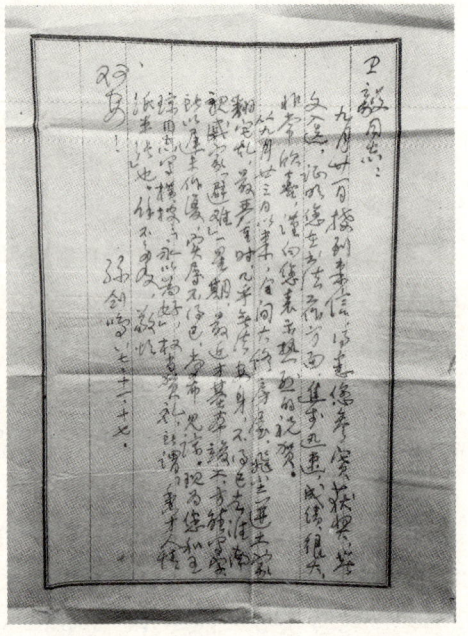

司徒越手札

他的这封回信是用钢笔写在寿县文化局的专用信笺上。用的是行草书体竖写款式,书法精妙,文辞儒雅,十分谦和,娓娓道来,如叙家常。尤其是手札的后半部叙述寿县堤坝为顾大局而削去一米,"以便蓄洪而确保淮北大堤",真实地反映了在那个年代全国一盘棋,为保全局而牺牲局部利益的防洪策略。幸亏那年洪水不大,寿县城未遭洪水之灾,先生也得以在城中平安度夏。我在这年的暑假也得以和他有了再次的会面与晤谈。

给孙大光"送礼"

顾 明

在国家历史文化名城寿县南20公里的堰口镇,坐落着一座美丽的校园——大光小学(原堰口小学)。在大光小学教学楼的大门右侧,刻有著名书法家启功先生的一首诗:"笔精墨妙推前修,法书名画垂千秋;历经劫火稀传流,寿州伉俪勤搜求;朝披暮卷欣忘忧,盈箱溢箧何胜收;不甘自秘韬椟留,遥为桑梓琼瑶投。"

其中的"寿州伉俪"指的就是孙大光先生和夫人张刚女士,大光小学巍峨挺拔的两幢教学楼就是孙老捐资兴建的。"盘街过巷皆人语,盛赞先生重教功",随着岁月的流逝,人们并没有忘记,也永远不会忘记孙老捐资助教的感人事迹。

孙老1917年1月7日出生于堰口镇高王村老墙村民组,1924—1929年在堰口小学读书,后又到寿县一中求学。少年时受到进步思想的熏陶,积极参加革命活动,1933年加入中国共产党,从此走上职业革命者的道路,为新中国的交通事业和地质矿产事业无私地奉献了一生。

"律回岁晚冰霜少,春到人间草木知。"我们更为敬佩和怀念的是他在古稀之年,情系桑梓,捐资助教的义举和建设家乡的奉献精神。

他曾深情地说:"我虽一辈子在外工作,但爱乡之心殷切。安徽是生我养我的地方,我要尽我所能,为家乡多做点实事。"老人家是这么说的,也是这么做的。1986年,孙老从领导岗位上退下来,偕夫人张刚回到阔别50多年的故乡,特别是回到儿时读书的母校——堰口小学,映入眼帘的却是陈旧的校舍和落后的教育设施,12间瓦房和13间草

孙大光返乡(图片提供:顾明)

房便是当时学校所有的家当。孙老的心情变得沉重起来，久久不能平静。回到北京以后，家乡破旧的校舍时时浮现在孙老的脑海中，他毅然将精心珍藏的文物字画（其中一部分为国家一级文物）捐献给安徽省博物馆，所得 40 余万元全部捐给家乡办教育，为堰口小学、寿县一中分别建起了教学楼和图书馆。

经孙老捐资兴建的堰口小学，规模扩大了，条件改善了，生源增多了，成为全县农村教育的佼佼者。

1997 年，孙老又进行了第二次捐赠，将 100 万元捐给堰口镇和正阳镇办教育。这笔钱是北京太平洋国际拍卖公司付的定金，真正的拍卖要等到第二年春天。但是孙老急着要把钱交给寿县，可见孙老改变家乡落后教育面貌的迫切心情。早一日把钱捐出来，早一日把教学楼盖上，早一日让更多的学生走进教室……这是孙老的心愿。孙老少小离家，晚年回乡探亲。他没有忘记家乡，也没有忘记母校，更没有忘记那些嗷嗷待哺的学子，他所做的就是尽一己之力，把自己的珍藏捐出来，给家乡多盖教室，让更多的孩子能上学，有学上。

当时县政府安排县教委主任哈余庆和堰口教办主任代士贤等四人前往北京接收捐赠。到孙老家中接收捐赠，那么给孙老带些什么礼物呢？孙老一生简朴，不屑于什么礼物，他把珍藏的文物字画都捐献出来了，还在乎什么东西呀！

据代士贤回忆，他曾听张刚说过孙大光最爱吃的就是四样东西：八公山的豆腐、堰口的绿豆圆子、松花蛋和韭菜盒子。堰口集老陶家的绿豆圆子和韭菜盒子最有名，孙大光小时候曾在他家的小吃铺吃过。要不就送点这些？这四样东西都是我们这儿平常百姓家常吃的东西，县、镇领导都觉得这些东西送人过于菲薄，但是送些贵重的东西，又怕孙老生气，最后想来想去，觉得还是送这些东西吧。

孙大光给堰口小学题过字，书法水平很高。堰口小学为了感恩孙大光捐资兴建了教学楼，请他的家族兄弟孙逸久撰写了一幅字，由赴京人员带到北京。孙逸久是著名的书法家，当时在利辛县，书法造诣深厚。堰口小学老师马平和自幼酷爱书法，一直勤学苦练，由他代表学校去利辛县向孙逸久求字。马平和把字求来之后，连同他自己写的字，请集市上最好的木匠做了一个精致的匣子，把两幅作品放进去。

1997 年 12 月 19 日，哈余庆、代士贤等带着"厚礼"来到了北京。

代士贤回忆说，我们刚刚坐上出租车，那个司机好奇地问，你们木桶里面装的是什么呀？我们回答是豆腐。出租车司机笑了，豆腐，北京到处都有，你们带这东西干吗？我说这豆腐不是一般的豆腐，是豆腐老家（发源地）的豆腐。司机很吃惊，禁不住往桶里面看看，我得意扬扬地介绍了寿县是豆腐发祥地的故事，司机连连点头,临下车的时候,忍不住又往桶里面看看,我用手掰了一块递给他尝尝,司机连连夸赞,"跟我们这的豆腐味道是不一样,不愧是豆腐老家的豆腐"。

当时,北京太平洋国际拍卖公司安排了接见办公室和时间,但是孙大光说,我家乡来人了,要到家里来。本来计划只会见40分钟,孙大光和夫人陪了整整一下午。孙大光看到我们给他带的礼物非常高兴,非常满意,当即表示让我们在他家吃饭。特别是看到孙逸久为他撰写的"寿"字中堂,惊喜异常,又看到马平和的字,连连称赞。

孙大光对家乡、对寿县了解甚深,寿县的历史变革、人文典故如数家珍。他建议县委、县政府应该把旅游发展起来,这种前瞻观念至今仍然指导着寿县的发展。张刚风趣地说,大光在家乡读了8年书,有5年是在堰口读的……

孙大光与师生离别时场面(图片提供:顾明)

当时还研究了这100万怎么分配。由于这笔钱是捐给堰口中学和正阳关中学兴建教学楼,初步意见是一对一半。我们提出建议,应该拿出一部分钱来设立助学金,用这部分钱的利息资助品学兼优的家庭困难学生。孙大光夫妇一致同意,于是这100万分配给正阳关中学35万、堰口中学50万,分别用来兴建教学楼,在堰口教育组设立孙大光助学基金15万。在孙大光家吃过晚饭后,尽管北京的天气非常寒冷,但是孙大光拄着拐杖,执意把我们送到大门外,并叮嘱:"小代(代士贤)呀,要把通往学校的路修好。"

堰口镇积极响应孙老的义举,多方筹措配套资金,扩建了堰口中学教学楼。堰口中学的大门上,孙老亲笔题写的"堰口中学"四个大字,苍劲有力,熠熠生辉,激励着莘莘学子孜孜求学。

孙老一生酷爱文物收藏,尤喜名人字画,但是孙老更热爱家乡,更关心家乡的下一代,为了改善家乡孩子的学习环境,毫不犹豫捐出了自己收藏的珍品。孙老淡泊名利,对自己的善举一直恪守"三不"原则,即不上报纸、不上广播、不上电视,他高尚的品德却从群众的口中传遍了大江两岸。

我与张锲先生的交往

沈世新

寿县籍著名作家张锲,生前曾任中国文联副主席,中国作家协会常务副主席,党组副书记,全国政协八、九届常委,离休后任中华文学基金会总干事。可谓蜚声中外,声名远播。

多年前,我只是寿县纺织厂一名普通职工,我是如何与大作家张锲有交往的呢?

当时我在厂内负责技术工作,业余时间爱好写作。我为了撰写《中华名关正阳关》,常到正阳去。一天,我到原正阳中学老同学张正明家中去闲谈。他当时是正阳关农场中学教师,知道我爱好写作,他说:

"我有一位本家,名叫张锲,是中国作协副主席、中国文联副主席,出版发表许多部著作。他原是寿县张李乡人,十几岁参加革命离开家乡。我曾经到北京他家中去过,知道他的家庭地址和家庭电话号码,建议你与他联系,这对你今后写作有帮助。"

我回到寿县家中后,立即向张锲写了一封信,请他为《中华名关正阳关》题写书名。他收信后并不推辞,立即回信,并用毛笔为拙著题写书名。此书已出版,并成为我加入安徽省作家协会的主要著作。

后来我又撰写一部以历史上发生在寿春的淝水之战为主要内容的32集电视剧本:《淝上风云》,再次请他题写书名,并撰写序言。他均一一应邀,认真题款,撰写序言,并签名盖章,寄给我,令我十分感动。《淝上风云》出版后,我立即给他寄了一本。

1996年是国务院命名寿县为"国家历史文化名城"十周年,我与寿县文化艺术协会的几位领导商讨,并向中共寿县县委汇报建议,开展一次全国性书画大赛,以示纪念。这项建议获得县委同意,县委书记孟祥新写来热情洋溢的祝贺信。此项活动,计收到全国1000余幅书画作品,包括曾任和时任安徽省委领导的郑锐、陈瑞鼎、邵明的书法作品,冯林、张学平的贺信。经认真评选,其中300来幅书画作品分获金、银、铜奖。按规定，应向获奖者颁发铜质奖品、证书，并立碑纪念。当时我们向县委承诺，一切所需经费均自筹。于是，我们协会领导带头捐款，并向社会各界募筹。我想起张锲先生，便抱着试试看的心态，向其写信告知。一天我与几位友人骑车前往八公山看望淮南著名书法家梁启忠先生，返回途中，忽接张老来电，他带着浓重的乡音说道：

"你是沈世新先生吗？我是张锲。"

"我是沈世新。张老好！"我激动地回答。

张老说："你的来信我已收到，支持你们开展纪念国家历史文化名城命名十周年活动。我给你们寄5000元钱，行不行？少了吧？"

我听了非常惊喜，连说："不少，不少。谢谢张老，谢谢张老。"我激动地回答。

"我打算再给你寄几百本书，是我写的书，你可以赠送给亲朋好友，送给那些愿意要我书的人。"

不久，我便收到张老汇来的5000元钱和500套书。

我用大家的捐款，到铜陵市去购买了铜质奖品，召开了盛大隆重的颁奖大会，向书画大赛的获奖者颁发了奖品和证书。不久，我又按原先的承诺，将获奖名单和捐款者姓名，刻碑纪念，经县委书记孟祥新亲自批准，碑立在县孔庙后院明伦堂的书法廊壁上，张锲和中华文学基金会的大名，赫然刻在捐助名单的最前列。

我征得县教育局同意，分别向寿县师范学校和寿县三中赠送200套书，两校分别召开赠书仪式和师生大会。我代表张锲向两校赠书，介绍张锲生平曲折经历和在艰难困苦的环境下，对文学事业的不懈追求，热爱家乡，关心家乡的公益事业，号召大家学习他的高尚品德和有益于他人的可贵精神。

张锲出生于1933年，老家寿县张李乡，父母皆教师。1948年，只有十几岁的他便参加革命工作，入党提干。他热爱读书学习，刻苦自学，并喜爱文学创作。解放初期，在蚌埠曾先后任文化馆长、文联主席。但是，1957年反右派运动中被错定为右派，被开除党籍，开除公职。"文革"中更遭迫害。张锲为了生存，曾当过搬运工、淘粪工……他曾拉着板车，拉着粪车走在蚌埠的大街小巷。然而，即使在如此艰难且屈辱的环境中，他仍然不改对文学的酷爱和追求，依然坚持读书和写作。

十一届三中全会后，党中央平反冤假错案，为张锲彻底平反，恢复党籍和公职，恢复蚌埠市文联主席职务，使张锲焕发青春活力，文学创作热情如喷泉般汹涌。他曾出版长篇报告文学集《热流》、长篇小说《改革者》、长诗《生命进行曲》、电影剧本《最后的选择》、话剧《金水桥畔》、诗歌集《鸿爪集》、散文集《新潮集》《寻梦录》《寻找星球的结合点》《为了头上这片灿烂的星空》以及《张锲报告文学选》《张锲海外游记》等十余部著作,有多部作品获全国性大奖。工作也由蚌埠市文联调任安徽省文联副主席,后又升任中国文联副主席,并当选为中国作家协会副主席、中国作协党组副书记。离休后任中华文学基金会总干事、中华诗词学会名誉主席、中国报告文学学会会长等职。

张锲先生对我和寿县文化艺术协会的关怀和支持,我非常感激,便向我协会的卢兆全、续传明、孙瑞盘三位著名画家请求,每人献一幅画,由我带到北京,赠给张老。2009年夏季,我乘坐火车,前往北京,抵京后,我与张老通电话,他在中华文学基金会办公室上班。我租车前往,到达文学基金会,见他伏案写作。

张老挪动脚步,非常吃力地离开座椅,缓慢地走出书房,穿过走廊,进入会客室,和我在三人沙发上并肩坐下。工作人员给我二人沏茶,放在面前的茶几上。

我从包内取出在寿县两所学校举行赠书仪式时,我在会上的讲话稿。他认真阅读,频频含笑点头。我又从包内取出三位画家赠他的国画,展放在他面前,请他观看。我在续传明画的牡丹图中间写了十行字,一行四字,是:

祝愿二老
张扬真理
锲而不舍
鲁迅精神
景仰垂范
超越前人
健体豪迈
康泰吉祥
长此以往
寿比南山

形成一幅嵌名藏头联句,是"祝张锲鲁景超健康长寿"十字。鲁景超是张老的夫人,时任中国传媒学院院长。

张老认真观看,频频点头微笑,并要工作人员折叠收起放好,拉着我坐沙发叙谈,询问寿县家乡的变化。我一一作答,并询问张老的身体状况。张老说:"血压、血脂有些高,影响行动。寿县老家想去看看,也不能去了。"

我又说:"张老,刚才几位送你画的人,想要您的墨宝收藏,请您老赏光。"

张老提笔蘸墨,略一思考,弯下腰来,飞快流利地写好一幅书法作品:

作者与张锲合影

"天道酬勤,勤能补拙。沈世新大兄雅正,寿春同乡张锲,己丑年夏日于北京。"

张老一鼓作气,连写四幅。写毕,站立起来,我们相拥在一起合影。此时此刻,我内心感动万分,顿时热血上涌,感到全身无比温暖。

然后,他又拿1000元钱给我做路费用。我推辞不掉,便接受张老的馈赠,与张老握手告别。

去年,我忽听县里朋友告诉我,说张老于2016年因病去世。我感到异常震惊和悲痛,脑海中经常浮现张老慈祥的面容、伟岸的身躯、我二人相拥合影的亲切温暖的时刻……我深深感到,张老的去世,不但是中国文学艺术界的损失,对寿县家乡人民是更大的损失!我在心里说:"尊敬的张老,我和寿县家乡人民永远怀念您!您的音容笑貌和精神永远活在我们心中!"

我的父亲洪君烈

洪祖杰

九十多年里,"为人谦和,处世谨慎"的观念统领了父亲一生的生活和工作。启蒙求学,父亲和叔叔与金克木先生同受"寿州三香"蒙师之一的王子香先生的教诲。先生发现父亲记得快,理解也深,便告之于其他弟子,以后有不理解的地方可先问我的父亲。父亲也得到邓子香和徐子香二位先生的欣赏和器重,都认为父亲不凡。父亲更是得到了挚友和净友金克木先生特别亲近和由衷敬佩。寿州公学读完,父亲十八岁便受聘任教了。日寇侵华全家逃亡黔东三穗时,父亲婉拒金克木先生盛邀东返长沙去湖南大学工作,而答允了金先生又力荐的设在贵州铜仁的国立第三中学任教。在这几年里,父亲得到校长周邦道先生的重用和厚爱,使得不少教职员不敢小觑布袜布鞋灰布长衫的父亲。直至抗战胜利后,安徽省立寿县中学校长孙秉南先生特聘返里工作的飞鸿及时到达,我们立马回家了。父亲担任着寿县省中与太和中学的课程。

解放后,我家虽过着清贫的生活,但总算安定了。不期在平静的教学中,六安来了个盛气凌人的官员,在皖北公立寿县中学的全体教职工大会上,贬损父亲教授的根本不是学问是胡扯,认为语法是荒谬的东西,是大逆不道之论。在沉闷气氛之中,谁都不作声息,只有刘德明先生语气激昂地表达了抗辩。紧随着《人民日报》发表了《正确地使用祖国的语言,为语言的纯洁和健康而斗争!》的社论,并连续发表了吕叔湘和朱德熙两位教授的《语法修

洪君烈

辞讲话》，全国中小学的语文课上可以正大光明地教授语法了。可六安那个官员，不知为什么，就再也没有来寿县。但是学校假借教学的需要，安排父亲改教动植物学和管理图书了。父亲研究古汉语的热情受到极大的挫折和摧残。

当我得知父亲对北大王力教授主编的《古代汉语》在不少方面甚而在体系上有异议，对费孝通教授的穆勒名学论著有谬误之论辩时，极力恳请父亲著文以求探讨争辩。父亲在犹豫好多天之后，终于写了几篇较长的学术论文，投往北京的双月刊《中国语文》《新建设》和吉林大学的季刊《社会科学战线》。论文不登不退也不回信，但其研究成果却被一些所谓"学者"改头换面地偷窃。时任县教育局局长的韩祖云先生同情父亲的遭遇，多次劝父亲揭露控告，可父亲觉得自己是小县城的普通老百姓，面对大城市高校"学者文人"的行窃，自是诚惶诚恐，怕惹恼了"学者"而不敢作为。又觉得自己的学术见解总算有了发布，也就罢了。我曾哭问父亲"何意百炼钢，化为绕指柔"的意义，父亲告知我，社会太复杂，小人物不管怎么应对都是错，只有小心自保才是。

汤继云和陈太林先生把父亲的论文投往《文史哲》编委会里的权威殷焕先教授。殷先生看了论文认为功力很深，便立即写来语意深切真挚的信函，索讨所有存稿。后北大金克木先生又是主动与父亲商榷可否由他出面请安师大张涤华教授作序出专著。父亲则认为不能站在别人肩上扬威张强而作罢。父亲为一生中有了至高水准的学术知音而非常激动，时常把这些来函折好包好别在腰间，似乎这一封封信函都能宽释慰藉自己受过伤害的心灵一样。但好景不长，反胡风开始了，父亲不得不把几名教授的来文来信统统以火焚之。父亲又陷入了学术研究的愁闷煎熬之中。

这时王定国先生多次来到我家，强逼着我的父亲把所有论文寄往中国科学院语言研究所，又要求父亲直接写信给院长郭沫若先生，提请审评。研究所来信大加夸奖，认为论文在古汉语的研究中具有极高的学术价值，是"发现规律"，实事求是，有所贡献，应得到鼓励。山大《文史哲》编委会评论为"精审通达""功力甚深"，同样提出并批准父亲在古汉语研究中有特殊贡献，可享受特殊贡献费。阳光总在风雨后，这是对父亲的极为珍贵的肯定和褒奖，"看不起眼"（我堂叔洪仁甫先生语）的父亲得到了光鲜璀璨馨香四溢的表彰。

20世纪50年代，金克木先生曾来函征求父亲去北京高校教授古汉语，若答允，将向北大校长马寅初先生正式书面提请。父亲念及抗战时隔八年这才返里，况且祖父瘦弱多病需照料，怎好又远游呢？但金先生认为父亲的话是具有充足理由的居平避峰的托词。先生还嗔怪父亲不该取字为"狷"，又说父亲是名符其实的璞玉,而自己是无可奈何的卞和。1954年、1956年安徽省文史馆两次请聘父亲去省文史馆工作。"文革"后,袁传芳先生引领淮南三个中学的校长、书记来家,进了破败不堪的又是盐硝地的草堂屋坐定,邀请父亲去淮南做顾问,生活、工作往返等一切从优看护,而且待遇丰厚。父亲虽从未接受任何一方的盛请,但终因有了知音而无比地高兴!

毕业于北京大学从教耶鲁大学的孙以安先生曾在来信中郑重表述了父亲在探求学术的意志精神、科研做法与丰硕成果,堪比真正的大学教授,是自己最敬佩的师长。孙先生还说,自己的许多方面都深受我父亲的影响,孙先生风趣地说我父亲把达尔文主义教得深透肯綮,使他不得不读了北大生物系。在贵州铜仁市政协主编的国立三中史料里,竟有数篇文章深切怀念我的父亲。抗战时父亲的学生吴光权先生,也是全国著名诗人,有专文表述很是感激自己曾受父亲的教诲。六安师专中文系主任、学报主编张盛彬教授在其学报专设"师之范"栏目,请有关人士写了数篇诗文追怀我的父亲。

父亲的一生,是悲苦求学、质朴正直的一生,又是清俊高洁、低调淡泊的一生!

立"志"寿州竭尽力

——记父亲与寿县志书

王晓珂

岁月匆匆，1999年至今，父亲离开我们已经十九年了。几个月前与高峰相见面谈时，他鼓励我提笔，写一写父亲生前对寿县地方志所做的一些工作，也算是对父亲一个纪念吧！

父亲名王建国，又名王树权，寿县县志办公室原副主任，高级职称。20世纪50年代前期，安徽省广播电台就播出过他写的通讯《情同手足》，《安徽交通报》也曾刊发他写的小小说《小板车长上了翅膀》、诗歌《桅灯》和报告文学《观淮散记》。年轻的他喜欢读书、写作、摄影，后来通过自学，掌握了哲学、史学、地学、经济学以及宗教方面的有关知识。他一边学习，一边实践，在国家级和省级刊物上发表了几十篇文章，编写了关于寿县宗教、文物、胜迹、文化、交通等专业志资料16万余字。

一

编写地方志，肩负着两个方面的任务，一是研究理论，批判继承旧志传统，建立社会主义新方志学；二是在马列主义指导下，修好新志，为现实服务。因此，父亲在自学和研究国内各类志书的基础上，探讨了建立社会主义新方志学的部分理论问题，写出了《试论建设马克思主义的比较方志学》一文（《中国地方志通讯》1983

王建国

年第2期),得到了中国地方志协会副主席、方志学家董一博,副秘书长欧阳发的关注和重视,分别写信给父亲,进行交流探讨。本县领导看后也十分器重,为此1983年县政府给父亲在县志方面的贡献进行了表彰,发了奖状和奖金。

二

寿县历史悠久,人文荟萃。父亲对寿县历史的研究是认真和严谨的,每一个细节,每一个线索,每一个史料,都加以推敲,并追根求源。父亲经过考证得知,早在南朝梁时就有朱玚的《九江寿春记》问世,延续到民国初年,前后共修州志12部。父亲为此写出了《寿县旧志简述》一册,较系统地研究了12部志书的成书年代、编纂体例、方法及编者的思想等等。时任中国地方志指导小组成员、方志学家朱士嘉看到后,给父亲写信表示支持,信里说:"很高兴了解到您已写《寿县旧志简述》,在整理旧志工作中迈出可喜的一步。"中国历史博物馆研究员、方志学家傅振伦先生也给父亲来信评价:"收集周备,评述正确。"

在《寿县旧志简述》中,父亲纠正了刘尚恒、刘光禄等四篇文章中关于《九江寿春记》成书于东汉的错误。民国时寿县无志,仅有《寿县修志馆凡例目录草案》一册,石印本,今存安徽省图书馆。父亲于1984年12月在安徽省档案局整理旧档案资料发现,民国二十六年(1937年)十二月二十日由滕孔怀、李孟吉等七人经手将寿县县志经费1766.66法币存于"聚星号",立据附言说待时局平靖后提款。这说明当时的情况不稳定,没有修志成书。

三

志书作为"资政"之书,描述地方特点就十分重要。父亲喜欢研究寿地民俗,常常走乡穿巷,与一些老者唠家常,与民间隐者攀谈。他阅读了大量的史籍资料,从寿地处于华北和东南两大经济区之间的地理位置入手,研究了寿地与扬州等南方经济的历史渊源,写出了《从研究民俗中获取资源信息》一文,并在《安徽史志通讯》(1986年第1期)发表。

同时,父亲对地方人物加以研究。父亲研究了清末民初的柏文蔚、孙少侯、方振武、张树侯四个名人,写出了《柏文蔚发展淮河流域农业经济的思想》《方旭初"神道碑"注释》《张树侯画梅》等文章,发表在相关刊物上。父亲在《宗教志》志稿中对孙少侯描写很多,概述了孙少侯在政治上失意之后,受杨度"新佛学"的思想

影响,重提唯识宗的佛教哲学思想。父亲对宗教进行研究时发现,宗教在寿县的影响,常被忽略。尤其是佛教,自宋武帝刘裕和梁武帝萧衍在寿地建佛寺(石涧寺和西昌寺)的推崇,佛教在寿地宗教中占了重要地位,并对寿地的思想产生深远影响。除后周柴荣迁州治于淮北,使寿地佛教一度冷落,宋代至民国,寿县这里佛教比较活跃,并在元明时,逐步代替了道教。父亲还考证了寿地佛教为禅宗,后来延为临济宗的历史问题。

四

父亲在工作上有一种忘我的精神。过去的那些年,很多个夜晚,我常常看到他伏案的身影,书桌上厚厚的文稿,一本本旧资料。他在继承寿县悠久文化遗产为现实服务方面,付出了大量的心血和精力,整理编写了《寿县物产类编资料》《寿县自然灾情录》《寿县谜语录》《寿地名人书目辑录》(上)等。他编写的《寿地名人书目辑录》上篇约5万字,涉及面较宽,如其中的谱牒一类,可以提供寿地人物、地名和人口迁移等多方面的资料。从父亲遗留下有关"三沟村""望塘寺"等地名的研究手稿以及相关资料可以看出,明初移民来寿州的有山东济宁的寿州孙氏,从南京板桥卫移来的小迎河集王氏,从江西瓦屑坝移来的广岩塘王氏等等。

父亲在研究寿县古城四门的时候,写有《寿县古城门石刻浅识》,对传统的认知做出史料的新解。寿县东门宾阳门里的蛇与人的连体形石刻,俗称"人心不足蛇吞象(相)",其实原意是为人首蛇身的神,源于南方文化的图腾崇拜。过去江淮民间流传有伏羲、女娲两兄妹由于洪水之祸而结亲并繁衍人类的神话故事,把蛇神当作水神崇拜。王嘉《拾遗记》里说大禹治水,有蛇身人面之神,示以八卦之图,并以玉简授他,大禹执玉简度量天地,终于平定了水患。寿州历来饱受水患,民间崇拜水神、蛇神,因此刻蛇与人的连体于城门内的基石之上,以防水患。父亲还对西门瓮内石刻有不同的看法,西门内一面刻鼓,一面刻锣,俗以"当面鼓,对面锣"解释其意,是一种曲解。阮籍《乐论》说"皇帝咏云门之神",《周礼·春官》也有"舞云门以祀天神"。鼓与锣,是古代祭祀乐中的乐器,西门临西湖,亦称定湖门,祭祀水神,祈祷安定,也是古代统治者根据民俗心理特征,调动民力修城治水的一种方法。

五

父亲是县志编写、修改志稿的负责人,他的写作很有特色,紧紧围绕地方的特点尽力着墨。在寿县沿革方面,他考证了蔡楚吴越在寿县的历史,留下了珍贵的资料。从他留下的大量文字图片材料可以看出父亲对工作对事业的勤奋与执着,有时达到了忘我的境界。

有次为了查找寿县历史方面的资料,他在合肥住了一个月时间,每天早晨一早进馆,晚上图书馆关门才出来,摘抄了大量的宝贵资料,为《寿县志》的顺利编撰做出了贡献。我的书柜里现在留着一本复印书《曙光》,这是一百年前寿县中学第一期的校刊,是父亲去安徽省图书馆查找出来,并复印带回的。那时的复印机还未普及,这本复印材料可想是多么难得。

写到这里,我想,继承父辈的那种为寿州历史文化继承和发扬的工作精神,刻不容缓,时不我待!作为后人,我们任重道远,仍需努力。

青山不老

——记淮南市第一代报人张汉鼎先生

楚樵

20世纪50年代,大量军队干部转入地方工作。这样的干部在战场上雷厉风行、冲冲杀杀惯了,有的转入地方以后一时难以适应,有时处理事务免不了还要用上打仗的脾气,当时八公山矿的一位党委书记就是这样的人。这位党委书记打电话,因总机接线员接电话耽搁了几分钟,他便大发雷霆,端着手枪找接线员算账去了。两位接线员都是十七八岁的小姑娘,被他吓得魂飞魄散、死去活来。一位记者挺身而出,仗义执言,将这一事件如实付诸报端。事件既然见报,引起上级有关方面的重视,对这位党委书记做出了撤职的处分。

在淮南报界,这件事被大家称为"一炮打下一个党委书记",这位开炮的记者就是淮南市第一代报人张汉鼎先生。

张汉鼎先生,寿县瓦埠人,出身于书香门第,其父张家桢诗词、文章、书法贯通。受家庭熏陶,先生自幼文诵诗,造诣深厚。先生88岁时,楚樵采访他,老人家依然身体康健,精神矍铄,思想活跃。老人家今天依然健在,已经98岁。

老人的中学时代是在颠沛流离的流亡学校里度过的。

1938年春天,日本强盗长驱直入,合肥、蚌埠、安庆等地区相继失守,整个安徽成为沦陷区,正在(宣城)省立四中读书的汉鼎先生只好随校流亡。国民党的省政府在金寨县设立了安徽省临时中学(随后不久改为国立安徽中学),临时容留了流亡学生。5月上旬,日本飞机一天两次前来轰炸,炸死炸伤学生,无法上课。学校又奉命西迁,广大师生背起背包,穿着草鞋,走过五百里大别山,从安徽走到湖北,在武汉又遇上日本飞机的大轰炸,不能停留,于是又穿越八百里洞庭湖奔往湘西、川东……如此一走,竟是三千里路云和月!

1944年,先生回到家乡,先后在瓦埠小学、寿县师范学校任教。1949年,先生考进华东军政大学皖北分校,毕业后分配到《皖北日报》(今《安徽日报》)工作,1950年春调入新创刊的《淮矿工人报》(今《淮南日报》),曾任记者组组长、编辑组组长。"文革"中,一切"砸烂",中国的报业更是首当其冲。1972年,《淮南日报》

正式宣告停刊,所有的报人另谋职业。先生调入安徽造纸厂新闻报道组工作,后又调入市防疫站,主编《卫生与健康》。八年后《淮南日报》复刊,先生接受聘请回到报社,帮助指导副刊编辑工作。

先生酷爱文学,古人诗词信手可拈。他是一个勤奋的人,一生笔耕不辍,作品中有大量的诗歌、散文、杂文。他的游记散文,记录山川美景,人文古迹,古今相连,意境丰富;他的诗作,清新隽永,蕴含激情,所抒发的尽是对祖国和家乡的热爱。其代表作有长篇叙事诗、抒情诗《瓦埠湖啊,故乡的湖》《西行列车》等。

先生对书法艺术情有独钟,从草书、行书到狂草皆上笔端,功力非凡,先后在报刊上发表20多幅。他认为文法、书法相通,能书必能善文。喜爱、崇尚的书法家有晋代王羲之、王献之父子,唐代的怀素、明代的祝枝山等,并潜心研究其书法的精髓所在。他兼收并蓄,勤练不止,自成一体,形成飘逸洒脱、奇崛古朴的风格特色。

在"左"的年代,书香世家当然算是"出身不好",因此先生一直与高官厚禄无缘。他,建国初期的知识分子,一辈子从事新闻工作,竟然连职称都未能评上,但是他也一直泰然处之。先生为人正直,心胸豁达,看官场如戏台,视名利为弊履,一生别无他求唯爱读书,读书、写作是他最大的追求与乐趣。他的老伴在世时,曾笑说他这辈子只有两个杆子:笔杆子和筷杆子。

先生在报社23年的时间里,编发了大量的有影响的稿件,采写各类新闻多至千篇。他深入工矿企业、学校、单位,举办通讯员学习班二十期,持续五年之久,培养了淮南几代通讯员,后大都成为各单位宣传骨干力量。

先生毕其生平精力,为淮南市的新闻事业做出了卓越的成就、不可磨灭的贡献。

先生于1981年离休,在家颐养天年。他的爱子张子贺于1980年进入报社,由样板编辑后来升至副总编,也为淮南报业效力十九年。在其任内,主导了《淮南日报》小报改大报、创建晚报(即后来的《淮河早报》)的工作,其功其德,犹泽当今。年逾花甲的子贺先生有乃父风,不慕名利,不媚权势,浩然正气,品行刚正。子贺后来调任文化局副局长,在其任上直至退休,他的女儿现在也在淮南报社工作。一家三代报人,被知情者誉称为"新闻世家"。

有这样的报人、世家是淮南报业的光荣与骄傲,祝尊敬的报界老前辈青山不老!

我的父亲李应麒

李远波

我的父亲李应麒 1921 年生于安徽省寿县，1946 年毕业于国立复旦大学经济系，获法学学士学位。解放后历任寿县中学副校长、寿县初师校长等职，在皖北教育界享有很好的声誉。

早年生涯

1937 年 7 月，父亲从寿县城关县立初级中学毕业，同年考入安徽省立安庆高级中学。他背井离乡，孤身一人来到安庆求学。因日军攻陷安庆，他于 1939 年转入安徽省立第一临时中学继续学业。1941 年，父亲以优异成绩毕业于安徽省立第一临时中学高中部，考入国立复旦大学经济系。在当时的省立一中，能考入国立名牌大学者堪称凤毛麟角。

那时交通困难，父亲怀着远大抱负，几经周折，辗转千里，才到达复旦大学。一路上，他看到民生凋敝，满目疮痍，痛河山破碎，家国难存，于是挥笔作诗一首："军车急驶趋龙门，驻洛大道少行人。垄亩荒芜断青苗，堰塘枯涸绝鳅鱼。荒村寂寥几妪叟，不见青壮事耕畜。饥馑连年民食草，兵役徭赋征敛频。入夜忧思未酬志，伏枕转侧梦难成。河山半壁沦敌手，恨未投笔扫寇尘。"父亲目睹国弱民贫的现状，痛心国家经济落后受外国列强欺凌，激发了爱国热情，遂立志苦学，为振兴中华做贡献。

时值国难綦重之秋，大学生活和学习条件极为艰苦。陋室绳床，食不果腹，但父亲深知救国必须有知识，丝毫不为艰苦环境所动摇，埋首书案，研读不辍，以求报效祖国。学业之余，父亲翻译数部经济学专著，并经讲师罗绳武介绍加入中国经济研究会，和会员们一起探讨经济落后的原因，谋取发展之路。

此外，父亲一面广泛涉猎进步书刊，接受进步思想的熏陶，一面广交爱国进步师生。他经常给进步刊物写稿，抨击国民党的黑暗统治，揭露社会弊端。不久，父亲先后结识了爱国进步师生蒋祖培、顾则先、江泽宏等人，在他们介绍下加入该校进步学生组织——青年民主联盟（由地下党组织领导）。他们经常聚会探讨问题，开展地下革命活动。有一次，他和几个爱国青年在茶楼上开会，遭到国民党军警搜捕，父亲他们从二楼夹墙跃下，通过地下室逃脱，堪称惊险。

1947年春，父亲在重庆建川中学任教时，与该校思想进步的教师岳平、郑华、张春涛等人，一道对学生进行爱国民主思想教育。国民党反动派迫害民主进步人士，父亲的名字上了国民党军警的黑名单，多次遭到军警的监视跟踪。后来形势越来越紧，他不得不离开该校。当时父亲曾作诗抒发内心的愤懑之情："负笈流亡嵩岳隈，秉烛夜读古庙台。寒村犬吠声声达，伏牛狼嗥喋喋来。涉览群籍何罪有，探求真理岂律裁。外敌残凶家鬼厉，时艰更使眼界开。"离开重庆建川中学后，父亲先后任教于四川垫江县立中学、四川璧山县来凤驿明善中学。

家乡解放前夕，父亲决心返乡为家乡的教育事业献一份绵薄之力，他婉拒了明善中学的高薪续聘，毅然回到他一生眷恋的故土。

打造寿中

1949年1月18日，寿县解放。2月，皖北六安军分区司令员彭涛来寿，召开城关中小学教师座谈会，动员筹备恢复教学工作。会上，父亲与刘绍孟、王志咸等六人以民主人士身份当选筹委会成员，负责协助县领导筹备组建皖北公立寿县中学的工作。其后一个月时间，筹委会调查盘点了省立寿县中学（即十一临中）、县立中学、简易师范三所学校的人事、教师、学生、校产情况，并提出详尽的筹备计划。3月，皖北公立寿县中学正式成立，校址就选择在东大街的兵署衙门。父亲被聘任为高中英语、政常、历史教员，月薪大米150斤。

1950年2月21日，皖北六安行政专员公署委任父亲为寿县中学副校长，主持学校日常工作。按照当时的干部管理制度，中学的副校长属于副县级干部，必须由行政专员公署委任。校长一职由县长赵子厚兼任，县长肩负全县军政要务，不参与学校的具体管理工作。

父亲深知一个学校的教学质量的好坏与师资队伍的建设息息相关。新校初建，百废待兴，加之新课程的开设，一时之间教师奇缺。父亲与王志咸一道不辞辛苦，四处奔波，延聘良师。所聘教师群英荟萃，可谓极一时之选，如方竹荪、顾逸生、方家芳、袁传芳……如此阵容强大的教师队伍，保证了寿县中学的整体教学水平。当时，教师宿舍缺乏，一些外地聘来的老师没有住宿之所，父亲便把他们安排在自己家中暂住,且免费提供食宿。遇到家里实在腾不出休息地方的时候,父亲宁愿满怀歉意地请妻子到自己的兄长家借宿,也不愿委屈新来的老师。

任职之初,父亲就提出以全面提高教学质量为立校之本,建立了一套科学的管理制度,制定了完整的教学方案,明确了长远的培养目标。无论管理工作有多繁重,父亲都坚持在教学第一线。对新聘来的老师,父亲会不定期地带领各教研组长"闯入"课堂旁听,当面指出其不足之处,以利改进。也就是因为这样的不留情面,父亲得罪了个别人,为他日后被打成"右派"埋下了伏笔。一段时间以后,寿县中学的教学活动搞得红红火火,师生的热情空前高涨,在皖北各校中脱颖而出。

父亲受教于复旦大学,有着较高的英语水平,对于当时的英语教学,他有自己独特的方法。针对当时英语教材的不足之处,他根据学生的实际水平,对教学内容和方法进行改进,补充了必要的语法知识点。在高年级学生做翻译训练时,他告诉学生,外文翻译力求信达雅,遇到难以解决的单词,可先往后看,从下文去理解此词的含义,然后再查字典以求确切。他采用了一种英语教学新模式:学生预习,老师向学生提问题;老师讲解,学生向老师提问题。课堂之上,父亲以流畅的口语,把自己的心得和成果,全部传授给台下的学生。由于父亲的循循善诱,许多学生的英语学习进步很快,为以后接受更高层次的教育打下了坚实的基础。

父亲爱学生胜过爱子女,对农家子弟感情尤深。当时寿县中学学生有不少来自贫困的农村家庭,为了保证他们的求学,学校特殊规定他们的学杂费可以用大米代替。对那些更为清贫的学生,父亲捐薪资助,每月都要从薪金中挤出一定数额无偿接济贫困学生。长期的资助给作为家庭主妇的母亲带来很大的"困扰",一家人平时都是粗茶淡饭,即便这样到了月底还是无米下锅,不得不向老邻居邵伯年家借米。

1952年,县政府为满足青少年的求学需求,决定再建一所高级中学,经研究由李应麒负责新校的选址和筹建工作。为延续寿州古城的千年文脉,父亲把新校选址在明代循理书院的旧址上。建校阶段,事情千头万绪,他全力以赴,不徇私情,严把校舍质量关。其间,经父亲努力争取,县里又增盖了教师宿舍。后来,教职工大都住进了新房,而我们一家还一直住在老房子里。新校建成后,六安专署和寿县人民政府决定将寿县中学一分为二,分为高中和初中两所中学。高中部分迁到新建的学校,名为寿县中学,就是如今的寿县一中老校区;初中部分,留在原校址,改名为寿县第三初级中学。

累累硕果

1952年至1953年，寿县中学的校园格局大致成型，办学理念初步完善，一个良好的学风基本造就，这是一段艰苦奋斗的岁月，这也是一段铸就辉煌的岁月。两年间的高校录取人数在皖北区独占鳌头，蜚声全省。

寿县中学的大门中走出许多栋梁之材，其中许多人早已是国内外颇有知名度的专家学者，他们是：曾任上海交通大学总教务长的朱立三，清华大学自动系教授孙建华，美国耶鲁大学教授孙以安，中国科学院大气物理研究所研究员魏鼎文，核工业西北203研究所高级工程师孙以卉，云南大学地球物理系教授李家恒，沈阳农业大学教授张和远……

由于父亲成绩显著，获得六安专署和县委通令嘉奖，在六安教学经验交流会上做经验介绍。上级指定他填报省教育厅、省宣传部下发的高级知识分子登记表，并审批为高级知识分子。

1953年3月，寿县文教局任命父亲为寿县初级师范学校（乡村师范学校）校长。当时的初师仅招收高小毕业生，培养小学教师，从长远看，无法适应教育事业的发展。父亲建议招收初中毕业生，三年师范学习后，可以充实到初中教师队伍。这一建议得到县文教局的批准，并于1953年夏季付诸实施。当时的初师学生学习和食宿皆为免费，办学和日常生活支出是一笔巨大的资金，父亲为此日夜操劳，严重影响了自己的身体健康。

1954年7月12日，六安专署委任父亲为六安师范校长，但此时父亲因劳累过度，积劳成疾，吐血不止，不能赴任。后经六安专署批准，在寿县中学半工作半休养。

1957年春，安徽省教育厅决定调父亲到安徽省哲学社会科学研究所从事经济学研究工作，当时寿县县委决定俟学期结束后方准办理调职手续。学期结束后，反右斗争开始，县委不予办理调职手续。1958年反右扩大化时，父亲被错划为"右派分子"。

半生坎坷

父亲一生胸怀坦荡，直道而行，不以友谊殉政见，不以私交妨公务，按着自己的良心说话做事。这种刚正不阿、直言不讳的性格使他赢得了别人的尊重，也使他吃了许多苦，受了许多难。

1954年特大洪水退后,父亲在听过县委动员干群捐款支援农业社的动员报告后,响应号召,回到学校带头捐款。当得知个别教师不愿捐款时,父亲在教研室里慨叹:"我们的生活比之受灾农民可谓在九天之上了,旧时人们都说地藏王还把裤子脱给穷人穿,农民现在的生活这么苦,我们捐几块钱又有什么呢?"

1957年,在一次学习会上,交流心得体会时,父亲说:"某些地区在农业合作化运动中,由互助组很快就跨入高级社,中间所经历的初级阶段为时较短,农民的思想认识跟不上。苏联在农业合作化运动时,列宁就曾说严重问题是教育农民。我们的农业合作化运动中,有些干部不重视对农民进行教育,单纯靠命令行事,这是不对的。应加强对农民进行合作化的教育,使其思想觉悟起来,以便迅速走上合作化道路。"他无论如何都想不到,这几句发自肺腑的真话,竟会对自己以后的人生影响巨大。

1958年反右扩大化,有人妒忌父亲的才能和所获荣誉,借机陷害他。寿县中学的一位老师设法偷走了父亲的一本日记,把它交给反右领导组。他们把日记中的心得体会、所感所想,移花接木,无中生有,编造父亲攻击合作化,叫嚣农民生活困苦,恶毒攻击党的大政方针,结果可想而知。

在批判会上,父亲面对不实之词和无理指控,据理力争,严加驳斥,绝不委曲求全向人低头。他的这种倔强的性格加重了自己的"罪名",很快升级为"极右分子",被开除公职,劳动教养。这位高级知识分子为自己独立的人格和极硬的骨气付出了惨重的代价。

据父亲的学生袁传经回忆,父亲离校劳教前,一些熟人、同事,睹面如不相识,唯恐避之不及,但一些学子纷纷和父亲拍照留念,以示致敬之情。在那样的特殊时期,有这样一群弟子挺身而出,足见父亲和他们水乳交融的情谊。对于当时身处落魄之际的父亲,是一种真诚的信任,更是一种巨大的精神力量,以至于隔了近半个世纪的岁月烟尘后,已是耄耋之年的父亲每每回忆起这些学子,仍禁不住热泪盈眶地说:"那是我人生中最幸福的时刻。"

父亲在六安独山茶林场监督劳动时期,管教干部总认为知识分子劳动太少,经常派他干些加班加点的活儿,还美其名曰:"劳其筋骨,利于改造。"由于长时间重负荷的体力劳动,致使本就体弱多病的父亲肝脾肿大伴有肺气肿等多种疾病缠身。

1964年春,父亲劳教解除后,六安专署报请省教育厅批准,安排父亲到下塘中学(1965年划属长丰县)任英语代课教师。尽管代课教师不是正式教师,待遇微薄,任务繁重,但这些丝毫没有影响到父亲对教育事业的热忱。其后的几年中,他每周任课达22课时以上,是四个不同年级的英语老师。此外,他每周还需两次前往十几里外的学校农场,给在那里劳动的学生辅导英语。在教学的同时,他还担任省教育厅教改组分派的英语教材编写任务,后来他所编写的十年一贯制《高中英语试用教材》一册,由省教改组审定试用。出于对人才的鼓励,省教改组组长王士杰指示长丰县文教局将父亲每月三十元的生活费提高到五十元。

1966年,"文革"开始,父亲编写的教材被视为含有毒素,被列为运动对象,几经批判,再次被排除于教师队伍,在该校农村劳动改造。1968年清理阶级队伍时,父亲被清洗,遣返原籍。下塘中学革委会无端扣发父亲三个多月的工资,使我们一家几乎陷于绝境。母亲没有职业,正在上学的哥哥姐姐们也由于父亲的牵连于1969年春全部下放农村。此后的十余年中,全家的生活来源就靠着父亲拉架子车、干杂工……苦难的岁月里,父亲每隔一段时间就写一份材料和申请寄往省、区、县的有关部门,请求获得为教育事业贡献力量的机会。希望就像是泥牛入海,了无痕迹。

70年代,县里的外语教师奇缺,一些农村中学索性不开设外语课程。青年学子苦于无门,辗转打听到父亲是个有学问的人,精通几门外语,便纷纷登门求教。父亲来者不拒,在蜗居的茅草屋中,无偿地指导这些好学青年。当年经父亲指导过的学子,在高考恢复后,很多人取得了不错的成绩,江传铎就是其中之一,当年考取了四川地质学院。

直到1979年,错划右派的通知书才送到父亲的手中,他终于能回到他热爱的教育岗位上。然而,21年的时间过去了。

夕阳晚照

当父亲重执教鞭,再返讲台时,已是年近花甲。经历过那场浩劫的人们,从不同角度不同层面总结着各自的人生经验。一些恢复工作的人使出浑身解数,动用各种关系,为自己的地位,为子女的工作四处跑动。而此时的父亲却想到自己老之将至,还能再教几年书呢?他将一切私心杂念抛诸脑后,讲台上争分夺秒的传授知识,晚上回到家中编写复习材料,常常通宵达旦。1980年,他所带的那届高中毕业生高考英语成绩名列全县十四所学校之首。直到1992年,72岁的父亲才从教育岗位上完全退下来。

晚年的父亲多种疾病缠身,形销骨立,但他始终关注时事,关注教育,关注学生。他用自己的一生践行"尽一个知识分子的责任"的诺言。

2009年2月,命运多舛却又矢志不渝的父亲,走完了他92年的生命历程,永远地离开了这座古老而又喧闹的小城。

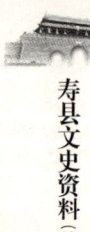

青春献水利

——记原双门水利站职工陈泽利

金茂举

一条淠河支渠穿双门而过,河东良田沃野,河西绿树绕街。河东有三个自然村,五十多个村民组,要常常到河西街上卖农产品,购生活用品。河西有七个自然村,二百多个村民组,每年午、秋两季,要到河东粮站出售公粮。所以河东河西来往就成了双门的头等大事。

十一届三中全会之后,改革开放的春风吹入安丰塘畔,农村粮食成倍增收,售粮从原来的肩挑手提,发展为独轮车、架子车,机械化生产又带来了手扶拖拉机的普及。从河西到河东的木板桥,变为石板桥。再后来,从双门到迎河开通扬西航道。在双门修大桥,成了当时县政府和双门人民公社的重要任务。

时值1980年6月初,刚立夏不久。经请示当时六安行署,安排上游停水,扬西航道泄水之后,在双门原老闸附近拦坝隔水,抢工期抢进度,修建新桥并配套节水闸。双门河东河西奔走相告,几代人期盼的梦,眼看就要实现了。

初夏的晨曦是那么美好,水利站职工陈泽利和另外四个同事,早早来到施工场地。河床底部,圈了十几个平方米,依靠人力挖了个坑,筑造修桥地基。工地上最耀眼的是一个三脚架,辘轳钢丝绳牵引着一部吊车,一个崭新柴油马达机隆隆工作,负责卷扬吊车运输所有的施工材料。当天恰好逢集,两坝堤上挤满了看热闹的人。

这可是咱们双门兴修水利的大事呀!看看之后,回到村里,也好向亲朋好友炫耀施工过程,也算明白了,原来那么大的石头缝,是用了一种叫"洋灰"的东西填实了缝隙。众人在坝上兴奋地指指点点。陈泽利和同事在下面卖力地施工,劳动场面和谐快乐。

危险却悄然临近了。观看的人群中,有人突然喊了一句:"坏了!不好!"众人齐注目,刚刚欢快工作的卷扬机,犹如一匹脱缰的烈马,挣脱了那根钢丝绳的捆绑,并且在十几秒之内冒起黑烟,摇摇欲坠。在十几个平方米狭小的工作范围内,五个人要想从十几米的低坑内逃生,几乎是不可能的。

人群瞬间惊呼声一片,陈泽利距离出坑便梯最近,他没有选择逃生,却迅速转身喊道:"保护国家财产,你们趴下!"自己朝着已经滑速的卷扬机刹车飞奔而去,用整个身躯抱住了机器!"嘭!"一声震耳的巨响之后,时空凝固了。四个工友安然无恙。大伙像疯了一样,下边拖举,上面绳拉,很快把陈泽利拉了上来。那时候,陆路交通极其不便,众人从北侧塘河里找来一条船,把陈泽利平放在船上。人群中已经有人开始失声痛哭了。一件灰色的衬衫已经粉碎,整个面部和腹部插满了铁片,五处重伤。划船的人轮流更换,只想快一点划到安丰塘最北端的戈店,只有从那里才有可能拦车送往县城医院。船儿卖力地划行着,从塘河刚入安丰塘不久,陈泽利吐了最后一口血,永久地闭上了眼睛,永久地离开了他喜爱的水利事业,永久地离开了他深爱的妻子和未成年的儿女。

英雄的血流干了,亲人的泪流尽了。政府没有忘记人民英雄,整整七天,寿县广播新闻都反复播送着陈泽利因公殉职的事迹。之后,县里给陈泽利的妻子儿女安排了农转非户口,并给陈泽利妻子和长子安排了工作,一直尽可能照顾这群孤儿寡母。

斗转星移,李景芬老人和43岁幼子陈磊现在安居戈店街道。我为写这篇文字叩开英雄的家门时,70多岁的老太太熟练地操作电脑,出售福利彩票以补贴生活费用。老太太告诉我,为什么选择安丰塘边居住,一是她喜欢水;二是38年了,她都觉得陈泽利的生命还在这水中缓缓流淌着,每天来看看这水,心情就顺畅了,睡觉就踏实了。

陈泽利的一生,是战斗的一生,更是奉献的一生。据他的妻子李景芬和当时和他一起奋战的工友韩维学和王支胜回忆,陈泽利曾在1972年右足跗骨骨折和1976年脊椎骨折裂。两次的工伤,完全可以办理提前伤退,但是倔强的性格和一心为公的壮志,使他选择了这条光荣之路。

我们今天怀念他,是因为在生命最紧要关头,他把生的机会完全给了同事,自己选择拥抱死神。

孙状元之子——孙景周

李家景

"孙状元"是寿州人对晚清重臣孙家鼐的尊称。孙家鼐晚年时历任清政府的要职,为操纵时局的重量级人物,死后谥号"文正",是有清一代八位"文正"之一,与曾国藩、李鸿章等同享尊荣。但是最为家乡寿州人所津津乐道的,是他于咸丰九年(1859年)高中状元的喜事。虽孙家鼐官至一品,晋赠太傅,但家乡人不以官职呼之,"状元"一词显得格外亲切。

由于资料所限,今人研究孙家鼐,多从其为官为政入手,罕见言及其家事者。笔者有意利用《寿州孙文正公年谱》(孙传樀撰写,以下简称《年谱》)、《寿州孙氏族谱》(2008年修订,以下简称《族谱》)及相关资料,谈谈孙家鼐的后裔情况,并重点介绍状元之子孙景周先生的身世,以纪念这位几乎被家乡人遗忘的乡贤。

一、孙家鼐的后裔们

今之《族谱》虽是接续老谱,但较之民国初年孙传樀(孙家鼐侄儿)所撰的《年谱》毕竟后出,故以下文字以《年谱》为准绳,以《族谱》为补充。

孙家鼐生于清道光七年三月十二日,即公元1827年4月7日,《族谱》记载他于午时出生,也就是中午的11时至13时之间。孙家鼐六岁入塾受书,十六岁入府庠,后为廪生。十九岁时迎娶怀远宋氏之女,两年后即道光二十七年十二月初一日长子传榕诞生。道光二十九年,二十三岁的孙家鼐与堂兄家毂同膺拔贡,是年十二月初八长女传和生。咸丰元年(1851年),孙家鼐举顺天乡试。咸丰二年,次女生,出生月日及名不详。咸丰八年,次子出生,乳名叫"履",未几殇。同治元年(1862年)九月,京师瘟疫流行,长子传榕和次女先后夭折。同治二年三月二十三日,子传桀生,即孙景周。同治五年八月,生一女,是为第三女,名不详。同治七年十月,纳侧室王氏,河南人,比孙家鼐小二十一岁。同治十一年十二月,第四女生,名不详。光绪五年(1879年)三月,为子传桀娶妇程氏,八月第六女生,名不详,侧室王氏出。

孙家鼐八十寿诞，后排中立者孙景周

光绪七年，子传桨妇程氏卒。光绪八年二月，第五女卒。同年，为子传桨娶继室王氏。光绪九年八月，长孙多焆出生。光绪十三年二月，长孙多焆殇，四月长孙女出生。光绪十五年三月次孙多熉生。光绪十六年二月，次孙多熉殇。光绪十八年八月，三孙多焌生。光绪十九年四月，四孙多煃生。光绪二十年六月，次孙女生，七月，五孙多辉生。光绪二十五年十二月，五孙多辉殇。宣统元年（1909年）十月十七日，孙家鼐卒。

由上文可知，至孙家鼐八十三岁去世之时，其子孙（男性）存于世者只有二儿子孙传桨及传桨所生二子多焌、多煃。因此，孙家鼐死后，清廷上谕中说，"伊子陆军部郎中孙传桨着以四品京堂补用，伊孙一品荫生孙多焌、孙多煃均着以郎中分部补用"，以示优恤。

由于孙家鼐长子传榕早逝，按照旧时惯例，传桨的长子多焌便出嗣传榕，以续香火。多焌生一子名珍方，女二佩方、琏方。珍方生一子名以础。以础生一女名欣。多煃生三子，名方凯、生宝（殇）、曾方，生女五，名琪方、定宝、珺方、聊方、琳方。方凯育有一女名以桥，因无子，收一养子名以梁。以梁育有一女。曾方生一子名以卿，一女名以婷。以卿育有一女。并且由《族谱》记载可知，孙家鼐的直系后裔都不在安徽居住。

桑梓人物

二、不爱做官爱岐黄

同治元年的夏季,一场罕见的瘟疫席卷全国。江、浙、皖是重灾区,瘟疫来势凶猛,蔓延极快,死者数以万计,曾国藩当时率领湘军辗转作战于江淮,多年后他回忆官兵染疫的惨状:"我军薄雨花台,未几疾疫大行,兄病而弟染,朝笑而夕僵,十幕而五不常纂。数人送葬,比其返而半殡于途。"六月底,名为"转筋痧"的瘟疫由天津传入北京,引起京师一片恐慌。九月,孙家鼐全家染疫,虽经多方调治,三十六岁的他还是失去了长子和次女。由于孙家鼐没有文集或相关文字传世,我们无法探知到中年的他有着怎样的心痛。好在已有身孕的妻子宋氏躲过一劫,第二年的三月二十三日,一个男孩出世了,孙家鼐为儿子起名为"传楑"。"传"是字辈,"楑"的本意是古代用皮带绑扎加固车辕而成的装饰。我们可以推测,孙家鼐是想新生的儿子不至于夭折,所以唤他为"楑",就像老百姓为儿子取名"栓柱"一样。

孙传楑,字景周,是个二品荫生。荫生是旧时朝廷给中高级官员的特殊赏赐,清代规定"四品京官以上,三品外官以上,皆得荫一子入国子监读书",肄业的荫生经吏部简单的考试即可为官。二品荫生的资格可以获得正六品的官衔,也就是有资格出任各部"主事"。所以孙传楑一开始就出任工部主事,后来因为父亲孙家鼐出任了工部尚书,避嫌转任兵部主事,再后来擢升兵部郎中,仕途便止步不前了。

孙景周没有走传统的科举道路。在过去,像他这样的官宦子弟,人生似乎只有一条正道可走,那就是读书,参加科举然后做大官。因为只有正牌的科举出身,才有机会入翰林院,转而出任要职。以孙家鼐的家学渊源和官场人脉,儿子走科举之路显然极占优势,也许是中年得子的谨慎与爱惜,他没有逼着儿子去走此路,但更为重要的是孙景周根本不想做官。

孙景周生性淡泊名利,出任主事和郎中都是出于父命,并非己愿。在任兵部郎中的那段时间内,其实有数次升迁的机会,但他放弃了。清代的官员考核制度规定,郎中一职若能连续三年考核为上等,便可以道府简用,也就是说可以转任地方要职。地方要职的实惠之处世人皆知,所以供职于部曹的下级官僚们无不削尖了脑袋往前冲,唯恐落于人后。孙景周连续三次荣膺上等,他却以父亲年事已高需要照顾为由放弃了道府简用的机会。

晚清之时,"官二代"们若不愿为名拼搏,大多转入商界以求获利,孙景周似乎是个异数。放弃了仕途升迁的他,并没有和堂兄弟们一道去发展实业,他的兴趣显然也不在于此。难道他是一个庸庸碌碌坐吃祖荫的纨绔子弟?答案是否定的。时人徐文蔚在为孙景周立传时说他"夙精医理,尤善外科",《族谱》也记载他"毕生钻研中医外科",原来仁心爱民治病救人,才是他的本来面目。

清光绪二十八年(1902年),清廷下旨于北京创办官立施医局,奉命筹办之人为左都御史陆润庠。陆字凤石,江苏元和人,是清代第101位状元,与孙家鼐关系密切。陆润庠主持筹办之事,而效力落实以成其事的就是孙景周。宣统二年(1910年),孙景周又在家乡寿州创立外科治疗所,拯民疾苦,历时多年。

孙家鼐内廷当值时,光绪帝曾赐给他许多珍贵药材,孙景周利用这些珍贵药材改善配方,亲自调剂,在治疗痈疽大症方面取得巨大成功。患者踵门求治,脓血臭秽人皆避之,孙景周却躬为敷治,了无难色,行医二十余年如一日。

行医之余,他更不忘培养人才,寿县名医金金山即出其门下。吴靖寰记载道:"(金金山)先拜余景塘先生习内科,后从孙景周先生学外科,孙系清末状元孙家鼐之子,在京以医闻。景周先生视其诚笃好学,心存仁厚,乃悉授其术。"吴靖寰1947年问学于金金山,后亦为一代名医,想是孙景周遗泽所被。

今天,在探究孙景周为何走向行医之路时,《年谱》中的一段话给我以启发。"先是,公(即孙家鼐)以亲老多病,孝子当知医,研究岐黄,维持调护者数年",也许孙景周的行医之路正是受到他父亲的影响。

三、热心公益的游子

寿州为水陆要冲,历来是兵家必争之地,受祸最多。咸同之乱后,公益设施损毁殆尽,地方百姓苦不堪言。光绪年间的寿州重建,孙景周功不可没。其时孙家鼐年事渐高,且为国事羁縻,无暇顾及家乡,参与故乡重建这一重任便落在孙景周肩上。修建孔庙、辑录州志、创办学校,孙景周无不参与其中。窑口集(今窑口镇)北侧有陡涧河隔断南北交通,战乱之后原桥不存,交通极为不便。由于水面宽阔,修桥之工尤巨。孙景周牵首其事,经之营之,其功竟成。寿州城东门外旧有东门桥、东津渡桥两座,原为孙氏家族乾隆年间捐资修建,战时损毁,孙景周与堂兄孙传楀约定出资重建。就在开工之际,孙传楀意外辞世,资金出现巨大缺口,孙景周毅然卖掉一处房子,筹得资金五千大洋,工程如期开工。

民国十五年(1926年)十一月,直鲁联军第十一军军长王翰鸣所属刘、宋、杨三旅调驻寿县,防御国民革命军北伐军。次年四月六日,国民革命军独立第五师(师长马祥斌)北伐,师出六安,包围寿县县城,刘宋两旅闭城坚守,双方互以大炮轰击,兵民伤亡惨重,妇孺流离失所,状极悲惨。

战事未起之时，寿县红十字分会视战争无可避免，遂拟设置妇孺救济所十二处，临时医院一处，救护、掩埋队各一组，以开展工作。但一时之间资金无从筹措，且城内难觅合适房屋，为数不多的几处公共场所皆为直鲁联军所占。寿县红十字分会于二月九日致函孙景周云："时事蜩螗，风云日紧……恐不免弹火横飞……似此种种设施，更需充分经费，务肯先生念乡人灾害将临，锡以杨枝甘露，拯此孑遗，功德无量。如蒙慨允，即希汇交敝会是叩。再，此次所设妇孺救济所，城内无适当地点，且少宽大房屋，凡公共处所皆驻军。思之再三，惟先生北街第宅（太傅第）北过驿巷（状元第）刻尚空间，如至必要时，拟假以为救济场所。想先生慈悲为怀，必邀俯允不情之请……"

不几日，孙景周复函："敬启者，顷奉公函，具悉一切。贵会胞与为怀，恫瘝在抱，尽筹毅力，钦佩时深。兹筹措银圆一百整，即希查收，给予收据为荷。将来遇有必须办理妇孺救济所之事，敝处街北住宅，除自己留有数间外，余屋尽可借用。此层本是防患未然。如不遇此事，自是大家之幸。倘若遇此，请就近向敝管账孙简伯接洽，酌定数间腾出备用可也。"

战争爆发后，城内百姓备受荼毒，无以举食。孙景周函告家人不仅要守约借房，还以仓储全部粮谷做赈济及施粥之用，前后所耗家资数以万计。战乱结束后，寿县人公推孙景周为寿县红十字分会名誉会长，以表彰其所做出的贡献。

民国二十年（1931年）春夏之交，寿县阴雨连绵，月余方晴，淮淝暴涨，低洼之地悉成泽国，大水围城，在北门城墙上可伸手向河中洗衣物。其时孙景周病笃卧床，闻家乡被灾，夤夜忧伤，遗嘱捐赠千元，用作急赈。

同年七月，孙景周辞世，享年六十八岁。消息传至家乡，县人开大会追悼，自发与会者达千余人。

考察孙景周一生经历，他在家乡寿州居住的时间并不长。《年谱》记载，同治十年（1871年），孙家鼐奏请开缺，奉准携眷回籍侍养老母，一直到光绪二年（1876年）起复回京，历时六载。这段时间正是孙景周从懵懂儿童向抱负少年的成长阶段。1910年在家乡开设外科治疗所悬壶济世，这是中年的孙景周在寿州生活的一段时光，时间不会很长。前几年，我在走访城内孙姓老者时，获知状元之子暮年曾有回乡探亲之行，目睹者言其身材高大，方面大耳，极有威仪。

虽在家乡生活的时间不长，但乡情浓于血，故园是他一生的牵挂。斯人已逝，遗泽犹存，特撰此文以纪念渐行渐远的寿州游子——孙景周先生。

流年碎影

回忆寿州古城内的南、北过驿巷

李传琪

从寿州城的十字大街口漫步向东走去,再经过百余米,就到了另一个同样热闹非凡的十字路口,以往的人们称这儿为"小隅首"。其南北向各有一条古巷,分别被称为南过驿巷和北过驿巷。70多年前的抗日战争时期,我即出生在这儿的一所小旅馆中,其间虽数迁其居,但十几载的年幼时光,大都是在这两条窄狭的古巷中度过的。今我老矣,儿少时期所留下的相关记忆却仍会在脑海中不时浮现,萦怀难释,久久无法湮没。

北过驿巷旧影

一

据相关史料记载，原设置在下蔡镇的古驿站——寿春驿，于明代嘉靖年间迁徙至今北过驿巷北首，并建立有"官驿园"一所。由此可以认定，今日的南、北过驿巷即是当年寿州城内的官驿故道。如今漫步于此，虽已无法觅得当年驿差们飞马扬鞭疾驰而去的身影，但从20世纪四五十年代时还依然残存下来的部分遗址和民俗民风看，那颇为浓郁的古驿文化还余韵犹存。

在儿时的记忆中，沿巷两侧相对集中了数家旅社、饭店、浴室和茶馆。从抗战时期到解放前后，开设于两巷中的旅社，应该不少于五家。位于最北首的一家名为淮南楼的旅馆，设施极其奢华，当时应为少数驻城日军和汪伪维新政府的群僚们所霸占，非一般常人敢于涉足。抗战胜利后，这一敌伪巢穴也随之倒闭。另外的一家，名为会文旅社，位于小隅首向北近廿米左右的繁华地带，旅馆的主人姓杨，据说这里是清代生员们来城应试所经常投宿的地方，民国时期驻寿的所谓"导淮"机构，也假此设立。40年代后，会文旅社又多为文艺界人士的集聚地，当时挂牌于红星剧场的京剧名角小白玉崐、汪晓峰等，亦都常住于此。在会文旅社的斜对面，还有一家福安客栈，也颇具规模，这家旅社的主人姓岳，老板的儿子是我小学时代的同学，经常在一起玩耍，所以对这儿也印象颇深。另外还有两所旅社，均坐落在南过驿巷内，其中一所名为江安大旅社，位于后来的聚红盛酒馆处，当时常住有部分国民党的政界人员及其家属，直至县城解放即自行倒闭。另一家名为同陛旅社，位于后来的鞋帽厂隔壁，规模不大，经常住些商界人士，"文革"时期，这座旅社依然坚持经营。

在20世纪四五十年代，两条巷内还各设有一座酒馆，均为寿州城里的老字号。聚红盛酒馆厨艺精湛，善于烹调淮扬大菜，并兼具寿城的传统特色；另一座小而真饭店，坐落在北过驿巷原"山陕会馆"的旧院内，蒸出的小笼汤包皮薄馅鲜，名声在外，供不应求。两座酒店相距不过百米，相映生辉，红极一时，成为当时寿县城里上层社会的重要交际场所。除此之外，散布在两条巷内的各类风味小吃，也相对集中，并颇具特色。就在小而真饭店的对面，当时有一家被称为"杨歪头家"的早点铺，清晨四五点钟即开始供应油条，小时候我去学校上早读时，经常停留于此，新鲜油条出锅后，由自己动手串在一根细细的麻秸秆上，五分钱三只，拿在手里边走边吃，也算是一种难得的享受。每至华灯初上，这一带就更具一番风情——吊炉火烧、油酥烧饼、花卷馒头、鸡汤馄饨……各类饮食摊点琳琅满目，撩人嘴馋，让你欲罢不能,充分体现了百余年来两巷古驿文化所遗留下来的独特魅力。

当年,这里还分别坐落有两所颇为有名的浴室和茶馆。由商界名流侯幼斋先生于民国十九年在北过驿巷原绍兴会馆旧址上创建的升平园浴池,门厅高大,装饰气派,大门顶部那对称起舞的狮子滚绣球浮雕,每让路人仰首赞叹!浴室内部,环境优雅,设施完备,数十年来一直享誉全城,独领浴业风骚。另一家公园浴池,位于小隅首向南十数米的原聚红盛酒馆正对面。老板姓黄,亦为寿县浴界旧人,很有经营头脑,六十余年前,即在紧邻该浴池的南侧,创建了新新妇女浴室一所,开寿县女子洗浴业之先河,深受当时新潮女士们的青睐,宾客始终络绎不绝。另外,就在这两所浴室的斜对面,当年还分别开设有茶馆一座。特别是位于南过驿巷口的那座顾家茶馆,因占有地利,虽年代久远,但仍兴旺不衰。每当清晨午后,前后厅堂内数十张茶桌座无虚席,满沏着六安瓜片的宜兴壶时时散发着沁人的溢香。围坐在四周的各类茶客,或低声悄语,或高谈阔论,或含笑敬烟,或拱手揖别,真个是"社会大茶馆,茶馆小社会"。当年,坐落在繁华巷口的这座老字号茶馆,似乎也如老舍笔下的老裕泰那样,成为20世纪中叶寿州古城的社会缩影。

二

由于两条驿巷位处古城中心的繁华地区,交通便捷,闹中取静。为此,近一百年来居住在这儿的官宦、富商也相对集中,直至解放前后,这儿还保留有相当一部分古建筑和古民居,从另一个侧面上体现了寿州古城在建筑文化方面的较高品位。

在儿时的印象中,坐落在北过驿巷中段的献瑞庵,应该算是一处保存较为完好的古代建筑。庵堂的正门朝南,门前辟有一片开阔场地,步入庵门后,是一个十分宽敞的四合院,门厅顶部为一座向北敞开的大戏楼,对面的佛殿虽因年代久远而略显残旧,但也并不颓败。抗战前后,这里一直都被"寿县商会"占为办公场所;解放初期,佛殿也一度被改作"中国人民银行寿县支行"的营业大厅。记得很小的时候,每到夏日的午后,母亲和姑母即会携我于此纳凉,大院内梧桐深深,坐在树荫下的长石凳上,摇着蒲扇,听着蝉鸣,或俯下身来饶有兴致地观察着蚁群搬家,或仰首注视着飞落在树顶处的乌鸦归巢。夕阳西下,殿角高耸,古庵院内虽显得有些阴森,但也为自己的儿时生活增添了少有的童趣。

当年遗留在两巷中的古民居,其首非"北状元第"莫属。据说这儿原是前清状元孙家鼐的出生地,正门朝西,位于北大街腹地双牌坊的南侧,高大雄伟,气势非凡。步入大门后,穿过共四进庭院,即可由位于北过驿巷的后门踏出。新中国成立前夕,一位孙姓先生曾在此府第中坐馆,为居于附近的十数位蒙童授学,我和三弟亦随其就读塾书数月,在终日背诵《白话尺牍》的同时,还听先生讲述了一系列《龙文鞭影》中的历史故事。每至傍晚日落,方和三弟背起书包,如释重负地携手步出学馆后门。此时,残阳西垂,熏风徐徐,透过古巷东侧一片葱郁的"北菜园",遥望着黛瓦粉墙的"准提庵"古刹和矗立在州署后院"熙春台"上的凉亭。古城文化的丰厚积淀,似乎亦在自己的幼小心灵中,留下了极为深刻的印记。

在"北状元第"的后门向南不远处,又有另一座被称为"刘少海故居"的大宅门,同样引人注目。这座建于晚清时期的古民居,布局完整,朴实典雅,颇具特色,曾被列为第七批安徽省文保单位,至今仍受到高度重视。少海老人虽是三弟媳永琴的先祖,应为至亲,但由于我出生稍晚,未得亲睹老人的尊容,对他所创办"北当"和"武馆"的业绩,也一无所知。唯一留在儿时记忆中的仅有老先生及其后人兴办慈善事业,于巷内施粥的火热场景。寿县沦陷时期,关于"刘少海家放稀饭"的美誉,可谓家喻户晓。不论春夏秋冬,每至清晨,放置在大宅门前的两口大缸内,都会装满热粥,施舍给前来乞讨的难民们充饥,成为古城历史上一直被人赞誉的善举。

在南过驿巷内,当年也有几处令人羡慕的古宅院,其中以"许统领故居"独占鳌头。小时候这座"前街通后街"的建筑群,被附近人称为"许家公馆"。50年代初,我读小学时的一位同学许寿长,即是这儿主人的后裔。记得儿时这里也曾有一座家塾,隆冬时节,我和三弟每每踏着残雪来此就读,师从一位美髯飘逸、颇有风度的王老先生,听讲《幼学琼林》。从巷内的东门步入公馆后,经过一段不长的甬道,再转入一个向南的侧门,呈现在眼前的即是一座颇有江南风味的园林建筑,四周回廊,环绕着一座精美的后花园,名树假山点缀其中,花园正中央的高台上,屹立着一座绿窗轩榭,造型典雅,装饰华美,飞檐流丹,雕栏玉砌,让人赞赏不已。右侧不远处,是一正方形的鱼池,依栏俯视,碧水映着蓝天,更有一番情趣。每至清晨傍晚,不远处的书馆内不时传来诵声琅琅——"云淡风轻近午天,傍花随柳过前川"——身临其境,耳濡目染,怎不让人心旷神怡,如痴如醉?

三

从20世纪40年代开始,在以后的半个世纪里,李氏家族似乎与这两条古巷结下了不解之缘。为此,坐落在南北两巷内共三座故居的旧影,至今仍会在我的脑海中不时呈现。

据老人们述说,1941年初,即壬辰年十二月二十七日拂晓,我诞生在北过驿巷内的会文旅馆中。虽时间不久即另择新居,但由于相距不远,长大以后,仍经常和家人们一道,多次来此串门造访,寻取旧忆。故居坐落在旅馆大门东南侧的一所四合院内,50年代,这里除房东一家人外,大部分房舍都为来寿县搭班演出的一些京剧演员所常住。我降临世界第一眼所看到过的那三间东厢房,此时已另易其主,故而很难贸然闯入,再做更多的探视。经过此屋北面的一个侧门,即可进入旅馆的后院,这里似乎也如鲁迅先生笔下所描述的百草园那样,为孩子们情有独钟,那满树紫红的桑葚,遍地金黄的楝果,蛰伏在野花丛中的黄蜂,惊跃在瓦砾堆下的蟋蟀……都会让你双目不暇,穷追不舍,恋恋不能离去。特别是那口坐落在北墙角下的老井,低矮的石栏,虽已老态龙钟,残缺不堪,但作为一生中最初哺育过自己的生命之泉,至今仍让人久久不能忘却。

大约是在我刚满周岁之际,全家人即搬迁到献瑞庵后墙外的另一所大院内居住。这座新居的房主名叫许祝三,是当时寿县城内颇为知名的古董商之一。许宅正门朝西,开于木头牌坊巷内,从西至东共有三进院落,气势不凡。新居所处的东院,单门独户,幽静安全。步出东门亦有水井一口,由于地处北过驿巷的正中位置,所以来此汲水的人络绎不绝,既有挑担卖水的老汉,也有洗菜淘米的主妇,木桶上下,石砧急急,真似一幅惟妙惟肖的市井画卷。

四年之后,伴随着抗日战争胜利的兴奋和喜悦,全家人也随之从古巷中迁出,相继在东大街的邵白年家前院(现寿州宾馆处)和红星剧场西隔墙的一所新宅内定居。直至1959年深秋,由于东大街的拓宽拆迁,才由房管部门出面协调,再一次在离别了十四年的古驿巷内重新安家。新居坐落在南过驿巷原门牌14号的一所大宅门里,据说这儿原来也是状元后裔孙氏某房的故宅,内有三进院落,各类房屋二十余间。此宅院解放后被征为公用,曾开办了一所"常年民校",成为当时居民委员会开展扫除文盲活动的基地。1958年民校停办,十数家居民相继迁入,使这儿成了大杂院。分配给我家居住的三间瓦屋,位于东边大院的最南首,正厅的四扇落地雕花格门和两边卧室的宽敞大窗,不失当年大户豪宅的精雅品位。就在该屋后墙的斜对面处,也有一口古井,该井石栏造型独特,横切面由三个相切的圆周组成,古谓"三眼井",亦被列为寿州古城的"内八景"之一。近观此井,更会让人惊叹不已,斑驳的井沿上被提水麻绳所磨砺出的一条条凹痕,既向人们展示出了它当年为过往驿差饮马解渴所付出的繁忙,又向人们诉说着数百年来发生在古驿巷中的更多故事。我虽然于1956年就读中学时离开了寿城,但每至暑期和春节,均回故乡探亲,并在此小住,所以对这儿的环境依然十分熟悉。20世纪70年代初,随着大哥一家迁往淮南,遗留在古城中的这所老屋渐趋冷清,直至十年之后,由于已无人继续在此居住,最后由全家人一起商定,将这所居住了 20 余年的故宅忍痛售予了他人,至今仍引以为憾。

  1978 年春节前夕,老姑母不幸病逝,我回寿城奔丧,与这所老屋做了最后的告别。"挥手自兹去,萧萧班马鸣。"在那个严冬的清晨,我踏着薄霜,沿着狭窄的隘巷,向南缓步轻移,折过了棋盘街,越过了通淝门,苍茫回首,思绪万千,"老屋离我愈远了,故乡的山水也都渐渐地远离了我……"一路低诵着鲁迅先生在小说《故乡》中所写下的那感人一段,古城,古巷,古井,古居,永远地定格在自己的记忆之中!

解放前在寿县道华学校读书的岁月

李传琪

1945年初秋,距8月15日日本投降,仅过去了一个月时间,寿县城内的大街小巷就贴遍了道华学校的招生广告。因战乱而停课六年之久的这所小学,经过了极短时间的高效率筹备,即决定于近期恢复招生,重新开学上课。伯父慎吾先生是一位虔诚的基督教徒,抗战前夕由上海阜丰面粉厂返回故乡后,一直参与寿县教会的管理工作,和这所教会创办学校的校长、老师都非常熟悉。基于这层关系,所以在看到了招生简章之后,母亲当即做出决定,不惜承担高额的学费,亦将我和大哥、三弟同时送进了这所学校。

一

道华小学,位于县城南大街中段的一条僻静古巷内。早在1903年,即由寿州孙氏家族在此首创了一所具有现代教育性质的新型学堂,由于所有的办学经费均由上海阜丰面粉厂资助,所以取名"阜财学校"。1915年,美国基督教长老会,委派仲璧茹女士来寿县传教,她在相继新建了部分教堂、医院的同时,又和孙氏家族商榷,由教会承接了这所学校,并经扩建改建后,命名为"寿县私立道华小学"。学校颇具规模,前门(即正门)开于楼巷东段,后门设于营房巷中部。步入朝南的正门,左行数步,即有一条近百米的长廊纵贯南北,成为校园的中轴线。西侧的最南边为一处景色宜人的庭院,由五彩卵石铺嵌的曲径两侧,翠竹轻拂,绿草如茵,芬芳的桂花丛中,散布着或圆或方的石凳,不乏为学生们课余休闲和趣读的好去处。依次向北,第二进院落为学校操场,每天早晚的升降旗仪式,均在这里举行。第三进院落应为学校心脏,院内不但相对集中了全校各个年级的教室,而且还设有小型礼堂一所,供全体师生开展各项活动时使用。第四进院内,有朝南房屋数间,为学校后勤部门的办公场所。在长廊的东侧,由南向北也依次分布有房屋数列,形成了与西侧基本对称的三个院落。其中主要核心区域,供学校附属幼稚园使用。若穿过幼稚园门前的中院,向东走去,又是一片开阔的场地。场地中心建有长宽均为20米左右的正方形水泥平台一座。台面四周布有罗马柱型护栏,雕工精细,颇具欧式建筑风格。北、西、南三面均设有十数层阶梯可登,是低年级同学和幼稚园小朋友们进行各类游戏的主要场所。整个校园,闹中取静,环境幽雅,设施先进;各类建筑,中西合璧,错落有致,不愧为当时寿县城内首屈一指,令人羡慕的一流学校。

二

由于学校的承办单位为寿县基督教会,因此在办学理念上体现出了极其浓厚的宗教色彩。按照学校安排,当时每周的授课时间均为五天半,周六下午休息,星期天上午全校师生需集体前往位于东大街的福音堂,参加礼拜布道活动。在听取牧师讲述《圣经》内容和诵唱《赞美诗》的同时,还会经常领取到如《马可福音》《约翰福音》等一系列宗教书籍和印制精美的"圣经故事"图片。在校园内,平时也笼罩着极其浓郁的宗教气氛,每日晨会开始,各班同学都要在级任老师的带领下,分别于各自的教室内开展祈祷活动,大家立于桌后,低首闭目忏悔祷告。每年圣诞之夜,全校师生会集中在小礼堂内,通宵达旦举行联欢活动。记得我刚刚入学不久,有一天,老师极为兴奋地告诉大家,有两位来自美国的教会老人——戴牧士夫妇,今日将要来校参观,学校决定下午停课,并要全体同学着装整齐,举行隆重的欢迎仪式。小礼堂内欢声笑语,气氛热烈,部分幼稚园小朋友和一年级同学,还走上讲台,翩翩起舞,做了即兴演出。当时,我和其他五位小同学一道献上一曲《这是娃娃球呀》的小合唱。这应该是我首次登台亮相,所以留下的印象极为深刻。

三

从当时的情况来看,这所学校收取的各项费用极其昂贵。按照招生广告上的规定,依据所在年级不同,每位学生每学期仅学费一项,就需支付大米三至五斗不等。所以,该校在办学模式上亦显示出贵族学校的某些特色。学校规定,在参加对内、对外的各项集体活动时,学生必须统一着装,设计的校服为黑色的大檐帽,黑色的学生服,下佩黑鞋黑袜,腰系黑色皮带。和此时公立"简师附小"学生所穿戴的黄色"童子军"装对比,在色调上形成了鲜明的反差。列队出操和上街游行时,整齐划一,十分庄重。当时,学校还专门聘用数名校工,负责校园卫生和绿化管理,并每天两次把烧开的茶水送往各个教室,分倒在每个学生的茶杯内,供大家饮用。除幼稚园的小朋友每天上、下午都需定时供应饮品、点心之外，每周内学校还向全体同学免费分发由教会提供的美制牛奶、罐头数听，以供食用。每年春夏两季，学校还会组织全体同学，沿楼巷西行，至不远处的"春华医院"接种牛痘和注射疫苗，以此来预防天花、麻疹和各类传染性疾病。此外，学校还非常注重对少年儿童的礼仪教育，要求大家从小就要形成讲卫生、讲礼貌、讲谦恭、讲诚信的良好习惯，并通过所开展的一系列活动，极力塑造出男女同学的绅士风度和淑女形象。独具一格的校风校纪，赢得了社会各界对这所学校的认可。

四

解放前夕的道华学校，还十分注重教育和教学质量的提高，自始至终把狠抓课堂教学作为办好学校的第一要务。1945年9月开学后，学校董事会选任柏佩瑶女士为校长，所聘各学科教师均为社会名流，颇具威望，开设学科新颖齐全，学以致用，课堂教学严谨扎实，生动活泼，深受学生的欢迎。记得刚刚入学时，由柏校长亲自担任我们一年级新生的国文课教学。"人手足刀尺，山水田牛羊……"在耐心细致、不厌其烦地教会小同学们认字写字的同时，还饶有兴趣地不时给大家讲述一些如《天方夜谭》中的童话故事，那温文儒雅的气质风度、温婉娴熟的教态教姿，至今仍让人敬佩不已！学校从三年级开始即在各班开设了英文课教学。在大胆引进国外小学教材的同时，还注意把课堂教学和生活实际有机结合起来，在校内外开展各项活动时，尽量较多地使英语词汇和对话，促使学生的英语口语在青少年时代即达到了相当的水平。此外，学校还较好地关注了学生的全面发展，通过音、体、美、劳等有关教育，使青少年一代在体魄和情操方面，也得到了应有的锻炼和陶冶。七十余年虽已逝去，回忆起冯仰军先生在当年音乐课堂上所弹奏出的那首《苏武牧羊》钢琴曲，冯正霖老师在当年游戏课上，组织小朋友们"丢手帕"时所体现出的亲和力，似乎近在昨日，难以忘怀。

五

1946年9月，新学年开学伊始，学校董事会又重新选聘了李绍吾先生为校长，全面主持学校工作。绍吾先生是我伯父的挚友，在解放前的寿县基督教会享有一定的威望，其人其事、道德文章，也在全县教育界中有口皆碑，为人敬仰。为了让学校能够更好地适应社会需求，与时俱进，绍吾校长在注意保持教会学校所具特色的同时，还大胆地把一些当时的进步思潮引入了校园，使得学校面目焕然一新，受到全校师生和社会各界的一致称赞。新的学年开学以后，小礼堂正中首次悬挂起孙中山先生遗像，而且每至周一晨会奏响"国歌"之后，李校长就会登上讲台，照例为师生背诵"总理遗嘱"，并做主题演讲。那抑扬顿挫的语调、纵横捭阖的论述，不时赢得掌声和共鸣。

为了全面提高学生们对社会活动的参与意识，每当"四四儿童节""元旦"等节日来临之际，学校均会组织相应活动，或推荐部分同学参加"全城小学生演讲比赛"，或组织全体师生上街"提灯游行"，或在校内举办歌咏话剧演出，在充分激励青少年儿童爱国热情和民族自强精神的同时，也使得学生的文化生活得到了更进一步的活跃。回想当年，小礼堂内举办"九一八"纪念活动，师生共同登台，高声齐唱《松花江上》《毕业歌》时的激愤场景，至今仍会让人热血沸腾，感慨万千。

1947年秋，由于大哥毕业后考入"省中"，我和三弟已无人伴读，只好另择他校，取近就学，忍痛离开了这所让人难以割舍的校园。据相关资料记载，就在寿县解放一年之后，学校即由人民政府接收，于1950年改为公办，使其脱胎换骨，涅槃重生，并相继更名为"寿县城南小学""寿县师范附属小学"和"寿县实验小学"等。近百年来，她为千年古城培育出了数以万计的有用之才，让人为之赞叹！

人间仍唱天仙配
——司徒越题严凤英雕像楹联

孙以樑

1987年3月,黄梅戏表演艺术家严凤英的骨灰由其丈夫王冠亚等人护送至安庆市菱湖公园,安放于黄梅阁严凤英的汉白玉雕像下。

菱湖公园是人们尤其是文化人所熟知的名园。20世纪20年代,著名作家、革命烈士郁达夫曾任教于菱湖公园旁的安庆法政专科学校,正是郁达夫文章中对菱湖公园的多次描述才使它享誉全国。

从此,名园葬仙骨,菱荷伴芳魂。

严凤英雕像呈献的是她在《天仙配》中饰演的村姑形象,端庄秀丽,栩栩如生。基座正面是安徽省书法家协会原主席赖少其题写的"天上人间"四个大字。

1986年春,时任安徽省书法家协会名誉主席的司徒越也收到安庆市的邀请函,请他为严凤英塑像落成题字。

司徒越对于严凤英的了解可追溯到20世纪五六十年代,1956年他在六安县电影院看了严凤英主演的黄梅戏艺术片《天仙配》后在日记中写下这么几句话:

"看下午六时半的一场《天仙配》。比预告片上单独的几个镜头好一些,比《秦香莲》(电影)也好一些。"(1956.4.30日记)

不到半个月,严凤英率省黄梅剧团到六安县演出《天仙配》,这在刚刚放映了同名电影的县城里引起了极大的轰动,人们争相购票,期盼着亲眼一睹"黄梅女皇"的风采,其场景的热烈远超今日的粉丝追星。司徒越和家人都去看了戏,严凤英精湛的演技征服了包括司徒越在内的全体观众,但他日记中留下的只有当年购票时的艰辛:

"严凤英等到六安来演《天仙配》,庆珠(司徒越的妻子)去为学校买集体票,站了一两个钟头。以后老曹(学校的职工)去接班,又站了一两个钟头,买的还是边座票。据说连八天后(严凤英)演的《春香传》的正座票也都卖完了,可谓轰动一时。"(1956.5.11日记)

"四清"运动时,严凤英等深入基层,曾到寿县和当地的文化工作者座谈。司徒越当时在寿县博物馆工作，他参加了这个座谈会。这几个小时的座谈是司徒越和严凤英一次近距离的接触。事后他有些奇怪：原来严凤英也抽烟。

作为同被卷入"文革"中的文化人，司徒越、严凤英与当年不计其数的"专政对象"一样，被批斗、被关入"牛棚"、被游街示众、被迫检查交代、劳动改造。不同的是，司徒越最终熬过那群魔乱舞的十年，继50年代末的劫难之后又一次从黑暗中走了出来。

他看到魑魅魍魉的覆灭，他看到那些运动中"整"过自己的"革命造反派"的尴尬（司徒越从没和这些人计较），他看到自己的冤案彻底平反，他看到改革开放初显成效。不经意间，他成了声名卓著的书法家。

司徒越收到安庆市的邀请函时，笼罩在神州大地上的极"左"路线的阴霾早已散尽，改革开放成效初显。他彻底摆脱了被强加在身上二十余年的沉重政治枷锁，心情舒畅。十年前就退休的司徒越极为罕见地被要求复出工作，没想到却当了个"终身制"的县政协副主席。他被选为安徽省书法家协会副主席、名誉主席……

面对安庆市求字的邀请，司徒越当然要写，提起笔来，他却陷入深思，20世纪50年代末，自己差点不就走到严凤英那一步了吗？

1958年，时任舒城中学代理副校长的司徒越平白无故地被县法院"裁定"为"反革命分子"，剥夺政治权利三年。每月发十五元生活费，留校监督劳动。一年过后，无法言说的心理和生理上的双重重负压得他几乎喘不过气来，司徒越快撑不住了。日记里记录下他当年的绝望："昨夜梦游于一小城市中……有一妇与余同行……忽至一桥头，妇忽超余而先登，瞬至桥顶，跃投河中……倏忽已没入黄波浊流中。既睹此景，忽觉我亦似曾作此想，而未果行。噩梦骤醒……"（1959.5.21日记）

整整三十年前，不论在荧屏里还是在舞台上，司徒越亲眼见过严凤英扮的七仙女可以带着观众笑，也可以带着观众哭，但谁也不会想到这个活泼俏丽的形象那么快就和"死亡"联系在一起。现在，严凤英已经平反昭雪，她主演的电影《天仙配》又风靡全国；"树上的鸟儿成双对"再唱到大江南北、唱上"春晚"；黄梅戏这个地方小调也登堂入室发展为深受全国观众喜爱的一大剧种。可那个从山野走来，带着泥土的芳香，为这一切做出最大贡献的村姑严凤英呢？

回顾过去，看看现在，司徒越有无尽的感慨：相似的政治运动、同样被折腾的"斗争对象"、截然不同的人生结局，幸存的他思绪万千，一番沉吟后司徒越挥毫为严凤英写下："人间仍唱天仙配，何处能招玉女魂？"

时隔不久，时任淮南市书协主席的余国松到寿县看望司徒越。这个"文革"期间就执弟子礼问教于司徒越的小老乡，闲聊时谈到自己也收到安庆市邀请函要字。巧合的是，他写的也是楹联，听余国松说出联文"红颜雕白玉；青史揖黄梅"。司徒越极为赞赏：短短的两句话十个字，红、白、青、黄就用了四个字，占了四种颜色，立意之深、构思之巧实在罕见。

三十余年后，已经身任安徽省诗词学会副会长的余国松将自己当年的五言联略作改动和司徒越的七言联吟入一首七律之中，"聊寄对先师与严凤英的纪念"。

司徒越题字

浩劫花飞留血痕，严伶一死恨无垠。
人间仍唱天仙配，何处能招玉女魂？
白玉红颜雕可树，黄梅青史辑堪温。
谁云戏剧皆优孟，赢我师生两代尊。

寿县报社生活琐记

赵振远

我至今还珍藏着1958年《寿县报》发给我的记者证。每当看到上面那张年轻英俊的面孔时,48年前在县报工作、学习和生活的情景,就像过电影一样一幕幕地浮现在眼前。

一

我是1958年8月由堰口供销社调到寿县报社任记者的。当时报社领导和编辑、记者已有十多人,年龄最大的没超过30岁,最小的20岁左右,精力旺盛,朝气蓬勃。我由财贸部门调至新闻单位,工作环境和工作性质发生了显著变化,深深感到在很多方面不适应,而最突出的是文化水平和业务能力不适应。在与报社同人接触中,我了解到,他们绝大多数人具有初、高中学历,而我小学毕业后仅读了三个月私塾。这么低的文化程度怎么能适应新闻工作的需要?经过认真思考,我想最好的办法就是抓紧学习。首先是向书本学习。我针对实际需要,兼顾阅读情趣,订了《新闻战线》《新闻业务》《人民文学》《文艺学习》四份杂志,如饥似渴地读起来。我的业务能力和写作水平之所以很快得到提高,多半得益于这几份杂志。星期天,我就到新华书店去浏览,发现我所需要的书就买下来。有时候,编辑部安排我采访某一专题,而我对此却知之甚少或根本不懂,就到新华书店去翻书,哪怕是一本书中有一段话,对我采访这一专题有参考价值,我也把它买下来,这样就避免了在稿件中"放差子",说外行话。县里办了一所红专大学,学员对象是县直机关干部,我也报名入学。一个优越条件是,报社副刊编辑顾应昌同志是红专大学的兼职教师,对我帮助很大。在这里,我学到了一些文史知识和唯物论、辩证法方面的基础知识。寿县报与外地出的县报互相交流,少说也有百十家。有空就翻阅这些县报,也是一种学习。当时最著名的县报是湖南省的《南县报》,文风泼辣,标题新颖,我从中学到了不少东西。

这期间,还经历了统一部署的"反右倾"政治学习。县委宣传部和报社是一个学习组,20多人,清理"右倾机会主义"思想,少数同志受到了错误批判。

在报社,我养成了早读的习惯。报社所在的县委机关,位于县城内东南角,办公区连着住宅区,东边是两口大塘被一道堤坝隔开,整个东南面被古城墙包围着,大塘四周是垂柳,塘内遍植莲藕,城墙下是高大挺拔的洋槐树和榆树。只要是晴天,清晨,我总是拿着一本书,穿过塘堤,登上古城墙,坐在角楼遗址的石基上,捧着书读起来。一年四季,随着气候和四周景色的变换,早读也自有不同的意趣。我觉得最美好的季节莫过于夏季。满塘碧绿的荷叶,衬托着满塘盛开的粉红色的荷花,晶莹的露珠在荷叶和花瓣间滚动,晨风里洋溢着阵阵清香。在这诗情画意的氛围里读书,你会自然地进入物我两忘的境界。

在采写新闻稿的过程中,我总觉得自己写的东西干巴巴、文绉绉的,缺乏生气。这使我领悟到,除了向书本学习、向实践学习,还必须向群众学习。群众语言既丰富又鲜活,在稿件中恰当运用,就会增强其感染力和吸引力。于是我用一个笔记本专门收集记录群众语言。收集一条,记录一条,顺序编号,两年多收集450多条。如果能够整理分类,运用起来就更加便利了。

时隔多年之后,我才认识到这种学习方法有问题,虽涉猎广泛,但内容庞杂,东鳞西爪,零打碎敲,不系统,不缜密。如果当时能把大学中文系或新闻系的课本从头至尾系统地啃它一遍,那情况就会更好。然而现在已是悔之晚矣。

二

《寿县报》经历了高举总路线、"大跃进"、人民公社三面红旗和三年严重困难的特殊历史时期,报社采编人员过着极其清苦的生活。然而大家克服重重困难,仍然爱岗敬业,忠诚于党的新闻事业。那时,每人每月供应口粮只有19.5市斤,食堂供应蒸米饭,还搭配山芋和草根淀粉窝窝头。那时,单身汉多(有的虽已结婚,但多为两地分居),三四个人住一间寝室。午秋二季,要到附近农村参加集体生产劳动。还利用机关内的空隙地开辟一片菜园,栽种蔬菜自食。记者下乡采访,都顺便从乡下采购一些萝卜、山芋、瓜果之类带回供给报社人员分食。那时公路没有像样的客车,记者下乡采访只好去挤货车搭上油布改装的"老鸭棚",绝大多数大队不通公路,只好步行。就是在这样艰苦的条件下,大家紧密团结,顽强拼搏,积极完成各自的采编任务。

1959年6月下旬,编辑部要我采写李山公社李山大队党支部书记张书银的先进事迹，作为庆祝中国共产党成立38周年的专题。当时李山公社没有通客车。我由寿县汽车站乘车至石集站下车，步行向东至白洋淀，乘船渡过瓦埠湖，再步行经双庙集至李山公社所在地李山庙。我在李山大队住了两天，采访了张书银同志本人，分别召开了党员、社员座谈会，看了田里的庄稼，收集了大量生动感人的材料。就在采访即将结束时，突然天空乌云密布，下起了暴雨。次日清晨，雨还在下着。我急着要走，张书银劝我等雨停了再走。我说不行，回去得抓紧把稿子赶写出来，不得耽误"七一"出报！于是，他递给我一把红油纸伞，说："那就不留你了。"

我顶风冒雨，踏着泥泞艰难行进，决定经双庙集向西渡河，由保义汽车站乘车回县。来到渡口，只见停靠一只小船，摆渡人是个披蓑戴笠的老者，正在用葫芦瓢舀船舱里的积水向外泼。他说："大下雨天很少有人出门，等了小半天，只有你一个人打这过河。"他用手向西一指，只见白茫茫浪滔滔雾蒙蒙一片，不见边际，接着说，"我只能把你送到西边河堤，对面湾地鲇鱼湖全淹了，有三四里地要靠你蹚水过去。"我心里不免一惊，问道："最深的地方有多深？"老人道："也不过平胸。"我知道自己不会游泳，如果水太深，那就难免不出危险。现在最要紧的是保护采访本和照相机不受雨水浸泡。于是我请老人为我举着伞，把黄色帆布包背带和照相机背带紧短了，挎在脖子上系好，说："老伯，开船吧！"老人荡起双桨，小船划到了西边露出水面不过半尺高的河堤边停住。我跳下船，说声"再见！"便蹚水西行。整个湾地白浪滔天，雨还在不停地下着，鸣奏着不规则的打击乐，天地间，只有一个小红点，在风雨中在水面上踽踽蠕动。在这样的情境之下，头脑里不可能不往坏的方面想，万一碰到深水过颈漫头，那就必死无疑。我才23岁，以后的路还很长，我十分珍视宝贵的生命，不愿当以身殉职的英雄。想到这里，吓出来一身冷汗。就这样艰难地一步步向前蹚，一个多小时才脱离险境。赶到保义汽车站，我简直成了"泥猴子"，所幸保住了采访本和照相机，终于爬上了一辆"老鸭棚"……

当张书银同志的先进事迹赫然见于报端时，个中甘苦又有几人知道呢？

1960年腊月的一天，我在瓦埠公社完成水利冬修的采访任务，公社通讯组的同志为我买了20斤萝卜，装了满满一提包，准备带回编辑部分给大家吃。下午，我登上回寿县的轮船。这时天阴沉得像铅块，西北风一阵紧似一阵，开船不一会儿，便纷纷扬扬飘起了雪花。船行至中途，突然出了故障，立即靠岸抢修，直到天黑也没修好。船长不好意思地告诉大家，这艘船明天能不能修好，还没有把握。从这下船朝东走三四里地，上了高坎，就有村庄和供销社的一个棉花收购站可以借宿，明天从合寿公路乘汽车回县，免得在船上过夜受冻，请大家谅解。大家听后，不约而同，纷纷下船，冒雪前行，谁也顾不了谁。我只得摸到了棉花收购站借宿。站长说，实在对不起,站里没有多余的床铺,只好委屈你到棉仓里过夜吧。我像一个受到攻击的刺猬,蜷缩成一团,蹲在棉花堆里,倒也暖和,但一夜未合眼。次日清晨雪还在下,站长留我吃了一顿稀饭。他见我的提包很沉重,便问里面放的什么,我如实告诉他放的是萝卜。他说:"我看你拎起来很吃力的,不如丢下来,你多少钱买的,我还给你多少钱,免得你路上吃不消。"我说:"谢谢你的好意。报社同志常常吃不饱肚子,我这次下乡,大家眼巴巴地看着我带回吃的东西,我自己累点没有什么!"说罢,我便顶风冒雪上路了。一路上,我两只手轮换提着包,实在提不动了,又举到肩上扛一阵子。费了九牛二虎之力,到上午11点以后,像个雪人一样,一头扎进了杨公公社大孤堆大队部。在这里,我见到了县监委下放到这里担任党支部书记的王永厚同志。中午,食堂里煮的是干山芋和面糊,我吃了两碗。下午,雪还在下,我挤上一辆客车回到寿县。没有休息,就把萝卜拎到了编辑部。大家见我大雪天从乡里采访回来,还给同志们带来了吃的,一个个围上来问长问短……

三

我在《寿县报》工作了两年零七个月,得到了报社领导的亲切关怀和高度信任,将一些重要的宣传报道任务交由我去完成。

1959年春节将至。农历腊月三十这天,六安地委副书记兼寿县县委第一书记冯林同志要去保义公社和社员一起欢度"除夕",报社主编王明荣同志指定我跟随采访,并一再嘱咐我一定要把县委书记与社员一起欢度人民公社化后第一个春节的欢乐喜庆场面反映出来。下午,我随冯林同志上了邸师傅驾驶的老式黑色轿车,奔向寿六公路。冯书记要看公路两边田里的小麦和油菜,车子走走停停,到保义公社已是傍晚时分。早已守候在那里的公社党委书记、管委会主任请冯书记一行到办公室稍事休息,待天黑之后,便一起来到了塘郢大队的常小郢生产队。食堂里灯火通明,热气腾腾。等候在这里的男女老幼以热烈的掌声欢迎县委书记的到来。冯书记招手,让大家坐下来。接着上菜,每桌都上了十大碗菜、一壶酒。年夜饭开始,孩子们在食堂门前燃放爆竹,随着噼里啪啦的响声,冯书记频频举杯祝贺社员们在新的一年里生产发展,生活幸福,社员们也举杯祝愿冯书记身体健康,工作顺利。席间,我还与生产队长和几位男女社员交谈,请他们谈谈各自的感想和新的一年的打算。欢声笑语,其乐融融,年夜饭直到晚上10点多钟才散。冯书记要回县城,他知道我家就住在保义集上,便关切地说:"你回家看看吧!过了大年初一再回县。"我说:"不了,报社领导有交代,我要回去赶写稿件,不耽误春节期间见报。"于是又跟冯书记的小车深夜回到县城。两天后,我采写的《欢腾的除夕之夜》在报上发表,反响还不错,我心里的石头才算落了地。

1959年上半年,报社编辑部在政治学习中,安排学习了毛主席《对〈晋绥日报〉编辑人员的谈话》,受到了深刻教育。王主编想约请冯林同志就贯彻毛主席的办报思想办好《寿县报》的问题写一篇文章。当把这一设想向冯林同志一汇报,冯林同志欣然应允,并指名要我代他拟稿。我从事报纸工作还不到一年,没有接触过言论,感到压力很大。领导既然把这一任务交给我,我就要克服困难,尽力完成。于是,我又重新学习了《对〈晋绥日报〉编辑人员的谈话》,反复琢磨着毛主席这样一段话:"办报和办别的事一样,都要认真地办,才能办好,才能有生气。我们的报纸也要靠大家来办,靠全体人民群众来办,靠全党来办,而不能只靠少数人关起门来办。"我想这篇文章的主题应该确定为贯彻全党办报、群众办报的方针,办好《寿县报》。据此,我列了提纲,征得冯书记同意后着手起草。两天后完成初稿,经冯书记审阅修改署名,题为《全党全民办好〈寿县报〉》,在《寿县报》一版显著位置刊登。

1959年国庆节,是中华人民共和国成立10周年大庆。县委根据中央指示精神,要求报社集中宣传报道建国10年来社会主义革命和建设的辉煌成就。从下半年开始,报纸就陆续发表了一批专稿,反映全县革命和建设成就的综合报道,报社领导指定由我采写,要求文字生动活泼有文采。9月下旬接受任务后,真是寝食难安。我跑遍县直有关单位收集材料,还查阅了大量文字资料,花了一周时间,写成长篇通讯《古城青春》,作为国庆专稿,在《寿县报》上分两期登完。

两年多来,我按照报社领导的安排,先后采写了全国青年社会主义建设积极分子石秀环同志的先进事迹;随县长张其政同志到八公公社参加午收劳动,写成通讯《靠山湖上麦收忙》;跟县委副书记申世文同志到板桥公社安丰大队蹲点一星期,与社员同吃同住同劳动,搞棉田管理劳动结束后,在《寿县报》发了长篇通讯和一组照片;1961年春节大年初一,随县委副书记俞怀宝同志到杨庙公社云峰大队访贫问苦。

一瞬间,将近半个世纪过去了。经历了几十年沧桑岁月,尝尽生活的酸甜苦辣,而今我已进入古稀之年。想当年我用自己纯朴的心和笨拙的笔忠实记录了那段曲曲折折的路程,从中可以清晰地看到我们的国家和人民是如何地经历种种坎坷与艰辛,才一步步走向胜利与辉煌。如今,当我回首往事,不禁发出心声:青春无悔!

一纸碑文铭丰功

——父亲与寿县革命烈士纪念塔碑文碑记

赵鸿冰

每当我路过革命老区小甸镇,看到镇东南部高耸入云的寿县革命烈士纪念碑,心中油然升起一种敬意,这种敬意来自内心深处。敬意之一,经历了风雨如晦的岁月,党和人民没有忘记那些为了新中国的建立而追求真理、英勇献身的先烈。敬意之二,那座高23米、有老革命家郑锐题字的"寿县革命烈士永垂不朽"的纪念碑碑文和碑记,系我的父亲赵振远撰写。

1991年,中共小甸集特支成立70周年前夕,寿县人民政府在小甸镇南街老供销社院内树立了"小甸集特支遗址"纪念碑。1992年10月,寿县县委、县政府决定在小甸镇东部新建寿县革命烈士陵园,主建筑物为寿县革命烈士纪念碑,碑高设计为23米,寓意1923年冬中共小甸集特支成立的时间,同年十月,举行奠基典礼,曹渊烈士之子曹云屏和时任县委书记王文有出席奠基仪式。1993年11月,寿县革命烈士陵园和纪念碑落成。

此前,为筹集建设寿县革命烈士陵园的资金,曹云屏在广州四处奔走,争取20万元,安徽省财政厅和民政厅也给予大力支持,寿县广大党员干部、共青团员和少先队员也纷纷慷慨解囊,使这一光照日月的工程得以顺利竣工。现在小甸集特支纪念馆已拓展为安徽省第一面党旗纪念园,成为省市县爱国主义教育基地和廉政教育基地,人们在这里缅怀先烈,接受革命传统教育,汲取新时代奋发进取的力量。

我父亲(1935年5月19日—2007年10月4日)生前执掌县委文案几十年,为县委、县政府撰写大量文稿,如《寿县志序》《安丰塘志序》《致老一辈无产阶级革命家孙大光的信》等,均出自他的手笔,并主持《寿县志》、《安徽历史文化名城》(寿县部分)、《寿县文史资料》(第三辑)编写工作,致力于地方文史研究,成绩卓著。家父文字功底扎实,涉猎广泛,在《中国楹联报》《名城报》,香港《大公报》《安徽日报》《皖西日报》等国家和省级报刊发表诗词、散文、楹联、文史小品等千余篇(首),辑有《天水居文存》,收集整理有《寿县名胜楹联》等,为弘扬寿县文化做出了突出贡献。其生前友人评价他"精声韵,工诗文,人品诗品俱佳。掌县委文案凡20余年,其著等身。虽近县要而无矜色,历处贫寒羞为己谋,有寒士风骨",并赋诗赞曰:"琐窗默默对苍穹,无悔平生自从容。家累如山羞弄权,策章满案愧言空。襟怀云水诚连友,藻饰海天语竞工。笔底春秋皆亮色,亦师亦友一文翁。"

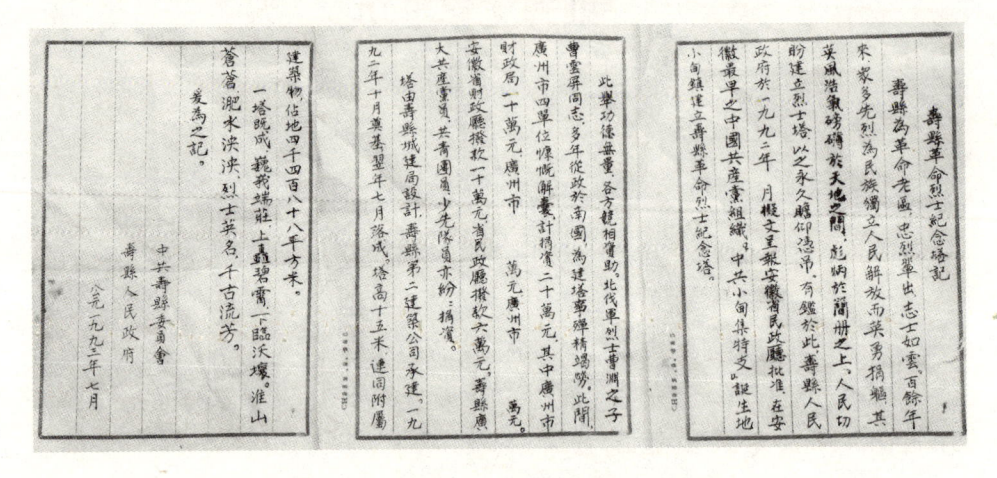

《寿县革命烈士纪念塔记》手稿

作为一名对党的事业无限忠诚的老党员,撰写纪念碑碑文和碑记的光荣任务就自然落到家父头上。1993年7月,在中共小甸集特支成立70周年前夕,父亲怀着对革命先烈的崇敬之情,认真梳理了近现代寿县革命斗争史和著名烈士的事迹,结合寿县实际,数易其稿,反复斟酌,撰写出饱含激情和敬意的碑文和碑记,他先用钢笔将起草好的文稿誊抄在两页方格稿纸上,后又用毛笔小楷一丝不苟地抄在明八行宣纸上,碑记和碑文均为三页纸,这些内容由书法家孙子连先生书丹,镌刻在纪念碑的北面和南面。如今,父亲的起草碑文、碑记的手稿我还悉心珍藏着,成为我们缅怀先烈和前贤的最好的纪念。2007年10月4日,父亲因心脏病永远离开了我们,他在去世前仍没有忘记交上全年的党费。这就是父亲那一辈党员干部对党的忠诚,也才有了纪念碑上永远激励人心的文字。

附

寿县革命烈士纪念塔碑文

寿县,古称寿春,始于战国,荆楚徙都,嬴秦设郡,历史二千余年。襟带淮淝,控扼吴楚,古为"江东之屏藩,中州之咽喉",历来为兵家必争之地。地灵人杰,时起英豪,人民素有革命传统。辛亥炮响,淮上健儿热烈响应,崛起于寿州的"淮上起义军"英勇战斗,攻克两淮,咸震八皖,蜚声海外。州人石德宽英勇就义黄花岗,张汇滔血洒黄浦"国魂不死"。

"五四"爆发,寿地在外读书有志青年曹蕴真、徐梦周等,率先接受马列主义,一九二二年回乡,建立中共"二三同志组织"和中国社会主义青年团小甸特支。次年冬,建立中共小甸集特支。自此,在党的领导下,寿地革命风起云涌,革命战士,视死如归。武昌城头,曹渊英勇捐躯,雨花台上,孙津川凛然就义。一九三一年,瓦埠暴动,声震江淮,咸连宇等壮烈牺牲。大别山,湘鄂西,薛卓汉、方运炽、孙一中等惨遭杀害。黄家坝、春秋山,曹鼎、曹广海等为民献身。宾阳门外,赵策仰天长啸,英勇就义。

抗日战争,军民同仇敌忾,浴血奋战。曹云露黄冈斗敌,血染浠水;赵达源古城抗日,为国殉职。解放战争,寿县儿女战淮海,渡长江,英勇杀敌。曹少修刑场挥毫升疾书:"一门三烈士,光荣我门庭。"近百年来,为民族解放、国家独立英勇献身五百余名,姓名无存者,难以数计。

革命不易,建设维艰。先烈抛头颅、洒热血,丰功伟绩,彪炳史册,浩气长存。谨立此碑,永志纪念。

革命烈士,永垂不朽!

中共寿县委员会
寿县人民政府
公元一九九三年六月

寿县革命烈士纪念塔记

寿县为革命老区。近百年来,众多先烈前仆后继,为民族独立、人民解放而英勇捐躯,可谓英烈辈出,志士如云。为缅怀先烈,激励后人,寿县人民政府报经安徽省民政厅批准,在安徽最早之中国共产党组织"中共小甸集特支"诞生地小甸镇建立寿县革命烈士纪念塔。

此举功德无量,各方竞相资助。北伐军烈士曹渊之子曹云屏同志,多年从政于南国,为建塔事殚精竭劳。此间,广州市财政局、广州市经济技术协作办公室、广州市建设银行、广州市农业银行、中国银行珠江分行、广州珠江实业总公司六单位共捐资二十万元,安徽省财政厅拨款壹拾万元,省民政厅拨款壹拾万元,寿县广大共产党员、共青团员、少先队员纷纷捐资。

塔由寿县城建局设计，寿县第二建筑公司承建。一九九二年十月奠基，翌年六月落成。塔高二十三米，连同附属建筑物，占地四千四百八十八平方米。

一塔既成，巍峨端庄，上蠹碧霄，下临黄壤，淮山苍苍，淝水泱泱，烈士英名，千古流芳。

爰为之记。

中共寿县委员会
寿县人民政府
公元一九九三年六月

我的编辑生涯

姚善荣

20世纪七八十年代,我在寿县广播站当了十五年编辑。作为一名县政协曾经的老委员,义不容辞,不揣谫陋,说说自己当编辑的辛酸苦辣,算是留一点平凡的奋斗足迹。

学而不厌,争当"杂家"跨征程

1972年9月13日,县革委政工组宣传小组组长张义彪同志送我到县广播站担任编辑,受到县广播站领导、编播组同事和站里的同志们的热情欢迎。从此,我正式走上了编辑岗位。

我是学物理的,1963年7月毕业于安徽大学物理系本科。怎么当上了广播编辑呢?这还得从头说起。

大学毕业后,我分在武汉长江流域规划办公室(简称"长办",现改长江水利委员会)工作。那时有劳动实习制度,我在陆水电站施工总队土石大队,和工人师傅们一起住工房,一起吃食堂,一起上下班,并负责大学生劳动实习大队宣传报道工作,编印《劳动实习简报》。从某种意义上说,这是我编辑生涯的序幕和真正开始。

接着,我又参加了一年的"四清"运动(长办叫"设计革命运动"),在办公室和成绥台、胡彤等同志一起编写《设计革命运动简报》。"四清"运动结束时,长办党委宣传部副部长兼《人民长江报》(长办党委机关报,面向全国发行)总编陈亮同志找我谈话:"小姚,准备调你到人民长江报社当记者,你愿意吗?"

"当记者?!我是学物理的,不是学文的,能行吗?"既惊喜又忐忑的我诧异道。

"行。叶圣陶说'记者、编辑,要做杂家'。新闻工作需要杂家。你爱好广泛,知识面较宽,文字也有一定基础,有培养前途。"陈亮总编笑着对我说。

到人民长江报社后,我如鱼得水,如饥似渴,一面虚心向报社老领导、老同志学习新闻业务知识和采访经验,如副总编辑沈伯谋、记者组组长郭予、作家苏世嵩等都是我的好老师,给了我很大帮助,令我终生难忘;一面大量阅读文、史、哲、天、地、生、音、体、美等方面的书籍,给自己"充电",向"杂家"奋进。

当时,我的家庭也非常困难,父亲重病卧床不起,母亲精神分裂症,与我的两个未成年的小妹妹一起在长丰乡下老家相依为命,艰难度日;爱人在寿县瓦埠百货分销处工作,身边还带着两个孩子,困难可想而知。而身为独子的我,却远在武汉不能尽孝、尽责、尽力,深感愧疚。在组织的关照下,1972年8月,我终于调回寿县,踏上了县广播站编辑岗位。回寿县不到半年,1973年元月20日,我的饱经磨难的老父亲就去世了。1982年元月20日,我的苦命多灾的老母亲也去世了。但这些并未阻碍我努力奋进的步伐。

当时县里的新闻媒体只有广播站一家,编辑责任重大,使命光荣。为了尽快适应岗位变动的业务需要,我一面向编播组的老编辑阮仁坦(后任县委常委、县委办主任、县人大副主任)、老播音周斌、叶道存等同志学习请教,一面千方百计搜集广播业务学习资料。一位好友告诉我,县文化馆的岳楠同志,早年毕业于中国人民大学新闻系,因被错划右派,屈居于此。我闻风而动,立即登门拜访,借来了他当年在大学读书时的课本:《报纸编辑讲义》(中国人民大学新闻系编辑教研室编)。我如获至宝,认真阅读,受益匪浅。后来,岳楠同志调往安徽日报社,任总编办公室主任。

为了帮助广大基层广播工作者和通讯员提高业务水平,提高广播宣传质量,1973年,省广播事业局编印了《播音业务专辑》,合肥市广播站编印了《新闻广播业务》。这两本书既有理论阐述,又有实践经验,对我来说真如雪中送炭、润物春雨,令我爱不释手,至今仍珍藏在我的书架上。

多年来,我一直保持着读书的习惯。孔子说:"默而识之,学而不厌,诲人不倦,何有于我哉!"(《论语·述而》)书,给我知识,给我勇气,给我力量,给我才干。1982年12月20日,我光荣加入了中国共产党。1983年3月,一个学物理的我,取得了新闻编辑职称,在寿县属第一批取得新闻系列中级职称的。

1985年,安徽日报社主办了"新闻刊授大学"。我虽已过不惑之年,仍和小青年们一起上新闻刊大,认真上课,认真做作业,认真参加测试,不断给自己"充电",以更好地履行广播编辑的职责。

矢志不渝,甘为绿叶护红花

我刚到县广播站时,编播组只有四人,编辑,我和阮仁坦;播音,周斌和叶道存。

1975年,阮仁坦调走高就,编辑就只剩我一个人了。不久,组织上又先后调来三名编辑、四名播音员,还抽调了三名记者,其中有李体丰、洪绍珍、蒋明国、梁伯英、潘春娣、姜秀蓉、时英美、汤敏、滕守全、王大康等。但不久,有几位又调走了,经常在编播组工作的只有四人左右。不管人多人少,大家齐心协力,心往一处想,劲往一处使,也算把县广播站的节目办得红红火火。曾于20世纪50年代在《寿县报》当过记者,被错划为"疑似右派"的李体丰同志,平反政策落实后,担任了寿县广播站站长、广播电台台长。这是题外话,顺此一提,还是说说我们编播组的事吧。

人手虽少,但还是要努力把我县的广播节目办好。根据领导的安排意见,我对自己提出四点要求:

一、编好节目。当时县广播站的自办节目,除了每天一组十分钟左右的新闻节目外,还有理论、科技、文艺等专题节目。一天三次播音,工作量很大。我作为编辑,要组织、编排每天的新闻节目,对通讯员来稿要把好"三关"(政治关、事实关、文字关),保证节目能按时播出,迅速及时地宣传、贯彻党的路线、方针、政策,报道县内外新发生的重大事件和各地、各条战线取得的新成绩、新经验、新做法,并尽力运用辩证唯物主义的立场、观点、方法,分析社会现象,揭露事件本质。天天如此,编播人员没有高度的责任心和吃苦耐劳精神,是很难完成任务的。

二、搞好培训。对象主要是各公社(乡镇)广播站的播音员和各地、各机关、各学校的通讯员。他们是办好广播节目的骨干力量,新闻稿件的主要来源。那时每年都要举办一期播音员培训班、一期通讯员培训班,每期三天左右,邀请省、地、县新闻界的领导、名人给他们讲课。如安徽日报社农村部主任杨佩良、《安徽日报》六安记者站站长汪言海、《皖西报》总编刘家松、六安地区广播事业局老记者朱怀远、县委通讯组组长李克跃等都来讲过课。我们还组织播音员、通讯员参加上级举办的培训班。遇到上级新闻媒体记者来寿县采访,有时还临时请他们为播音员、通讯员讲课。印象深刻的有两次。

1976年夏,六安地区广播事业局举办全区播音员培训班,邀请中央人民广播电台著名播音员齐越到会讲课。我和霍山县广播站编辑朱奇荣、霍邱县广播站编辑徐斌三人也应邀到会讲课。我县组织了全县公社播音员七十多人参加了这次培训班,亲耳聆听了播音大师齐越的讲课和他的经典示范播音:通讯《人民的好医生李月华》,感人肺腑,深受教育和鼓舞。齐越大师提出了播好通讯的三条原则:抓准主题贯全篇,感情真实有分寸,基调统一有变化。这三条原则,以后成了我与播音员交流时的"口头禅",还列入了播音员培训班测试考卷的题目。

1980年夏的一天上午,我在县城街上遇到《安徽日报》农村部主任杨佩良到寿县采访,临时邀请他到县广播站给通讯员、播音员讲一课。杨佩良是寿县李山人,且在李山公社广播站工作过,老友见面,分外亲热,当即答应。第二天上午,临时召集来的城关和郊区的三十多名通讯员、播音员,会聚在县广播局的会议室里。杨佩良问我:"没做准备,讲什么呢?"

"就讲'写什么、怎么写'吧。"我说。

"姚编这个问题提得好,就讲写什么、怎么写。"经验丰富的杨佩良即席展开话题,侃侃而谈,妙语连珠,生动实在,受到与会者的热烈欢迎。给我印象深刻的也是三句话:新闻要用事实说话,反对"克里空";采访要吃透两头,实事求是,深入细致,烂熟于心;写作要主题鲜明,层次清楚,语句通顺,合符逻辑,多看几遍,不忘修改。这三句话,以后也成为我与通讯员交流时的口头禅。

当年参加过县广播站举办的通讯员培训班的同志,不少人后来成为一个单位、一个部门甚至一个地方的骨干、领导。像六安市政协原主席刘庆德,寿县政协原主席戴克奎,肥西县文广局原局长刘志佳,寿县环保局原局长杨敏,省作协会员、道德标兵楚仁君等,当年都是县广播站的骨干通讯员。县政协原主席戴克奎同志多次在公众场合指着我说:"这是我老师。"我连连摆手说"不敢,不敢",但心里暖乎乎的。曾任寿春镇永青卫生院院长的王志泉,1989年移居美国,当年也是寿县广播站的骨干通讯员。每年清明回乡探视时他都要邀请我参加亲友聚会,并对亲友们说:"他是我的良师益友。"2017年9月19日晨练时,我正在县城南门口打太极拳,一位陌生又似曾相识的中年男子来到我身边唐突地说:"姚编,你还记得我吗?"我听了一愣,瞅了半天,摇摇头,笑着说:"想不起来了。"中年男子主动介绍说:"我叫张平,现在马鞍山市工作。1972年至1974年,我在寿县一中上学时是县广播站的通讯员,参加过你们举办的通讯员培训班,经常给你们写稿。听老父亲(张希彬,县检察院离休干部)说,他经常与你在一起打太极拳,特意过来看看你。四十多年不见,你还那样健朗!"我赶忙连声说:"谢谢,谢谢,想起来了,你跟年轻时的相貌差不多。四十多年未见啦,你还没有把我忘掉?!"

三、采写稿件。编辑业务虽然很忙,我还是尽量挤出时间下乡采访,采写了不少新闻稿件,编写了不少广播特色较浓的录音报道、广播对话,还为一些重要新闻配发了广播评论。我认为这也是编辑的分内事。

1979年春,六安地委宣传部通讯科副科长刘家松同志(后任《皖西日报》总编辑)到寿县采访。我和县委宣传部通讯科科长李克跃陪同他,到离县城一百多里远的淠河岸边的沛东公社广播站采访广播员时英美的事迹。采访中,刘家松突然发现公社广播站门上贴着一副对联:"与人民共鸣,和大众同声。"他连声称赞:"这副对联写得好，可以作为我们采写的通讯标题。"我不禁称赞刘家松同志敏锐的观察力。回县城后，刘家松同志不辞辛劳，连夜写了人物通讯《与人民共鸣——记寿县沛东公社广播员时英美》。落款"李克跃、姚善荣、刘家松"，把我和李克跃的名字放在他的前面，多么谦虚谨慎！第二天上午，刘家松同志就将这篇通讯送到县广播站我的手中，真是"倚马可待"啊！这篇人物通讯被评为1980年度安徽省县、市广播站广播稿三等奖。省广播电台评委会在评介中写道："这是一篇短小的人物通讯，具体生动地报道了一个热情宣传党的路线、方针、政策，与人民同声共鸣的农村公社广播员的事迹。这篇通讯的特点是：主题鲜明，取材严谨。时英美的事迹是多方面的，作者在采访中得到大量感人的材料，然而，作者并未把这些材料全部罗列到稿中，而是经过精心分析，从最能表现人物精神面貌的材料中，提炼出与人民共鸣的公社广播员这个主题。然后，紧扣主题选材，舍去与主题无关的枝蔓。写法上开头点题，结尾呼应，这样就使通讯的主题思想更加鲜明突出。作者选用'与人民共鸣，和大众同声'的一副对联，以此作结，发人深思，增强了宣传效果。"

1981年冬，省广播电台农村部拟采用我采写的反映寿县建设公社三岔大队十一届三中全会后面貌变化的录音通讯。临播出的前一天上午，农村部主任梁斌突然打来电话说，送去的录音磁带复制效果不行，要我立即把原录音磁带送到省广播电台。那时的交通条件很不好，开往合肥的当天汽车班车已经没有，我心急如焚，马上赶到淮南蔡家岗火车站，但当天直达合肥的客车也没有了，只有开往蚌埠的客车，要在水家湖车站中转才可当天到达合肥。我在水家湖站候车室等了两个多小时才登上去合肥的火车。寒风凛冽，冻得浑身发抖，夜晚十点多钟才到达合肥。第二天一早，我按时把原录音磁带交到梁斌主任手中，保证了这篇录音通讯在省广播电台按时播出。

1982年午收季节，县广播站播出了一则东津公社西夹道生产队发生重大火灾的报道，因一社员在麦场吸烟时丢了一只烟头，引发大火。近十万斤小麦、三十万斤麦秸、二百二十七件农具、二十五床救火的棉被，还有板车、收音机等，一瞬间化为灰烬。一百七十多人大半年的辛勤劳动，被一只小小的烟头葬送了。我为这则报道配发了一篇广播评论《一只烟头的教训》。这篇评论荣获1982年度全省优秀广播稿一等奖，并被选入《安徽广播电视精品选》。

四、一专多能。到县广播站上班不久，我发现编播组只有女播音员，没有男播音员，新闻节目，特别是广播对话节目，缺乏层次感，影响播出效果。当时广播系统正在开展"一专多能"活动。我在武汉工作十年，面对来自全国各地的同事，平时多用普通话交流。到寿县广播站后，又自学了省广播事业局编印的《播音业务专辑》,掌握了一点播音基础知识和方法技巧。为提高播出质量,增强层次感,我主动向站领导请示,可否兼做一点播音工作。经过试播,大家觉得还可以,我就上阵兼做了一段时期的男播音工作。1976年,沛东公社广播站时英美同志被抽调到县广播站担任男播音员。但不久时英美同志又调回沛东公社广播站去了,还是要我兼做县广播站男播音工作,一干就是好几年。这期间,我认真钻研《播音业务专辑》提供的理论知识和经验方法,并付诸实践。特别是省广播电台著名播音员卫宝文,1975年6月15日在寿县播音员培训班上的讲课,对我帮助很大。卫宝文也是学物理的,1948年毕业于上海圣约翰大学(复旦大学前身)物理系。他这次重点谈了发声、练声问题。兹抄录一段他传授的真经(据当时记录整理,未经本人审阅),以飨感兴趣的读者:"发声主要是两个问题,一是呼吸用气,要达到'兴奋从容两肋开,不觉吸气气自来';二是科学发声,让声音丰满、圆润、持久。呼吸用气,是发声的物质基础。每天早、晚要练五到十分钟的深呼吸。坚持练一两年,把下意识的呼吸动作变成自觉的动作,气就足了。"

1976年,我们编播组还以县革委广播网办公室名义,编发简报《广播宣传情况汇报》。我编简报稿件,播音员叶道存负责打字油印。时任县委书记冯建华同志看后很高兴,亲自在简报上批示,予以肯定和赞扬。但由于人手少、任务重,忙不过来,简报只出了几期就停刊了,实在是"小马拉大车",太不自量力了。

不忘初心,老骥伏枥自奋蹄

1986年8月,我调到中共寿县县委宣传部工作,先后担任新闻科科长、县委讲师组副组长、宣传部副部长,又一次面临岗位、职务变动的考验。但不管岗位、职务如何变动,工作任务如何繁忙,我都不忘编辑初心,在业务工作中体现编辑的特色,展示编辑的风采。请看下列粗线条的"清单":

1993年,我任主编,与副主编时洪平、吴同忠、余江等同志一起,编印乡土教材《改革中的寿县共产党》一书。时任县委书记王文友同志亲笔题词:"立改革潮头,为党旗争辉,绘寿县宏图。"

1995年,我任主编,与陆常富、史佩银、张国耀等同志一起,编印反映寿县改革开放新面貌、英汉文对照、图文并茂的大型画册《今日寿县》。

1995年,在县委常委、宣传部长王永广同志带领下,我和余江等同志一起参与创办县委机关报《寿州报》,王永广任总编,我和余江任副总编。7月1日,《寿州报》正式创刊,我撰写了发刊词。

1999年,我作为《锦绣安徽丛书寿县卷》编委会副主任,协助作者方敦寿同志编写《寿县卷·八公山下》。

光阴荏苒,转眼到了2002年9月,我光荣退休,有了更多时间从事编辑活动。退休前的2001年,我写了一篇题为《花甲心愿:"衰年变法"步"绿洲"》的短文,参加《寿州报》开展的展望新世纪征文活动,荣获二等奖。我在短文中许下了三个心愿:坚持健身,提高技艺,发挥余热。

2002年至2003年,我应聘在《寿州报》担任版面责任编辑。

2003年至2007年,我应聘在《皖西日报》寿县记者站任顾问,并负责《大别山晨刊·寿县版》稿件编审工作。

2007年夏,我应邀为县政协原副主席、寿县一中高级教师李贻训先生编校《李贻训诗文选》,我和哈余庆同志任责任编辑,并写了序言。我还题写了书名。

2007年秋至2014年春,我在寿县关心下一代工作委员会(简称"关工委")任副主任兼办公室主任,分管关工委宣传工作,负责编写《寿县关工简报》。

六安市老新协成立于1997年。我在市老新协先后任常务理事、副会长,并作为副主编之一参与了《岁月追怀》(一、二、三集)、《六安市新闻志》《六安歌谣集成》和大型画册《聚焦皖西》等书的编写、征稿工作。

我自幼喜爱书法,2003年成为省书法家协会会员。在县关工委我已干了七八年,做了一些力所能及的工作,想乘自己身体还好的时候,离开县关工委,沉下心来,苦练基本功,学习、弘扬齐白石大师的"衰年变法"精神,使自己书法技艺有所长进和提高。县关工委领导理解我的心愿,2014年春同意我离开关工委。

几年来,我心静如水,每天早晨坚持晨练,打打太极拳,练练八段锦,做做俯卧撑。不睡懒觉、坚持晨练的习惯,我已保持了几十年,体魄一直比较健康,至今尚未打过静脉针、吊过盐水,常常为此而庆幸;上午坚持练习书法,一天临帖,一天创作;下午坚持看中央电视台书画频道,上"空中美术学院"。2016年、2017年,在省老新闻工作者协会举办的书法比赛中,我的作品连续两次获奖,甚感欣慰。我还积极参与了县书协举办的书法作品晋省展、临创展、扬州—寿县书法联展等活动。

曹操诗云:"老骥伏枥,志在千里。烈士暮年,壮心不已。"我属马,今年已"喜寿"七十七岁,早已是老骥了,但壮心尚存。回望编辑生涯,虽属平凡,仍激动不已,凑成小诗一首:

老骥伏枥自奋蹄,酸甜苦辣学编辑。
余热献给新时代,岂米期茶创新奇。

那是青春吐芳华

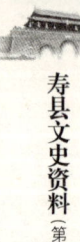

——回忆寿县新浪文学社

赵鸿冰

1984年6月24日,寿县新浪文学社在寿县团县委办公室成立。50多名20岁左右热爱文学的男女青年加入新浪文学社。

20世纪80年代,新技术革命的浪潮风起云涌,年轻人干事创业的激情像火山一样迸发出来,但在文化生活相对枯燥单调的寿县,年轻人的热情和抱负无处施展。1983年毕业于安徽大学中文系、分配到寿县团县委工作的余江有感于当时青年人的生存状况,发起成立以城区文学青年为主体的"新浪文学社"。他的倡议得到时任团县委书记赵志华的支持。新浪文学社的成立,活跃了城区青年人的文化生活。

1984年8月创办《新浪》文学社刊,刊名由著名书法家司徒越先生题字,创刊号封面为土黄色,上方是"新浪"两个大字,封面下方是"共青团寿县委员会1984年8月"的字样。从1985年第一期开始,封面为寿县一中美术教师谷朝光设计的浪花造型,沿用到油印杂志结束。《新浪》初为油印季刊,后来出过报纸型、杂志型社刊,共30多期。骨干社员和作者有余江、周自伦、李栋才、张圣平、赵鸿冰、牛士勇、高峰、赵志晶、孙仁歌、孙自戈、黄淑文、王永瑱等。

新浪文学社成立后,开展了形式多样的文学活动,如走访农户、举行新浪诗会、开展文学讲座、专题文学讨论会,邀请作家诗人上课,游览八公山,开展采风活动,并深入工厂、农村体验生活,写出了一批有分量的文

《新浪》创刊号

学作品。专题讲座有新闻写作、小说创作、诗词创作。专题文学作品讨论会有电影《高山下的花环》、路遥的小说《人生》、电影《生死抉择》、路遥作品讨论会、琼瑶作品讨论会。连续举办多届新浪诗会,在寿县一中、寿县三中、实验小学、寿县图书馆、县委党校、县总工会的课堂、会议室、阅览室都曾留下文学青年们高谈阔论和激扬文字的身影。1990年举行首届《新浪》文学奖评奖活动。

新浪文学社的成立得到社会各界的广泛支持。1984年8月23日,团省委负责同志到寿县检查工作,对寿县团县委成立新浪文学社,开展活动给予充分肯定。1991年第一期的《新浪》报上,时任县长乔传秀撰文指出:"《新浪》的问世,多了扇让人们认识和了解今日寿县的窗口。希望她在新的一年里更上一层楼,为全县的'两个文明'建设服务"。著名作家王英琦、祝兴义,书法家余国松也为《新浪》赐稿。县财政局特批300元作为出刊经费,寿县文艺界老前辈多有题词、赋诗鼓励,如李贻训、孙子连、李家馨、哈余庆、赵振远、陈益龄等先生均为新浪题词,勉励年轻人奋发有为,为家乡争光。1986年6月19日在新浪文学社成立3周年之际,《皖西日报》辟出专版,刊出部分作者的作品。

由于文学社成员的努力,骨干作者都有作品在国家、省、市级媒体发表、获奖。余江加入安徽作家协会,出版散文集《古城记事》;周自伦加入中国乡土诗人协会,出版诗集《叶集湾,弯了一大圈》《相见还是不如怀念》;赵鸿冰加入安徽作家协会,

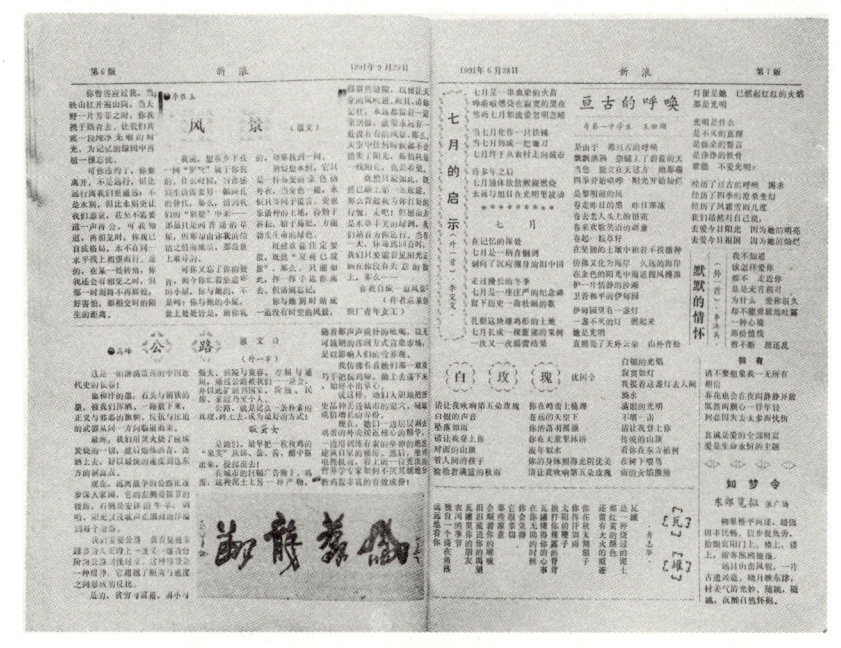

《新浪》内文

他编写的《诗联集锦》由安徽人民出版社出版;高峰成为"寿州诗群"发起人及代表诗人,出版诗集《水泊寿州》,编著《瓦埠湖畔》由安徽文艺出版社出版,等等。

　　寿县新浪文学社成立后,与其他文学社团进行交流,丰富和活跃了群众特别是青年人的文化生活,影响深远。2003年,新浪文学社举行了成立25周年座谈会。

我与《徐公亭记》

赵鸿冰

寿县正阳关镇是千里长淮上的文明古镇,中华名关,历史悠久,地灵人杰。因有鱼盐舟楫之利,明代成化元年(1465年)在此设立征收税赋大关。

由于是富庶之地,带来了诗书昌明,促进了文化的交流与繁荣。千百年来,从正阳关镇走出了一代名臣俞扶九、剧作家黄吉安、最早翻译《共产党宣言》的革命先驱高语罕、著名书法家刘蔚山等名流俊彦。老一辈无产阶级革命家孙大光在正阳中学度过美好的读书时光,踏上革命的征途;狂草大师司徒越曾任正阳中学的第一任校长;南京大学副校长袁传荣也是从正阳中学出发,成就自己辉煌的人生……

徐公亭(图片提供:王晓珂)

正阳中学历史悠久、人文荟萃,世纪之初进入健康发展的快车道,学校面貌焕然一新,教学质量稳步提升,跻身市级示范高中行列。为加强校园文化建设,学校决定在2009年建校103周年命名60周年之际举行校庆,此前对校园环境进行美化、硬化、亮化,利用徐公亭、"认真读书"照壁等文化资源,发挥成风化人、润物无声的作用,以提升校园文化品位。

首先,学校把位于校园西北角的徐公亭修葺一新,但缺了当年的碑记,而历史上在正阳关热心公益和捐资助学的徐公的名讳也仅仅是口口相传,无从考证。学校为了弥补这一缺憾,约我为徐公亭撰写碑记。接到这个任务倍感光荣而神圣,通过查阅资料,反复推敲,终于在2007年1月20日完成初稿,并请家父斧正润饰,最终定稿。

2007年5月4日,笔者带着碑记文字稿,陪同时任校长王永山、寿县二中工会主席林伟、寿县信息中心采编部主任余涛一行,前往六安市著名书法家刘蔚山先生寓所,请刘老先生为碑记书丹。刘老先生那时年近80岁,且身体有恙,但因是家乡母校有求,欣然应允。先生不辞辛劳,反复揣摩,用四尺整张书写了楷书碑文,并用最擅长的隶书书写"徐公亭记"四个大字。

如今,古风悠然的徐公亭和字迹遒劲的《徐公亭记》已成为正阳中学一道独特的人文景观,鼓励莘莘学子勤奋学习,为母校增光添彩!

附:《徐公亭记》

寿阳书院始建于清代乾隆二十一年(1756年)。咸丰年间,书院屋宇毁于兵燹。正阳关盐务督销局总办徐公热心地方公益事业,以其俸禄加盐厘及筹措银两悉数捐出,于小东门外黉学孔庙之东建瓦房七十余间,盖藏书楼一座,置田数亩,且余款发商生息,置备主书四部及丛刊两千余册,重开寿阳书院,一时莘莘学子咸来就读。经年,为倡新学,徐公复于书院原址创办燊美学堂,自兼堂长。正阳之士农工商为永志徐公复兴书院之功德,于燊美学堂东南之高阜之上建亭一座,命曰徐公亭。亭中立碑,镌徐公事迹。后燊美学堂之乙种工业学校、甲种商业学校、公立中等商业学校、九职女子师范、正阳中学均先后即寿阳书院旧址兴办,培养造就数千计国之栋梁。徐公亭历百年风雨沧桑,仍巍然屹立,而原碑竟毁于"文革",徐公之名讳亦不可考。然公之懿行则远播四方,流芳百世。

寿县正阳中学弘扬重教敬贤之中华美德,于公元二千又七年元月重修徐公亭碑,可谓盛世善举。此碑即立,气势恢宏,与革命家孙大光捐建题额之春光楼、二十世纪五十年代中共安徽省委书记曾希圣拨款兴建之苏式教学楼相映生辉。而今,亭上清风习习,阶前书声琅琅;俯瞰校园桃李芬芳,远眺淮河轴舻峥嵘。徐公泉下有知,当欣然莞尔矣。爰为之记。

公元二零零七年五月寿县正阳中学敬立
寿春人赵鸿冰撰文刘蔚山书丹

史海钩沉

春申君、楚寿春城与晚楚文化的东渐

马育良

根据历史学家坎德勒·特舍斯在《四千年城市发展史》中的研究,公元前200年,长安已取代巴比伦,成为世界第一大城。(转引自[美]威廉·麦克高希著,董建中、王大庆译《世界文明史——观察世界的新视角》,新华出版社2003年版,第12页)

而寿春和它的营建者春申君黄歇的名字,也开始在以后的两千多年中,不断唤起人们对历史的记忆。

一、春申君营建楚寿春城

春申君晚期的寿春,已走过数千年的变迁史。在这块土地上,先后出现过州来和下蔡城。

州来是周初建立的一个方国。州来国位于今寿县、凤台、淮南、颍上等地,中心正在后来的寿春一带。

州来在吴楚战争中曾成为吴公子季札的封邑。季札多次拒绝君位的诱惑,"延陵挂剑""在鲁观乐"是他留给中国文化史的千古佳话。季札先后得到延陵、州来等封邑,所以被称为延州来。

公元前493年,在吴国的影响下,中原诸侯国蔡国东迁州来,世称蔡,后来习称下蔡。下蔡建成诸侯国都。20世纪中叶,两座蔡侯墓先后在寿县县城和八公山出土。其中寿县蔡昭侯墓出土有吴王光鉴等吴器,八公山蔡声侯墓发现了越王赐戈等器物。

根据从寿县出土的战国中期鄂君启节铭文,可以知道当时的下蔡是楚国陆路交通的枢纽之一。(参见杨宽《战国史》,上海人民出版社1980年第2版,第92页)

水陆舟车之利使战国后期的下蔡迅速成为楚国境内一大繁华都市。喜欢浮华的宋玉曾作《登徒子好色赋》,其中的"惑阳城,迷下蔡"成为文学作品刻画社会繁荣、美女如云的古代都市生活的特征性名句。

到楚国晚期,这块土地更有幸迎来了一位著名政治家——春申君黄歇(前314—前238年)。考烈王统治前期,黄歇受封包括寿春在内的淮北十二县地,寿春这一邑名正式出现。根据晋代以后的旧史、志和碑铭材料,"现在基本上可以确定,寿春最早系楚春申君黄歇在此封地内所建的一个城邑"(马育良《关于寿春形成的几个问题》,《安徽史学》1986年第5期,第23页)。"寿",长久、吉祥之辞。

史载春申君一生仅接受楚国封地一次、徙封一次。这两件事,《史记·春申君列传》是这样记述的:"考烈王元年,以黄歇为相,封为春申君,赐淮北地十二县。后十五岁,黄歇……献淮北十二县,请封于江东,考烈王许之。"但这一记载有疏简之处。根据《史记·六国年表》《战国纵横家书》和《战国策·楚策四》的材料,比对《春申君列传》的相关说法,"我认为春申封淮应在考烈王八年(前255年)或稍后","可能就在鲁地为春申君占领后,考烈王便将淮河以北直至齐国边界的土地封给了春申君"。(马育良《州来、下蔡与寿春》,《文史知识》2000年第6期)

"既然春申君封于淮是在公元前255年至前241年间,那么寿春城的建成也应在这段时间内。"(同上)

关于州来、下蔡和楚寿春城的关系,我认为:"州来、下蔡、寿春为前后相承的关系,但具体城址或有变化。"(苏希圣《寿县历史文化丛书·文史辑存》,安徽人民出版社2009年版,第18页)"当时寿春与下蔡间并无淮河流过。……两城原先应是紧连的,相互之间呈交错状。"(马育良《关于寿春形成的几个问题》,《安徽史学》1986年第5期,第23页)

二、春申君营建的寿春城成为晚楚文化的中心

本文所说的晚楚文化,并非另有独特内容与特色的楚文化,它仅可理解为先秦楚文化发展的一个阶段。这一时期的楚文化,按照张正明的理解,已经进入所谓文化发展的"滞缓期"(张正明《楚文化史》,上海人民出版社1987年版。参见《安徽文化史[上]》,南京大学出版社2000年版,第73页),但它在楚国迁都寿春和文化东渐中还是取得了一些硕果,并对后世产生了重要的影响。

春申君营建寿春后,寿春很快上升为一个大都会。楚考烈王二十年(前243年),魏的形势已很危急。魏亡,则陈和钜阳都将失去屏障,再加上这一年楚联合诸侯伐秦之举失败了,楚便于考烈王二十二年(前241年)迁都寿春,直到楚亡。

后人注意到,楚人从公元前278年起一直在陈(今河南淮阳)、淮一带徘徊,到

寿春后,才"命曰郢",确定了正式国都的地位。(《史记·楚世家》:"楚东徙,都寿春,命曰郢。")学者认为:"楚定都寿春,表明楚人已从败离的情绪中恢复过来,人心逐渐稳定。同时昭示已在东方扎根,暂不复作恢复本土之想了。"(刘和惠《楚文化的东渐》,湖北教育出版社1995年版,第115页)

促成楚国历史上最后一次迁都的正是春申君黄歇。此前,他领导的最后一次合纵攻秦遭遇惨败。楚考烈王虽对春申君的武略失去信心,但似乎对他的文韬还存有希望,他采纳了春申君的建议,把历经春申君十多年经营的寿春立为新都。(实际上是春申君先已采纳了门客朱英的建议,"楚于是去陈徙寿春"。这个朱英也就是后来力劝春申君剪除李园势力的人。参见《史记·春申君列传》,《史记》第七册,卷七十六,第2395—2396页,2397—2398页)

关于楚都寿春的地望,从1983年开始,安徽省文物考古研究所经过7年的考古调查和遥感勘测,最终确定了寿春城址的位置和范围。据勘测,寿郢遗址位于今寿县城东南(城址包括今县城东南部),总面积约26.35平方公里。

楚都寿春在当时形成了仅次于燕下都,并为寿春历史上最大的城市规模。寿郢承袭楚国极盛时都城纪郢的风格,又有创新,后来居上。故城依山傍水,选址合理;布局不拘成法,讲求实效;引淝水、芍陂等水流交络城中,应有水门(有待发现);城内水道纵横,城外筑有护城河(有30—40米宽);削折成隅,扩大防卫视野(为中原城市所未见);水井密布,功能多样。(参见刘和惠《楚文化的东渐》,湖北教育出版社1995年版,第114—125页;安徽省文物考古工作队《楚都寿春城考古调查综述》,《东南文化》1987年第1期;《安徽文化史[上]》,南京大学出版社2000年版,第71—74页)可见,别具一格,重视水利,是楚寿春城的主要特色。当时城市内外,舟楫如梭,商贾云集,居民约20万众(人口数见曲英杰《楚都寿春郢城复原研究》,《江汉考古》1992年第3期)。

战国时各诸侯国的国都,一般都有小城和大城相连接。大城(即郭)是各级官吏和一般居民的居住区,还有集中经营手工业和商业的市区。小城是国君和贵族的住所,也就是宫城,宫殿都建筑在高大的夯土台基上,居高临下,成为全城的制高点。这样,各诸侯国国都就成为一国政治、经济、文化的中心。在每个国都的宫城中,都有规模宏大的宫廷。(参见杨宽《战国史》,上海人民出版社1980年第2版,第100页、102页)1985年,在楚寿春城东北柏家台发现一处大型宫殿建筑遗址。宫殿区前有一条作为中轴线的南北大道,城南部东西对称分布着一方一圆两个高台建筑群遗址,学者认为是与礼制有关的建筑。(参见《安徽文化史[上]》,南京大学出版社2000年版,第71—72页)

寿春这时在交通、经济、文化上的地位声名远播,在《史记·货殖列传》和《汉书·地理志》中,司马迁和班固分别留下了凝重的一笔。寿春引人注目的通衢地位,在晋人伏滔《正淮论》中也得到反映:"寿阳(即寿春)东连三吴之富,南引荆汝之利,北接梁宋……西援陈许。"这种经济都会的地位,到隋唐京杭大运河凿通后,历经宋元,才逐渐有所削弱。

北宋以来,寿春、淮南屡有战国中后期文物发现,其中绝大多数是晚楚时期留下的,特别珍贵的有史称战国青铜器第一的楚大鼎、楚金币等。更值得一提的是二十一世纪初正式开馆的寿春楚文化博物馆,博物馆楼体设计熔铸了中国传统建筑风貌和"楚风"式建筑格调,气势宏伟壮观。馆中收藏上自新石器时代,下至近、现代的各类文物藏品及标本近万件(套),其中藏品以上的文物3000多件(套),国家馆藏一级藏品的数量居全省第二位。收藏的越王者旨于赐剑、羊首尊、牺首鼎、楚金币以及金棺和银棺等,都是该馆的特色藏品。尤其是战国楚金币的收藏量位居全国之首,是馆藏文物一大特色。(参见《安徽文化史[上]》,南京大学出版社2000年版,第72—74页)

寿春作为一座古代名邑,其形成和发展的历史具有自己独特的地方。春秋吴楚战争中,这一地区恰处两国间东西军事要冲。在吴楚反复争夺中,它初步得到发展。入战国后,该地区为楚所有。随着鸿沟的开凿,南北水路交通的进一步通畅,这儿又成了南北交通要道,因而得到了较快的发展。到战国末年,它在楚国著名政治家春申君黄歇的经营下,终于成为楚国的都城、晚楚文化的中心,成为一个政治上、经济上都十分重要的大都邑,这正是历史的机缘带来的一种历史的必然。

同寿春其他时期相比,先秦寿春留给历史的,更多的是芍陂、蔡侯墓、楚寿春城这一类遗址、墓葬和珍贵文物,它们以楚址、楚器为代表,展示了南楚文化对雄奇、繁华和唯美的追求。梦幻与想象力,是它们基本的文化表征。

回首这一切,可以这样说,在考烈王统治时期,春申君黄歇几乎是凭其一己之力,为步入下坡的楚国赢得了20年的喘息之机。楚都寿春18年,此时,它终于成为晚楚政治、经济、文化的中心。但推动寿春最终形成这一地位的黄歇,却也像晚楚王国一样,未得善终。追寻黄歇一生的轨迹,尽管他的身上并不缺乏闪光的亮点,但政治的竞技往往在一转瞬间胜负易手,后人须知,历史不比十项全能。司马迁在《春申君列传》中批评黄歇说:"当断不断,反受其乱。"就黄歇而言,这个评语可谓极其准确。

春申君黄歇（图片提供：王晓珂）

三、春申君与晚楚文化的东渐

关于春申君封吴和就封之事，《史记·楚世家》和《史记·春申君列传》记载并不一致，前文称，前262年，"顷襄王卒，太子熊元（完）代立，是为考烈王。考烈王以左徒为令尹，封以吴，号春申君"。后文则说："考烈王元年，以黄歇为相，封为春申君，赐淮北地十二县。后十五岁，黄歇言之楚王曰：'淮北地边齐，其事急，请以为郡便。'因并献淮北十二县，请封于江东。考烈王许之。春申君因城故吴墟，以自为都邑。"考烈王二十二年（前241年），"楚于是去陈徙寿春，……春申君由此就封于吴，行相事。"（参见《史记·楚世家》，《史记》第五册，卷四十，第1735页；《史记·春申君列传》，《史记》第七册，卷七十六，第2394页，第2396页）综合二说，春申君封吴和就封应发生于考烈王元年至考烈王二十二年之间，最晚不应迟于楚国徙都寿春。

这里拟就两个问题展开讨论。

（一）春申君封吴实现了楚文化在江东东境（长江三角洲地区）的东渐。

楚人的东进，始于公元前656年"召陵之盟"之后。后来由于吴国的兴起，东进受挫。公元前506年吴人入郢后,楚基本上退出了江淮地区。但公元前473年越灭吴后,楚于公元前447年又重返淮河流域。公元前333年,楚威王败越,囊括了整个淮南之地,楚境东达海疆。同时,楚在江南也推进到江东西境(先秦的江东,包括今安徽东南境和苏南一带,原为吴地)。公元前306年,楚又进一步攻占江东东境,故吴旧地尽为楚有。(参见刘和惠《楚文化的东渐》,湖北教育出版社1995年版,第113页)但这时主要还是军事占领,直到考烈王后期春申君改封吴地后,他才携带了晚楚文化,实现了楚在江东东境真正的政治统治和社会治理。

春申君改封吴地后的重要活动,为司马迁、班固所关注,如《史记·春申君列传》记载春申君初封江东,"因城故吴墟,以自为都邑"(《史记》七册,第2394页)。《汉书·地理志上》载注:"无锡,有历山,春申君岁祠以牛。"(《汉书》六册,第1591页)春申君的具体作为,则多见于《越绝书》《吴越春秋》及各地旧志。(可参见林伟《黄浦滔滔慰春申》一文)从现存史籍看,江东东境上海、湖州、苏州、无锡等城市与楚文化东渐的历史轨迹可以接上头的多始于春申君的改封吴地,所以这些地方多以春申君的姓氏或名号为许多山、水和地点命名。从1931年商务香港分馆出版的《中国古今地名大辞典》(臧励龢等编)、1985年上海辞书出版社出版的《中国历史文化名城词典》、1988年商务印书馆出版的修订本《辞源》中搜检,至少有以下水域、地方的获名,与春申君封吴治吴相关。如《中国古今地名大辞典》有"申江"、"申浦"("申港")、"申浦镇"(第244页),"春申江"、"春申涧"("黄公涧")、"春申庙"、"春申里"(第625页),"菰城"(第937页),"黄浦"("黄歇浦""大黄浦")(第985页),"黄堂"(第986页)等;《中国历史文化名城词典》有"春申君庙"(第264页)等;《辞源》有"春申江"(第768页),"黄浦"与"春申浦"、"黄歇浦"、"大黄浦"、"黄浦江"(第1942页),"申浦"、"申港"(第1142页)和上海的别称"申"(第1142页)等。

(二)从中国大历史看,春申君无疑是先秦时期有功于江东东境的开发和发展的最后一位著名历史人物。

在中国历史上,太伯可以说是最早携带中原周文化来到吴地的重要历史人物。春秋中期,楚国贵族申公巫臣辗转来到吴国,巫臣"教吴乘车,教之战阵,教之叛楚"。楚臣伍子胥在春秋后期也来到吴国,对于早期苏州城市的建成以及吴国军事、政治的改造和建设,伍子胥卓有贡献。根据《吴越春秋》和《越绝书》的记载,伍子胥负责吴大城(《史记·吴太伯世家》裴骃集解称"阖闾城")工程。这时,楚都建筑的设计成为他心目中的筑城蓝图。因此,吴大城的规模、布局、设置都和纪南城十分接近。其中尤为突出的是《吴越春秋》记载的水门——"八极之门"的设置。

设置水门有利于城内外水道交通、蓄水和泄水。此前,楚纪南城已设水门,现已发现了三座,这是迄今所知最早的城池水门设施,它有可能是楚人所创造。吴大城的水门设置,无疑效法了纪南城的总体设计。苏州以"水城"闻名于世,市区内水道遍布。这固然是江南水乡的特色,但和大城初建时有意引流入城也应有一定的关系。从设置了八座水门可以推见,当时城内的水道应是纵横交络、到处可见的。而引流入城这一特点,可以说为纪南城、吴大城、寿春城三城所共具。(参见刘和惠《楚文化的东渐》,湖北教育出版社1995年版,第81—83页)但是越灭吴后,吴城丘墟。直到春申君改封吴地后,才"因城故吴墟,以自为都邑"(《史记·春申君列传》),并自此真正开始了对吴地的区域治理,推动了吴地的社会经济发展。(关于春申君"城故吴墟"的史实,《越绝书》有详尽的描述,可参见林伟《黄浦滔滔慰春申》一文)

一百多年后,司马迁曾经心情复杂地游览了春申君所筑旧城,并大为感慨:"吾适楚,观春申君故城,宫室盛矣哉!"(《史记·春申君列传》)据称春申君治理无锡期间,立塘治湖,围田富民,今人有楹联称:

志异治水,功盖吴越,挖筑拾年湖塘,启迪三朝文化,定型无锡龟背城;
城同新辟,都继泰伯,开发万古江南,留证千秋伟业,创建太湖鱼米乡。

联文称颂春申君江东志业,可谓典重称题。

春申君在开发上海、肇建申城早期历史方面,也是功盖前人,所以明初著名诗人高启曾赋诗道:"封君开巨壤,相楚服强邻。"(《惠山春申君庙》)对于春申君的江东开发之功,一句"封君开巨壤",足矣。

根据史籍,春申君被害后,楚国再无封君江东东境的记载。(参见刘和惠《楚文化的东渐》,湖北教育出版社1995年版,第216页)

四、两点思考

两个关于春申君时期晚楚文化东渐的思考。

(一)当代视野下寿春与上海文化相互映带的理性论述。

徐复观在其名著《中国人性论史·先秦篇》中曾提出先秦诸子人性论思想的相互映带说,他认为:"对人性的发掘到了彻底的程度时,不仅在同一思想中,将呈现出一共同的立足点,例如儒家之仁。即在不同的思想系列中,也将发现其可以互相映带、互相承认的共同境地;例如仁可以映带出虚、静、明的境地,虚、静、明也可以映带出仁的境地。因此可以承认发掘到底的人性……是特殊与普遍的统一。"(徐复观《中国人性论史·先秦篇》,生活·读书·新知三联书店2001年第1版,第410页)徐先生的论述启示我们,借由春申君封吴这一历史事件,上海可以映带出其城市历史文化的源远流长,寿县则可映带出寿春晚楚文化的波澜远及。

当下学术界关于历史文化的探讨,已经多从政区文化研究转向区域文化研究,这种转向比较关注流动的河流和相对静止的城邑的研究。而从大区域着眼,历史上的楚文化区与吴、越文化区先民无疑都有着对"水"的特别关注与思考。这一点当然也渗透在他们的城市营建理念中,从楚纪南城到伍子胥营建的吴大城,到楚寿春城,再到春申君的重城吴墟,可以说无不关乎一个"水"字。建城者都注意利用本地区的自然水系条件,着意规划,"引流入城,交络城中",设置水门,筑护城河。同时在这些区域,着力兴建水利工程。

从更大的范围思考,水,无疑是人类文明的摇篮,从尼罗河到幼发拉底河和底格里斯河,从印度河、恒河到黄河、长江,无不述说着这条亘古不易的铁律。早在2000多年前,也是楚国的一位哲人,就提出过"太一生水,水反辅太一"的宇宙论命题(郭店楚简《太一生水》),它似乎是对古希腊哲学家泰勒斯"水是万物之源,万物复归于水"的一个东方式的回应。

这给予今人的启示是,在环境伦理已日益走进我们的话语中心的当下,我们更当重新观照我们生命中的河流以及河流的生命,从而给河流以关怀,给河流以尊重,还河流以空间。河流是蔚蓝色地球上一条最长的生命带,无论它的空间长度、时间长度还是它所拓展的广度。河流作为生命,创造了人类最为灿烂的文明。只要我们不失去它,它所创造的辉煌,就将永远存在。

(二)尝试从"大""小"传统的视角,观照春申君与晚楚文化东渐的相关历史表述。

关于春申君与晚楚文化的东渐,史志典籍和民间话语呈现给我们的历史记忆并不一致,甚至颇多抵牾之处。这种所谓"大传统"和"小传统"的话语分歧,应是各种人类文化史中习见的现象,今人实际上可以尝试如何从人类学等角度给予理解。譬如由春申君封吴而带来的晚楚文化的东渐历史,有没有在秦汉以后经历了一个被"大传统"或"精英文化"话语系统汰滤和整理的过程?(类似的,如令今人震撼的三星堆文化、金沙文化等,至少在《史记》提供给我们的古史系统中就了无信息。而从司马迁在《太史公自序》中自述其曾"整齐百家杂语"的话语中可以看出,对于多种历史陈述的汰滤和整理,他确实是曾经做过的。)而如果晚楚文化东渐的历史确有被汰滤和整理的情况,那么对于保存在"小传统"或"通俗文化"话语系统中的此类历史记忆,今人又该如何从人类学等角度对其做出恰当的解读?其实,在西方学术界,通俗文化的历史陈述,早就已经登堂入室,成为主要的研究对象了。

回眸春申君时期寿春与晚楚文化东渐中留下的古建遗存、先秦器物,感慨之情油然而生,它们有声或无声,共同承载了古代寿春这一东方梦幻的丰富,它们突破了异质文化、意识形态的限约,唤醒后人共同的历史记忆。

这种共同的历史记忆,正帮助我们穿越时空,实现千秋古城寿春与东方明珠上海的心灵叩吻和亲密携手。

寿春人民心中的春申君

李家勋

春申君黄歇,一个叱咤风云的战国名相、晚楚功臣,离开我们已经两千多年了。

在他政治生活的主要舞台——楚故都寿春城,寿县人民辟建了雄阔的春申广场,春申君高高站立在铜铸驷驾之上,再现当年贤相威仪,接受人们的瞻仰。这是因为春申君是人民心中的功臣。他说秦善楚,阻止了一场即将爆发的灭楚战争;他以身殉君,成就了楚考烈王的登基大业;他经营寿春,为晚楚打造了最后的国都;他开发江东,为长三角最初的发展奠定了基础;他站在时代的制高点上,招贤纳士,开拓了人才竞争门客智库模式。春申君这位辅国持权、一身而二任"实楚王也"的大封君,对晚楚复兴的贡献是多方面的、开创性的、功业卓著的,他的影响惠及豫皖、江浙、上海,直至今天,当上海申博成功,黄浦江边,人们唱响的第一首歌就是《告慰春申君》。

令人扼腕叹息的是,春申君的晚年却做出了一件对他的一世英名几乎造成毁灭性打击的事,以致血溅棘门,身首异处,为后世的一些史学家所诟病。但这些都无法掩盖春申君的历史光辉。这里,请允许我透过历史的烟尘,说一说我们心中的寿春,我们心中的春申君。

一、春申君经营楚都寿春的历史贡献和深远影响

我们寿县人热爱家乡寿春,也热爱春申君,因为寿春是与春申君的名字紧密相连的。

大家知道,历史上任何一个王国,定都迁都,都牵涉国家的安危成败。楚国从楚怀王被扣身死以后,国力开始衰败。从公元前278年开始,30多年间楚都一直在陈、淮一带徘徊,直到前241年才迁都寿春,"命曰郢",正式确立了国都的地位。

著名的历史学家刘和惠先生说:"楚定都寿春,表明楚人已从败离的情绪中恢复过来,人心逐渐稳定。"而选都寿春,造成晚楚相对稳定和繁荣的最大功臣,就是

春申君,连寿春的名字都因他而命名。

寿春的前身是下蔡,此地得水陆舟车之利,是楚国的一个重要都邑。而春申君改下蔡为寿春,承袭纪郢旧制,结合寿春的地理环境,进行设计、改造、扩建,苦心经营十几年,更使寿春成为当时仅次于燕下都的全国第二大都市,成为晚楚政治、经济、文化的中心!

春申君选都寿春,从根本上说是出于对寿春山川形制和战略地位的考量。

寿春,"当长淮之要冲,东据淮河,西扼淝颍,襟江而带河……南人得之,则中原失其屏障;北人得之,则江南失其咽喉",所以古人向有"守江必守淮"之说。寿春,为兵家必争之地,更是中原通向江南西路水道之要冲,南北货物集散之地,粮草丰盈的鱼米之乡。选都寿春,直到今天,我们也不能不钦佩春申君的战略眼光!

战国时代的寿春城,在今天寿春镇的东南。今天的寿春镇为宋城,位于古寿春的西北一角,不到当年的六分之一。古寿春选址科学、重视水利、讲求实利。春申君沟通颍淝和泚河,引水入城,河道纵横,舟楫如梭,商贾云集。家家流水、户户垂杨,一派淮上江南风光。州人苏希圣先生研究寿春水文化时,赞之为古代"东方威尼斯"。寿春,这个地处南北粮区过渡地带的鱼米之乡,吴、楚、中原文化和淮夷文化的交汇之地,无论从山川形制和传统的风水学看,其背靠青山,二水分流的格局,都是全国罕见的风水宝地。寿春城遗址的宏阔、雄奇、唯美以及它堪称"世界之最"的楚青铜器、鄂君启节的发现,楚郢爰、卢金的出土等等,无不说明其金融中心、商贸中心的地位。

资料显示,全国发现楚金币数量最多的当数楚东境,而楚东境出土次数最多、数量最大的,又集中在楚都寿春城遗址一带,出土如此大量的楚金币,说明寿春当时的商业发达和都市的繁荣。桓谭《新论》说:"楚之郢都,车毂击,民肩摩,市路相排突,号为朝衣新而暮衣敝。"州人张树侯《唐故乡贡士达奚公墓志铭》有一则《题记》云:"瓦埠'当东淝之滨,大水冲决,印、币、钱、剑、尊、彝之属,不时发现'。"20世纪50年代,大水退后,群众在湖岸水边,拾取楚国铜币,可装满几个麻袋,足见寿春城的经济辐射也为瓦埠等周边城镇带来了商贸的繁荣。

据考古学家曲英杰先生在《楚都寿春城郢复原研究》中推算,当时寿春城人口多达20万众。这在古代是个了不起的数字。因此,司马迁和班固几乎异口同声地惊叹:"亦一都会也。"这种大都市的地位,直到京杭大运河开通,历经宋元,才有所减弱。

春申君苦心选都寿春,经营寿春,使晚楚有了休养生息、得以发展的政治、经济文化中心。他主持国政而就封于吴,强兵革,重农商,兴教化,综合国力大大增强,

楚都寿春也获得了空前的繁荣,这就为江东的开发赢得了时间,积聚了厚实的物质基础,使江东大片蛮荒之地逐渐成为楚国的大粮仓和战略后方,于是才推动了后来的上海、苏州、无锡、湖州等江东之地的兴起与发展。春申君这种巨大的历史贡献和深远影响是不可低估的。

时间跨过两千多个春秋,如今以上海为中心高度发达的长三角正在为推动皖江等中西部地区社会和经济的发展,发挥着越来越强劲的辐射作用。这种时代的轮转和反哺,难道不是一种历史的回响吗?在此,我们诚邀各方人士到国家历史文化名城——楚故都寿春参观考察,共同探讨寿春大地与长三角地区的不解情缘。

二、关于对春申君独特人生中两段史上争议的辨正

我们热爱春申君,但无意为尊者讳。任何一个伟大的历史人物都不是完美无缺的,在我们评价历史人物时,必须把握其所处的特定的历史环境和历史走向,这样才能做出正确的评价。

(一)关于《上秦王书》。

春申君出使秦国已是战国晚期。日渐衰落的楚国不但无力与强秦抗衡,而且蒙受"亡郢辱祖"之痛,处于动荡不安之中。

公元前273年,秦将白起率大军在华阳大败韩、魏联军,捕获魏国大将芒卯,迫使韩、魏签订城下之盟,韩、魏成了秦国的附庸。秦准备会同韩、魏两国大军,一举灭楚。

在这大军压境、存亡继绝的关头,楚顷襄王派春申君出使秦国讲和,于是就上演了一场"说秦善楚"的传奇故事。

春申君立即给秦王呈上一封信,这就是著名的《上秦王书》。春申君的这封书,抓住了秦昭王特点,纵论天下大势,陈述善楚与否的利害关系,为秦王勾画了一统天下的线路图。这封洋洋洒洒一千多字的《上秦王书》,纵横捭阖,联类取譬,文采飞扬,雄辩地说明了"善楚则两利,攻楚则俱伤"的道理。秦昭王大喜,连说:"说得真好!"立即阻止白起发兵,并派使者向楚国送上厚礼,结成友好盟邦,两国关系由紧张趋向缓和。

就这样,黄歇兵不血刃阻止了秦的进攻,使楚赢得了近三十年的相对和平环境,使楚国人民得到了休养生息的机会,延缓了败亡的时间。社会的相对安定,春申君的富国强兵的措施,使楚国一度出现可喜的复兴。

三年后,魏国人范雎出任秦国宰相,他的内政外交策略竟然与黄歇惊人地相

似。也就是说，秦国就是按照黄歇的献策，远交近攻，逐一消灭六国而一统天下！所以后来也有人说，黄歇的上书是一份卖友误国的投降书和卖身契。

我们不同意这个观点。古人云："谋者，所以远害而就利也。"黄歇出使秦国的目的是什么？就是劝秦国罢兵善楚，这个目的达到了没有？达到了。所以说，他的谋略是成功的。我们不能脱离当时的历史环境（一"超"、六"强"、诸"小"）而苛求古人。秦楚一旦开战，楚绝不是秦的对手，后果是可想而知的。黄歇毕竟不像魏国人范雎委身事秦，而主观上是忠于楚国的，特别是忠于考烈王的。试想，黄歇的上书，如果不投秦王所好，而直言对抗，秦昭王和他的臣僚是好忽悠的吗？设若春申君像毛遂自荐义说楚王那样，仗剑扬言，十步之内，血溅秦宫，只能是脱离实际的匹夫之勇，是火上浇油，只会把事情越办越坏。这样，不仅会招致杀身之祸，而且出使秦国将失去意义，一场灭楚战争将不可避免，历史也将由此改写！黄歇的《上秦王书》，充分体现了春申君的政治智慧和外交才能，为我们提供了一份弱国外交、迂回前进的经典案例。

遗憾的是，楚国以及春申君，没有实力和能力利用这一难得的喘息机会，组织起"各怀异心、一盘散沙"的六国统一战线，以抗强秦，尽管后来他们勉强组织了六国合纵之兵，考烈王当总司令（合纵长），黄歇当前敌总指挥，但是兵不精，心不齐，仅函谷关一战，即溃败而逃。

这是历史的局限和悲哀！由于综合国力对比悬殊，更因为中国的统一，是民心所向，是历史发展的大趋势，不是凭楚国，更不是凭黄歇一己之力所能改变的！

我们必须客观地、公正地看待这一历史现象。

（二）关于"奸谋盗楚"。

对于春申君的一生，太史公司马迁做了大体公允的评价："初，春申君之说秦昭王，及出身遣楚太子归，何其智之明也！后制于李园，旄矣。语曰：'当断不断，反受其乱。'春申君失朱英之谓邪？"

这段历史，《史记》《战国策》《资治通鉴》都有记载，可以说春申君得到中国古代三部权威史著的肯定，连司马迁的批评，也仅止于"旄矣"。

春申君善始而未善终，明朝史学家凌稚隆在《史记评林》中说："按此传前叙春申君以智能安楚，而就封于吴。后叙春申君以奸谋盗楚，而身死棘门，为天下笑。模写情事，春申君殆两截人。"此论一出，舆论纷纷，不少学者对春申君持否定态度，至今仍引起网上热议。对此，我们却笑不出来。寿县通淝楼下"门里人"刻石可以做证：千百年来，寿县人以特殊的艺术形式鞭挞了李园及杀手的暴虐和丑行，告诫人们永远记住这一血的教训。全国人民至今仍在纪念春申君，说他"奸谋盗楚"，我们更不能认同。应该看到,在春秋无义战,宫廷多政变,成王败寇的封建时代,那种争夺皇权,阴谋血腥,比比皆是。一代圣主唐太宗的玄武门之变,宋太宗赵光义"灯光斧影,千古之谜",永乐大帝朱棣的"清君侧""奉天靖难"等等,又有哪一个不是一个"盗"字?有的简直是"抢"!就在战国时代,也绝非孤例。吕不韦也同样操作了一番,把怀孕的爱妾赵姬送给正在赵国做人质的秦始皇父亲子楚(异人)做夫人,使自己后来变成了秦始皇"仲父",却被长大的嬴政逼得喝毒药自杀,更是一场闹剧。而春申君无论从本质和性质上看,都与上述人物截然不同。

其实,春申之过在于"庞","庞"在何处?当断不断,反受其乱。太史公已冲破传统,秉笔直书春申君"失朱英之谓邪"?这不就是说春申君不采用朱英建言的错误吗?

朱英的建言是什么?第一,像伊尹、周公一样,辅佐少主,执政当国。第二,南面称孤,而据楚国。第三,诛杀李园,以除后患。春申君完全有能力像赵匡胤那样黄袍加身,夺取楚国的政权,但他与考烈王情同手足的君臣之谊,具有极其深厚的基础,他绝无觊觎之心、篡位之念,所以他断然拒绝了朱英的建言。

春申君到底在想什么?说他糊涂吗?其实他十分清醒。历史上任何一个国家,都会把选嗣立嗣,确立最高权力的接班人,保持国家的稳定、延续和发展,作为立国之基,国运之本,封建世袭制的正统承继更是如此。如果接班人的问题不解决,至少会祸起萧墙,引发内乱,甚至江山易主,祸国殃民。春申君无疑是在高度关注这件头等大事。这从他忧心忡忡,千方百计为考烈王选妃生子就可以看出来。他把怀孕的李嫣进献楚王,是在考烈王无法生子的前提下的无奈之举,他只是想神不知鬼不觉地送给考烈王一个儿子,使考烈王后继有人,以求国家安定,同时也巩固自己"实楚王也"的政治地位。这不正是春申君的深谋远虑而又诚实可爱之处吗?

综上所述,我们认为,春申之谋,不是奸谋,而是远谋;不是"盗楚",而是"安楚",其良苦用心竟不为天下识,岂不悲乎!

千秋功过,人民自有评说。寿州古城,巍然而立,为我们留下了丰厚的文化遗产。寿春人民不会忘记春申君,历史将永远铭记春申君的不朽功勋!

袁术称帝与败亡

姚尚书

袁术称帝于寿春,给淮南地区带来一场灾难。它是汉末群雄逐鹿的一个缩影,一定意义上说,打开了群雄竞逐,你方唱罢我登场的潘多拉盒子。袁术称帝是冒天下之大不韪之举,一片挞伐之声;袁术之后,割据称王或暗行割据称王之实者众多,最终形成了三国鼎立的割据局面。

据《后汉书·袁术传》记载:"袁术字公路,汝南汝阳人,司空逢之子也。少以侠气闻,数与诸公子飞鹰走狗。后颇折节,举孝廉,累迁至河南尹、虎贲中郎将。"身为世家公子,年少时的袁术成长环境优越,锦衣玉食,飞鹰走狗,从而也养成了世家子弟的习气。可以说是顽劣成性。然而,成年后的袁术却一改往日所为,变身为待人有礼,行事有度的另一张面孔。甚至因此被举荐为"孝廉"。世家子弟的身份,加上孝廉的美名,使得袁术仕途平顺。"历职内外,后为折冲校尉、虎贲中郎将。"(《三国志·袁术传》)

东汉中平六年(189年),汉灵帝死,汉少帝刘辩继位,外戚何进辅政。何进与贵族官僚袁绍合谋诛杀宦官,但又没有足够的兵力,不顾朝臣反对,召凉州军阀董卓率兵入京,以借重董卓的力量压制宦官。何进此举引爆了东汉朝廷长期积累的矛盾,先是引起十常侍之乱,何进被宦官所杀,继而引起董卓之乱,洛阳再无宁日。董卓进入洛阳后,依恃强大的兵力为后盾,废除少帝,立陈留王刘协为帝,此为汉献帝。自封为郿侯、相国,独揽朝政。董卓放纵士兵在洛阳城中大肆剽房,淫掠妇女,以致人心惶惶,内外官僚朝不保夕。

次年,关东诸侯推袁绍为盟主,讨伐董卓,董卓挟持汉献帝西走长安,并驱使洛阳数百万人口西迁长安。行前,董卓的士卒大肆烧掠,洛阳周围二百里内尽成瓦砾。汉献帝初平三年,董卓被王允、吕布所杀。董卓之乱历时三年。三年时间虽短,社会却经历了剧烈的动荡,三国群雄在此期间先后登场。董卓之乱成为东汉末年诸侯割据的开端。

董卓为祸长安之时,打算自立为帝,任命袁术为后将军。正当朝野一片混乱之际,袁术做出了人生的一次正确选择。袁术没有为虎作伥,而是果断出走长安,声讨董卓的谋逆行为,麾兵讨伐董卓,赢得不少豪杰的拥戴。孙坚就是其最坚定的追随者,也成为袁术割据一方的基石和重要支撑。

董卓为乱之时,慑于董卓的声势,不少地方大员采取观望之策。孙坚极力率兵征讨。孙坚,孙武子之后人,智勇过人,一向看不起董卓所为,早在董卓羽翼未丰之时,就曾建议司空张温铲除董卓以绝后患。董卓祸乱之时,身为长沙太守的孙坚,一路北上,占领荆州、南阳。此时,袁术逃出洛阳,驻于鲁阳,与曹操、袁绍等起兵讨逆。由于袁氏世代公卿,素有声望,孙坚遂引兵归属。袁术任命孙坚为破虏将军,领豫州刺史。初平元年(190年),孙坚率部出征洛阳,袁术相约在后方提供支持。此时,正当勠力同心、诛杀国贼的关键时刻,袁术器量狭小的真面目却显露出来。孙坚在阳人(河南汝州)一战成名,反而引起袁术的猜忌,借故延缓粮草供给,给孙坚造成被动。而孙坚克服困难,并严词拒绝董卓的拉拢收买,麾兵直逼洛阳。董卓不得已退出洛阳,西迁入关。

袁术与孙坚结盟,不仅得到一员骁将,更是轻松地拥有了豫州之地,成为号令一方的诸侯。孙坚的破敌之功,有一半收入袁术囊中,袁术借此赢得坚决讨逆的美誉。然而,董卓被赶出洛阳,似乎天下太平了。身为关东诸侯盟主的袁绍企图另立新君,以便独掌朝政。出于利益之争,袁术坚决反对,兄弟反目成仇,讨逆大军四分五裂。曹操趁机西赴洛阳迎驾,把面有菜色的汉献帝迎至许都(许昌),从而得到挟天子以令诸侯的先机。胸无大志的袁术,既不事进取,也不思守成,一味横征暴敛,鱼肉百姓。《后汉书》记载:"术在南阳,户口尚数十百万,而不修法度,以抄掠为资,奢恣无厌,百姓患之。"初平三年(192年),孙坚在进击刘表的战役中阵亡,袁术顿失肱股。褪去讨逆义首色彩的袁术,失道寡助,终于连豫州也待不下去了。

这一年,袁术与公孙瓒结盟北上进攻袁绍。曹操为求自保,不愿看到袁术的坐大,与袁绍联合起来对抗袁术,大破袁术军,袁术不得已退守陈留。眼见无法与袁绍争锋,袁术便在一帮乌合之众的协助下企图消灭曹操。此时的袁术虽然兵败,但实力未损,拥兵数十万。曹操虽然势力弱小,但精于谋划,二人展开了一场斗智斗勇的较量。初平四年(193年),袁术派部将刘详屯兵匡亭(在河南长垣县),威逼曹操。曹操以疲弱之师兵分两路奇袭刘详。刘详轻敌不备,遭到偷袭后难以支撑,失去支点的袁兵大溃。经匡亭一战,袁术只得渡过黄河逃至雍丘。最后,连雍丘也保不住,只好率部逃奔九江(即寿春,今寿县)。九江(寿春)为扬州刺史驻地,袁术占领之后,杀刺史陈温自领扬州,又兼称徐州伯。

袁术占据九江淮南之地,也想有所作为。此时,袁术手下有张勋、桥蕤为大将军,孙坚之子孙策已经崭露头角,领兵经略江东渐成气候。袁术南顾无忧,遂放手北进。兴平元年(194年),袁术与吕布联手进攻徐州,与刘备相持于盱眙、淮阴。后吕布趁机夺取徐州,袁术败刘备,占领徐州、广陵等地,以吴景为广陵太守,地盘进一步扩大,背靠江东,面对中原,连曹操也不在话下!袁术一时可谓春风得意。此时,袁术以寿春为基业,便迫不及待地萌发了更大的野心——自立为帝。

孙坚征讨董卓而进兵洛阳,兵士在城南的甄宫井打捞出汉代传国玉玺。孙坚取之观看,见此玺印方圆四寸,上纽交五龙,缺一角,文字为"受命于天,既寿永昌",遂携带在身上。袁术得知此事,一直企图据为己有。《后汉书》记载,袁术为得到传国玉玺,甚至命人拘禁孙坚妻子。另有一说是,孙策得到传国玉玺,并以此换得其父旧部,从而远走江东。得到传国玉玺的袁术,附会种种传闻,一心要代汉称帝。消息传出,孙策在江东致书袁术,极力劝谏。袁术旧交陈珪也致书力谏。然而袁术心意已决,建安二年(197年)僭号,自称"仲家"皇帝。

称帝之后的袁术,越发荒淫无度。《后汉书·袁术传》记述道:"术虽矜名尚奇,而天性骄肆,尊己陵物。及窃伪号,淫侈滋甚,媵御数百,无不兼罗纨,厌粱肉,自下饥困,莫之简恤。"由于连年战乱,加上灾荒,江淮间已是赤地千里。袁术只知道一味地花天酒地,不顾人民死活,很快坐吃山空。袁术荒淫如此,已经成为天下共敌。孙策与之决裂,曹操、吕布率兵进击,早已被淮南人民背弃的袁军难以支撑。建安四年(199年)夏,袁术不得已烧毁宫室,率领姬妾前往潜山投奔旧部。这样的荒淫无道之人连旧部也不愿收留,士卒散走。尽管如此,袁术仍然执迷于帝号,并将这个一文不值的帝号转送给袁绍,令天下人耻笑。

见不为旧部所收留,走投无路的袁术又想北上青州,投奔其侄袁谭,但袁术早已成为过街老鼠,遭到昔日盟友的四处围堵,辗转月余,追随者们纷纷逃亡,已成孤家寡人的袁术最后不得已试图再回寿春。建安四年(199年)六月,在逃亡的路上死于江亭。

袁术一生只做对了一件事,那就是没有追随董卓。袁术少年轻狂,成人乖张,虽然曾经举孝廉,纵观其一生所作所为,实在难以令人信服。其不依附董卓并非理性选择,而是作为公卿子弟打心眼里瞧不起这个关西军阀。在群雄并起的乱世,所到之处不思进取,只知鱼肉百姓,自导自演了一出称帝的闹剧,荒唐之至,愚蠢至极。

从寿阳宫到菜圃：忠肃王庙的前世今生

项新宇

提起寿县特产，人们肯定会立刻想到"大救驾"。而提到"大救驾"的来历，寿县的男女老幼都能够声情并茂地讲一段"赵匡胤困南唐"的故事。故事中镇守寿州的南唐大将刘仁赡，忠勇有谋，不徇私情，连他的对手周世宗柴荣、大将赵匡胤都赞叹不已。可能很多人都不知道，旧时寿州城的西北角，曾有一座"忠肃王庙"（忠肃为刘仁赡的谥号），就是为了纪念刘仁赡而修建的。庙宇见证了寿州城从宋至清六百余年的兴衰浮沉，但终因抵挡不住岁月的侵袭而塌毁，消失在寿州城的土地上和人们的记忆中。

由宋至清时期的忠肃王庙

北宋学者王得臣所著《麈史》记载："……邑（即寿州寿春县）有淮南王安庙，春秋朝廷祀之。邑人思刘仁赡之功德，欲立庙不可得也，遂共为刘令公像于淮南庙中，岁时享焉。"大诗人陆游的《家事旧闻》中，也提到寿春乡民为刘仁赡立庙而不被允许，只得在刘安庙中祭祀刘仁赡。直到陆游之父陆宰任淮西提举常平（负责管理常平仓与农田水利的官员）时，才"始为仁赡筑庙，且具奏得额曰忠显"。此外，陆游编撰的《南唐书·刘仁赡列传》也有基本一致的记载："政和中，先君会稽公为淮西常平使者，实请于朝，列仁赡于典祀，且名其庙曰忠显……庙在邑中，岁时奉祀甚盛。"由王得臣与陆游的笔记、《南唐书》中的表述，可以得知忠肃王庙始建于北宋政和年间（1111—1117年）。

明代时关于忠肃王庙的记载，目前可查的较早记载出现在《明一统志》（成书于明天顺五年，即1461年）："忠显庙在寿州子城内，即宋武帝内殿基，南唐刘仁赡死守寿州死节，后人为立庙。"明《中都志》（成书于明成化二十三年，即1487年）记载："刘仁赡庙在城西北隅子城坊，即宋武帝内殿基，宋敕赐额旌忠，今称忠显庙。"

就目前存世的寿州地方文献而言，"忠肃王庙"这一名称首次见于明嘉靖《寿州志》(成书于嘉靖二十九年,即1550年)中:"忠肃王庙即宋武殿基,祀南唐清淮节度使刘仁赡。知州刘槩、同知王九思重修。"据州志,刘槩于成化二十二年(1486年)至弘治元年(1488年)任寿州知州,王九思于正德五年(1510年)到正德七年(1512年)任寿州同知,由此可知忠肃王庙于1486年至1488年、1510年至1512年间有过两次重修。

明亡清兴,康熙《凤阳府志》(成书于康熙二十四年,即1685年)、乾隆《寿州志》(成书于乾隆三十二年,即1767年)中提及忠肃王庙时,都沿用了嘉靖志中的说法。嘉庆《凤台县志》(成书于嘉庆十九年,即1814年)在复述前代州志内容的同时,有所增补,并交代了忠肃王庙的结局:"……正德间知州林僖续修,洪昍记,见州志。天启六年有署知州范绍袠重修刘忠肃王碑记,在祠内……今皆圮,乾隆年(查后志确认为乾隆四十一年,即1776年)因合祀二公于此。知州张佩芳有记。"也就是说,忠肃王庙于正德、天启年间经历了重修,后于清乾隆年间倒塌,官方另寻他处供奉刘仁赡。清乾隆四十一年,由于忠肃王庙破败倒塌,刘仁赡神位被迁移至城东街州署旁的黄公祠(供奉明万历寿州知州黄克缵),二公合祀。根据时任知州张佩芳撰写的重修记,当时的忠肃王庙"其存者,仅屋三楹奉忠肃像而已"。又过了百余年,在光绪《寿州志》(成书于光绪十六年,即1890年)的记载中,忠肃王庙"其故址有二碑存",仅存的房屋也倒塌消失。光绪《寿州志》的《州城图》里标注了忠肃王庙原址的位置,即今天紫城街与北小长街北延长线的交点附近。如今这里庙宇遗迹已荡然无存,只剩下遍地瓦砾的菜地与近年修筑的民房。乾隆四十一年之后供奉刘仁赡的黄公祠,也已不存。

在对上述史料进行梳理的时候,会发现两个问题。一、在提及忠肃王庙在州城中所在的位置时,史料中总会提到"寿州子城"或"子城坊";二、在介绍忠肃王庙由来时,编纂者都要加一句"即宋武殿基"或"宋武帝内殿基"。子城和宋武殿基,应该曾是寿州城重要的地理标识,但对于今日寿县人来说十分陌生。它们与忠肃王庙,乃至寿春城的兴衰变迁,又有着何种关系呢?

子城和宋武殿基的探究

先解释子城,子城又称内城、小城,修筑于大城(又称罗城)之中,用以保护地方的行政、军事机构。南北朝与唐朝是子城修筑最为普遍的时期。宋元以后,随着坊市制度的瓦解,城市街区由封闭转为开放,子城在城市格局中逐渐消失。寿春城的子城始建于何时无从考证。根据《水经注》的记载,南北朝时期的寿春城内有两座小城，一座叫金城，一座叫相国城，其中相国城是"刘武帝伐长安所筑也"。唐代时的寿州子城，据州志引述唐代杜佑编撰的《通典》："今郡子城，即宋武帝所筑。"刘武帝、宋武帝即为南北朝时期宋王朝开国皇帝刘裕，也就是说，寿州子城肇始于刘宋时期的相国城。而以子城所在地命名的里坊"子城坊"，在子城衰落消失以后，依然使用了很长时间。虽然在《中都志》记载的明初寿州里坊中，已没有子城坊，但在其他章节至少两次提到了子城坊，一次为"刘仁赡庙在城西北隅子城坊"，另一次为"吕文德，子城坊人"。究其原因，可能是这两处"子城坊"，一为介绍忠肃王庙这座始建于宋代的祠庙，二为介绍前朝人物南宋大将吕文德，都是过去之事。编纂者在叙述时，可能沿用了过去的里坊名称，或者是引用了前代州志里的内容，说明子城坊最晚存续至元末明初。到嘉靖《寿州志》时，记载州治西北出现了东紫城坊、西紫城坊，并一直存续到清末（后"城"演变为"顺"），今寿县城西北部有紫城街，有可能就是因"子""紫"谐音，由子城坊、东西紫城坊演化而来。从位置上看，东西紫城坊、紫城街所在的区域应该是当年子城所在的位置。种种信息，足以说明寿州子城、子城坊即为后来的东西紫城坊，即今寿州城西北部、紫城街及其周边的区域。根据光绪《寿州志》的城郭图，忠肃王庙就在今紫城街的西端，即西紫城坊范围内。也就是说，忠肃王庙坐落在由宋武帝刘裕修筑的相国城，即后世的寿州子城中。

再解释宋武殿基。宋武，即宋武帝刘裕，殿基，也就是宫殿的基座。也就是说忠肃王庙坐落在宋武帝的宫殿上。历史记载，东晋元熙元年（419年），刘裕进封宋王，都寿阳（今寿县），距称帝仅一步之遥，在寿阳兴建宫室殿宇成为理所当然。光绪《寿州志》指出，"刘裕移镇寿阳，距受禅时仅一载，已非复人臣之度，宫室规制，殆同帝者"。也就是说，刘裕在寿阳不仅有宫室，而且规模庞大、宏伟壮丽。刘宋将领王玄谟著有《寿阳记》，虽久已失传，但从后人辑录的残篇断句中，亦可窥到宋王之都寿阳的辉煌壮美："正月七日，宋王登望仙楼，会群臣、父老集于城下，令皆饮一爵，文武千（一作：十）人拜贺上寿……二（一作：四）月八日绕城，歌曰：皎镜寿阳宫，四面起香风，楼形若飞凤，城势似盘龙（一作：皎镜台阳宫，四面起香风，楼形似飞凤，城势若盘龙）。"约百年之后，地理学家郦道元来到寿阳，宋武帝"堂宇厅馆仍故"。然南北朝战乱频繁，寿阳处于南北之要冲，常常遭到战火摧残，寿阳宫很可能在某场战事中被摧毁，仅剩下断壁残垣。从军事和政治的角度考虑，寿阳宫自然修筑于相国城内，即后世的寿州子城之内。前面已论证了忠肃王庙坐落于寿州子城，因此，忠肃王庙的前身为宋武帝宫殿的说法是可以采信的。

前世今生终归尘埃

寿州城地处淮淝交汇处，水运便利，据《寿县志》记载："明代，州城四门皆泊商船……城西北隅的小长街，客商行栈林立，酒馆茶肆错落，为商家、船户憩息与洽谈生意之处。"由此可见，城西北部隅是当时城中的繁华之地。商人多喜烧香拜神，为求旅途平安、财源广进，因此商业繁华地区，各类庙宇必然香火旺盛。忠肃王庙正处于小长街的最北端，有着悠久的历史，又是官方兴修的彰显"忠义"的庙宇，自然受到商贾的供奉。

根据万历年间州人谢翀的记载："嘉靖中叶，黄河改道，洪涛自徐、沛分流于淮、淝……河洼湖心，淤且十九。"黄河改道带来的泥沙严重淤积了淮河与淝河的河道，不仅妨碍淮淝水运及商业贸易，而且导致淮河流域的水灾更加频繁。谢翀记载到："嘉靖四十五年（1566年），水溃城西北隅，民遭没者三千有奇，资蓄委积荡然无遗。"嘉靖年间的这场大水，葬送了城中三千余人的性命，将城西北隅的商业彻底摧毁，忠肃王庙定然在劫难逃。虽然天启年间重修庙宇，但香火日稀，景象已大不如前。此后，曾经的商业街区逐渐荒废，最终成为农耕之地，孤立于田地之中的忠肃王庙无人问津，日渐颓败。官方对重修之事也是心有余而力不足，只能做出将刘仁赡神位移至他处的无奈之举。

通过文献梳理，加之以合理推测，我们可以勾勒出忠肃王庙的前世今生：富丽堂皇的寿阳宫在南北朝时的某次战争中毁于战火，仅留下台基瓦砾和口口相传的旧日辉煌。周世宗夺寿州后，州治北徙下蔡（今凤台县城），主城颓败，子城也遭到废弃，只留下"子城坊"这个名称，标记着曾经是城中核心之地的那片街区。民众感念刘仁赡忠义，希望为其建庙，但没有得到官府的许可，只好在淮南王庙中另立刘仁赡塑像加以祭拜，一直持续到北宋末年。到了宋徽宗政和年间，时任淮南西道提举常平陆宰上书朝廷，在寿阳宫的基座遗址上为刘仁赡修建庙宇，庙名"忠显"。宋元、元明易代，江淮连遭战祸，寿州城也遭到严重破坏，到明代建立时，子城坊已不复存在，忠显庙或毁于战火，或因年久失修，岌岌可危。明成化、弘治年间，知州刘槩为刘仁赡重修庙宇，并更名为忠肃王庙。明正德年间，同知王九思、知州林僖相继修缮忠肃王庙，修缮后的忠肃王庙颇具规模，香火旺盛。然江淮水害频发，寿州城屡遭袭扰，庙宇亦遭洪水摧残。嘉靖年间，大水破城，卷走屋舍生灵无数，忠肃王庙也遭到严重毁坏。天启六年，知州范绍袭重修庙宇，在此之后，忠肃王庙在时间的流逝中任由风吹雨打，凋零破败，到乾隆四十一年时仅存陋屋数间。是年知州张佩芳将刘仁赡神位移至城东黄公祠,二公合祀。到光绪年间,忠肃王庙房屋倒塌殆尽,仅剩石碑两块。

从北宋政和年间始建,到清乾隆年间弃用,忠肃王庙在寿州城内矗立了660载,吸吮着寿阳宫残存的"香风",在日趋衰落的淮右小城中,散发着越发暗淡的昔日荣光,最终埋没于历史的尘埃中。

戴宗骞殉国前后史实考

李文馨　李嘉曾[①]

一、引言

1895年2月1日,即光绪二十一年正月初七日巳时(9—11点),威海卫陆军统领戴宗骞从自己管辖的北岸祭祀台炮台登上定远舰前往刘公岛。这是戴宗骞殉国前一天。戴宗骞为何上了定远舰？上舰之前又做了什么事？纵观120年来陆续问世的历史资料,发现某些论著中的记述和观点,与清史档案记载颇有不同。为还原历史真相,对历史人物做出公正的评价,有必要重温这段往事,以求正本清源。

二、三种不同说法及其来源

关于戴宗骞登上定远舰直至殉国的经过与原委,主要有三种说法。

(一)兵溃自尽说

这一说法起源于丁汝昌的一则信函。

1895年2月6日(光绪二十一年正月十二日),北洋大臣李鸿章将登莱青道刘含芳的来电转寄译署：

> 刘含芳真电:"顷丁军门、牛道昶炳、张镇文宣来函称,南岸失后,巩军败向西去,倭以马部队追之,我师船分队沿岸开炮,击杀倭兵多人,贼始折回。绥军出队亦败,刘镇超佩带伤,先至威海,嗣转送医院疗伤。戴道(宗骞)带随从十

[①] 李文馨:澳大利亚籍华人,自由职业者;李嘉曾:澳门城市大学澳门社会经济发展研究中心执行主任、教授。李嘉曾、李文馨兄妹是戴宗骞第五世后人,兄妹两人的母亲戴泽芳是戴宗骞的曾孙女。

余人,退入北岸祭祀台,宿子弹库。次早昌等复往商战守之策,戴云:'绥巩军均向西散去,派人四出招募,所剩只绥军一营,守台及保长墙等处。'初七卯刻复往与商,据云:'所散兵勇招集不回,并台墙守兵亦溃西去,全台只剩十九人。'吴敬荣、温朝议并所带协守水手亦随绥军西去。祭祀台虽有马道及所部死守,然孤台不支,恐资敌用,我船及岛将立见灰烬,昌不得已,劝戴道移往岛中,将水师人撤回岛内,并募送奋勇赴毁各台及药库水雷营。戴道到岛,吞金自尽……云。"鸿。①

戴宗骞塑像

（二）压饷被挈说

这一说法依据清人姚锡光的《东方兵事纪略》。

(1895年1月30日,光绪二十一年正月)初五日黎明,倭人在虎口山外列横阵……截我南帮炮台于虎口高山内……超佩受伤,以小轮船奔北岸……我军死伤既多,逃亡亦众……其北帮绥军前敌两营见南帮之覆,遂同时逃溃……初六日,绥军守台三营亦溃,无一留者。

盖自甲午九月绥巩两军勇丁即索压饷银两大哗,欲溃者屡矣……压饷者,勇丁初入营,须扣饷三月……勇丁怨次骨……南帮巩军给压饷两月,绥军益噪,宗骞终不给,至是相率噪溃不返顾。宗骞移驻祭祀台,从者皆散。

初七日,汝昌乘小轮船至,挈宗骞往刘公岛,麾炮勇等去,以海军大炮毁北帮炮台,尚未遗敌,倭人遂平行至北帮。是时,威海之防……凡军资器械储蓄甚厚,尽以予敌,于是威海之防尽堕,而海军益不可支矣。②

---

① 李鸿章:《致译署电》,载《李鸿章全集·电稿三》,上海:上海人民出版社,1987年,第415页。清朝、民国的电报以"韵目"代日期。刘含芳真电,"真"在韵目表中为农历十一日。
② 姚锡光:《东方兵事纪略·山东篇》,载《中日战争丛刊》第1册,上海:上海人民出版社,2006年,第58—59页。

(三)擅逃畏罪说

这一说法来自某位今人的著作《中日甲午威海之战》。

1月30日(正月初五),日军右纵队在进攻南帮炮台的同时,左纵队向虎山口的清军也发动了进攻。虎山口的清军据点有南、北虎口和虎山……早晨五时,敌右翼队同时向南、北虎口展开了攻击……防守南虎口山的是绥军正营和副营,由戴宗骞亲自带队,是头一天才从南北营地赶来的……双方炮战甚久,后来戴宗骞不想坚持下去,便下令撤退。当这两营队伍经老北集、杨家滩退到长峯时,并没有多大损失,而戴宗骞却突然下令解散,他自己逃到了北帮炮台。

当戴宗骞从南虎口逃走的时候,北虎口的战斗还在激烈进行……又受南虎口而来敌人的夹击,终因寡不敌众而战败……虎山是南帮炮台外围最后的据点……南岸巩军西退的道路被敌人切断……

戴宗骞为人贪婪阴险,他规定新兵入伍须扣饷三月,名义上存统领粮库……实则都被他贪污了。他平时还强迫士兵做各种苦工,有意地驱使士兵逃亡……所以绥军的缺额现象极为严重……开战时戴宗骞为了掩人耳目,竟给营中的工匠们换上清兵的军衣来补充缺额,甚至用拉夫的办法来充数。

北帮炮台原有绥军六营,南帮作战时溃散两营,又被戴宗骞解散两营,这样北岸就仅有两营绥军了。丁汝昌为了加强北岸炮台的防御,调派……二百多名水手往前助守,但在南帮炮台失守的当夜,(指正月初五日)又有一营绥军溃散。2月1日(指正月初七日),丁汝昌亲往北岸与戴宗骞研究"战守之策",戴宗骞虽口头答应"派人四处招集"溃军,实际上仍未行动,这天夜里最后一营也溃散了。

为了不使炮台为敌所用,丁汝昌决定在炮台失陷前加以破坏。2月2日早晨,丁汝昌再往北岸,强迫戴宗骞上船,戴宗骞知道自己罪不可赦,到刘公岛后就吞鸦片自杀了……①

(四)三种说法比较

上述三种说法中,从丁汝昌的信函来看,正值大敌压境时,作为威海卫陆军统领的戴宗骞,却显得消极而被动:在南岸炮台失守后,再也看不到戴宗骞与敌斗争

---

① 戚其章:《中日甲午威海之战》,山东:山东人民出版社,1962年,第48—60页。

的踪迹,任由兵勇溃逃而束手无策;面对绥巩军士兵不断西溃、守台无人的现实,戴宗骞应该知道炮台一旦被敌所用的后果,但毁炮大事竟然交由丁汝昌决定。戴宗骞去刘公岛,像是被动无奈之举。

从清人姚锡光的文字来看,威海绥巩军士兵溃逃的主要原因在于戴宗骞平时恶待士兵,克扣、侵吞兵饷,这无疑是大罪。就戴宗骞最后离开北岸炮台去刘公岛,所述之"挈"虽可解释为"提携""带领",但也有戴宗骞被丁汝昌直接带走的暗示。

从某位今人的文字来看,所述大多随姚锡光,但也有作者的新推断。新推断一:虎山作为南帮巩军外围最后的据点,在与敌交战过程中,戴宗骞却"不想坚持下去""逃到了北帮炮台";新推断二:在因戴宗骞平时"贪污"饷银,"有意地驱使士兵逃亡",绥军严重"缺额"的情况下、在南帮作战时又"溃散"了两营士兵后,戴宗骞竟然再下令"解散"了两营绥军士兵。戴宗骞带兵如儿戏,罪不可赦,所以戴宗骞去刘公岛,俨然成了丁汝昌逮捕罪犯"强迫戴宗骞上船"。

以上所述种种,俨然来龙去脉都交代清楚,疑似罪证确凿。我们的疑问是:戴宗骞若有如此重罪,何以未见相关当事人参奏或被朝廷问罪?

三、从清史史料中探寻历史真相

众所周知,清史档案是现存历代档案中保存最为完整的有关清代历史事件的档案资料,让我们尝试从中寻找历史的真相。

(一)关于南北炮台的战事

丁汝昌的信函主要叙述:在倭寇全面攻击威海的光绪二十一年正月初五日,巩军总兵刘超佩受伤后离开阵地。绥军出队战败后,戴宗骞带领随从十九人退回北岸。丁汝昌于初六、初七日两次前去同戴宗骞商量战守之策,戴宗骞表示:绥巩两军均向西散去,所散兵勇召集不回。丁汝昌担心孤台不支被敌所用,不得已劝戴宗骞移往岛内,遂派敢死队员轰毁炮台……

然而,历史真相却是这样的。

1. 刘超佩带伤养伤难脱逃避之责

刘超佩在正月初五日龙庙嘴炮台作战时受伤,随即离开阵地,"炮台两座为倭夺据"。① 当夜,山东巡抚李秉衡接到威海来电后向朝廷报告:"巩军统领刘超佩不

---

① 谢庭芝:《甲午威海倭警电报致汤聘珍电》,载戚其章主编之《中日战争丛刊续编》第6册,北京:中华书局,1996年,第258页。

坚持，走入刘公岛。"①次日朝廷下旨，"刘超佩先行走入刘公岛，显系临敌退缩"，令"即行查明，拿获正法"。② 李鸿章也于当晚致电丁汝昌："刘超佩避往何处？应遵旨就地正法。"③后经李秉衡奏折询问："威海巩军统领刘超佩由刘公岛逃至烟台，据称在此疗伤，应否遵旨将其即行拿获正法，抑或解交北洋查办？"④朝廷再下旨将刘超佩"解往北洋""查明逃避情形"。⑤

朝廷大臣王文韶奉旨审讯刘超佩。刘在受审时供称："初五日，倭寇以大股万余人水陆夹攻，被炮台击沉鱼雷艇二只，击坏兵船一只，并用地雷轰毙倭寇数百"，但之后我方也"伤亡甚多，抵敌不住"，自己因"腿受枪伤昏迷不省人事"，才被部下"送入刘公岛医院养伤"。王文韶对刘"查验伤痕"后反问：枪伤"并非致命部位"，所谓"不省人事"显然是"饰词避就"，刘超佩对此也"无可置辩，俯首认罪"。

王文韶在奏折中禀告："刘超佩统兵驻守炮台，为日已久。此次倭人登岸扑犯，自应扼要严防，竭力抵御，台存与存，台亡与亡；乃因带队接仗，身受枪伤，遽尔弃之不顾，藉口就医。"奏折结言写道："刘超佩受伤虽非谎饰而逃避亦属情真，相应请旨饬下刑部，查照现讯供情，按律定拟，以肃军纪。"⑥

2. 戴宗骞激战不支被迫撤离

细读丁汝昌的上则信函，根据函中自南岸炮台失守的正月初五日戴宗骞"带随从十余人退入北岸祭祀台"炮台、丁汝昌之后连续两天往该处同住在"子弹库"的戴宗骞反复商量"战守之策"、正月初七日卯刻（晨5—7点）丁汝昌再抵北岸，不得已劝戴"移往岛内"的叙述来看，在戴宗骞最后离开祭祀台炮台往刘公岛之前，三天来北岸好像与世隔绝悄然无声。但日方的记载和几位当事人的电报显示，倭寇自占领南岸炮台后，贼锋便直指北岸，北岸并不平静。

---

① 李秉衡：《致总理衙门》，载戚其章辑校之《李秉衡集》，济南：齐鲁出版社，1993年，第637页。
② 军机处：《寄李鸿章李秉衡谕旨》，光绪二十一年正月初六日电寄档，载《中日战争丛刊》第3册，上海：上海人民出版社，2000年，第362页。
③ 李鸿章：《复丁汝昌张文宣》，光绪二十一年正月初五酉刻，载《李鸿章全集·电稿三》，上海：上海人民出版社，1987年，第397页。
④ 李秉衡：《致译署电》，光绪二十一年正月廿七日到电报档，载《中日战争丛刊》第3册，上海：上海人民出版社，2000年，第464页。
⑤ 军机处：《寄李秉衡谕旨》，光绪二十一年正月二十八日电寄档，载《中日战争丛刊》第3册，上海：上海人民出版社，2000年，第468页。
⑥ 王文韶：《训明总兵刘超佩失守炮台逃避情形折》，光绪二十一年三月十九日，载《中日战争丛刊》第3册，上海：上海人民出版社，2000年，第601—602页。

据日方当年的战报《日清战争实记》记载:"(1895年)1月31日(光绪二十一年正月初六日),为做好进攻威海卫的准备,各部队进行了各种侦察。"①"2月1日(正月初七日),第二师团前进到威海卫西南五里,根据侦察报告,在威海卫大道上有大敌……敌步兵巩军、绥军合计二千五百人,由戴宗骞率领,将四门克鲁伯野炮架设于山上的要害地点,努力进行防御。在天寒地冻的山路上,本不应实行攀登和突击,而且当时又有猛烈的风雪,我军炮兵在敌人的猛烈炮火下,迎着烈风,把四门山炮抬到了适当位置,拼命地向敌人发射,不多时就把对方的猛烈炮火压下去了。敌军步兵仍然坚持备战。这时,旅团长下达了冲锋命令,终于赶走了敌人……"②

倭寇的记录难免有所夸张,但指名道姓和戴宗骞率领的部下交锋,说明在正月初七日,北岸炮台曾经发生过激烈的战斗。

几位当事人的电报亦可印证北岸连续几天的战事。

1895年1月30日(正月初五日)刘含芳致汤聘珍电:"今日倭贼水陆三面夹攻威海,宗骞退守炮台,危在旦夕。"③

1月31日(正月初六日)戴宗骞致李鸿章电:"南岸台全失,守台将卒多死。宗骞自赴祭祀台独守北岸三台,倭四面包来,万难久存。"④

戴宗骞所说的倭寇正"四面包来",丁汝昌在同日致李鸿章的电报中也提及:"刻下倭队由南岸陆路全向西行,明早必由田村、孙家滩来攻北岸。金线顶电生已逃,明早恐电不通。"⑤丁汝昌除了说倭寇正用全部兵力分路向西行,还断定明早(2月1日,正月初七日)在威海北岸炮台的战事将无可避免。

李秉衡致总理衙门电详述北岸战情:"倭(初五日)既得南台,大股直趋北台,相持两日,绥巩各军多半溃散,戴宗骞仅率两营守北台……初六日,倭猛扑我军,经孙万林等竭力抵御,倭未得逞。初七日,倭以大股在羊亭东与孙万林接仗,而潜师由南台内沿海小道趋袭北山嘴炮台,水师船因海口倭船环进不及回顾,戴宗骞兵溃

---

① 《日清战争实记》之《山东半岛之役·威海卫陆战记》,载戚其章主编之《中日战争丛刊续编》第8册,北京:中华书局,1996年,第204页。

② 《日清战争实记》之《山东半岛之役·威海卫陆战记》,载戚其章主编之《中日战争丛刊续编》第8册,北京:中华书局,1996年,第208页。

③ 刘含芳:《致汤聘珍电》,载戚其章主编之《中日战争丛刊续编》第6册,北京:中华书局,1996年,第257页。

④ 李鸿章:《转寄戴宗骞来电致译署》,光绪二十一年正月初六日戌刻,载《李鸿章全集·电稿三》,上海:上海人民出版社,1987年,第399页。

⑤ 李鸿章:《寄译署》,光绪二十一年正月初六日戌刻,载《丁汝昌集》,济南:山东大学出版社,1997年,第327页。

力竭,为队下拥上定远船,是时巳刻(9—11点),北岸全台俱失。"①

戴宗骞在兵溃力竭离开北岸炮台前,因无法电告朝廷,故做了一件身为陆军统领必须做的事:派手下士兵去烟台送出最后的战况报告。一封李鸿章转寄译署的刘含芳的来电,展露了这段历史真相:

"威海电线断,正深焦系,顷接刘含芳齐②电:'傍晚,有戴宗骞差弁数人来烟,昨早七点钟,倭由小路零队入山,集攻北岸,祭祀台炮台甚急,伤人甚多。丁军门与戴道商,已将炮毁,同往'定远'等语。该差弁午正过鹿台,犹闻羊亭孙万林枪炮之声等语。查巩绥十二营逃来败勇、营哨官甚多,讯据供称伤亡者多,可为伤心'云。鸿。"③

这封电报说的是:当威海通讯已断,李鸿章正深感焦虑时接到刘含芳正月初八日来电:傍晚,有受戴宗骞差遣的士兵数人来到烟台,告知昨早(指2月1日,正月初七日)七点钟,倭寇由小路零星入山,聚集后齐攻北岸,祭祀台炮台危急,伤亡甚多,丁汝昌与戴宗骞商量先毁大炮后,同上定远舰……

李秉衡在其后《奏威海失事自请严议折》中有同样的叙述:"闻该军恐以资敌,南帮炮台于初五自行轰毁,初六日,北岸三台又自行轰毁……并据戴宗骞差弁吴姓、傅姓面禀前来。""此次北台失陷,系由沿海内路袭攻。"④

以上日方战报的记载和几位当事人的电报说明:戴宗骞在正月初五日南岸炮台失守率兵退入北岸炮台后,已与倭寇"相持两日"。在正月初七日清晨的激战中,在水师被困、士兵溃散、战斗力衰竭的情况下,"先毁台炮,不使资敌",被迫撤离。

(二)关于虎山虎口的战斗

上述清人和某位今人对戴宗骞的斥责颇有共同点,主要论点之一:虎口、虎山战斗中因戴宗骞和其副统刘树德逃跑,致使南岸巩军西退的道路被敌人切断。让我们继续根据史料来探寻真相。

---

① 李秉衡:《致总理衙门》,光绪二十一年正月初八日,载戚其章辑校之《李秉衡集》,济南:齐鲁出版社,1993年,第647—648页。
② "齐"在"韵目代日"表中为初八日。
③ 李鸿章:《寄译署》,光绪二十一年正月初九日,载《李鸿章全集·电稿三》,上海:上海人民出版社,1987年,第406页。
④ 李秉衡:《奏威海失事自请严议折》,光绪二十一年正月初九日,载戚其章辑校之《李秉衡集》,济南:齐鲁出版社,1993年,第192页;《中日战争丛刊》第3册,上海:上海人民出版社,2000年,第402页。

后人对刘树德虎山战败的不同记述

1962 年版《中日甲午威海之战》第四节"杨家滩突围":"不久日军后队赶到……无耻的清军军官刘树德,这时竟然弃军而逃,二营绥军也因此溃败。"①

1983 年版《中日甲午战争史论丛》:"不久日军大队赶到,两营守军虽奋勇抵御,但众寡悬殊,难以支持,(刘)树德便下令撤退。日军遂占领虎山。"②

2005 年版《甲午战争史》:"在猛烈炮火的掩护下,日军……两个中队进至虎山南麓。刘树德见敌兵靠近,竟不坚持战斗,弃军北走。三营绥军随之溃散。"③

以上三本著作为同一人所写。最初的结论为:无耻的刘树德竟然弃军而逃,二营绥军也因此败走;二十多年后一改初论:因众寡悬殊,难以支持,刘树德便下令撤退;又过了廿多年再次推翻自己的前论:刘树德见敌兵靠近,竟不坚持战斗,弃军北走。关于溃散清军的数量,原来描述为"二营",后变成"三营绥军随之溃散"。对日方兵员损失的描述,则从"伤亡极重"变成"日军步兵……死2人,伤4人"。

戴宗骞南虎口战败始末

1895 年 1 月 21 日(光绪二十年十二月廿六日),倭寇从龙须岛登岸的次日,虎山、虎口之战的九天前,戴宗骞致电李鸿章:"倭寇既然上岸,势已专注南路",已请李秉衡派兵连同自己的部队"合力扼堵岭隘"④李秉衡部下孙万林"拟分扼北虎口",并商定从"绥军五营中拨队协守南路山岭",和巩军商量"添助行炮两尊"。戴宗骞还表示,"荣成来路最要为南虎口,绥军当之"⑤,将由自己的部下驻守该要地。

1 月 22 日(十二月廿七日),戴宗骞派部下刘树德率"副、前、左三营"⑥"往南路,与孙万林约会,扼虎口、凤林集一带"杜绝倭寇"北窜"。⑦

次日戴宗骞致电张之洞:"昨因嵩武军统带孙万林奋请迎战,宗骞分所部之半

---

① 戚其章:《中日甲午威海之战》,济南:山东人民出版社,1962 年,第 50 页。
② 戚其章:《中日甲午战争史论丛》,济南:山东教育出版社,1983 年,第 419 页。
③ 戚其章:《甲午战争史》,上海:上海人民出版社,2005 年,第 347 页。
④ 李鸿章:《寄译署》,光绪二十年十二月廿六日申刻,载《李鸿章全集·电稿三》,上海:上海人民出版社,1987 年,第 361 页。
⑤ 李鸿章:《致译署》,光绪二十年十二月二十六日戌刻,载《李鸿章全集·电稿三》,上海:上海人民出版社,1987 年,第 361—362 页。
⑥ 戚其章:《中日甲午战争史论丛》,济南:山东教育出版社,1983 年,第 199 页。
⑦ 丁汝昌:《致李鸿章》,光绪二十年十二月廿七日,载《李鸿章全集·电稿三》,上海:上海人民出版社,1987 年,第 366 页。

三营助之"，连同李秉衡派出的兵力，将会有"近十营"①的兵力联合阻截倭寇。

史料有载，这原来准备以"近十营"合力阻截的部队几经变化，并未聚齐：

1月21日（十二月廿六日），李秉衡曾致电戴宗骞，告知孙万林所带的"一营七哨兵力已开拔"，又刚刚商量"孙绍襄拔三营"兵力，还告知已向宁海地区统领曹正榜和上庄总兵李楹下达了"各带二营克日即发，合力防威"②的命令。

然而同日，李秉衡又向曹、李发出新的命令：如果"尚未拔营，请暂留候信再起身"。③

1月23日（十二月廿八日），李秉衡将暂留曹、李兵力事禀告朝廷：因担心二万倭寇"难免不从西面乘隙上岸"危及威海，烟台"亦岌岌"可危，因此"所派之嵩武等营未能全趋东面（合力迎剿），转致西面全虚"。④

1月24日（十二月廿九日），孙万林和刘树德所部"进桥头南十五里河西庄，败贼马队前锋，小有斩获"，戴宗骞令部下"稳扎坚持，勿轻率浪战"。⑤

1月25日（十二月三十日），戴宗骞刚电告李鸿章"李楹三营今日可接上"⑥合力迎剿，同日，李秉衡电商戴宗骞：因探闻倭寇将分股进攻"图扑威海"，担心"驻桥头之军为其隔绝，无粮必溃"，请戴宗骞"速即转达"孙万林、李楹部队"整队稳退至威海附近地方，扼要驻守，粮道即通"，再与戴宗骞所部"并力堵截，较为得势"。⑦

1月26日（光绪二十一年正月初一日），李秉衡又致电戴宗骞商量："旗营马队能否听孙万林调遣？"⑧

---

① 戴宗骞：《致张之洞》，光绪二十年十二月二十八日亥刻，载《中日战争丛刊》第5册，上海：上海人民出版社，2000年，第61页。

② 李秉衡：《致戴宗骞》，光绪二十年十二月廿六日，载《李秉衡集》，济南：齐鲁出版社，1993年，第609—610页。

③ 李秉衡：《致上庄曹统领等电》，光绪二十年十二月廿六日，载《李秉衡集》，济南：齐鲁出版社，1993年，第610页。

④ 李秉衡：《致译署》，光绪二十年十二月二十八日到电报档，载《中日战争》丛，第3册，上海：上海人民出版社，2000年，第342页；《李秉衡集》，济南：齐鲁出版社，1993年，第612页。

⑤ 戴宗骞：《致李鸿章电》，光绪二十年十二月三十日，载《李鸿章全集·电稿三》，上海：上海人民出版社，1987年，第380页。

⑥ 戴宗骞：《致李鸿章电》，光绪二十年十二月三十日，载《李鸿章全集·电稿三》，上海：上海人民出版社，1987年，第380页。

⑦ 李秉衡：《致戴宗骞电》，光绪二十年十二月三十日，载《李秉衡集》，济南：齐鲁出版社，1993年，第623页。

⑧ 李秉衡：《致戴宗骞电》，光绪二十一年正月初一日，载《李秉衡集》，济南：齐鲁出版社，1993年，第626页。

1月28日(正月初三日),仅有前来与戴宗骞部队"合力扼堵"的两军已各自退回自己的驻屯地,"孙万林一军退至酒馆,李楹退至上庄"。李秉衡在查获孙万林所部之分统"最为退缩"令孙将其"军前正法"后,再令孙、李"拔队飞饬前进"助戴宗骞。①

同日,戴宗骞致电李鸿章告知连日战况:为确保粮道畅通,李秉衡已调孙万林退回原驻地。初二日,刘树德带绥军"三营再进",孙万林部队已"难折回"共同迎敌。初三日午前,有倭寇马、步兵"二三百人至",刘树德"带队迎剿,连施三排枪,毙贼十数名","绥

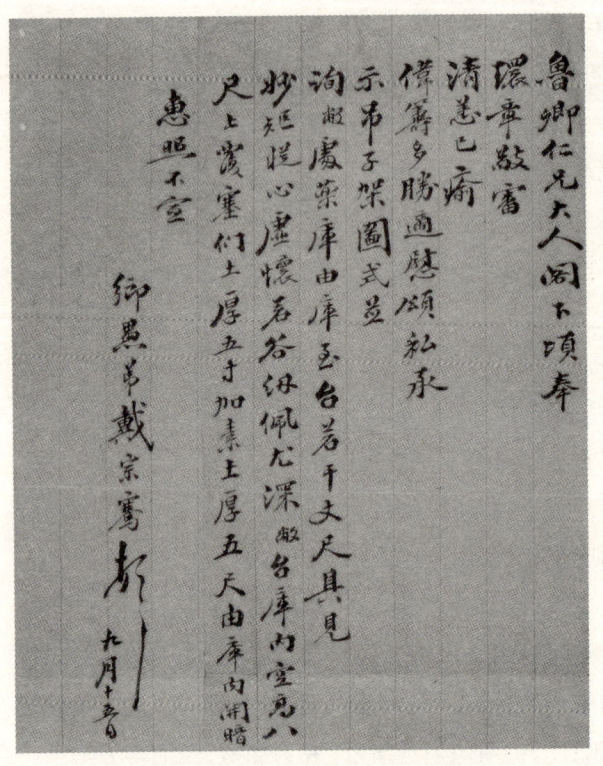

戴宗骞手稿(图片提供:高峰)

正营续往接应,夜间扼虎口山岭,置炮并分枪队轮守"。②

同日,李秉衡在与戴宗骞电商召回孙万林部队后,再商戴宗骞:请戴部下刘树德也率军后退"速即会合孙军,进退一心,为据险坚持之计",强调"烟台要地不能虚无一营,嵩武军仅数营,有难分拨之势",并请戴宗骞能为他"思之"。③

1月29日(正月初四日),丁汝昌致电李鸿章:"今早戴宗骞出队南虎口,敌分队逼近,距南岸十数里。"④

---

① 李秉衡:《致总理衙门》,光绪二十一年正月初六日,载《李秉衡集》,济南:齐鲁出版社,1993年,第642页。
② 李鸿章:《寄译署》(该电文中的"江"电指戴宗骞初三日来电),光绪二十一年正月初四日,载《李鸿章全集·电稿三》,上海:上海人民出版社,1987年,第393页。
③ 李秉衡:《致戴宗骞电》,光绪二十一年正月初三日,载《李秉衡集》,济南:齐鲁出版社,1993年,第629页。
④ 李鸿章:《寄译署》,光绪二十一年正月初四日,载《丁汝昌集》,济南:山东大学出版社,1997年,第326页;《李鸿章全集·电稿三》,上海:上海人民出版社,1987年,第395页。

1月30日(正月初五日),日军下达了总攻的命令:攻打威海南帮炮台的同时,分兵进攻虎山。敌军的意图是:占领威海,便能"歼灭威海港"的清舰。①

因原来参与"合力扼堵岭隘"的部队几经变动与退守,结果仅剩下戴宗骞的部队阻截来犯。诚如《中日甲午战争史论丛》中所言:"以区区二千五百人抵御优势的敌人,显然是无济于事的。"②

综上所述,虎山、虎口之战,戴宗骞虽有"最要为南虎口,绥军当之"之心,有"如有大敌,宗骞自往督战"③之行;朝廷对戴宗骞也早有认同:"威防戴宗骞等军守御尚能出力"④,对戴宗骞"进扎虎口山岭,挡倭来路"给予"布置尚属合宜""自往督战,甚属奋勇"⑤的肯定,南岸炮台最终依然失守。当天戴宗骞致电李鸿章,"自倭寇(从龙须岛)登岸后,绥军四营全赴南岸,苦战十日,并无接应"⑥,"西南路三虎口;苦战三日,亦撤退,南路长墙旋失"⑦。

据日方记载,1月30日(正月初五日)攻打南岸时所用兵力甚为充足,攻取南岸炮台的有"步兵六个大队、骑兵一个中队、炮兵二个中队、工兵一个中队、海军陆战队",占领凤林集东南高地的则有"步兵十一个大队和二个中队、骑兵二个中队、炮兵六个中队、工兵三个中队、徒步炮兵一个大队、九厘米臼炮十六门"。⑧日军投入如此雄厚的兵力,足见其势在必得的野心。

戚其章在其著作中对虎山、虎口清军之败有所总结:

"30日拂晓,日军从南北两路发动总攻。南路敌军直扑虎山(刘树德所带)绥

---

① 《日清战争纪实》之"威海卫陷落北洋舰队全灭"章节,载《中日战争丛刊》第1册,上海:上海人民出版社,2000年,第269页。
② 戚其章:《中日甲午战争史论丛》,济南:山东教育出版社,1983年,第200页。
③ 李鸿章:《寄译署》,光绪二十一年正月初四日,载《李鸿章全集·电稿三》,上海:上海人民出版社,1987年,第393页。
④ 军机处:《电寄李鸿章谕旨》,光绪二十年十二月二十七日,载《中日战争丛刊》第3册,上海:上海人民出版社,2000年,第340页;《李鸿章全集·电稿三》,上海:上海人民出版社,1987年,第367页。
⑤ 军机处:《寄李鸿章李秉衡谕旨》,光绪二十一年正月初五日电寄档,载《中日战争丛刊》第3册,上海:上海人民出版社,2000年,第357页。
⑥ 李鸿章:《寄译署》光绪二十一年正月初五日,载《李鸿章全集·电稿三》,上海:上海人民出版社,1987年,第395页。
⑦ 李鸿章:《致译署》,光绪二十一年正月初五日酉刻,载《李鸿章全集·电稿三》,上海:上海人民出版社,1987年,第396页。
⑧ 日方记载的中日战争资料,载《中日战争丛刊续编》第7册,北京:中华书局,1996年,第624页。

军阵地,三营士兵奋勇抵抗,炮兵配合得力,居高临下向敌兵瞰射,日军伤亡极重。不久,日军后队赶到,并架设山炮猛轰,其步兵也在炮火掩护下向清军阵地冲锋,清军伤亡殆尽,余者向虎山西北撤退。与此同时,日军亦向南(戴宗骞所带绥军)、北虎口发起进攻,清军尽管苦战,然敌我众寡悬殊,势难抵御,南北虎口终被日军占领。于是,南帮炮台之后路险要迅速地被敌攻占。"①

(三)关于士兵的溃逃原因

清人姚锡光和今人共同斥责:因戴宗骞长期压饷造成了绥巩军兵士的怨恨,所以大敌当前戴宗骞退往北炮台时,士兵皆逃无一留者。

关于士兵的溃逃原因,史料中亦有诸多记载。

1895年1月29日(光绪二十一年正月初四日),李秉衡下令告知各军:"已派苏管带带马勇一百名分路设卡,专拿逃勇。遇有溃逃者枪打刀砍,得一辫发,回烟赏银五两。"②此则电文说明士兵的溃逃现象之前就有发生,为数不少。这些被李秉衡下令"枪打刀砍"格杀勿论者,无疑不是因为对戴宗骞"压饷"生怨而逃,正月初四日包括之前,戴宗骞和部下刘树德还带兵在虎山、虎口严阵以待。

1月30日(正月初五日),李秉衡致总理衙门电:"查各军退缩者不止一人……传令各营,如再退缩不前者,杀无赦。"③这些退缩不前者包括"各军"的兵勇,不可能都起因于戴宗骞(戴绝无可能压其他各军的饷),即便其中有戴宗骞导致的"退缩者",也不会把自己逼上先被"压饷"后被"刀砍"的绝路。

同日,丁汝昌致电李鸿章:"倭今早由南岸后路先得龙庙嘴炮台,鹿角嘴守兵即逃。"④这些南岸炮台的巩军士兵属于刘超佩的部下,刚拿到由丁汝昌"挪款"为刘超佩垫付的"饷银"抑或"工资"(有另文论述),⑤可见他们的溃散与戴宗骞无关,亦与能否拿到被"扣压"的饷银无关。

1月31日(正月初六日),李秉衡致电总理衙门:"顷有巩军溃勇数百人逃至宁

---

① 戚其章:《中日甲午战争史论丛》,济南:山东教育出版社,1983年,第201页。
② 李秉衡:《致戴宗骞飞送孙万林》,光绪二十一年正月初四日,载《李秉衡集》,济南:齐鲁出版社,1993年,第632页。
③ 李秉衡:《致总理衙门电》,光绪二十一年正月初五日,载《李秉衡集》,济南:齐鲁出版社,1993年,第639页;《中日战争丛刊》第3册,上海:上海人民出版社,2000年,第356页。
④ 丁汝昌:《致李鸿章》,光绪二十一年正月初五日,载《丁汝昌集》,济南:山东大学出版社,1997年,第326页;《中日战争丛刊》第3册,上海:上海人民出版社,2000年,第359页。
⑤ 李嘉曾、李文馨:《甲午战争期间"威海守将不和原委"辨正》,2015年,未刊稿。

海,现正分别召集收械资遣。"①这些由刘超佩统带的巩军士兵,显然是因为刘超佩有伤离开、南岸炮台失守才逃散,同样说明与戴宗骞无关。而电文"现正分别召集收械资遣",显示对逃兵的处置正悄然变化。

2月1日(正月初七日),李秉衡电称,"绥巩军溃散西来者,敝处分别收集资遣已近千人。"②此日倭寇集攻北岸炮台,戴宗骞兵溃力竭被迫撤离,士兵必然会逃散。

2月3日(正月初九日),李秉衡电称:"昨夜有二百余人自宁海逃亡","如得截回甚妙"。③ 李秉衡对逃兵的态度已全然改变。刘含芳的电报也显示了朝廷对"逃兵"态度的变化:"早间奉电谕,悬百金之赏,尚未得人,拟再加重,水陆并发。昨夜有威溃卒三百,由宁海州携械西逃,现电前途地方挽留,未知肯就抚否?宁海五台收留千余,烟收遣七八百矣,尚有来者。"④此时对"溃逃"者,非但不罚还予以欢迎,设法"挽留"。

2月4日(正月初十日),刘含芳致电李鸿章:"绥巩军溃卒二千七百余,伤者留养"、丢失武器者请回原籍、"有械愿回(乡)者",收械后按路程"给资"及"发护照"、愿留下"自效者",按李秉衡前令"编成东军"。⑤ 李鸿章致电刘含芳关照:对逃兵"听其自投为便,收械正可济用"⑥。在逃兵已拥有"听其自投"选择权时,西溃的士兵依然源源不断。此时戴宗骞已殉国两日,再次说明逃兵事件与戴宗骞无关。

2月5日(正月十一日),此文开篇所引用的丁汝昌致刘含芳信函中,也提到刘公岛水兵参与溃逃事:"吴敬荣、温朝议并所带协守水手亦随绥军西去。"在南岸炮台失守、巩军先"败向西去""绥军出队亦败"后,水兵竟然也加入"西去"的行列集体大逃亡。这些刚被丁汝昌调派"往前助守"北岸炮台的北洋二百多名水手,完全

---

① 李秉衡:《致总理衙门》,光绪二十一年正月初六日,载《中日战争丛刊》第3册,上海:上海人民出版社,2000年,第361页;《李秉衡集》,济南:齐鲁出版社,1993年,第642页。
② 李秉衡:《致天津刘钦帅电》,光绪二十一年正月初七日,载《李秉衡集》,济南:齐鲁出版社,1993年,第645页。
③ 李秉衡:《致济南汤藩台等电》,光绪二十一年正月初九日,载《李秉衡集》,济南:齐鲁出版社,1993年,第645页。
④ 刘含芳:《致李鸿章》(此电尾署"佳","韵目代日"表中为初九日),光绪二十一年正月初九日,载《李鸿章全集·电稿三》,上海:上海人民出版社,1987年,第410页。
⑤ 刘含芳:《致李鸿章》,光绪二十一年正月初十日子刻,载《李鸿章全集·电稿三》,上海:上海人民出版社,1987年,第410页。
⑥ 李鸿章:《复烟台刘道》,光绪二十一年正月初十巳刻,载《李鸿章全集·电稿三》,上海:上海人民出版社,1987年,第410页。

属于丁汝昌的部下，拿丁汝昌发给的工资，可见他们的逃亡绝对和戴宗骞没有关系。

史料中还有北洋海军十多艘鱼雷艇、汽船集体外逃的记载。

较有代表性的是李鸿章向朝廷转寄的丁汝昌的另一封信函。丁汝昌在信中写道："(1895年2月7日)正月十三日晨，敌全力攻扑东口，炮声一响，我(北洋海军)小鱼雷艇十三只畏葸，擅由西口逃出西去。倭分队尾追，被其获去九只，余被击沉。以我艇资敌用，其害与南台同。自雷艇逃后，水陆兵心散乱……各艇既不得力，且复擅逃，其官弁人等，必由浅沙登岸，务请各帅严拿正法。"①

今人某学者也在其著作中写道："1895年1月30日，日军开始攻击威海。此后，北洋舰队被围困在威海卫港内，苦战多日。在此危急关头，蔡廷干与左一鱼雷艇管带王平等密谋逃跑。2月7日晨，日军又水陆两路发动进攻，福龙与左一、左二、左三、右一、右二、右三、定一、定二、镇一、镇二、中甲、中乙等鱼雷艇，以及飞霆、利顺二汽船，竟趁机从北口逃跑。"②——似乎真是一起临阵集体逃亡事件。

然而，根据日军对被俘当事人（"福龙"号鱼雷艇管带）蔡廷干的审讯记录显示，北洋海军鱼雷艇的集体"擅逃"事出有因：

审讯日军问：今天早晨我舰队炮击时，鱼雷艇来到港外，是根据什么命令？

蔡廷干答：根据丁汝昌的命令，尽可能击沉敌舰。

问：有击沉敌舰的任务，却又逃跑，为什么？

答：本应击沉日本军舰，但被(日本)吉野舰发现，遂未能达到目的。

问：最初的打算是回威海卫港内吗？

答：我鱼雷艇的速度是每小时十八海里，无论如何不及贵国军舰，因此没有再回港内的打算。我福龙号螺旋桨被吉野舰打坏，不能自由行驶，因此我们登陆。登陆时被贵国军队捉住。③

由此可见，丁汝昌称部下鱼雷艇管带等集体"畏葸"也是出于无奈。看似"逃跑"的蔡廷干，当日军问："如果我们现在释放你，你还打算再上鱼雷艇抵抗我舰队

---

① 李鸿章：《北洋大臣来电三》，光绪二十一年正月十七日到电报档，载《中日战争丛刊》第3册，上海：上海人民出版社，2000年，第413页。

② 戚其章：《中日甲午战争史论丛》，济南：山东教育出版社，1983年，第391—392页。

③ 《日清战争实记》，载戚其章主编之《中日战争丛刊续编》第8册，北京：中华书局，1994年，第243页。

吗?"他即答:"有这种打算。"①拒绝向日军投降。在日本1895年3月13日的《读卖新闻》中,称赞蔡廷干是一位"有血有骨的硬汉子"。②

"寇深矣,若之何?"③光绪帝之师翁同龢的感叹或许道出些士兵皆散的原因。

四、结语

综上所述:由于丁汝昌致刘含芳信函中叙述的事件不够完整,1895年2月1日卯时(光绪二十一年正月初七日5—7点)倭寇分路进军、集攻威海北岸炮台的战况没有得到应有的记录,致使戴宗骞在兵溃力竭后才离开炮台的实情被遗漏。该电文中"孤台不支,恐资敌用……昌不得已,劝戴道移往岛中……并募送奋勇赴毁各台及药库水雷营"对读者有误导作用,导致姚锡光和后来的研究者们随心解读。

本文中引用李鸿章转寄译署的刘含芳正月初八日来电以及李秉衡在正月初九日给朝廷的《奏威海失事自请严议折》中,分别提到北岸炮台失守后,戴宗骞在兵溃被迫撤离前派手下送出口信的事实,足以揭示那段历史的真相。从送口信士兵的话"丁军门与戴道商,已将炮毁,同往定远"④来看,在自毁北岸炮台这一大事上,丁汝昌与戴宗骞商量等同戴与丁商,绝非丁提议戴响应,更非丁下令戴服从。"为了不使炮台为敌所用",决定在北岸失陷前先毁炮台的,绝非丁汝昌个人,同样是戴宗骞殉国前所为。即便北岸炮台是在戴宗骞撤离后由丁汝昌的手下去轰毁,也只能是丁汝昌和戴宗骞共商的结果。

对于这段历史的真相,《清史稿》亦可为证,列传二百四十七记载了自毁北岸炮台的经过:"丁汝昌诣筹战守策,宗骞曰:'绥、巩军已西去,孤台危棘,恐资敌。'汝昌令毁台……"⑤此段文字中的"诣",字义解释为"到",特指上前请教。⑥可见丁汝昌令毁炮台,是在戴宗骞鉴于"绥、巩军已西去",提出"孤台危棘,恐资敌"后。

---

① 《日清战争实记》,载戚其章主编之《中日战争丛刊续编》第8册,北京:中华书局,1994年,第244页。
② 《广州日报》:《北洋水师被俘军官傲对日军审》附《俘将蔡廷干审讯录》,2014年5月21日载文,链接网址:http://news.hexun.com/2014-05-21/164979962.html
③ 翁同龢:《翁文恭公日记》,载《中日战争丛刊》第4册,上海:上海人民出版社,2000年,第533页。
④ 李鸿章:《寄译署》,光绪二十一年正月初九日,载《李鸿章全集·电稿三》,上海:上海人民出版社,1987年,第406页。
⑤ 赵尔巽等:《清史稿》,列传二百四十七戴宗骞,北京:中华书局,1977年。
⑥ 《康熙字典》解释"诣",基本字义1:到,特指到尊长那里去:~阙。~前请教。

按照逻辑推理,戴宗骞作为威海卫的陆军统领特别作为北岸炮台的绥军统领,北岸炮台该不该毁、何时毁,由戴宗骞决定才更合理。

清廷对戴宗骞一直给予关注。正月初七、初八日连续两天对李鸿章、李秉衡下达谕旨:"戴宗骞往守北岸三台,兵少势孤,危在呼吸,现惟有严饬孙万林、李楹赶紧驰赴北岸,协同戴宗骞等尽力防守"①、"孙万林、李楹两军,仍著迅速赴北台,协同戴宗骞固守,不得远扎他处"②。由于合力部队未能聚齐,清军援军迟迟未至,戴宗骞以孤军抗敌,终因敌众我寡导致北岸炮台的沦陷,这也是士兵溃散的主要原因。可见对戴宗骞"压饷"引发士兵大逃亡等斥责纯属无稽之谈。

朝廷和相关上司及当事人众口一词,对"戴宗骞誓死守台"③给予肯定。戴宗骞殉国五天后,光绪皇帝又对李鸿章下旨:"戴宗骞力竭自尽,殊堪悯恻,著查明请恤。"④

李鸿章在《奏请优恤力竭自尽之戴宗骞折》中写道:"此次倭人以数万之众,由荣成登岸……该道以众寡悬绝,援军未至,知难久守,屡致臣电,誓与所守之台为存亡。及贼分路环攻,犹以独台相持累日,危急之际,先毁台炮,不使资敌,然后从容引决,克践前言。"⑤

---

① 军机处:《电寄李鸿章李秉衡谕旨》,光绪二十一年正月初七日电寄档,载《中日战争丛刊》第3册,上海:上海人民出版社,2000年,第367页;《李鸿章全集·电稿三》,上海:上海人民出版社,1987年,第401页。

② 军机处:《电寄李鸿章李秉衡谕旨》,光绪二十一年正月初八日电寄档,载《中日战争丛刊》第3册,上海:上海人民出版社,2000年,第368页;《李鸿章全集·电稿三》,上海:上海人民出版社,1987年,第405页。

③ 军机处:《电寄李鸿章谕旨》,光绪二十一年正月初十日电寄档,载《中日战争丛刊》第3册,上海:上海人民出版社,2000年,第382页;《李鸿章全集·电稿三》,上海:上海人民出版社,1987年,第411页。

④ 军机处:《电寄李鸿章谕旨》,光绪二十一年正月十三日电寄档,载《中日战争丛刊》第3册,上海:上海人民出版社,2000年,第397页;《李鸿章全集·电稿三》,上海:上海人民出版社,1987年,第418页。

⑤ 李鸿章:《奏请优恤力竭自尽之戴宗骞》,光绪二十一年正月二十三日,载《中日战争丛刊》第3册,上海:上海人民出版社,2000年,第441页。

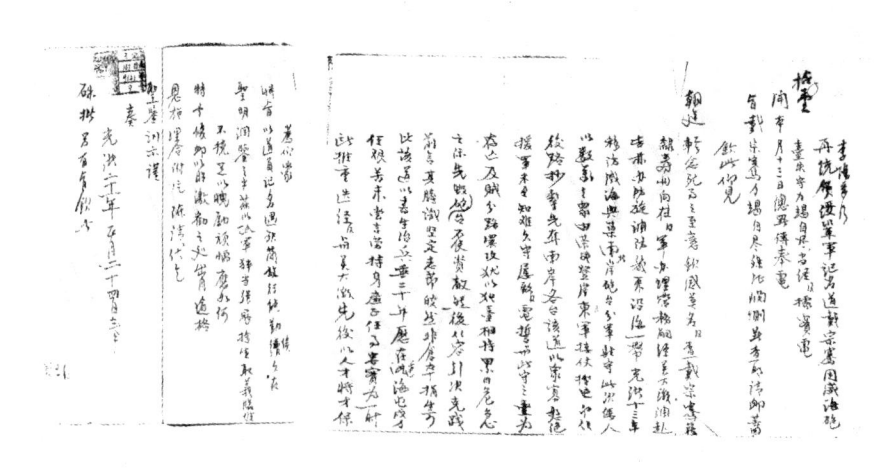

北洋大臣李鸿章的奏折《奏请优恤力竭自尽之戴宗骞》影印件,北京第一历史档案馆保存史料

次日,朝廷即下旨《著将戴宗骞照道员阵亡例从优议恤事》:"李鸿章奏道员力竭自尽,请旨优恤等语。已故统领绥巩军记名遇缺简放道戴宗骞,以书生治军垂二十年,持身廉正,任事忠实,经李鸿章、吴大澂先后奏保。此次扼守威海炮台,誓以死守,嗣因众寡不敌,力竭台亡,从容引决,实属临难不挠,深堪悯惜。戴宗骞著照道员阵亡例从优拟恤,以慰忠魂。该部知道。钦此。"①

李秉衡在《奏请将殉节道员戴宗骞事迹宣付史馆折》中写道:"该故道以孤军腹背受敌,犹奋身力战,坚持三日,迨至势穷力竭,卒以身殉。""临难复从容引决,舍命不渝"。②

朝廷为此同样下旨《著将已故道员戴宗骞生平事迹宣付国史馆立传》:"李秉衡奏道员功绩卓著请宣付史馆立传一折,已故道员戴宗骞,以廪生从事戎行,随同李鸿章办理直隶赈抚、疏河、营田诸务,军民咸食其利。嗣在吉林剿办马贼,搜捕巨匪,江岸肃清。十三年移防威海。本年正月,以孤军扼守炮台,势穷力竭,卒以身殉,属忠烈可风。著将该故员生平事迹宣付国史馆立传,并准其建立专祠,以彰忠荩。该衙门知道。钦此。"③

---

① 上谕:《著将戴宗骞照道员阵亡例从优议恤事》,载《历史档案》,2014年季刊第4期,甲午战后清政府对北洋海军将弁议恤档案,第43—67页,中国第一历史档案馆主办。
② 李秉衡:《奏请将殉节道员戴宗骞事迹宣付使馆折》,光绪二十一年三月十七日,载戚其章辑校之《李秉衡集》,济南:齐鲁出版社,1993年,第224—226页,北京第一历史档案馆史料。
③ 上谕:《著将已故道员戴宗骞生平事迹宣付国史馆立传》,载《历史档案》,2014年季刊第4期,第43—67页,中国第一历史档案馆主办。

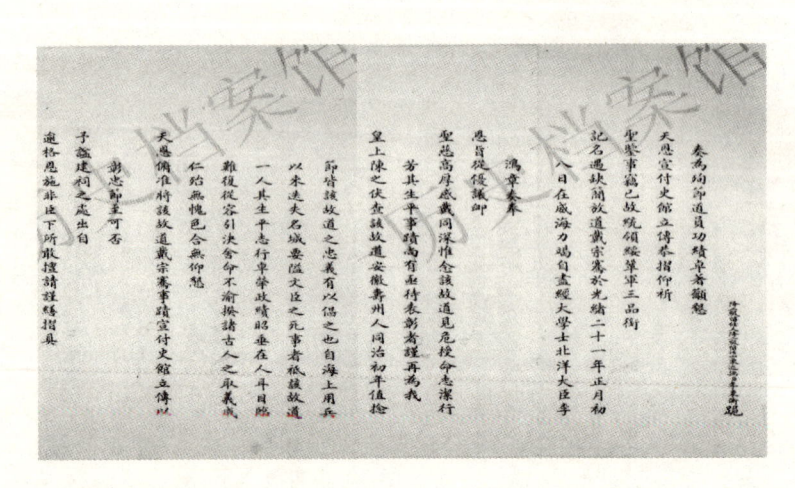

山东巡抚李秉衡《奏请将殉节道员戴宗骞事迹宣付史馆折》局部影印件，北京第一历史档案馆保存史料

被日军俘虏的北洋水师官蔡廷干，在受审中"还透露了一个悲壮的消息，督办威海防务的戴宗骞率军主动出击日军，和敌人血拼到只剩 19 人，他誓死不放弃炮台"①。

在更多的可查史料中，都能见戴宗骞誓与炮台共存亡的决心。当正月初五日南岸炮台失守后，戴宗骞就致电李鸿章："陆路北台均难存，是职毙命时。"②戴宗骞该电中的最后文字"恐无复电矣"，就是告诉李鸿章：自己命系炮台，一旦无电回复，便是炮台失守以身殉国时。

这无疑是戴宗骞向人世诀别的遗言。当势穷力竭之际，戴宗骞仍以大局为重，令手下送出最后的战报，守职守责，然后从容撤离，前往尚在清军控制下的刘公岛，吞金殉国，以表其一生光明磊落，尽忠尽义。

戴宗骞殉国后，其灵柩经水路船运回老家寿县枸杞乡。在船上守灵的众眷属中，有年仅九岁的小女儿戴伏初。从倭寇在龙须岛登岸到全面向威海卫进攻，前后有十天时间，戴宗骞大可让自己的亲属转离战地以保安全，然而他并没有这样做，而是让家人留在原地，颇有与炮台共存亡之心。

戴宗骞尚健在的亲外孙苏绍丹提供的一份珍贵史料，更凸显戴宗骞是带着无

---

① 《广州日报》：《北洋水师被俘军官傲对日军审》附《俘将蔡廷干审讯录》，2014 年 5 月 21 日载文，链接网址：http://news.hexun.com/2014-05-21/164979962.html

② 李鸿章：《寄译署》，光绪二十一年正月初五日，载《李鸿章全集·电稿三》，上海：上海人民出版社，1987 年，第 396 页；《中日战争丛刊》第 3 册，上海：上海人民出版社，2000 年，第 357 页。

畏的勇气决绝地踏上殉国之路的！护灵船进海南驶途中必经日军防线，当时处于休战状态，船驶入敌方防区时，还受到了日本将士的礼遇。①

从今天来看，对于戴宗骞的殉国，清史档案中留下了朝廷的褒奖，当时人诸多的敬仰和尊重，甚至敌军也因戴宗骞的不惧生死及竭尽忠义给予其灵柩礼遇。相反，同一战壕的友军，乃至后世的评说却对戴宗骞多有不敬。

历史在前进，先贴有罪标签再加无理推断的时代应当一去不复返了。对任何甲午时期参战乃至献出生命的将士的调侃和诋毁，都是不尊重历史也是不道德的行为。事实胜于雄辩，所所有为国捐躯的英烈可以安息了。

附戴宗骞的亲外孙苏绍丹的亲笔文字影印件：

文字内容：

　　我所知道的外祖家的事全部听自我母亲之口，那时我很小，虽会听知一些

---

① 苏绍丹：《致李文馨、戴漪馨函》，写于2016年3月，未刊稿。苏绍丹老先生1925年出生，常年居住在美国奥克兰市，退休前是医生。其母亲戴伏初，是戴宗骞子女中最小的孩子，1885年出生，因其生于该年的七月初伏首日，故名"伏初"。

事情，但是不会问，所闻的事难免都很简略，也难以全面。母亲在外公在日也属年幼，能知道的事情也极有限。记得母亲说，外公的灵柩运回家乡寿县的时候是经水路的，即经渤海、黄海、长江、大运河到淮河，然后由人力抬上陆地。虽然母亲当时也不过是个八九岁的小女童，但是这一段经历却来自亲受，漂洋过海，棺旁守灵，这些事对一个孩童来说当属新鲜，一定印象很深，难以忘怀，说的都会是真话，可以相信。

宗骞公外孙苏绍丹

书于美国加州奥克兰市

2016年3月11日

寿州孙家与中孚银行

包培之

中孚银行是寿州孙家创办的。我从 1925 年入中孚银行工作,先后任天津及上海分行经理,并曾兼代董事长职务,与孙氏家族交往近 30 年。兹就所知,略述孙氏多字辈兄弟与北洋政府兴办实业之关系及其创办中孚银行之梗概,以供研究近代史者参考。有所缺漏,希望知者补正。

寿州孙家是怎样发迹的

安徽寿州孙家是清末民初新兴资产阶级中的一个家族财团。孙家原不是"簪缨世家",其近祖在清末官场中发迹的第一代是孙家鼐。孙家鼐的祖父孙克伟经营当铺致富,但因没有功名,只富而不贵。后为乡里有势力者借端兴讼讹诈,孙家没有后台,屡次败诉,被迫停业,家道日衰。从孙家鼐的父亲孙崇祖这一辈始,从严教育子女,追求功名以保全家门。孙父死后,遗有 5 子,家鼐最幼。孙母继承丈夫遗志,在守寡抚孤时经常教育儿辈说:"朝内无人莫做官,家门无官莫经商。"后来这两句话竟成为孙家的传家格言。因此,孙母全力培养儿子们进学应举,企图跻身于官场。后来她如愿以偿,几个儿子先后进入统治阶级的行列,其中以孙家鼐的官做得最大。这就是被孙家后代经常夸耀的"五子四登科,一门三及第"的光荣家史。

孙家鼐,字燮臣,生于清道光七年(1827 年),于咸丰九年(1859 年)考中状元,从此仕途一帆风顺,光绪年间曾管理官书局及开办京师大学堂,历任工、礼、吏部尚书,庚子事变后任学务大臣,后又擢升为大学士(相当于宰相),宣统元年(1909 年)去世,年 83 岁。孙家鼐的地位为他的子孙飞黄腾达开辟了道路。他的胞侄孙传樾是李鸿章的侄婿(曾中过进士)。所生六子:长子多鑫(字荔轩),次子多森(字荫庭),三子多培(字植轩,早死),四子多焱(字履平),五子多堃(字厚甫,早死),六子多钰(字章甫)。其中,孙多鑫和孙多森就是后来孙氏财团的创业人。

孙多鑫、孙多森创办阜丰面粉厂

孙多鑫生于同治四年(1865年),光绪中叶曾经中举。如前所说,李鸿章是孙多鑫兄弟的外叔祖,这也是后来袁世凯重用孙氏兄弟的因素之一。但在李鸿章任北洋大臣期间,孙氏兄弟并未北来,原因是他们的外祖父李瀚章(李鸿章的大哥)很喜欢多鑫,任两广总督时,即携多鑫到广东,在总督府学幕。李瀚章卸任,孙多鑫亦北返至江苏扬州,经营盐务。当时运盐是凭扬州盐运使所发两种运盐执照——大票、小票,大票路程远,运至汉口;小票路程近,运至大通。如果沿途没有危险,颇能获利;但如遇危险,则须呈请盐运使补发重运,且无利可图。孙多鑫感到这项差使既麻烦又担风险,故与二弟多森商议,计划改作他业。他俩首先调查当时海关进出口各种货物的数量、价格及在国内销售情况,发现美国机制面粉的进口数量日见增多(其时南方糕点店均用美粉制作点心),且每包(40斤)售价达1元6角至1元8角。而当时国内小麦每袋(180斤)售价不过1元9角至2元,仅合美粉一袋价格,美粉利润之大,可以想见。二人经过研究,认为面粉既为民生必需品,销路广阔,而从美粉价格来看,利润又如此丰厚,为什么中国人自己不干,而让外国人坐享其成? 于是决定凑集孙氏各方资力,创办机制面粉工厂。孙多鑫亲赴美国考察参观,并购置机器设备。因孙自己不懂英语,乃随带翻译颜仲山同去(颜仲山是北洋后期国务总理颜惠庆之长兄,上海圣约翰大学毕业,随孙去美,病死国外),时在1898年。至1899年,孙多鑫采买机器回国后,即在上海苏州河畔莫干山路购地建厂,次年建成投产,日产面粉5000包。这就是中国民族资产阶级自办的第一家机制面粉工厂——阜丰机制面粉厂。面粉的两个注册商标是"自行车"和"炮车"。阜丰面粉厂由孙多森出任经理,多鑫自任副理,营业总管则由宁钰亭担任。

由于阜丰生产的面粉,色泽、质量都与美粉不相上下,而每包售价只要1元2角,较美粉价格低4至6角,不久即夺得美粉市场,畅销于上海及江南一带,获利颇厚。从此,寿州孙家即跃居全国第一流的实业家。

自从孙多鑫游美归国以后,即将孙氏子弟陆续送往美国留学。根据当时留美学生会记载,1900年左右的留美学生中,寿州孙家的子弟有孙多钰、孙元方、孙季方、孙裕方、孙震方。

据我所知,还有多鑫的十二弟多望,与多钰同时去美,但不久即夭折,未曾入学。在20世纪初,以古老寿州的一个家族,即有6个青年同时去美国留学(当时广东、江苏、浙江各省留美者每县亦不过一两人),不可不谓之"开风气之先"。在这以后,孙氏子弟绝大部分都曾到美国留学。

孙多鑫与北洋早期实业

庚子事变后,袁世凯就任直隶总督、北洋大臣,周学熙任天津道。袁因天津缺少规模较大的实业,便嘱周注意物色调用办实业的人才。其时孙多鑫在上海创办阜丰面粉厂成效卓著,声闻国内,又是李鸿章的外孙,于是周即请调孙多鑫来津,袁当即同意。孙多鑫鉴于阜丰面粉厂日趋稳定,不需兄弟二人均在沪株守经营,遂于1904年离沪赴津,投入袁世凯幕中。袁与孙见面交谈后,备极赏识,立即委为奏折秘书,凡袁世凯所上清廷重要奏折,大部出自孙手。自此袁与孙见面无虚日,言听计从,不久更委为直隶官银号总办、天津造币厂督办,显赫一时。当时造币厂的主要工作是铸造铜圆,由商号按官定兑换价格交纳银款,向造币厂领取铜圆,这是当时重要的财政收入之一。而官银号则是官府经营各项事业赖以周转资金的必要机构,所以孙多鑫实为当时掌握北洋财政实权的人物。

袁世凯任北洋大臣后,以袁为后台,由周学熙出面,自1906年起,启新洋灰公司、滦州矿务公司、滦州矿地公司、北京自来水公司等规模较大的北洋早期实业(当时农、工、商、矿均谓之实业)即相继成立。这些实业的成立大都没有现成资金,而是以机器作押或干脆没有抵押,以官督商办名义由官银号拨借大批资金(行息很低)扶植起来的。究其实,不过是袁、周等借职权方便,以官款办私营实业而已。而这些工矿实业(除北京自来水公司外)的成立,都是在孙多鑫任官银号总办和造币厂督办任内。事实上,周之兴办近代化企业,都是在孙的启发下搞起来的。孙多鑫是个沉默寡言、不喜出头露面而善于在幕后策划的"诸葛亮",这从阜丰面粉厂创建成功后由孙多森任经理,他自己却退居副理,即可证明。因此可以说:北洋早期出现大规模的实业,是以袁世凯为后台,在孙多鑫的策划下,由周学熙出面,三人进行合作的结果。今人只知周而不知孙,主要是因为孙在幕后的缘故。1906年,北洋实业初现端倪,孙多鑫即病故,死时正当中年。

通惠实业公司与中孚银行的创立

在孙多鑫北来以后,袁世凯又将其二弟孙多森从上海调来协助搞实业。孙多森是寿州孙家第二个创业人。他北来后,初为北京自来水公司协理及启新洋灰公司协理(总理均为周学熙)。1908年,袁世凯罢官回乡,周学熙也因丁艰暂离北洋。

1910年，孙多森升任直隶劝业道，其时孙多鑫已病故，所以在辛亥革命以前两年，孙多森实为代替袁、周掌握当时北洋各个官督商办企业的主要人物。

1911年，辛亥革命爆发，孙多森正在直隶劝业道任上，即弃官避入天津租界居住。及袁世凯任大总统，即于1913年6月起用孙多森为安徽省都督兼民政长。7月爆发"二次革命"，孙仓皇离皖回京。袁世凯对孙倍加抚慰，任他为中国银行总裁。后因梁士诒出任财政部总长，粤系得势，孙乃辞职。随孙同时辞职的有中国银行副总裁聂其炜和总稽核卞白眉。后来中孚银行成立，聂、卞均入中孚任职。

1915年，周学熙二度就任袁政府财政总长；同年5月，袁世凯为了垄断多种企业，攫取更多财富，以提倡实业为名，指令周学熙拨款成立托拉斯性质的通惠实业公司；8月举孙多森为总裁，施肇基（字省三）为副总裁，总公司设于北京绒线胡同。

"通惠"二字是取通商惠工之意。其资本除官股外，另招商股50万元，据我所知，内有启新洋灰公司入股5万元，其余则由袁世凯指派河南同乡官绅摊缴，其中自然也有孙、周所招股份。通惠公司从一开始就被孙家控制，不仅副总裁施肇基是孙多森的亲戚（孙妹嫁与施弟肇祥），通惠的重要班底中，还有孙倚为左右手的方伯常、胡季樵（孙任劝业道时，方、胡分掌总务、财务）；此外如经理、工程师等也都由上海阜丰面粉厂调充。孙家是以面粉工业起家的，孙多森的原意是以通惠为基地，垄断全国的面粉和棉纺工业。但周学熙也看到当时欧战方酣，外国棉纱几乎绝迹，棉纺工业大有可为，岂肯将这一机会放过？他既掌握财政，又是北洋元老，遂运用他的号召力，捷足先登，在1915年创办了华新棉纺公司，在天津、青岛、唐山以及袁世凯的家乡卫辉等地开设分厂，垄断了当时华北的棉纺工业。孙多森在北洋服官资历较周为浅，势力不敌，同时既无适当人才，又感资金不足，故通惠只好放弃棉纱，专营面粉。而自通惠和华新成立以后，周、孙两家表面虽仍合作，但实际已分道扬镳，各攫专利，矛盾日益激化。

通惠公司是中孚银行的母公司，无通惠，即无中孚。通惠公司最初计划颇为庞大，原来准备另设恒丰公司再发展为银行，后来棉纺工业既被周学熙抢先垄断，孙多森遂决定先成立银行，作为掌握资金周转调度的专门机构，以集中力量发展面粉工业。这就是1916年以通惠为母公司，正式成立中孚银行的内在原因。中孚成立后，恒丰公司遂改为恒丰垦殖公司，专事经营垦殖，但不久即因军阀混战，条件恶劣，不利发展垦殖，被迫解散。孙多森寄托于通惠公司的雄心，还表现在另一件事上：在袁世凯死去的当年，孙多森曾召集通惠公司董事会，提出成立一个"中美物产进出口公司"的议案，准备大规模发展中美进出口生意。后因董事会未通过而搁置。这件事证明孙多森在棉纺工业被周学熙抢过去以后，曾经陷入举棋不定的苦恼。

事实上,孙多森并不甘心放弃对棉纺工业的竞争。由于华新棉纺公司是官督商办企业,所以还设有政府指派的督办。当时的督办是周学辉(字实之,周学熙的九弟),华新大权自然掌握在周家手里。袁世凯死后,1918年5月,农商部突然下令撤换周学辉,指派陶兰泉、袁静庵(袁世凯第八子)接任。这一举动大出周派意外,知道显然是有人在幕后进行活动的结果。周学熙立刻动员全部力量,一面由董事会出面,向农商部递送申请,说明商股已凑齐(原为官四商六),呈请裁撤督办,全归商办,并指名推举周学熙主其事,一面挽出徐世昌(彼时即将就任总统),大力向当局疏通,最后始由内阁总理段祺瑞饬令农商部照办。华新公司属于周氏掌握的局面虽然终趋稳定,但这件事实在让周学熙伤透脑筋,周、孙矛盾也因此更加尖锐。

中孚银行自成立之日起,即全部控制在孙家手里。孙多森在各地建立面粉工厂,资金之运转调度,均与中孚银行有密切关系。如上海阜丰面粉厂,资金运转调度由上海中孚负责;河南新乡通丰面粉厂,由于其产品销路主要在北京,资金的运转调度始终由北京中孚负责;后来中孚在郑州设立办事处,也与该厂建立往来关系;山东济丰面粉厂,资金运转调度由天津中孚负责;哈尔滨滨丰面粉厂,资金运转由上海、天津中孚合办。总括言之,通惠公司创立之原意,是袁世凯、孙多森、周学熙企图用以包办北方实业的一个托拉斯式的组织,而通惠公司一开始就控制在孙多森手里。袁世凯帝制失败死后,孙、周虽同是皖系官僚,但为了个人利益,由合作而渐趋分裂。周利用个人在北洋势力抢到了棉纺工业的垄断权。孙在原来垄断面粉工业的基础上,利用通惠公司大加扩展,更创立了中孚银行,作为调度运转资金的工具,而此举为周所不及(周办中国实业银行、大同银行均在中孚之后)。因此,孙始终不甘心放弃对棉纺工业的争夺,这表现在1918年农商部指令华新易督的事件上。周也始终伺机染指中孚,这表现在孙多森刚刚去世,周即派人接管中孚的事件上。

孙多森由于患糖尿病,在1919年8月病故,从此寿州孙家的事业,主要落在孙多钰的肩上。

孙多钰的活动与中孚银行的几件大事

李希明接管中孚。中孚银行创办于1916年,除由通惠公司拨款60万元作为官股外,商股主要是由孙多森招来,初定资本100万元,后又增至200万元。在孙多森死后,孙氏家族即将商股中的绝大部分散股陆续赎买收回,而所谓官股实际已无代表(原来官股代表即为孙多森),因此后来中孚的股权几乎全部落入孙氏家族手中。中孚成立后,总行设于天津,初在北马路,后以3万元买进法租界楼房一所(即今和平区赤峰道天津中国银行旧址)作为行址,由孙多森自任总经理,聂其炜任办理,卞白眉任总稽核。

聂其炜,字管臣,行四,湖南人,是曾国藩的外孙。父亲聂缉椝曾任浙江巡抚;母亲是曾国藩最小的女儿,居上海时,人称"崇德老人"。聂家在上海独资创办了恒丰棉纺纱厂,聂其炜曾任该厂经理多年。孙多森约聂北来共搞实业,初任中国银行副总裁,后与孙一道辞职,共办中孚,聂任协理。但中孚成立不久,孙、聂即发生矛盾,聂愤而返沪。及至1919年孙多森病故,中孚银行竟形成总、协理同时出缺局面,于是周学熙立即纠集在津皖籍有关人士商议,由启新洋灰公司代理董事长龚心湛(字仙舟,时为中孚董事)出面,推派启新洋灰公司总经理李士鉴(字希明)率领若干人员到中孚银行,希图趁机接管。

其时孙多森长子孙震方在津浦路局任出纳科职员,年纪很轻,没有经验,听到这个消息,即与十三胞叔孙多钰商议,拍急电去上海,催请聂其炜来津主持行务。聂接电即赶回天津。等到李希明率接管人员前来,发现聂其炜已到行视事,大为惊讶,略事寒暄即辞回向龚心湛复命,聂曾以中国银行副总裁身份到汉口中国银行视察,故龚对聂为人深为了解。此事遂不了了之。但从此启新与中孚的关系日趋恶化。其后不久,因孙家掌握启新股权日益增多,具有实力,孙多钰被选为启新常务董事,启新当局才改变态度,与中孚恢复交往。至1920年左右,周学熙创立了中国实业银行,成为皖系在华北创立的第二家银行,对中孚业务不无影响。

孙多森死后,孙多钰遂接替他成为寿州孙家在北方事业的负责人。孙多淼(孙十)则为南方事业的当家人。

孙多钰留学美国,学铁路工程,回国后历任吉长铁路工程局督办、宁湘铁路工程局局长、沪宁铁路管理局局长,曹锟时代任交通部次长。我早年也在津浦铁路任职,因此1913年左右与孙多钰结交,1925年被他约入中孚银行工作。孙多钰是学习铁路工程出身,搞金融、实业原非所长。但由于必须继承整个孙家的事业,在孙多森死后,不得不继任中孚银行总经理兼通惠公司总裁。后来中孚改为中孚商业银行,孙又自任董事长。

在孙多钰担任中孚总经理期间,聂其炜仍任协理兼天津分行经理。但孙、聂关系不融洽,聂曾两次拂袖不干,均由我在中间调停,始未致破裂。

外汇投机失败的危局。中孚银行的第二件大事发生在1925年,正是我入中孚以后不到两个月的时间。寿州孙家的基本事业在上海,工业有阜丰面粉厂,商业有沪丰堆栈(仓库),金融有中孚银行。孙多鑫、多森兄弟故后,南方事业遂由孙多焱主持,自任阜丰面粉厂经理,中孚上海分行经理则由孙元方担任。孙元方父亲与孙多森是堂兄弟,元方只比孙多钰小一岁,在同辈中最大,被称为景西大爷。留美回国后,曾秉承孙多森意旨在汉口设立中孚分行,并仿上海中孚大厦款式,建造汉口中孚银行大厦。元方口才很好,在上海银行公会中颇有声望。当时沪行副经理谢芝庭长期瞒着孙元方做外汇投机生意,亏累很多。事发前聂其炜接到上海行员告密信,曾两次派稽核员去沪查账,但孙多焱与孙元方对谢芝庭盲目信任,均予拒绝。聂以之告总经理孙多钰,孙亲自赴沪查询,孙多焱仍一味袒护,说谢绝无问题。其后谢芝庭因亏累太多,无法弥补,避不到行,才引起注意,开始彻底调查他所经手的全部账据,竟发现亏累达200万之巨,孙元方等大惊,急电总行报告,请示办法。如此亏累不是小数,如不能设法清偿,只有停业清理。孙多钰与聂其炜商议,中孚是孙家的金融据点,必须由孙家各房齐心协力,共挽危局。孙多钰到上海后,召集各房负责人,协商挽救办法。

决定:1.由天津分行调拨100万元到沪;2.成立协孚房产公司,由各房立凑现金60万元,交上海中孚作为购买协孚股份资金;3.其余40万元由上海分行承担偿付。

由于孙氏家族的共同支持,上海中孚才勉强渡过难关,未致倒闭。孙元方在孙氏家族中的声望也一落千丈,最后竟抑郁而死。

1927年国民党南京政府成立以后,孙家事业的中心也由北方迁往南方。首先是1929年,通惠公司总处和中孚银行总行自天津迁往上海;随后又仿照周学熙1924年在天津成立托拉斯联合组织"华北实业总汇处"的办法,在上海成立通孚丰联合办事处,包括通惠实业公司、中孚商业银行总管理处、阜丰面粉厂、河南新乡通丰面粉厂以及通惠公司协理林葆恒(字子有)创办的烟台通益精盐公司等。联合办事处的主要人员即由各单位的负责人组成,仍由孙多钰任办事处总经理,聂其炜任协理。在当时半封建半殖民地的中国,以蒋介石为首的官僚买办资产阶级日渐居于统治地位的情况下,周、孙两家这种私人资本的垄断机构,除去起一点安插闲员的作用,对挽救自身危局并无裨益。

在孙多森未死以前,孙家事业方兴未艾,在各地新建面粉厂,成立中孚分行,尤其在上海以60万元首建中孚大厦,轰动一时,中孚在金融界声誉颇隆。但在1925年大投机失败以后,中孚银行竟陆续发生投机失败和盗窃舞弊事件。例如1930年以后,沪行副理顾季高做外汇投机又亏损约100万元。原因是想扩建新厂,苦于资金不足,希图依靠投机,结果失败。至于上海分行副理张佩绅、北平分行副理孙晋方(亦孙氏家族成员)、天津分行保管股等都曾先后盗卖有价证券,使中孚几次陷于危局,虽然有阜丰等大型工业做后盾,但孙家事业日趋下坡,却是无可挽回的事实。

至于孙多钰自己,不久又返回天津,任开滦矿务局总经理及启新洋灰公司常务董事。与周学熙一系的关系虽日趋融洽,而对于孙家本身的事业却显得淡漠,尤其对于宁沪,不过遥领而已。

聂其炜在南迁以后不久,也告退职。退职以前,由中孚以8万元为聂在上海杨清保定路购买私人住宅一所,作为变相酬劳。聂退职后一度在中央银行总行工作,后离职在沪度寓公生活,与孙家断了瓜葛。

这以后即由孙家第二代"方"字辈的人接管了这摊子事业。

孙家一向是"用人唯亲"的,各单位的厂长、经理,几乎都是由孙家留美回国的子弟来担任。外人只有极少数的几个,如北京中孚经理周贻春(留美学生,曾任清华大学校长)、潘禹言及与孙家关系很深的聂其炜等。聂与孙家的主事人始终格格不入,而周贻春亦只是挂名,实权完全操在副理孙晋方的手里。至于我自己在中孚工作27年,由经理而副总经理而副董事长,竟能相安无事,实在是个例外。

下面把孙家"方"字辈掌权的几个主要子弟略叙一下:

孙元方(字景西)——在方字辈中年纪最长,曾任汉口中孚分行及上海中孚分行经理。事迹见前。

孙启方(字璧威)——孙多鑫之子,年纪较小,留美亦较晚,回国后任上海中孚分行副理,后升经理,迄于解放后合营。

孙震方(字养儒)——孙多森长子,幼年赴美,未入大学。回国后先在津浦铁路局出纳科任科员。多森死后,一度继任通惠公司总经理,但不久即让位与孙多钰。曾在津沪建造豪华的洋房,过着荒淫生活,是个典型的纨绔子弟。

孙观方(字仲莘)——孙多森次子,是个营利能手,留美回国后曾任上海中孚经理,现全家旅居南美。

孙煜方(字伯群)——孙多巘(多森堂弟)长子,留美学机械,回国任京绥铁路机务处长,后为上海阜丰面粉厂厂长。

孙豫方(字仲立)——孙多焱长子,在孙多钰二次北来任开滦总经理以后,他与乃弟晋方是实际控制孙家南北事业的人物。他自留美回国后,非常活跃,抗日战争前后,一身兼任中孚、阜丰两处的总经理。上海沦陷,他曾逃至香港;及香港沦陷,又被日军挟回上海,并被任为伪粉麦委员会主任,因而造成抗战胜利后国民党接收大员以此为借口勒令中孚停业的事件。

孙晋方(字锡三)——孙多焱次子,留美回国,先后任中孚银行主任及北平分行副理。沦陷期间,乘南北交通梗阻机会,假借乃兄名,指定平、津两分行同为华北联营机构,以北平为主,天津为辅,从而控制了华北中孚的实权。

抗战胜利后的停业和复业。中孚的第三件大事是1946年的停业。抗日战争胜利以后,国民党接管北平、天津。由于沦陷期间,金城、大陆等行未停止营业,与日军有所联系,宋子文即想以惩治汉奸为名,处理一家银行,一方面遮掩人民耳目,给敌伪金融界一个下马威;一方面借此没收其全部资财,据为己有。但金城等行都有强有力的支持者为其说项,不能得逞;不得已而求其次,就找到了中孚。恰巧中孚总经理孙豫方同时又是敌伪粉麦委员会主任,正合没收逆产条例,故于1946年2月,由国民党财政部勒令中孚银行全部停业。

孙晋方在接到停业令后,即四处求援,竟致搬动当时美国驻华大使司徒雷登为他写信给财政部长俞鸿钧,为中孚疏通。经孙氏叔侄辈多方奔走,最后找到蒋介石的亲信吴忠信,由吴与李运溪(蒋留日同学)亲自向蒋游说,终于1946年11月16日,由蒋下手谕批准中孚复业,前后停业达9个月之久。

据云吴忠信是这样对蒋说的:"我年事已高,不想再做官,但现在手无积蓄,如能允许中孚复业,即以此作为我晚年栖身之所,于愿足矣。"所以中孚复业后,即由吴忠信担任董事长,孙多钰则退居副董事长。中孚郑州办事处与苏州支行于复业后均撤销。在国民党统治期间,孙家事业均已为强弩之末,不过勉强维持局面而已。

孙家鼐在"戊戌变法"中的作用及其影响

孙治安

在以往研究戊戌变法的史料中,多偏重于对"帝党"康有为、梁启超、翁同龢等研究,而忽略了对在戊戌变法中发挥重大作用和影响的光绪皇帝师傅孙家鼐的研究。而恰恰是孙家鼐在晚清那场震惊中外的戊戌变法大变局中,采取了务实执中的思想方法和政治艺术,一定程度上决定了戊戌变法的走向和最终结局!

一、寄希望于光绪皇帝成为一位仁爱开明的君主

光绪的师傅在中途换了一任又一任,但陪伴光绪时间最久,也让光绪所最为信任的一位老师只有孙家鼐。光绪四年(1878年)六月,经慈禧特选,任命孙家鼐为侍讲学士,授读光绪,在毓庆宫行走。孙家鼐尤其重视培养光绪皇帝的亲民思想,希望将来成为仁爱明君,做一位受老百姓爱戴的好皇帝。所以,他专门把荀子关于国君与庶人是舟与水关系的名言仔细讲解给他听。光绪在一篇御制文中写道:"必先有爱民之心,而后有忧民之意,爱之深,故忧之切,忧之切,故一民饥,曰我饥之,一民寒,曰我寒之。"光绪亲政后,孙家鼐一边辅佐其政务,一边继续教授其关于治国理政的思想理论知识,尤其经常向光绪介绍一些国外的新鲜知识,使光绪皇帝不断开阔眼界。孙家鼐还最先向光绪皇帝推荐了冯桂芬所著的《校邠庐抗议》一书,该书介绍了西方的"科学、民主、自由"等先进思想,提出了"法苟不善,虽古先吾斥之;法苟善,虽蛮貊吾师之"的主张,在中国近代史上具有独特的思想价值。这部书对光绪的维新思想产生了很大影响。

帝师孙家鼐

甲午战败后，光绪痛心疾首，在不得已批准《马关条约》时，曾朱笔写下要求"全军上下勠力一心，痛除积弊，兴革自强……"在痛定思痛的情况下，表明了振兴国家的决心。孙家鼐还及时向光绪推荐了著名思想家郑观应于 1894 年新完成的维新巨著《盛世危言》，光绪读后深表赞许，并命总理衙门印 2000 份分发给大臣们学习研究。1895 年 10 月，李提摩太到北京拜访孙家鼐，特将宣传变法之著《现代教育》托呈皇上，光绪一口气读完，因而，进一步促使他对世界时局产生了深刻认识。这些知识储备和思想灌输，也是后来他能积极采纳维新派意见，决意实行变法维新，立志向西方国家学习，做一个开明皇帝的重要因素。

二、积极支持维新变法运动

（一）名列"强学会"。1895 年 4 月，日本逼迫清政府签订了丧权辱国的《马关条约》，割让台湾及辽东半岛给日本，并赔款日本白银二万万两。这个消息一传到北京，朝野震惊。康有为、谭嗣同组织发动了在北京参加科举会试的十八省 1300 多名举人联名上书光绪皇帝，痛陈民族危亡的严峻形势，提出拒和、迁都、练兵、变法的主张，这就是史上有名的"公车上书"，从而揭开了维新变法序幕。1895 年 5 月以后，康有为、梁启超、文廷式等在北京、上海成立了"强学会"，出版了《强学报》，提出"开民智、通下情"，并在报刊上介绍世界局势，宣传变法维新思想。通过这些事件，使孙家鼐等老臣被一帮年轻人爱国救国的举措所感动。孙家鼐不但名列"强学会"，还积极支持帮助"强学会"在安徽会馆解决了办公、住宿等问题。他还建议皇帝诏令京、申、鄂、粤等各地报馆将所引发的报纸，逐日呈送都察院，并录呈御览；还建议将上海《时务报》收为官办。由于"强学会"得到孙家鼐等大臣的参与和支持，一时间风靡全国。

（二）受命官书局管理大臣，站在维新变法的前列。维新派的举措极大地触动了保守派的神经和利益，"强学会"最终被扼死在慈禧太后等保守派的手中。大学士李鸿藻认为"强学会"有其作用和进步意义，提出将"强学会"改为"官书局"，奏请得到慈禧批准，并命孙家鼐出任官书局管理大臣。1896 年 2 月，孙家鼐上奏《官书局章程》，拟定了"藏书籍""办刊书""拟设学堂一所"等七项职责，在奏折里还明确强调了"中学为体，西学为用"的立学宗旨。同年 6 月，刑部左侍郎李端棻上《奏请推广学校折》，倡议创建京师大学堂的宏伟蓝图浮出水面。总理各国事务衙门根据上谕，对李端棻的奏折进行议复，认为"该侍郎所请于京师建设大学堂，系为扩充官书局起见，应请旨下饬官书局大臣察度情形，妥善办理"。顺势一脚将球踢给了孙家鼐。孙家鼐当即表示："学堂……亦即官书局分内应办之事。"官书局成立后，所用管理人员大部分是原"强学会"的一帮人马。孙家鼐奉命筹建京师官书局，即是维新变法的前奏，也为日后创办京师大学堂奠定了基础。

（三）在光绪与康有为之间架起了思想沟通的桥梁。康有为、梁启超这些年轻的维新积极分子，他们接受了西方资本主义国家的一些经济知识和政治思想观点，了解议会、宪法、办报、学校等现代社会制度，有一套维新变法的纲领，在知识分子阶层中影响颇大。他们多次上书朝廷，但因为官阶品级底，却传达不到皇帝手里，更不可能觐见皇上。按清朝祖例，皇帝是不能接见四品以下的小官吏的，更不要说一般的老百姓了。一些忧民忧国的维新派分子，多么希望皇帝能够采纳他们的意见，并且能重用他们啊！孙家鼐虽然很精通中国的传统文化，但到了维新运动时，他已古稀之年，老年人吸收新知识的能力当然不敌青年人。所以，他也很希望与年轻的维新派人士多接触，多了解一些国内外的新鲜事物。当他看到康有为第一次上书即"公车上书"以后，即对康有为等变法主张给予了赞赏，并且经常阅读维新派的书刊言论。最早，在光绪和维新派人士之间穿针引线的应当是翁同龢。翁同龢曾亲自拜访过康有为，康有为呈述变法的思想主张得到了翁同龢的认同。翁同龢与孙家鼐同为光绪帝师，交往比较密切，遂把康有为关于《日本变法纪》《泰西新政摘要》《各国振兴记》《俄大彼得变政记》等著作一方面推荐给孙家鼐阅读，一方面呈报光绪御览。光绪接到康有为这些维新著作后，就主动找吏部尚书、官书局大臣孙家鼐咨询商议，听取孙家鼐的意见建议，孙家鼐也都实事求是地给予了某些方面的积极肯定，这对光绪维新变法思想的形成发挥了积极作用。

三、在戊戌变法中执中不倒

（一）短命的"百日维新"。康有为、谭嗣同、梁启超等激进维新派，在翁同龢等帝党的支持下，掀起了轰轰烈烈的维新变法运动。1898年1月29日，康有为上《应诏统筹全局折》，4月又发起成立保国会，为变法维新做了直接的思想准备。1898年6月11日，光绪颁布了《明定国是诏》，这是一份指导变法的纲领性文件，从而标志了维新变法的正式开始，这一年是农历戊戌年，所以又称"戊戌变法"。在此后的百余天里，光绪皇帝根据维新派的主张，连续颁发了200多道诏书，其声势浩大，席卷全国。变法开展后，光绪被激进维新派的豪言壮语冲昏了头脑，一会儿是礼部六堂官被革职；一会儿是谭嗣同等四位军机章京顶替旧人上任；一会儿又召见了袁世凯，越级提拔他为兵部侍郎，并赋予专管练兵大权。维新派还鲁莽冒进至极,紧接着决定开懋勤殿,专预新政,企图踢开军机处,成立新的施政机关。8月初,又召见大清国甲午战争的仇敌伊藤博文,鼓吹任用其为客卿……维新派一系列过激行为,一度使朝野纷纷扰扰,人心惶惶。而保守派势力也接连受到鲁莽打击,内心更加厌恶仇视维新派,决意采取反击措施,于是纷纷向慈禧告状。变法之初,慈禧太后对变法是持支持态度的。但随着光绪对康有为激进变法思想的日益接受和放任,而且得寸进尺,这就势必触及了慈禧的政治底线。朝中大臣大部分认为变法不能触及"祖宗法制"之根本。1898年9月21日,权欲熏心的慈禧太后撕去遮羞布,终于下狠手发动了"戊戌政变",宣布第三次训政,收回皇权,光绪帝被囚至中南海瀛台,血腥镇压维新派。康有为、梁启超分别逃往法国、日本,谭嗣同、康广仁、林旭、杨深秀、杨锐、刘光第等六君子被残酷被杀,历时103天的变法宣告失败,史称"百日维新"。

(二)在帝后之争中保持独立思想和执中态度。在"戊戌变法"这场大变局中,围绕以光绪、慈禧帝后两党为中心的各派势力,上演了一场精彩的复杂的政治博弈。其一,是以康有为、梁启超为代表的,在翁同龢等大臣鼎力支持指导下的激进维新派,这是光绪帝最为信任的一股"帝党"势力,他们在政治上坚持以君主立宪制代替君主独裁制,近乎要走全盘西化的道路。其二,是以慈禧为代表的皇族顽固派和紧随其后的保守派,他们一伙是坚决反对维新变法的"后党"势力,实际上掌控着朝政大权。其三,是以李鸿章、张之洞为代表的洋务派官僚集团,他们主张只学习西方科技器物,不学西方政治制度,自有一套富国强兵之术,但又始终看慈禧脸色而见风使舵的一帮大臣。其四,是介于帝党与后党之间的执中者,既不像康、梁拥帝而反后,又不像徐桐、荣禄拥后而反帝,也不像李鸿章、张之洞等拥后求自保,如孙家鼐等具有独立思想的大臣,采取执中立场。孙家鼐作为当朝宰辅,是朝廷决策高官之一,在这种重大局势面前,他不能不表明自己的态度与立场。实际上,孙家鼐也是十分赞同维新变法的。但是,他与康梁和洋务派都有所不同,认为变法自强应统筹全局,分别轻重缓急,逐步实施,不能操之过急,更不要伤及清王朝的政权利益。孙家鼐深知清朝腐败无能和落后挨打的道理,但他把振兴国家的希望寄托于培养效忠天子的人才,以及学习西方先进的科学技术、生产管理等方面。孙家鼐指出:"中国以礼教为建邦之本,纲常名义,万古常新。"他认为变法是乃维护清廷统治的工具,固有制度不可打破,与康有为、梁启超等维新派的主张显然不同。因而,对康梁等人的维新变法所提出的政治上要实行君主立宪,成立议会,提倡民主,崇尚民权,他是很不以为然的,甚至是反对的。主要表现在他对康有为的《孔子改制考》给予极力反对和大加抨击。孙家鼐也积极主张向欧美学习,赞成维新变法,但应该循序渐进,不能急躁冒进。他指出:"因时制宜,一切格致之书,专门之学,则又宜博采泰西所长,以诩成富强之业。""今日之时势,譬如人患痿痹而又虚弱",要对症下药,不可病急乱投医。他把维新变法寄希望于"帝后同心""君臣同心"。孙家鼐心里怀着良好的愿望,这在当时清廷内部保守势力与维新派势同水火的局面,根本是行不通的。在戊戌变法时期,对于光绪同意设立议院一事,孙家鼐也据理力谏,君臣曾有过一段著名的对话,大学士孙家鼐谏曰:"若开议院,民有权而君无权矣!"皇上曰:"朕但欲救中国耳;若能救民,则朕虽无权何碍!"孙家鼐同意变法,而又坚决维护皇权,他这一主见也很合乎后党一派的意思,所以得到慈禧太后的欣赏。在孙家鼐的开导和迫于后党的压力,结果光绪帝还是采纳了孙家鼐的建议,维新派关于设议院的主张却最终未能在百日维新的诏令中出现。直到1907 年,清廷宣布预备立宪,成立资政院,孙家鼐与满族大臣溥伦同任资政院总裁。

(三)两位帝师的不同结局。在甲午战争前,主和派孙家鼐与主战派翁同龢之间产生了思想对立。这两位师傅对光绪皇帝都能产生巨大的影响。然而,翁同龢凭借三尺不烂之舌的鼓动和翼下的众多门生、故旧,这些主战派渐渐地占据了上风,中日甲午战争终于还是爆发了,其结果中国惨败!而此时,在慈禧心底里已经记下翁同龢鼓弄光绪的这一笔罪过。慈禧对光绪师傅翁同龢在维新变法中的作用了如指掌。翁同龢在大臣们中是最为支持维新派们积极冒进的,因而得罪了慈禧,这当然不会有好果子吃。翁同龢这次又不知好歹地鼓动一帮不知天高地厚的年轻人胡来。所以,慈禧首先拿翁同龢开刀。早在光绪尚未颁布《明定国是诏》以前,慈禧就让光绪下令裁撤汉书房,把翁同龢赶出毓庆宫,使翁不能随侍于光绪皇帝的左右。在光绪二十四年四月廿七(1898 年 6 月 15 日),也就是《明定国是诏》正式颁布的第四天,正逢翁同龢的生日,慈禧太后指责翁同龢"近来办事多未允协","渐露揽权狂悖情状",迫令光绪帝下诏罢黜翁同龢的户部尚书职权,"开缺回籍",贬回了常熟老家。同年 10 月 21 日,慈禧懿再次下旨:"翁同龢着即行革职,永不叙用,交地方官严加管束,不准滋生事端,以为大臣居心险诈者戒。"戊戌维新失败了,翁氏个人的政治生涯和个人生命也走向了终结。在维新变法这场大变局中,由于孙家鼐的态度十分明确,他采取的是温和而又执中的一种态度,秉承尊礼教、守纲常、保清廷、强国家的这种儒家理念。孙家鼐这种既赞成变法革新,而又不赞成政治上革命,执中而往往又偏向保守的政治观点,以及对维新派过激冒进的思想行为不附和、不苟同,甚至采取反对的立场,所以,赢得了慈禧等保守派的赞赏得以自保。在慈禧镇压维新派的屠杀中,可怜的谭嗣同等"六君子"血洒京城;康有为、梁启超等维新派逃命他乡；而极力鼓动支持维新派的翁同龢却被革职回籍，永不叙用，并另处严加管束。到后来，洋务派领袖、北洋大臣李鸿章也因甲午惨败，后又代表清政府签订了一系列丧权辱国的条约，在国人的一片责骂声中，不久病逝。李鸿章、翁同龢、孙家鼐三位大清国的宰辅，唯有孙家鼐因执中温和的政治智慧和左右逢源的官场经验，使他既避免了被清算和追究责任的风险，还保住了官位，并且在日后得以重用。而且，在后来慈禧和皇族中欲实施废立阴谋中，经过孙家鼐的冒险力谏和苦心抗争，以及联合斗争，最终还保住了光绪的帝位。

四、力保戊戌变法的唯一成果京师大学堂

戊戌变法标志性文件《明定国是诏》不过400余字，却以四分之一的篇幅谈到了京师大学堂："京师大学堂为各行省之倡，尤应首先举办。着军机大臣、总理各国事务王大臣会同妥速议奏。"就这样，创建京师大学堂作为变法的"天字第一号工程"，正式上马。可是，时隔半月，仍不见总署大臣们有任何动作，创建京师大学堂形若一句空话。光绪皇帝怒不可遏，6月26日，他下了一道充满怒气的上谕："前因京师大学堂为各省之倡，特降谕旨，令军机大臣、总理各国事务王大臣回同议奏，即着迅速复奏，毋再迟延。倘再仍前玩愒，并不依限复奏，定即从严惩处不贷。"这下子，那些年迈的、昏聩的总署大臣才感到问题的严重性，急忙派员向鼓吹变法的康、梁求援。康有为就让梁启超参考英、美、日等国大学的章程，拟订《京师大学堂章程》。梁启超在草拟章程过程中时，曾前往早已为创办京师大学堂做出相应准备，且有丰富教育经验的老臣孙家鼐府邸躬身请教，草成后，即以总署名义上奏《筹办京师大学堂并拟学堂章程折》，当即得到光绪批准。同时，皇上任命时任吏部尚书、协办大学士的孙家鼐为管学大臣，赋予孙家鼐既担负着创建京师大学堂的重任，又肩负管理全国新式学堂的职责。所以，孙家鼐既是京师大学堂第一任校长，也是中国历史上第一位教育部长。

天有不测之风云，就在京师大学堂即将分娩前夕，9月21日，慈禧太后发动戊戌政变，守旧派卷土重来，犹如一场雹灾，将变法成果一扫而光。戊戌政变后，慈禧太后重新掌权，刚毅、徐桐等守旧派大臣，坚决要求把京师大学堂扼杀在摇篮中。在"北京尘天粪地之中，所留一线光明，独有大学堂一举而已"。而每次都是孙家鼐针锋相对，据理以争，才化险为夷。据北大史专家肖东华等在《风骨——从京师大学堂到老北大》中断言："戊戌政变发生，旧党把持朝政，新政多被废除。独京师大学堂赖孙家鼐之力得以保全。"

夏孙桐在《书孙文正公事》一文中披露，京师大学堂大难不死，"赖荣文忠（荣禄）调护"。其实，背后的推手还是孙家鼐。京师大学堂能够侥幸存活，关键因为孙家鼐面授机宜请丁韪良出面游说慈禧的亲信荣禄，而荣禄说服慈禧手下留情，以免引发国际纠纷。慈禧顾及方方面面的关系，更念及老臣孙家鼐忠心耿耿，温良厚道，办事稳妥，所以得到慈禧特许得以保护。直隶总督兼北洋大臣荣禄，严厉提出，如果查禁大学堂，将会在外国人面前丢面子。丁韪良是孙家鼐亲自聘任的西学总教习，孙家鼐在《奏筹办大学堂大概情形折》中奏报：请求皇上赏给丁韪良二品顶戴，光绪帝当即批准。孙家鼐有恩于丁韪良，并且在以后的交往中，他们相互之间结下了良好友情。无论从公从私，孙家鼐对丁韪良都有很大的影响力。京师大学堂大难不死，实属奇迹，也是维新变法保留下来的唯一成果。

戊戌变法虽然失败了，但是它的意义和影响俱在，而且维新运动并没有因之而停止。维新运动对当时社会的发展，起到了无可估量的积极推动作用，客观上大大推进了中国民主政治的进程，也加速了封建专制制度的土崩瓦解。光绪皇帝不愧为近代中国第一个效仿西方变革的开明皇帝，康有为、梁启超、谭嗣同等维新运动的领袖所树立的历史丰碑，将永远屹立在后世人们的心中！孙家鼐在戊戌变法中的重要作用及其影响也不容抹杀！

寿州公学创建记

李家景

清之末年,大厦将倾,外有列强船坚炮利,欺凌日甚;内则国事沸粥纷麻,应对乏术。沿用千百年的科举制度,已无法培养出时代所亟须的人才,国势危在旦夕。朝野有识之士莫不奔走呼号,要求进行教育制度改革,造就新型人才,救亡图存。迫于形势,光绪二十七年(1901年)清政府谕令,"废科举,兴新学",改全国书院为新式学堂,省城设大学堂或高等学堂,各府、厅、直隶州设中学堂,各州、县设小学堂。清廷的这个举措被史学界视为发展近代学校教育的开始,为其后民国时期新教育的创建和发展奠立了初步基础。

当谕令飞抵寿州之时,阖城官绅士民议论哗然,大家都盼着能有一位深孚众望之人首领其事,来打造新式学堂,造福寿州学子。就在众人百般猜测之际,寿州知州王懋勋心中却已经有了最佳人选,他就是——孙传樾。那一年,已届耳顺之年的孙传樾恰巧因母亲去世而辞官丁忧在家。

孙传樾,生于咸丰壬子年(1852年),字穉筠,光绪辛卯年(1891年)举人,是寿州孙氏在清末民初之时的重要人物,有着显赫的身份和极高的威望。他的父亲是孙家铎,进士,历任知县、同知、知府等职务;五叔孙家鼐是光绪帝师,权倾一时,名满天下;他二哥孙传槭是李翰章的女婿,李翰章曾任两广总督,是李鸿章的大哥;他的侄子孙多鑫、孙多森是中国民族工商业的创始人之一。

孙传樾曾任南陵县教谕,后因政绩卓异被提拔为署江西临江府知府,举人出身能官至知府,相当于今日大市的一把手,可知其行政能力确属不凡。而更为难能可贵的是,宦海沉浮的孙传樾能睁眼看世界,他清醒地认识到兴办实业与改革教育是民族振兴的必由之路。

1899年,寿州孙氏在上海开设中国第一家机器面粉工厂——阜丰面粉厂后,宗族之内公推孙传樾担任总董,请他把控全局。他审时度势苦心经营,不几年,"老车牌"面粉销量大升,成功夺取了洋粉的销售地盘,国产品牌一举成名。后来,也正是在孙传樾的运筹和影响之下,他的子侄辈们精诚团结,发愤图强,从面粉大王转变为金融巨子,完成了从一个官宦家族到实业家族的华丽转身。

作为孙家鼐最为器重和欣赏的侄子,孙传樆全面继承了孙家鼐关于教育改革的思路。光绪二十四年(1898年),孙家鼐以吏部尚书、协办大学士身份管理京师大学堂,出任管学大臣。他拟定京师大学堂的宗旨为"以中学为主,西学为辅;中学为体,西学为用;中学有未备者,以西学补之;中学其失传者,以西学还之"。这个宗旨的提出体现了孙家鼐的"中学为体,西学为用"的改良主义新学思想。孙传樆久聆叔叔教诲,浸染维新思想,充分认识到举办新式学堂的重要性,他提出"道无新旧,唯时则一,地无夷夏,为学则同"的教育理念,与孙家鼐新学思想可谓一脉相承。

百余年过去了,孙传樆在家乡创办的寿州公学早已毁于抗日战火,那些高瞻远瞩、得风气之先的老师,那些对新知识如饥似渴的寿州学子,也都早已作古。幸而有孙传樆亲手书写的《创建寿州公学记》石碑尚存于世,供我们反复拜读,想象斯人风范,探寻寿州新式教育的源头。

"维光绪二十有七年,岁在辛丑,天子诏州郡立学。其时拳匪构乱,乘舆西狩,朝野震动。环球欧美诸国,学校林立,人才勃兴,方以兵力称雄海上。日本一弹丸地,亦崛起东瀛,步武泰西,凌厉无前,俨为列强之一。"孙传樆文笔老辣,寥寥数语即将其时清廷举办新学的原因交代得清清楚楚。前一年(光绪二十六年,即1900年)的春季,直隶的"义和团"纵火烧毁了教堂和教徒房屋,杀了一些传教士和信徒,慈禧太后认为"拳民忠贞,神术可用",允许"义和团"进驻北京,义和团遂进攻天津租界,最终引发八国联军入侵。8月中旬,八国联军占领北京全城,慈禧及皇室仓皇出逃至西安,天下震惊。神州之内生灵涂炭,国势衰微,而欧美诸国以及近邻日本却超前的强大,虎视于国门之外,中华民族危矣!

但是国内那些由科举制度所培育出来的士大夫及乡绅,日日以经义词章夸夸其谈,没有人能够揆文奋武,"经邦本而御侵凌"。更有甚者,"日抱其俗学以赉咨涕洟,唯恐其或失坠落"。国事糜烂,却又万马齐喑,可悲可恨!目睹于此,孙传樆更加坚定地认为国家要想强大起来,必须由变革教育制度始。所以他大声疾呼:"然则居今日而欲图自强,恢远略,以与列强相角逐,舍学奚自!"因此,当知州王懋勋亲临孙宅请其创办新学的时候,孙传樆便一口答应下来。他决意亲自创办寿州公学,培养新型人才以救亡图存。

对于寿州公学的学子们,孙传樆有着深切期望。他说:"我淮之重于天下久矣。二三父老,其昭子弟奋其英毅卓荦、强悍有为之气,而复进之以学问,饫以诗书。举凡中外所尚,欧美所专者,一一切究而凌驾之,而非仅以规仿模拟为事。然后吾学足以自立,则庶乎大有造于中土,而声闻之远,将不徒为一乡一邑光矣。"他鼓励学子们勇于探究古今中外的优秀文化,不能停留在简单的模仿层面,必须由熟练掌握而超越凌驾,由自立而自强。这一观点可谓真见卓识,放之于今日,仍有发人深省之用。

"命下之日,荆州王公懋勋适牧吾邑,首以学事见访,且捐廉为倡。时櫆方在籍,因得所藉手。以甲辰三月经始,逾年而工成。凡为楼三十楹,屋百余间。"孙传櫆于此处行文过于简略,以致有人误以为寿州公学始创时只有小学堂且是光绪乙巳年(1905年)才创建的。这是一种错误的认识,笔者愿意结合史料略谈一二。

清末学堂有官立、公立和私立三种。官立学堂是以官费所办的学堂;公立学堂是地方绅士创办的,其常年经费多以捐款为主的学堂;私立学堂是个人出资或以收费、祠堂田产收入为常年经费的学堂。清廷下诏办学时要求,直隶州设中学堂,(非直隶)州与县设小学堂。寿州非直隶州,按理只应该设置小学堂。但是相关研究者却忽略了孙传櫆的特殊身份。他的叔叔孙家鼐于晚清之际长期掌管全国教育,主持了一系列教育改革。孙传櫆继承了孙家鼐的教育思想且富于财资,其志向岂能仅是建立小学堂?

事实上,寿州公学自1901年创办之始就设有中学和高小两部。1990年出版的《辛亥革命安徽资料汇编》即有相关记载。该书第107页记载道:"寿州公学,光绪二十七年(1901年)开办,校址系就循理书院改建。将旧有楼房五楹,平房若干间,完全毁去,另建楼三十楹,及其他房屋百余间。并设中学高小两部",稍后还有记载"公立中学,光绪三十二年(1906年)开办。就书院改建,堂舍整齐,布置如意,自修室寝室俱透空气"。再参阅其他史料,我们就可以捋清脉络:寿州公学创办于1901年,始设有中学和高小两部,其后由于寿州城乡私立小学堂发展迅猛,如1903年孙多森创办私立阜财高等学堂,1904年孙毓筠办蒙养初等学堂等等,孙传櫆便着力打造中学部,1905年完工的新建筑即为公立中学扩大招生所建。所以,寿县一中于2016年举办115周年校庆,是合乎史实、有理有据的。

孙传櫆在《创建寿州公学记》一文的结尾处写道:"学成,走告邑父母暨邦人士,张饮而落之,颜曰寿州公学。盖谓非一手足之烈,实合众建而成,公学云者,亦以成众志也。"孙传櫆谓公学新楼之建成乃是众人之力,却也是实情。1906年所立的《寿州公学捐款题名记》将若干捐施者姓名镌刻于石,其中更有记载"政务院大臣、文渊阁大学士"州人孙家鼐"捐银一千两"赞襄寿州公学一事,充分体现了孙家鼐关注教育事业、维新救国的一贯精神。

等到寿州公学正常运转以后,不计功名的孙传櫆便抽身隐退了。他把公学转交给其他人继续办理,自己则前去天津和儿子孙多巘一起居住。其后,1909年孙家鼐去世,孙传楧亲自撰写《寿州孙文正公年谱》一卷,刊行于世。晚年的孙传楧曾捐赠一半家产去维修曲阜孔庙,自己亲董其事,就在工程即将竣工的时候,殚精竭虑的他与世长辞,享年72岁。

斯人已逝,余香犹存。孙传楧一手创建的寿州公学,是江淮之间乃至整个安徽省近现代学校教育的开端,是穿透千古黑夜的第一缕曙光。

近事存档

安徽省第一面党旗纪念园

刘 倩　赵兵杰

革命老区寿县小甸镇位于瓦埠湖东南岸,1923年冬,安徽最早建立的党支部——中国共产党小甸集特别支部就诞生在这里。特支直属党中央领导。历史的风风雨雨没有磨灭先烈们的功绩,曾经发生在这里的丰功伟绩让人们记忆犹新。

参观小甸集特支纪念馆

90年后,安徽第一面党旗纪念园于2013年10月建成并免费向公众开放。

纪念园规划总占地面积66亩,集教育、求知、休闲于一体,是安徽省廉政教育基地、安徽省领导干部党史教育基地、安徽省爱国主义教育基地、淮南市爱国主义教育基地、淮南市红色主题旅游区之一,也是安徽省重要的红色旅游景点之一。2014年12月,纪念园被定为国家AAA级景区。景区内主要景点有中共小甸集特支纪念馆、寿县革命烈士陵园、淮上中学补习社和安徽第一面党旗纪念园广场。

小甸集特支纪念馆。1923年冬，寿县小甸集召开党员会议，成立安徽第一个党组织——中共寿县小甸集特支，特支书记曹蕴真，特支直属党中央领导。小甸集特支纪念馆于2013年竣工，建筑风格为四合院式仿古建筑，总建筑面积540平方米。纪念馆内采用文物、历史照片、声像资料、蜡像、雕塑、绘画、油画等形式反映历史情节、展示历史人物和特支成立前后所发生的重大历史事件，2016年被上级列为免费开放场馆。

寿县革命烈士陵园。由北伐名将曹渊之子曹云屏（广州市政府原秘书长）发起倡议并筹资（县财政配套）兴建。陵园始建于1993年，园内烈士纪念塔高23米（寓意1923年小甸集特支成立时间），纪念塔连同附属建筑共占地4488平方米，纪念塔以东有130座烈士墓。陵园烈士事迹陈列室陈列着革命烈士的照片及其光辉事迹。

淮上中学补习社。淮上中学补习社由上海大学组织派遣的党员胡允恭和凤台的吴云等6人于1924年暑期在小甸集曹小郢子开办，并建立淮上中学补习社党支部，直属党中央领导。补习社复建工程于2013年竣工，总建筑面积150平方米。室内通过实物、雕塑、图片等形式再现白色统治下一群热血青年追求革命真理的火红场景。

安徽第一面党旗纪念园广场。广场占地18亩，一期工程于2013年10月完成。广场中心地段与陵园内的革命烈士纪念塔在一个中轴线上，广场东侧顶端矗立着一块刻有"安徽第一面党旗纪念园"字样的巨型石雕，广场上建有党旗雕塑、文化浮雕墙。为了更好地弘扬红色文化，传承特支精神，展示历史人物事迹、展现特支成立前后所发生的重大历史事件，按照一期规划内容，现已建成纪念园主题雕塑、浮雕墙、灯光音箱监控系统、休闲凉亭、花架等，成为广大游客和当地居民观光、休闲的好去处。

小甸集特支不仅创造了彪炳千秋、名垂后世的光辉历史，还为我们继往开来、勇往直前提供了不竭动力，必将永远激励老区人民开创更加美好的未来。

曹渊故居

刘 倩 赵兵杰

曹渊故居纪念馆即曹氏"一门三烈士"故居，位于寿县小甸镇以北 3 余华里曹家岗，主要包括曹渊父母、曹渊二哥曹少修、曹渊侄儿曹云露的住所及其他生产、生活设施。故居始建于辛亥革命时期。1913 年，曹少修参与讨袁失败后，曹家遭通缉被抄家，房舍被毁，家人四处逃难，无以为家，且殃及邻里，遭受埋怨。村外菜地有茅屋两间，父亲曹守身权且安身于此。后来，加盖两间草屋，即定居于此。1923 年，在北面盖了四间新屋，这年曹渊在此结婚。1943 年，日寇占领小甸后，拆毁四间房屋，将木料拿去修炮楼。从 1913 年讨袁之役起至解放后 19 年止，故居在中国民主革命的烽烟中存世约半个世纪，成为寿县人民革命斗争宝贵的历史印记，永载史册。

一、曹渊故居复建背景

曹渊，字溥泉，1902 年 2 月出生，幼年曾随激进的民主主义革命者张树侯读书，受革命思想启蒙。"五四"运动后，他到芜湖读书，与薛卓汉等寿县青年学生组织"爱社"，进行革命宣传活动。1924 年，曹渊考入黄埔军校，结业前加入中国共产党，历任学兵连党代表、国民革命军连长、叶挺独立团一营营长等职。他参加第一、第二次东征、平叛和北伐战争。战争中他身先士卒，不怕牺牲，英勇机智，屡建战功。在攻打武昌的战役中，曹渊血染疆场，壮烈牺牲，年仅 25 岁。毛泽东曾夸赞

曹渊

曹渊烈士"对革命有过卓越的贡献"。周恩来在1927年3月19日给曹渊之子曹云屏的信中写道:"曹渊同志为谋国家之独立、人民之解放而英勇地牺牲了。这是非常光荣的。我全党同志,对曹渊同志这种英勇牺牲精神,表示无限的敬意。"

曹云露,曹渊烈士侄儿,1910年生,1924年在淮上中学补习社加入中国共产主义青年团,1928年加入中国共产党。1931年寿县"瓦埠暴动"后诞生了一支工农红军。曹云露领导的游击队在与敌斗争中不断壮大,逐渐发展成为游击师。1937年春夏间,曹云露赴革命圣地延安学习。1938年安徽工委成立,他任工委书记,组建皖北抗日游击队。1939年曹云露在湖北浠水被国民党反动派杀害,牺牲时年仅29岁。

曹少修,曹渊烈士二哥,早年参加淮上军,1913年讨袁之役,起兵参与讨袁,失败后遭通缉,1924年在淮上中学补习社入党。土地革命战争、抗日战争和解放战争时期,他长期坚持对敌斗争,在寿县即将解放前夕被国民党反动派杀害。他是三烈士中参加革命最早、牺牲最晚的烈士。

二、故居复建内容

曹渊故居陈列内容包括祖父母、曹少修、曹渊、曹云露住所及客厅、堂屋、厨房、磨坊、牛屋、更楼等场景还原。房屋建筑主体工程已竣工,布展大纲已评审,待招标施工。

曹渊故居全景图(图片提供:王晓珂)

1. 在原曹家旧址基础上,原址恢复曹渊故居(亦三烈士故居),故居再现曹渊故居原貌。故居呈四合院状,共11间,500平方米左右。

2. 庭院以绿植为主,辅以石桌、凳,供游客休息、休闲。曹渊之子曹云屏在《曹门三烈士故居纪事》记载:"故居前面的一排是老宅,后面一排新屋,之间是很大的院子,紧靠老宅有三棵高大的椿树,东边的围墙内是一棵比椿树还要大的桑树,就这样四棵偌大的大树树荫,也只能遮蔽院子空间的一半。在院子西边的围墙内有一棵木瓜树,树上结的木瓜,很香,秋后收摘下来放在室内,散发阵阵清香。木瓜树旁有一棵松树,据说都是父亲生前所栽。"

3. 再现故居布局、陈设原貌。故居北边一排房间客厅按原状布置条桌、方桌、椅、凳等,墙壁按照民国年代家庭的特色悬挂字、画等,卧室按照原貌陈设床、柜、桌、凳等家具。

其余房间以展示曹渊(三烈士)以及曹广化、曹定国将军生平事迹为核心,以照片、物品、雕塑、蜡像、沙盘等为展示手段,融入现代高科技,再现武昌战役的壮烈场面,强化展示效果。

故居南边靠近水塘的一排房间作为民俗文化展示,通过实物收集,展示小甸集古镇人民在食、宿、行、穿、用等方面的生活特色,特别是乡土田园风情的展示。

4. 更楼。更楼类似炮楼,是农家自卫的建筑,是独间两层,扶木梯而上,可瞭望村内四周,在房屋的东北角,有小门通往院内。

5. 叶挺拴马石。1939年的一天,叶挺、张云逸等领导奉命来到江北,在军务繁忙,斗争复杂、紧张的情况下,抽空来到曹家岗,慰问了烈士家属,当时在小甸、寿东南一带群众中,大为震动,影响深远,也大大激发了故乡青年踊跃参加新四军的热情。叶挺把友谊、事业、理想高度统一起来,这是曹渊故居的光荣。在故居外西北角树立一块铭石,上书"叶挺拴马石",以纪念叶挺将军等革命先烈的高尚情操。

"天下第一塘"迈向世界的第一步

叶超 刘扬

安丰塘,古名芍陂,位于寿县城南30公里处安丰塘镇街道东侧,始建于公元前613年至前591年间的春秋楚庄王时期,迄今已2600多年历史。资料记载,该塘为楚相孙叔敖集中民力大兴水利、发展农业和经济、富国强民屯兵屯粮所建,是蓄水型的水利灌溉工程。塘面34平方公里,灌溉67.3万亩农田。清代编纂的《淮河年表》称其为淮河流域"水利之冠",因其"纳川吐流,灌田万顷"而被民间誉为"天下第一塘"。国际灌排委确认芍陂是世界灌溉工程遗产,她因此从淠东平原的一隅走向了世界。

天下第一塘——安丰塘(图片提供:宋桂全)

历经沧桑润泽古今

芍陂(安丰塘)是中国古代最早的灌溉蓄水工程,比都江堰、郑国渠还早300多年,闻名于世。《水经注》记载:"沘水流经白芍亭,积水成湖,所以叫作芍陂。"隋朝在此设置安丰县,芍陂又称安丰塘。2600多年前,孙叔敖选择该地比较低洼的地方,筑堤拦蓄源自江淮分水岭北侧的山源河水,兴建起"陂周百十许里"的芍陂(安丰塘),下控1300多平方公里的淠东平原,其工程及治水理念和治水水平之超前,民间用"芍陂归来不看塘"赞誉。清嘉庆年间的《芍陂纪事》,系统记述芍陂工程及其文化历史。2600多年来,芍陂(安丰塘)一直支撑着区域农业、经济和社会发展,以工程水利为核心,形成了包括区域水系、农业生态、田园观光、水神祭祀、灌溉管理等内涵丰富的陂塘文化。

芍陂(安丰塘)建成后,使安丰塘一带每年稻米丰给,很快成为楚国的经济要地。楚国更加强大起来,打败了当时实力雄厚的晋国军队,楚庄王也一跃成为"春秋五霸"之一。300多年后,楚考烈王二十二年(前241年),楚国被秦国打败,考烈王便把都城迁到芍陂(安丰塘)畔的寿春,并把寿春改名为郢。这固然是出于军事上的需要,也是由于水利奠定了寿春的重要经济地位。陂塘修建上升到国家战略和国家利益,意义极其重大。

在两千多年的历史进程中,芍陂(安丰塘)的水利价值和历史价值不断互换。但它每一次兴衰都与国运昌盛、粮仓丰裕紧密相连。三国时,才华可与诸葛亮和司马懿相比的名将邓艾在安丰塘一带屯田,"增灌溉,通漕运,大获其利"。隋开皇年间,芍陂(安丰塘)放水口由5座增至36座,"鲂鱼鲅鲅归城市,粳稻纷纷载酒船"。唐、五代至宋元年间,芍陂代有兴废,因侵塘占垦等,塘面日趋缩小,到明朝末年,"一百余里之全塘,仅存数十里许"。清代,芍陂(安丰塘)得到多次治理,疏通渠道,维修水门闸,培修塘堤,改36门为28门。民国时期,连年战乱,水利失修,芍陂(安丰塘)堤坝颓废,斗门毁坏,蓄水仅1700立方米,灌溉面积不足20万亩,"蓄水之效,几已全失",芍陂(安丰塘)的价值也渐渐缩小。

新中国成立后,国家和地方先后投资投劳对安丰塘进行8次大规模治理、整修和加固。1958年,六安地区人民为了根除旱灾对皖西丘陵地区的威胁,以大别山区的5座大型水库为水源,开始兴建淠史杭灌溉工程,安丰塘被纳入其总体规划,成为灌区内最大的一座反调节水库。1958年10月,按照淠史杭灌区的规划设计,开始动工开挖淠东干渠,目的是把淠河上游佛子岭、响洪甸、磨子潭3座水库发电尾水经淠河总干渠引进淠东干渠,再直达芍陂(安丰塘),解决2000多年来安丰塘水源保证率低、泥沙淤积严重的问题。1962年,淠东干渠通水,芍陂(安丰塘)成为"藤"上的一个大瓜,正式结束了其水源枯竭的历史。1976年11月,芍陂(安丰塘)护坡工程开工,历时两冬一春,塘堤整理至25.4公里,蓄水水位由28.5米提高到29.5米,塘面虽然仍为34平方公里,但蓄水量则由5000万立方米增至8400万立方米,灌溉面积扩大到63万亩。

特别是2007年国家和地方政府投资1.02亿元对芍陂(安丰塘)进行全面除险加固,工程坚持"以人为本"的建设理念,与发展旅游、保护文物、发展养殖业相结合,芍陂(安丰塘)焕发生机,发挥了更大的灌溉效益和经济效益。今天的芍陂(安丰塘)下控12个乡镇、129个行政村,寸土斤粮,成了真正的鱼米之乡,"支渠派印千畦润,垄亩村连百室盈"。寿县入列国家商品粮生产基地县,芍陂(安丰塘)功不可没。

传承千年灌溉文明

芍陂(安丰塘)从历史深处走来有2600多年,而今从寿县走向世界只用了26个月。

2011年,时任国家水利部副部长李国英来寿县考察,他对芍陂(安丰塘)的人文历史一清二楚。在芍陂碑石处,李国英一语惊天下:"芍陂是陂塘文化的鼻祖。"他要求寿县县委、县政府:"加强芍陂古水利工程和水文化的研究,借以让更多的时人和后人研究、认识芍陂(安丰塘),发展古水利工程的历史文化传承,加强现代安丰塘的开发利用,泽被当世和后代。"

寿县对此极为重视,积极与相关部门沟通对接,多次邀请专家实地走访调研,认为从目前已公布的全球重要农业文化遗产来看,尚无水利工程灌溉的类型,芍陂(安丰塘)申报世界农业文化遗产成功后可填补这项空白。寿县县委、县政府确立了"申遗、规划、基础、产业'四驾马车'拉动芍陂(安丰塘)保护利用工作"的思路。李国英副部长的指示给古老的芍陂(安丰塘)带来无限生机,县委、县政府抓住时机,将安丰塘申报农业遗产提到议事日程。

芍陂(安丰塘)申报世界灌溉工程遗产全程参与者之一、寿县水务局副局长徐剑波说,2013年4月,他接到层层转发下来的国家灌排委一个通知,主要内容是对全国古水利工程进行调查摸底,通知中有一句"为申报世界灌溉工程遗产做准备"引起他的注意,为提升芍陂(安丰塘)知名度,把芍陂(安丰塘)推向世界,他着手准备申报材料。"芍陂(安丰塘)是陂塘文化的鼻祖,2600多年来一直持续发挥着灌溉作用,按照世界灌溉工程遗产评选标准和条件,入列应该没有问题。"徐剑波说。但是在韩国光州举行的第22届国际灌溉排水大会暨国际灌溉排水委员会(ICID)第65届国际执行理事会上,被授牌列入首批世界灌溉工程遗产名录的共有17个项目,其中包括中国的通济堰、东风堰、紫鹊界梯田和木兰陂4个项目。芍陂(安丰塘)却与首批世界灌溉工程遗产授牌"失之交臂",原因是"准备工作做得不够充分"。

世界灌溉工程遗产与世界文化遗产、世界自然遗产并称为世界遗产,申报路径是每年由各国专家委员会组织申报,经由国际专家组评审提出推荐名单,国际执行理事会投票通过后正式列入遗产名录。

芍陂(安丰塘)申报够不够条件?凭什么申报?怎么申报?寿县县委、县政府重新审视芍陂(安丰塘)历史价值、可持续灌溉工程及其科学经验,数次派人进京向专家咨询,并委托中国水利水电研究院专家编制保护规划,挖掘芍陂(安丰塘)"普遍价值",理清"无形的文化脐带",撰写申报文本。

2014年3月,寿县邀请中国文物学会世界遗产研究委员会等单位主办"寿县明清城墙暨安丰塘遗产保护研讨会",专家云集寿县,共同探讨芍陂(安丰塘)遗产保护、历史文化传承和弘古创新发展,将芍陂(安丰塘)历史定位为"中国灌溉工程鼻祖","申遗"将可使之载入全国农业文化遗产、世界灌溉工程遗产和全球重要农业文化遗产名目。

2014年6月3日,中国文物学会副会长兼秘书长张义生、水利部水科院水利史研究所所长吕娟一行应邀来寿县,研究讨论芍陂(安丰塘)申报"中国农业文化遗产"和"世界灌溉工程遗产"相关工作,按"申遗"要求加快完成研究论文集、文艺作品集、历史与现状专题片、《芍陂纪事》重印、工程模型、工程相关规划等编撰制作,并根据要求完成工程设施、环境及孙公祠的整治和修缮。

2014年9月11日,寿县在北京举办芍陂(安丰塘)及灌区农业系统保护与发展规划专家评审会。

2015年7月12日至13日,国家灌溉排水委员会组织专家组在寿县召开芍陂(安丰塘)申报世界灌溉工程遗产技术评估会。专家组对芍陂(安丰塘)灌溉工程、管理制度、文化遗存等再次进行实地考察,听取工作组技术汇报,审阅有关文字和视频材料,形成共识:芍陂(安丰塘)是中国灌溉文明的代表性工程,是世界最早的陂塘型灌溉工程之一;芍陂(安丰塘)灌区因地制宜的工程规划、系统完善的工程体系、科学有效的管理制度,保障了2600多年来农业灌溉等综合效益的持续发挥;

芍陂(安丰塘)见证了水利与区域经济、政治、社会文化发展之间的密切联系以及该区域自然、社会变迁。芍陂具有突出的历史、科技、文化价值,是可持续灌溉工程的典范,具备申报世界灌溉工程遗产的条件。

随后,申报报告被提交国际灌排委员会第66届国际执行理事会。

10月13日晚,在法国蒙彼利埃召开的国际灌排委员会第66届国际执行理事会全体会议上,寿县人民政府县长程俊华接过世界灌溉工程遗产证书。寿县芍陂(安丰塘)与浙江诸暨桔槔井灌工程、宁波的它山堰一起,被国际灌排委确认是世界灌溉工程遗产。安丰塘(芍陂)从此成为安徽省首个世界灌溉工程遗产。

芍陂(安丰塘)入列世界灌溉工程遗产对安丰塘来说,是一个重要的里程碑,必将对安丰塘保护开发起到巨大的推动作用。

探访时苗故里

高 峰

自东汉以来,"时苗留犊"的故事在寿春大地广为传诵,家喻户晓,人们建祠设巷,吟诗作赋,用各种方式纪念他,赞扬他为官清廉。唐代司仓参军李翰曾把时苗留犊的事迹写进《李氏蒙求》一书,启蒙教育后人。苏东坡过寿州时,曾到留犊池凭吊,留有《寿阳岸下》一首七绝:"街东街西翠幄成,池南池北绿钱生。幽人独来带残酒,偶听黄鹂第一声。"明代"前七子"之一王九思谪倅寿州时也有一首七律,内有"寿春县令祠前水,自古相传饮犊池"题写了这一古迹。在《寿州志》中还收有不少历代官员和地方文人对时苗清廉美名的题咏,如明代御史张蕙诗:"来官不异去官时,一犊留还饮此池。矫激声名当世感,孤高节操后人思。城连绿水堤边路,门掩清风树下祠。遗泽尚存遗像在,不须重勒岘山碑。"郡人张軏诗:"来一牛来去一牛,清风高节至今留。岘山堕泪碑犹在,南国甘棠诗尚讴。雨后池清新旧藻,祠前月白古今秋。惭无健笔追公德,独把椒浆奠一瓯。"

作为时苗为官地方的寿县人,探访时苗故里是我们的夙愿之一。

2018年7月4日,寿县政协副主席戴龙带领县文史委一行人,沿着当年时苗驾着牛车前来寿春的道路,驱车千里,抵达河北省邢台市平乡县(古钜鹿)。"千年之前的时苗就把我们牵成了亲戚。"平乡人的一句话,让我们感受到时苗故里人的热忱。在平乡县政协、县文广新局有关人员引导下,我们开始了期盼已久的探访之旅。

一、参观时苗事迹展

夏至时节的中原大地,青葱满目,一马平川。7月5日上午,我们出县城向南,沿着村村通水泥路,穿过一排排红砖平房的村庄,来到时苗故里的时村联合小学,参观在校园里设置的特色展室——时苗事迹展。展室不大,但内容丰富,形式多种,学校的讲解员张文花老师对我们说:"时苗是我们大时村人,东汉时在安徽任寿春县令,在任期间为官清廉,两袖清风,离任时留犊一事流传千古。"当得知我们是来自时苗为官的寿县时,张老师激动不已,一下子拉近了我们间的距离,大有相见恨晚之慨。她一连声地感谢寿春的那片山水培育了千古廉吏时苗,在寿县建祠留池,让他的美名代代传诵。张老师还告诉我们,我们在学校里开设这样的展室,一是让时苗故里的孩子们从小就知道家乡出了这么一个清官;二是让时苗的清廉精神走进校园,让廉政文化走进校园,以此激励时苗故乡一代又一代的人,传承时苗文化,弘扬时苗精神。参观结束后,平乡县丰州学区李殿爽校长表示:"寿县与平乡县虽然相隔千里,但因为时苗精神,两地文化密不可分,让我们继续努力,将时苗精神一代代传承下去。"

二、拜谒时苗墓

在平乡县,人们称时苗为"黄牛县令",所以他的墓被称为"牛令疙瘩"。时苗墓位于平乡县田付村乡前官庄村南,东距平乡县城3公里,西临小漳河。墓地处于农田之中,墓高2.3米,周长21米,面积45平方米,保存状况一般。当我们看到这长满蒿草的一抔黄土时,也是感慨万千。千百年来,大地上有多少辉煌的宫殿和帝

时苗墓(图片提供:王晓珂)

王将相的陵寝被已夷为平地,杳无踪影。时苗是百姓心目中的好官,"时苗留犊"也是历代执政者治理国家、教育大众的标尺,所以时苗墓1900年来仍然能保留下来。据陪同的平乡人士介绍,因为没有对墓葬进行考古发掘,故不知是否被盗。解放后,前官村的村民对墓地倍加保护,居住在大时村的时苗后代也经常前来祭祀先辈。我们前往时,正值炎热的中午,阳光炽烈地照着青葱的玉米地,照着清凌凌的小漳河水。坟墓上蒿草茂盛,蝉声一片。墓前立有一大一小两块碑石,一为平乡县人民政府1984年立的"时苗墓"县重点文物保护碑,为旧碑;一为时苗后人自行竖立的时苗和他的夫人张氏合葬墓碑,为新碑。遥想一千多年前,一介县令,因为留犊一事名动朝野,誉满天下,如今寂然于乡野,这也许就是他淡泊名利、超然物外的初衷吧。

三、故里人的爱戴

东汉献帝建安十八年(213年),时苗以孝廉任寿春县令。时家世代务农,家境并不富裕,时苗千里赴任,套上自己家的黄牛,拉着大车和全部家当,带上夫人,亲自赶车,一步一步走到任所。在寿春为官岁余,吏清政简,令行禁止,深受百姓拥戴。离任时,将自家黄牛所生牛犊留在寿春,僚属们劝说:"六畜不识父,自当随母。"时苗说:"吾来时本无此犊,犊是淮南所生有也。"遂留下牛犊,老牛旧车而归。寿春父老相候于途,攀辕卧辙,予以挽留。为怀念时苗,将黄牛饮水的池塘叫作"留犊池",明成化年间,又在池的北边建时公祠,池、祠之间所在的街巷因之名为"留犊祠巷",巷名沿用至今。

在平乡县,有关时苗的传说故事还很多。据《平乡县志》记载,时苗一生淡泊名利,当他弃官归乡后,得知乡里因为自己做官而将原来的故乡"干禾庄"改名为"官庄"时,心里很不是滋味,于是迁居村庄东边五里地外的田庄子上去居住,后来这个村子就叫成了时村。他不交宾客,不入城市,耕读度日,于正始年中病故,年七十余。时苗故去,大时村的后代们把他葬在他的出生地官庄村小漳河边。

时苗为人刚直不阿,疾恶如仇。初到任时,因扬州治所在寿春,当时蒋济为治中。时苗依照惯例前去拜见,蒋平素好酒,正碰到醉酒不能接见。时苗认为蒋济不务正事,也是无礼,愤愤而返,在衙中刻制一个木偶,题名"酒徒蒋济",且夕射之。州郡长官虽然知道此事,但因时苗为官勤政廉洁,严于律己,找不到任何过错,拿他也没有办法。后来时苗离开寿春回京城担任太官令,后又升为典农中郎将,而蒋济做到了太尉。蒋济不以时苗以前诋毁自己而怀恨时苗,时苗也不以蒋济位高权重而屈意奉承。蒋的度量与时的节操,一时传为佳话。

在时苗故里还有一个传说,表现了他的刚立不阿:在寿春待了一年多,把寿春县治理得井井有条。他看出朝廷无能,曹操专权,早晚要篡夺汉家江山。虽然是曹操派他到寿春为县令,但他心里不愿意当曹家的官,于是弃官回乡,这也是时苗在寿春仅仅为官一年多的原因。

四、南路丝弦颂清官

在平乡县探访期间,我们有幸与当地的文史专家相识,并得到他们的全程陪同讲解。初到平乡,县政协霍志民主席就将平乡的文化名人、原副县长、新编历史剧《时苗留犊》的编剧五孟保先生介绍给我们。有了时苗精神的话题,更是倍感亲切,相见恨晚。离开平乡县的前晚,我们观看了平乡地方特色戏——丝弦剧《时苗留犊》,饱享了一顿精神大餐。

板胡声声,弦腔悠扬,通过当地传统戏剧的艺术形式——南路丝弦,生动再现了东汉末年廉吏时苗留犊淮南的故事。这是一种河北省特有的颇有影响的古老剧种之一,剧中的时苗真声吐字,假声行腔,在携民抗洪,为民断案时,如怒涛奔涌,惊涛拍岸;与民同乐,节日欢宴时,如清风徐来,水波不兴。尤其是到了剧中的高潮,弃官留犊的时候,整个剧院屏声静息,鸦雀无声。只见百姓沿途挽留,攀辕卧辙,小牛犊肝肠寸断,一声哀鸣,又如瀑布直下,一泻千里。每一个观者的眼里,都饱含着激动的泪水,故乡人为平乡县出了这么一位名贯古今的清官,为这么一位为官清廉的寿春县令而骄傲、自豪。

走出剧场,夜晚的中原大地暑热渐退,清爽异常。时苗的清白、方正、耿直,在万古的星空下,更显弥足珍贵,他是我们人生中的一面镜子,历代为官者均可以此为鉴。

寿县1991年水灾及灾后恢复建设概要

赵 阳

1991年,地处淮河中游南岸的寿县遭受了百年不遇的特大洪涝灾害,全县受灾程度之深,在安徽省也属罕见。灾后,寿县迅速恢复生产,加快建设,取得了抗灾史上的重大胜利。

一、1991年洪涝灾害损失惨重

寿县由于位处江淮丘陵地区,是淮河的"洪水走廊",有"七十二水归正阳"之说,洪涝灾害频繁,被称为"水口袋"。1450年至1949年的500年间,共发生水灾

翻墙出城——1991年7月被洪水围困的县城

122次。解放后的60年间,全县发生较大型洪涝灾害22次,几乎两三年就有一次。全县50%耕地、60%的人口和70%以上的工农业总产值长期处在洪患威胁之下。1991年夏,淮河地区普降暴雨,从5月18日到7月10日,寿县降雨达到968.7毫米,是历史同期的5倍,其中6月12日至14日三天降雨424毫米,为全省同期降水量最大值,超过200年一遇。与此同时,淮河上游及大别山区洪峰迭起,寿县内湖外河水位暴涨,正阳关最高水位达26.51米,超保证水位0.51米。外洪内涝夹击,寿县古城被水围困达3个月之久。全县32个乡镇有27个乡镇受灾,成灾人口85.2万人,特重灾民41.4万人,11.5万户43.9万间房屋被毁坏,46万灾民无家可归,直接经济损失9.8亿元,其中灾民固定资产损失达2.2亿元。农业受灾最重,损失达5.5亿元,全县复种面积315.6万亩,受灾266.1万亩,绝收110万亩,受灾面积占复种面积的84%,因灾减产占预计产量的58%。全县314个乡以上工业企业有254个受灾停产或半停产,经济损失8153万元。基础设施大部分被毁,129处生产圩堤全部漫溃,水利、交通、电力、通讯、气象、文教卫等设施直接经济损失达9730万元。

二、抗洪救灾取得巨大胜利

面对严峻的灾情,寿县县委、县政府带领全县广大干部群众,全力以赴抗洪救灾。经过全县人民艰苦奋战,创造了抗灾史上的奇迹,抗洪斗争取得了决定性胜利。

一是保住了城墙和淮淠河大堤。寿县淮淠河堤防133公里,战线长,任务重。在张马淠堤、正南淮堤、寿西淮堤全部超出保证水位的情况下,由于各防汛指挥所指挥得力,有关区镇乡的高度重视,5000多名干部民工的卓绝努力,终于克服了沙基沙堤、险工险段多的不利条件,及时处理险情和隐患600多处,战胜了三次洪峰,征服了有记录以来超保证水位最高的汛情,确保了淮淠河大堤的安全,创造了奇迹。县城保护着12万人民群众的生命财产安全,城墙溃破,损失将难以估计。在县防指、城防所的精心部署下,加强了城防力量,提高警惕,严加防守,确保了城墙安然无恙。来我县视察指导的上级领导及我县人民都对保堤保城人员的成绩举手称赞。事实上,保堤保城的干部民工确实付出了极大的心血和汗水,其功绩将永垂史册。

二是保护了人民群众的生命安全。在如此巨大的雨情、汛情、灾情面前,由于各级的高度重视,采取了果断措施,积极抢险,保护了人民群众的生命安全,全县共组织了大小船只 1500 多艘（4.7 万个吨位），及时安全地转移了 40 多万灾民，使全县的防汛抢险在极其困难的条件下，没有出现大的问题，这是广大党员干部对人民群众高度负责的表现。

三是抢救了大量的国家财产。在巨大的洪涝灾害面前，广大干部职工把国家和集体利益放在首位，顽强与洪水做斗争，抢救国家财产。全县乡以上工业企业投入 2 万人，284 万元的防汛器材，共抢救了机电设备和原材料、成产品等价值 2697 万元。特别是县水产公司的干部职工，日夜奋战，以硬拼死保的精神，保住了价值 300 多万元的冷库及设备，减少了国家的重大损失。农业部门抢运良种 40 万公斤，使其免受损失。

四是维护了大局利益。在连续长期的强降雨中，上游水库、干渠超历史的泄洪，淹没了我县大片土地，广大干群毫无怨言，保护了大局。瓦埠区接到县防指调船的通知，区委、区公所连夜组织，提前送船 30 艘。隐贤镇还发动群众给外县围困群众送干粮送日用品。这种顾全大局、乐于奉献的精神值得赞扬。

五是维护了社会正常秩序。主要是维护了社会的治安秩序、交通秩序、市场秩序，使人民群众的生活、工作环境受到保护，稳定了民心，稳定了大局。

三、取得抗洪救灾胜利的原因

1991 年抗洪工作能够取得巨大胜利，最根本的原因就是有党和政府的坚强领导，有优越的社会主义制度，有人民群众的力量和智慧。

一是抗洪救灾斗争始终得到了党中央、国务院的亲切关怀和巨大支持。在寿县人民奋力抗洪救灾的关键时刻，江泽民总书记、李鹏总理、田纪云副总理等中央领导同志，先后来到寿县视察灾情，慰问灾民，指导抗灾救灾工作。7 月 7 日至 8 日，正当寿县汛情处于最紧张的时候，党中央原总书记江泽民亲临灾区视察，明确指出了"振奋精神、加强领导、团结协作、战胜灾害"的指导思想。7 月 20 日下午，国务院原总理李鹏同志乘坐直升机抵达被洪水围困的寿县县城。冒着 39 度的高温，李鹏来到城外东津村、花园村灾民住地，代表党中央、国务院，代表江泽民总书记，向受灾群众表示亲切慰问。看到灾民情绪稳定，灾区秩序安定，他对当地干部说，当前我们要解决好灾民们的吃饭、住宿、医疗三大问题。要告诉大家，困难是暂时的，有党的领导，有国家和人民的支持，有灾区群众的努力，我们一定能战胜灾害，重建家园。中央 40 多家部、委及省委、省政府对寿县的特大洪涝灾害也十分关注，主要领导纷纷亲临寿县视察灾情、慰问灾民，带来了温暖和支持，给了广大干群抗灾以巨大的鼓舞和力量。

二是各级党组织的战斗堡垒作用和党员的先锋模范作用。在这次抵御百年不遇的灾害中，寿县各级党组织经受住了考验，是坚强的战斗堡垒。各级领导班子在大灾面前，指挥有方，决策果断。广大的共产党员、国家干部，特别是领导干部，在这次大灾中表现了高度的政治觉悟。有的不顾年老体弱深入灾区，为灾民解决实际问题；有的与民工同吃同住同劳动，参加战斗，指挥战斗；有的哪里最危险就出现在哪里，置个人安危于度外；有的不怕苦不怕累，坚守岗位，日夜奋战；有的乡村干部和党员，在极其艰险的情况下，冲锋陷阵，首先抢救困难户。全县上下涌现出许多奋不顾身、可歌可泣的先进典型。

三是人民群众发挥了主力军作用。参加保堤保城抢险抗灾斗争的40多万民工，不怕牺牲，无畏无惧。他们宁愿不要小家，誓死确保大堤，日夜坚守在各自的岗位上，有的民工家庭房倒屋塌，有的不知妻儿去向，有的连续两三天饿着肚子，但仍众志成城，坚持不懈，奋力拼搏，以自己的实际行动，谱写了一曲一心跟党走，坚决夺取抗洪救灾胜利的凯歌，充分显示了人民群众是真正的英雄，是抗洪救灾的主力军。

四是人民子弟兵的无私救援。在寿县抗洪抢险进入最关键的时刻，人民解放军的一千多名官兵，日夜兼程，奔赴抗洪救灾第一线，与寿县干群同唱抗天歌。他们"视灾区为故乡，视灾民如亲人"，不怕苦，不怕累，哪里有险情哪里上。解放军除直接参加寿县的保城保堤外，还为当地灾民送来了帐篷等急需的救灾物品。人民解放军勇于拼搏的革命精神，激励全县人民的抗洪救灾斗争。

五是社会主义制度优越性的充分体现。寿县洪涝灾害发生后，全国各地人民积极支援寿县受灾人民，充分体现了社会主义制度的优越性，增强了全县人民渡过难关，战胜灾害的信心。据不完全统计，灾后寿县共收到上级拨给的救灾款700多万元，救灾粮1400万公斤，救灾煤6000多吨，接受各地捐赠、援助款1000多万元，衣物23537件，各种熟食5万公斤，捐献药品价值逾万元，帐篷300顶，还有一大批搭庵棚的毛竹、油毡、铅丝等。我县区镇乡干部职工及轻灾区群众也积极向灾区捐款捐物。

四、灾后灾民生活得到了保证

大水给寿县人民带来了灭顶之灾，全县几十万灾民无家可归，几十万灾民严重缺粮。面对困难以及即将来临的雨雪关、春节关和春荒关，县委、县政府把安排灾民生活、确保灾民安全渡过"三关"作为首要政治任务来抓,做到了"四个确保"。

一是确保灾民有饭吃。1991年6月至1992年5月,全县共发放救灾粮6833.94万公斤,保证灾民每人每天至少有1斤口粮;下拨救灾煤7010吨,安排钱煤配套款218万元,保证灾民不断炊。

二是确保灾民有衣穿。全县共发放衣物95万件,其中棉衣21万件,棉被4万床,重点是"五保"户、军烈属、特困户和"三光户",保证了灾民有过冬棉衣和过冬棉被。

三是确保灾民有房住。1991年9月底前,投资3186万元建起过冬庵棚10.6万间;同时开展建房试点,建造17处3500间两层楼房。1991年底,建成永久性房屋2.71万间,安排灾民1.44万户。

四是确保灾民有病能医。全县设立56个医疗点,组织87个医疗队和350个消毒小组深入灾区治病发药,监测疫情病情,保证灾民有稳定的情绪和足够的体力,搞好生产自救,确保了大灾之年无大疫。

五、灾后恢复和发展进展顺利

大水过后,寿县千疮百孔,百废待兴。县委、县政府号召全县人民团结起来,发扬不怕困难、顽强拼搏的抗洪精神,以大无畏的英勇气概,以满腔的建设热情,去重建美好的家园,去谱写振兴寿县的创业之歌,并提出了"一年医治创伤,两年恢复元气,三年进入发展快车道"的建设目标。

按此目标,寿县当年就打了"五场硬仗"。一是作物补种硬仗。从7月2日至8月5日,及时补种各类作物35万亩。二是秋种硬仗。战胜百日无雨的严重干旱,播种小麦90万亩,油菜67万亩,为来年午季丰收打下了基础。三是工业复产硬仗。用3个月时间,通过自力更生,使全县254个因灾停产的县办工业企业及乡镇企业全部恢复生产。四是水利冬修硬仗。从10月至来年2月用5个月时间,出工30万人,投入劳动积累工1200万个,完成土石方1100万立方米,及时修复水毁水利工程4640处。五是水毁设施恢复硬仗。及时修复水毁的教育、交通、通讯、电力、广播等方面的水毁设施,共修复和新盖校舍8000余间,使118所水毁的中小学于9月1日都按时开学。修复水毁公路313条512.3公里。架设电力线杆5283根,广播线杆5992根,供电恢复正常,广播重新接通。仅用8个月时间就基本完成了灾后恢复,医治了水灾的创伤。

此后,寿县紧紧抓住"八五"期间有利的发展机遇,立足县情,深刻反思,突出重点,加快建设,经济和社会各项事业都进入了发展的快车道。到1997年,国内生产总值由1991年的4.5亿元增加到28亿元,年递增24.8%。财政收入逐年大幅度增长,1993年甩掉"讨饭型"财政帽子,1994年消化历年赤字实现收支平衡,1995年成为亿元财政县,1998年财政收入达到2.3亿元,比1992年增长6.7倍,年递增31.6%,财政收入占国内生产总值的比例由1993年的3.7%,提高到1997年的8.2%,位列全省第14位。农民人均收入由1991年的176元增长到1998年的1782元。县级经济综合实力由全省41位上升到34位。贫困人口由1992年的65万人减少到1998年的5万人。"八五"期间,成为寿县经济发展最快、城乡面貌最好、群众得到实惠最多的时期。此间,寿县重点抓了四个方面:

一是大力开展农田水利基本建设。寿县特殊的地理环境和气候条件,使得寿县非旱即涝,十年九灾。通过1991年灾后反思,全县广大干部群众深刻认识到"兴寿之要,唯在治水"。多年来,寿县始终把治水放在十分突出的位置,每逢冬春,都要组织40万大军会战在水利冬修第一线,县乡有重点,村村有工程,户户都出力。在用工方式上创造出了"推磨转圈",在发挥综合效益上创造了"塘口经济"。几年来,寿县"书记、县长一张图、水利部门一本书、一任接着一任干",已连续多年被省、地评为水利兴修先进县。全县上下都有一个共识,那就是,水利是产出回报率最高的产业,兴修水利能够给群众带来实实在在的效益,是"富民工程""德政工程",每年都要坚持抓,一张蓝图绘到底,决不能"好了疮疤忘了疼"。据统计,从1991年至1998年,全县累计投入劳动积累工9811万个,资金9612万元,兴修各类水利工程5.49万处,完成土石方8455.9万立方米。通过兴修,我县堤防防洪标准已提高到40年一遇,有效灌溉面积增加到141.77万亩,排涝自排能力达到1890秒立方米,新增蓄水能力1.5亿立方米。

作为沿淮贫困县,寿县农田水利基本建设所需的大量资金从哪里来的呢?除群众投工投劳外,寿县开辟了三个渠道,一是如期足额征收水利四项规费;二是每亩耕地征收2斤稻谷进行集资,建立水利发展基金;三是采取"以劳代工,以工折资,以资入股,以股分利"的形式,在全县广泛兴起股份合作制兴修水利热潮。1997年全县兴修的840口当家塘,40%都是以这种形式建成的。

二是大力调整优化农业产业结构。寿县是农业大县,优势在农业,希望在农业,潜力在农业。抓住了农业,就抓住了全县发展的根本。几年来,寿县始终坚持农业的基础地位不动摇,不断总结经验教训。实践中,寿县广大干群充分体会到,只有变对抗性农业为适应性农业,遵循自然规律,坚持因地制宜的原则,才能促使农业持续健康发展。为此,寿县主要抓了三个方面,一抓大农业结构调整。种植业重在提高复种指数，变粮经二元结构为粮经三元结构；畜牧水产加大发展步伐，生猪饲养量由1991年的58万头发展到1998年的129万头，水产品捕捞量由1991年的7820吨发展到1998年的5.6万吨，林牧渔业比重达到49.3%。二抓提高农业科技含量。1991年以来，寿县先后推广10项农业新技术，并实行农业三师技术承包制度，科技对农业的贡献率达40%。三抓加快农业产业化步伐。全县现已建成优质粮、油料、席草、林果、水产、棉花、蔬菜、生猪、白鹅、蚕桑等十大商品基地，形成粮油棉、畜牧、水产、果菜、席草、茧丝绸等六大支柱产业。建成安丰油脂、板桥草席等亿元产业化龙头企业，反哺农业的能力得以增强。灾后几年，我县的农业发展势头强劲，1998年实现农业总产值28.84亿元，是1991年的6倍；粮食总产年递增8.5%，到1998年已达95万吨，与油料、水产一起，均跻身于全国百强县；畜牧生产、农机化生产等位居全省前列；林业荣获"全国造林绿化百强县"称号。

三是大力发展县乡工业。农业大县的根本出路在于找准农业与工业的最佳结合点，实现以工补农，以工促农，提高农业的工业化水平。寿县按照"主攻县乡工业，加快发展开发性农业和乡镇企业"的发展思路，实行县乡工业"一把手"工程。1992年以来寿县共投入资金3.5亿元，新上技改项目87个，扶优造舰，重工强工，县乡工业和乡镇企业快速扩张，先后建成寿春水泥、寿州化工、安丰油脂、皖西机械、棉麻工贸等5家工业集团，有7家企业进入国有大中企业行列，拥有亿元企业4家。1998年，全县实现工业总产值36.4亿元，为1991年的近10倍，年递增37%；乡镇企业实现营销收入38.9亿元，是1991年的10倍，年递增43.5%。

四是大力推进村镇康居建设步伐。寿县紧紧抓住灾后加大投入的机遇，把村镇建设放在农村奔小康的突出位置来抓，将14个重灾乡镇17个重点村列为村镇规划建设示范点。在规划上，田、林、路、渠综合考虑，做到四个结合，即与土地管理相结合，与土地调整相结合，与发展庭院经济、多种经济和乡镇企业相结合，与新农村远景建设相结合。在资金筹集上，寿县坚持"一个为主，五个一点"的办法，即群众自筹为主，互助一点、贷款一点、保险赔偿一点、国家支援一点、减免一点，到1992年底，全县灾民基本上都住上了安全、实用的住房。1992年后，寿县陆续对17个建制乡镇进行改造和完善，提高64个小集镇的建设水平，建设100个中心村，全面改造农村居住环境。到1998年底，全县已建成100户以上的康居点135个，50户以上的康居点630个，农村住房有了很大改善。1991年，寿县农村80%是草房；1998年，80%改变为永久性砖瓦房，新建住房达15.7万间6.3万户，灾后过渡性庵棚已基本消灭。与此相适应，1995年，实现了村村通电，新建和改造高压线路845.1公里；1996年，实现了村村通程控电话，电话普及率达到每百人2.31部；1998年，实现了乡乡通油路,381 个村实现晴雨通车,公路密度由 1992 年 18.4 公里/百平方公里发展为 37.7 公里/百平方公里。

寿西淮堤退建纪实

赵 阳

沿着淮河溯源而上,距国家历史文化名城寿县古城30公里处,坐落着素有"七十二水归正阳"之称的淮河名关正阳关。正阳关与寿县古城之间的这段淮河大堤,因为处于寿县西侧,便被人们习惯地称作寿西淮堤。

一

寿西淮堤全长26.6公里,位处寿县丰庄、涧沟、八公山三乡镇境内。该段河道以前弯曲狭窄,比降平缓,局部束水严重。1991年淮河大水,这里成为世人关注的焦点,当时的中央和国家领导人江泽民、李鹏、田纪云都曾亲临寿县检查灾情,指导抗洪救灾工作。大水过后,水利部淮委将其列入淮河干流整治骨干工程进行规划。1997年9月,安徽省水利水电勘测院编制完成了《寿西湖行洪堤退建及涧沟口切岗工程初步设计》文件,淮委于1998年10月23日予以批复。该工程设计总投资2.975亿元,计划工期3年。工程全面完成后,可使河床最窄处的黑泥沟段水面由270米扩大到近千米,行洪能力增加1000流量,淮河正阳关水位可因此降低0.09米,淮北大堤和沿淮工矿城市的防洪压力可大大减轻。

寿西淮堤退建工程项目主管部门为省水利厅。1998年9月15日,省水利厅成立了寿西淮堤退建工程指挥部,作为项目实施的建设单位,行使项目法人职责。11月23日,时任水利厅厅长的蔡其华同志主持召开了寿西淮堤退建工程建设协调会。会后依据统一领导、分级负责的原则,寿县人民政府成立县退建工程指挥部,组织专门力量,驻点涧沟镇顾楼村现场办公。经过大量的前期工作,1998年12月29日,省、县两级指挥部在丰庄镇涧洼段举行了寿西淮堤退建工程开工典礼,建设工作从此正式拉开战幕。

二

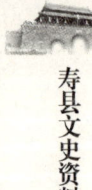

作为国债资金项目，寿西淮堤退建工程在建设管理体制上，全面实行项目法人制、招标投标制、建设监理制和合同管理制，形成了以项目法人为主体，设计、监理、施工等单位通过招标投标和履行经济合同，向项目法人提供服务的相互制约、相互协作、相互促进的项目建设管理运作机制。

根据建设项目法人责任制要求，省指挥部除负责对县指挥部的工作进行检查、督促和指导外，还直接负责涧沟口切岗、蒋圩至西李台段老堤拆除和新堤筑建、涧沟口等两座移民庄台兴建等工作；县退建指挥部主要负责西李台至项台孜段新堤填筑和老堤拆除、黑龙等5座移民庄台兴建、黑泥沟自排涵等相关附属建筑物施工管理以及退建区拆迁和移民安置等工作。为了将寿西淮堤退建建成一流工程，省、县两级指挥部在自身建设上，从建章立制入手，先后制定了各项工作制度11项，工作程序23项，目标管理63条，明确各自担负的职责，严明纪律，强化责任，使建设管理工作从一开始就纳入制度化、规范化轨道，形成了"一切围绕工程转，按照职能办，形成合力干"的良好格局，促进了工程施工和管理工作的有序开展。1999年3月10日，水利部派员深入寿县检查项目建设工作，对寿西淮堤退建工程落实"四制"、规范运作的做法给予充分肯定。

三

国债资金项目必须严格按照资金下拨进度完成工程计划。开工之初，由于天气持续阴雨，加上施工环境影响，工程进度一度受阻。省水利厅为此在寿县召开了加快国债资金项目工程施工进度协调会。县委、县政府高度重视，会后派出一名副县长坐镇指挥，带领工程、质检、迁安、治安等相关人员跟班作业，积极研究办法，加快移民迁安工作力度，加大施工力量，整顿施工秩序，及时处理施工中遇到的问题。在司法机关的大力配合下，指挥部对阻碍施工、无理闹事的不法分子予以有力打击。整个施工期间，寿西淮堤退建工程先后由公安机关依法实行行政拘留6人，司法拘留1人，批评教育48人，处理调解群体性妨碍施工事件65起，法院强制执行拆迁案件59起，确保了寿西淮堤退建工作有一个良好的施工环境。

为了赶工期，追进度，省、县两级指挥部采取倒排工期的办法，加强施工调度，力促施工按照计划顺利进行。2000年和2001年春节，寿西淮堤广大施工和管理人员没有放假,都是在工地上伴随着隆隆机声度过。大涧沟段新堤筑建要穿过数十亩芦荻丛生的水面,加上附近村组的农民要依靠芦荻收入生活,施工难度大。省指挥部组织力量深入群众中间认真开展思想教育工作,仅用两天时间就完成了征地理赔工作。随后,施工单位省水电安装总公司针对水面过宽、淤泥较深、其他车辆无法进入的实际,连夜派人回合肥调来7台挖掘机,愣是采取接力甩土的办法,十天十夜清除坝基淤泥3.8万立方米,按时按质按量完成任务,受到省指挥部的奖励。朱场段新堤筑建按照要求需要拆用老堤土,淮河汛期之前必须完成筑堤任务。县指挥部一班人不敢有丝毫的懈怠,抱着"完不成任务一起跳淮河"的决心,带领广大施工人员日夜奋战在工地上。为了加大"保险系数",中标施工单位寿州水电建筑安装工程公司还从阜阳市水利机械施工处调来13台大型机械协助施工,终于使寿西淮堤新堤建设工程于2001年4月8日全面完成,比省里要求的时间提前20多天,省水利厅为此专门发来贺电予以表扬。

四

寿西淮堤退建工程的一大特点是,严格履行施工程序。对于各项工程承包商的选择,省、县两级指挥部遵循公开、公平、公正原则,严格资质审查,通过招、投标确定。每次招标前,两级指挥部都在《中国水利报》、因特网上公开发布招标公告。整个施工期间,寿西淮堤退建工程共组织6次招标活动。经过评标委员会认真评标,安徽省水利建筑工程总公司、安徽省水利安装工程总公司、寿州水电建筑安装工程公司、六安市水利建筑工程公司、阜阳市水利机械施工处等具有二级以上资质资格的施工企业中标。施工过程中,施工单位信守合同,精心组织,合理调度,在组织结构上实行项目经理负责制度,在质量上推行全面质量管理,在工期上实行目标管理,在生产要素上实行优化配置动态管理,严格按照施工规范施工,体现了水利施工企业良好的素质和较高的管理水平。

寿西淮堤退建工程建设由安徽省水利水电工程建设监理中心承担监理任务。省监理中心为此专门成立了两个建设监理部,并选派相关专业门类、具有丰富实践经验的15名监理工程师担负监理任务。工程开工以来,监理部认真审查设计图纸和施工技术文件,督促施工单位建立健全质量保证体系,严格施工申请、审批程序,对重要工序和部位实施旁站监理;及时进行单元工程质量评定,认真组织阶段工程验收;对发生的质量问题,会同建设、设计、施工单位认真研究,及时采取相应处理措施,有效地控制了工程的施工质量。

工程质量的好坏,关键要靠施工来保证。承担寿西淮堤退建工程建设的5家施工企业,都建立了相应的质量保证体系,并在施工现场设立了项目部。项目部成立了由专职质保工程师、专职质检员和各专业技术负责人组成的质量管理领导组,制定了质量责任制、质量奖惩办法等规章制度,设立了工地实验室。为了加快工程检测速度和提高精度,县指挥部积极推广使用先进的检测设备,在全省率先购置了数台干湿度核子密度仪。

五

寿西淮堤退建工程完成后,曾经险象环生的堤坝,如今成了巍然屹立的水上长城,牢牢牵引着滔滔淮水向下游奔涌而去,直至安然送出寿县境内。2002年汛期,寿西淮堤新建工程经受住了淮河四次洪峰的考验,其中7月1日第三次洪峰流量达到5620秒立方米,水位达到24.82米,超过警戒水位1.82米。与1991年淮河大水相较,在相同流量的情况下,水位降低0.35米。在洪水面前,寿西淮堤岿然不动,没有出现大的险情,成为保护寿县人民生命财产安全最可靠的屏障。

汛期过后,为了迎接上级对寿西淮堤退建工程进行全面验收,8月中旬,省、县两级退建指挥部分别组织人力,对新建50个分部工程、913个单元工程逐一进行了检查验收。经过有关专家评定,所建工程全部优良。寿西淮堤退建工程的管理者和建设者们,实现了其将工程建成优质工程、一流工程的诺言。

六

寿西淮堤退建工程完成了,但淮河不会忘记沿淮人民为治淮所做出的无私奉献。这项工程,丰庄、涧沟、八公山三个乡镇共退出及占压土地8.5平方公里,折合耕地1.02万亩;拆迁各类房屋9918间,迁移安置人口8963人。迁安过程中,退建区广大干部群众牢固树立大局意识。1999年严冬,丰庄镇涧洼村、涧沟镇蒋庙村农民面临着一次考验,按照工程规划,新建淮堤穿过他们世代居住的村庄。为不影响施工,大伙需要立即搬迁。时值农历腊月二十五,再过几天就是一年一度的春节。怎么办?广大移民没有犹豫,愣是在4天之内完成了搬迁任务。他们说,从新中国成立后,毛主席就号召"一定要把淮河修好",现在党和政府投入这么多资金根治淮河,我们做出点牺牲,完全应该!

移民安置工作涉及面广,政策性强,是一项极其艰苦复杂的工作。为了做好这项工作，寿西淮堤退建指挥部及所在乡镇在工程开工之初，就向全体移民户发出了"致退建区人民的一封信"，提出了"退为全局，建为人民"的口号，并充分利用广播、电视和报纸等多种媒体多层次、全方面宣传退建的意义及政策，调动广大群众支持、参与治淮工作的积极性。拆迁安置过程中，指挥部的同志和镇村干部转变工作作风，"甘当婆婆嘴，不怕跑断腿"，晓之以理，动之以情，先后组织群众座谈会140多场次，广泛征求群众意见，听取群众呼声。针对群众土地退建后无地可种的现实，指挥部在省政府办公厅的帮助协调下，从寿西湖农场调整了3000亩耕地，并进行了田、林、路、渠、水、园、镇、宅、电、校、场"十位一体"综合治理，从而解决了1000人的生产生活和居住问题。涧洼小学校拆除后造成了学生"上学难"，指挥部义无反顾资助资金，在新的移民居住点建起了新的小学校。涧沟口庄台地处行洪口附近，指挥部在建设时立足高标准，庄台顶长1074米，宽100米，最大填高达8米，供电、供水设备齐全，主干道、生产路配套，路面全部进行混凝土浇筑，被前来检查的水利专家称作"目前淮河两岸质量最好、设备最齐全的庄台"。现在，退建区群众生产、生活稳定，到处呈现一派安居乐业的祥和景象。广大群众从心眼里感谢党和政府的退建政策。他们说："政府关怀暖心头，世代草房变高楼；行洪蓄洪不担忧，衣食住行满需求；水电交通都配套，学校建在俺村头；好运洪福哪里来，退建伟业记千秋。"

  利用三年时间，完成国家投资近3亿元资金的宏伟工程，在寿县史无前例。这项工程的顺利完工，充分说明了素有治水兴利传统的寿县人民，善于打硬仗，特别能战斗。他们用自己的实际行动，谱写了一曲新的治淮战歌！

忆 2003 年抗击"非典"工作

蔡传毓

2003 年 3 月,全国出现非典型性肺炎传染病,突如其来的"非典"不断蔓延,扰乱了人们正常的工作和生活秩序,人民群众出现不同程度的恐慌。面对传染性极强的"非典",如何防治和治疗,卫生系统责无旁贷地站在了第一线。在县委、县政府的正确领导下,卫生系统广大干部职工和医务工作者,发扬救死扶伤、无私奉献的人道主义精神,不畏艰险、不怕牺牲,积极做好宣传、流调、隔离观察、消毒、检疫等项工作。经过 2 个多月的艰苦奋战,圆满完成了各项工作,为取得抗击"非典"阶段性胜利做出突出贡献,得到了上级领导和社会各界的肯定和赞扬。回想起抗击"非典"的日日夜夜,至今令人难以忘怀。

突如其来的 SARS

SARS 又名非典型性肺炎,简称"非典"。该传染病的症状和体征为发热(38℃)咳嗽、呼吸加速、呼吸窘迫综合征、肺部罗音、肺突变体征,肺部不同程度呈片状、斑片状,浸润阴影或呈网状样改变。抗菌药物治疗无明显效果,传染性极强,死亡率极高。

2003 年年初,我国广东省确诊第一例"非典"病人,第二例、第三例病人也接踵而至……

时间来到了 3 月、4 月,"非典"疫情也由广东蔓延到北京、上海、河北、香港、台湾……突如其来的"非典"打乱了人们正常的工作和生活,每天各种关于"非典"的新闻铺天盖地而来。

2003 年 4 月 22 日,安徽阜阳 1 例务工返乡的民工将"非典"带到安徽。为此,寿县县委、县政府也立即组织召开抗击"非典"动员大会,部署防治工作,从而打响了我县防治"非典"的第一枪。

奋力抗击"非典"

抗击"非典"是一场人与病毒的战争,也是一场人与恐惧的战争。"非典"的日子里,大街小巷一片冷清,每个人都在小心翼翼地保护自己,远离可能与"非典"沾边的一切——那是一种与生俱来的本能。但是,我们的白衣战士却不能选择远离,他们反而要迎着危险冲锋,用血肉之躯和病魔对抗厮杀。

寿县县委、县政府在疫情伊始即组织召开防治传染性非典型肺炎工作会议,会议要求"非典"防治:力求少发生,不蔓延,不死人的目标。县政府成立了寿县"非典"防治工作指挥部,指挥部办公室设在寿县卫生局。由此,寿县历时2个多月的抗击"非典"的战役正式打响。

4月21日,寿县县委、县政府成立了以县长为组长的非典型肺炎防治工作领导小组,次日以政府办明电形式下发《关于切实做好非典型肺炎防治工作的通知》,印发了《非典型肺炎疫情防治工作方案》,成立了8个工作小组,分别负责医疗救治、宣教、安保、应急处理、督查、后勤保障和综合协调等工作,统筹各单位、各部门力量,全力做好"非典"防治工作;4月28日发文要求:认真做好防治非典型肺炎信息报送工作,要求严格执行疫情报告制度,每日实行疫情零报工作,对外出和返乡人员做好登记和医学观察。

5月3日县非防指会议通过留验站的设置建议,在我县的主要公路道口共设置留验站6处,负责对进入我县境内的所有人员进行留验观察。在东津渡、刘岗、瓦房、小甸、北关设置5个留验站,在东津渡设置出租车辆留验站。留验站由县公安、交通、卫生等部门通力协作,确定相关工作人员进驻。具体负责对进入我县的所有出租车司乘人员、客车司乘人员及疫区返回的货车司乘人员进行体温测量和健康随访,发现有发热、咳嗽等症状人员进行留验观察。各留验站实行信息日报制度,每日下午4点前将查验信息汇总报至"非典"防治指挥部办公室。

寿县卫生局在广东"非典"疫情刚开始的时候就高度关注和重视我县的"非典"防治工作,多次在防病会议中要求加强对我县流入人员"非典"疫情的监测工作。4月18日,县卫生局成立了由时任局长夏季同志担任组长和副局长徐平、高峰担任副组长的非典型肺炎预防控制领导组;明确了在"非典"防治工作中局领导的具体分工,夏季局长领导、指挥和协调全面工作,高峰副局长具体负责医疗救护、发热病人观察、疑似病人诊治等项工作,徐平副局长负责疫情应急处置及疫情的调查、核实、处理等工作;为加强我县"非典"疫情的控制工作,同时成立了寿县非典型肺炎预防控制工作专家技术指导组、寿县传染病防治医疗救治专家组、寿县传染病预防控制专家组三个专家组。4月28日下发《关于做好预防控制非典型肺炎的通知》，通知确定县医院和县中医医院设置发热门诊和隔离病房，具体负责发热病人的医学观察，同时要求各医疗卫生单位做好疫情报告、转诊救治和防病宣传等工作。

虽然我县没有出现"非典"病例，但在这场荡气回肠的抗击SARS战斗中，寿县卫生防疫站的卫生防疫战士用他们的实际行动，在寿县抗击"非典"的画卷上留下了精彩一页。

4月18日，县卫生防疫站成立疫情值班组、卫生防病小分队和专家工作指导组等组织；在没有任何外界文献可以参考的情况下，紧急制定了寿县疾控中心（卫监所）SARS应急处理预案；成立SARS预防控制领导组并设置8个专业组，负责"非典"防治指挥、疫情监测、控制指导、卫生监督、消毒管理、健康教育、医学留验等工作，明确职责、责任到人。4月21日起，寿县卫生防疫站实行"非典"防治日报告制度，宣布全站进入非常工作状态。同时购置储备大量过氧乙酸等含氯消杀药品、器具和防护用品。做好疫情处理小分队值班安排，实行24小时值班制度，两个处置小分队分别由蔡传毓、汤传好两位副站长带队，每个小分队下设三个工作组，实行轮班制，要求应急有序、忙而不乱，严守岗位，履行职责。县站每天7点30分召开"非典"防治工作例会，传达上级工作指示，研处工作问题，部署各组工作。

突如其来的"非典"，卫生部门对它的认识和治疗也十分有限，后经工程院士钟南山的指导，才有了较为明确的认识。为此，我们首先抓紧培训工作，先后多次培训了本系统专业技术人员和全县的乡医及其他管理人员，形成了一个防治网络，为全面防治工作打下了坚实基础。同时为有效地宣传"非典"预防知识、消除居民恐慌情绪，县防疫站积极筹划组织、开展各类"非典"防治宣传活动，广泛动员全社会和广大群众了解"非典"防治知识。组织11名专业人员编写《寿县预防控制SARS知识汇编》分发各乡镇1.7万册；转发省卫生厅非典办、省疾控中心印制的6种"非典"宣传画12000张，5种小册2000本；召开培训会，培训全县12家单位500余人，为县直单位、学校、人大、纪委等单位讲课6次，听课人数800余人；11名同志为县电视台录制预防"非典"专业知识，在黄金时段播出。在县城设置咨询台，接受咨询1200余人次。通过宣传，人们了解防护知识，落实防护措施，提高群众认识，有效消除恐慌。

消杀是根绝疫情的最后也是最关键的一步。在"非典"期间，县防疫站对各类宾馆、饭店、旅店、浴池、理发店、剧院、图书馆、候车室、医院候诊室等公共场所加强卫生监督管理,实行每日消毒,并贴上消毒标记,注明消毒时间,保障室内通风。做好环境卫生,保证卫生无死角。对服务人员需持健康证上岗;对入宿顾客测量体温,发热、咳嗽病人必须入院观察,同时要求各类服务人员加强个人防护,注意个人卫生。和交通部门加强联合防治工作,发放过氧乙酸等消毒液200桶,开展消毒培训10期,要求每日对县内交通工具进行消毒。

在抗击"非典"这个没有硝烟的战场上,疫情处置分队的主要任务是对每个"非典"病例或疑似病例进行流行病学调查,为最终确诊提供科学依据,为对密切接触者实施隔离观察提供详细的资料。"挖出患者传染源头,查明患者接触过的人群,斩断病毒继续传播的途径。"他们的使命艰巨而光荣。疫情如火,为及时排除"非典"传播隐患,他们往往奔波一天后,刚躺下还没合上眼,就要连夜出发,有时甚至是凌晨行动。他们需要与时间赛跑,以最快的速度进行流行病学调查。疫情处置分队从成立的那一天起,便24小时处于待命状态。疫情处置分队一般每天都要出动2—3个分队,最多时,一天要出动4个分队。在做流调时,疫情处置小队的队员们每完成一位患者的流调工作需要三四十分钟的时间,时刻都有被传染的可能。所以每次流调,他们在炎热的夏天都要穿上三层隔离服工作同时,还要依靠科学的态度和聪明的才智。一位同事回忆说:"流调进行一半的时候,密不透气的隔离衣,闷热的天气,整个人像蒸桑拿浴。浑身湿淋淋的,眼罩被热气熏得笼罩着一片雾气,看不到东西,真想一把把口罩扯下来。然而这是不可能的,我们所能做的就是忍耐、忍耐、再忍耐。"

5月4日凌晨3时10分,县防疫站接到指挥部疫情调查指示,上海市某公司施工工地有一返乡民工疑似"非典"病例,乘坐上海—南京—寿县的公共汽车返回,请协助调查的指示。接到指示后,县防疫站站长周幼贤和副站长蔡传毓亲自带领队员立刻出发,在寿县东津渡路口设点等待,县卫生局高峰、徐平两位局长也迅速到场指挥拦截工作。直至中午12点27分该汽车经过时将车辆截停。根据就近原则,将该疑似患者送往淮南市矿二院隔离留观,同时对疑似患者座位前后5排的乘客全部测量体温,在南门外中医院未启用的新址,临时隔离病房留观24小时,其余乘客留下通讯方式后,并交代相关事项后劝离,消毒组对车辆彻底消毒。2个月的时间,类似的突发事件有很多,是县防疫站的疫情处置分队用他们的血肉和智慧,在这场看不到硝烟的战场上,为我们筑起了一道抵抗病魔、保护生命、维护安定的坚固长城,他们是幕后的英雄。

在防病站夜以继日工作的同时,卫生系统绝大多数职工都吃住在单位,配合医疗工作的开展,县直各医院、卫生院担负着诊断、治疗、报病、医学观察等工作。同志们发扬不怕苦、不怕累、不怕死的精神,真正做到了舍小家为大家,涌现出了一大批先进单位和先进个人,为寿县防治"非典"起到了十分关键的作用。

时间进入 5 月中旬,"非典"疫情在全国范围内得到了有效控制,安徽省卫生厅也在 5 月 10 日宣布我省"非典"疫情现已被控制。寿县"非典"防治工作,在县政府的领导和指挥下,在县卫生局及下属县直医院、疾控中心(卫监所)、卫生院等人员的共同努力下,全县没有 1 例输入性"非典"病例,更没有本地病例发生,防治"非典"取得了阶段性的胜利。

巩固防治成果

寿县的"非典"防治工作取得阶段性胜利,"非典"防治工作从应急状态进入常规防治状态。2003 年 6 月 19 日县非防指挥部下发《关于进一步巩固"非典"防治工作的通知》,宣布暂时撤离 6 个留验站,疫情处置人员和留验站工作人员返回原单位工作并随时待命。继续做好省外返乡人员摸底登记和健康随访工作。要求思想认识不放松,监控网络不松散,报告值班制度不变,加强爱国卫生运动,一手抓"非典"防治,一手抓经济发展。2003 年 11 月 6 日,寿县人民政府寿政[2003]44 号文件下发《寿县非典型肺炎应急处理预案》进一步规范"非典"防治工作。县卫生局继续做好"非典"防治工作,要求"非典"防治要做到外松内紧,继续做好发热病人监测,医护人员要做好个人防护,广泛开展"非典"防治知识培训和宣传工作,大力开展爱国卫生运动。2003 年 11 月下发文件要求进一步做好今冬明春传染性"非典"型性肺炎的防治工作。

2004 年北京再次发生了"非典"型性肺炎病例,首例 SARS 确诊病人是从事与 SARS 病毒有关的实验室研究人员,在短短 14 天的时间里又感染了 6 例病例。这一次,我们没有让悲剧再发生,由于措施得力,疫情很快得到控制,没有再发生较大范围的传播。

几点启示

抗击"非典"是我国一次重大公共卫生安全事件,全国人民共同投入抗击 SARS 的行动之中。通过 2 个多月的艰苦奋战,我们得到了如下启示:

1. 面对突发重大事件,离不开党的坚强领导。在抗击"非典"的日日夜夜,政府各级领导不畏艰险,战斗在第一线指导工作,及时准确地、果断地做出重大决策,有力地推动了全县的防治工作。

2. 面对重大事件,要有一支素质过硬的专业队伍。防治"非典"是一项专业性很强的工作,许许多多的卫生系统的医务工作者,不畏艰险,不怕牺牲,舍小家为大家,夜以继日的投身抗击"非典"的第一线,充分展现了医务人员救死扶伤的风范。提示我们要平时多流汗,战时少流血,不断加强干部和医务人员队伍的思想和能力建设,提高专业素质,真正做到招之即来、来之能战、战之能胜。

3. 面对重大事件,离不开全社会的共同参与,各部门各单位、相互支持、相互理解、相互配合,拧成一股绳。在防治"非典"的过程中,公安、交通、民政等部门都是卫生部门的坚强支持者和密切配合者。

以上是抗击"非典"过程中,对重点工作的点点回忆。许许多多医务人员令人难以忘怀的感人事迹就不一一叙述。

2003 年九里联圩保卫战纪实

李士林

历史不会忘记 1954 年,更不会忘记 1991 年！几百万淮河儿女经受了一次又一次的大灾,而今年这场洪水,英雄的淮河儿女又承受住了新的更加严峻的历史考验。

寿县位于淮河流域的中部,北部多是淮河流域湖洼滩地。

瓦埠湖是淮河中游的一大淡水湖,湖水由东淝河入淮。淮河水位高低,直接影响瓦埠湖水位。民间有"十日晴为旱,三天雨为涝"之说。

九里联圩——古城寿春的最后一道防洪屏障,也就是拦截瓦埠湖水进入寿县城的最后一道防线。

圩堤保护着近 20 万人口,6 万亩良田,千年古城寿春镇以及正在崛起、欣欣向荣的寿县新城区和工业园田。寿县 20 多年来的改革成果大都尽在圩堤的保护之中。

面对突如其来的洪魔,担负着九里联圩主要保卫任务的寿县九龙乡四万儿女,临危不惧、众志成城、团结一心,以百倍的勇气,沉着应对洪魔的挑战,最终打赢了这场没有硝烟的战争。

一

对于中国的老百姓来说,2003 年,也许是个多灾的年份！人们刚刚送走了"非典"瘟神,又遭遇了洪水恶魔,人祸天灾接踵而至。

针对今年的汛情,寿县九龙乡党委、政府谋划在前,组织有力,早在汛期到来之前就制定了防汛抢险预案,使 7 月份"狼"真的来了的时候,全乡上下临危不乱,指挥系统运筹帷幄,实战单位井然有序……

7 月 1 日至 7 月 4 日,淮河流域连续四天的强降水,使瓦埠湖水位从 19.8 米一下子蹿到 21.52 米。7 月 2 日,九龙乡防汛指挥部下达了一号令,命令沿九里联圩

18公里防段分设四个指挥所,指挥所人员及一线民工于7月2日下午6时准时到位。

2个小时,从命令下达到人员全部到位仅仅用了2个小时。九里联圩保卫战正式拉开了序幕……

7月4日6时,九里联圩外的董圩破堤,杨脑圩全部浸水,咆哮的洪水卷着1米左右的巨浪,冲向一座座村庄,直奔九里联圩!杨脑、黄台、八里等3个行政村的21个自然村先后进水!

转移灾民,这是这个时候的首要任务。

九龙乡乡长朱新杰站在大堤上,面对眼前滚滚的洪水和群众的损失,失声痛哭起来:群众挣来这些家产不容易呀!

热土难离,家园难舍!有些上年纪的村民不肯撤离,说死也要死在自己窝里;还有的村民撤走后,心里老放心不下自己的房屋,惦念着自家将要下崽的猪、喂通了人性的狗、鸡窝下蛋的鸡……不少人又偷偷地跑回村里。县、乡、村干部苦口婆心地劝说着,嗓子喊哑了,眼熬红了,但老百姓不撤完,自己绝不能走,绝不能淹死一个人!九龙乡党委李书记面对已经撤离但又返回的村民,给他们三鞠躬:"房子倒了可以再盖,东西冲走了可以再置,可乡亲们啊,生命只有一回呀!"从董圩漫堤到溃破,短短三四个小时,九龙乡党委、政府一边组织民工在董圩上加高加固,试图确保(董圩设计承受水位21.5米,但此时水位已达到22.4米),全力以赴转移圩内的黄台、杨脑、八里三村的5000多名灾民,从7月3日凌晨2时,一直到4日早上6时20分董圩破堤,圩内的5000多名灾民全部安全转移。

就在这一天夜里,寿县县委书记李国庆、县长孟祥新也赶到了撤退现场,亲自参与做群众工作。人刚撤离,董圩破堤,洪水接踵而至,李国庆、孟祥新又坐上了冲锋舟,挨家挨户搜寻有没有未撤走的人。

一位被乡长朱新杰亲手救出的灾民说:"看到汹涌而来的大水,俺们体会到什么是洪水猛兽;看到迎着洪水而上的党员干部,俺们知道了什么是'三个代表'重要思想。"

如果说转移灾民是一场攻坚战,那么安置好灾民则同样是一场硬仗。连夜转移出来的群众都聚集在八里电站至杨脑电站3公里长的大堤上,人畜相依,无亲可投的近2000名灾民的吃、喝、拉、撒、睡、医以及社会治安问题,一个个都要解决。诸多问题的果断决策,展示了九龙乡党政一班人的指挥才能。

"不惜一切代价,动员所有人力、财力,务必在8个小时内把迁出来的所有无亲可投的灾民全部安置到位。"九龙乡党委李书记向副乡长、迁安组组长黄炜下达了死命令。

迁安组按照迁安预案,很快征集民工600人,筹集毛竹8000根、花雨布10000米。瞬间,蜿蜒的九里圩堤埂上,几百个庵棚先后升起袅袅炊烟……同时,医疗点、治安办随即建立!而负责灾民迁安工作的副乡长黄炜和乡党委委员胡洁却忙得26小时没休息,仅吃了一块方便面便坚持了一个多昼夜。

7月5日,淮河第一次洪峰到达寿县正阳关,正阳关水位达26.86米,超历史洪水记录,超保证水位0.89米。由于淮河水位顶托作用,致使瓦埠湖水位从7月4日21.86米,到7月5日12时暴涨到23.16米,超保证水位0.16米,九里联圩以外的所有生产圩堤全部漫破,九里联圩成了古城寿春的最后一道防线!

保卫古城,保卫全县政治、经济、文化中心,保卫20多年改革的丰硕成果,变成九龙乡四万儿女共同凝铸的坚强意志!

几十年的治淮,推动寿县人民年复一年地迎着烈日炎炎的酷暑,冒着凛冽刺骨的寒风,像蚂蚁啃骨头一样,一锹锹、一铲铲、一车车地推土筑坝,填山移洼,搬动了几亿土方石方,修建了高大而牢固的三大淮堤和31公里长的九里圩堤,从而为古城寿春筑起了一道坚固的"防淮圈堤"。

此时的九里联圩成了众望所归之处!一旦九里联圩失守,从防汛这个角度来说,寿县意味着"全军覆没"。同时,寿县20多年的改革成果、50多年的生产积累都将毁于一旦,全县的经济结构将发生强烈的摇撼!

这些,还不是危险的全部,更大的危险来自寿县古城本身!

如果寿县城陷于洪水中,也许会造成这一古代文化区的消失和衰落。那么,所有的后人都会指责我们这一代人!难道还有比让洪水摧垮一座祖国历史文化名城更为可怕的事吗?

寿县交警大队四楼的几间办公室,被临时改作九里联圩防汛指挥所:

"死保硬守,人在堤在。"县委副书记、九里联圩防汛指挥长李承鲁声音嘶哑,"现在,从省、市、县领导到一般群众,都要求我们确保九里联圩,如果九里联圩失守,我们愧对祖先、愧对乡亲、愧对子孙,更承担不起这个历史责任……"

在九龙乡的会议室里,乡长、乡防汛指挥长朱新杰也在主持召开着一个同样的会议:"我们九龙乡承担着九里联圩19公里堤防,决不能让九龙乡圩堤漫破……"

二

7月5日,九龙乡三线民工800余人全部上堤,100名党员突击队驻守在最险段。千名干部、群众、共产党员与汹涌的洪水展开了一场殊死搏斗。于是,一个个感人肺腑的故事,也从19公里的堤防上不断传出……

县委常委、组织部长高宗林来了。他为指挥所送来了20面党旗、100个共产党员标牌,并要求全体参加抗洪的党员干部"一个党员就是一面旗帜,一个支部就是一个堤坝,而且这个堤坝无论遇到什么狂风恶浪,永远不能被冲垮"!在高部长的亲自安排下,九龙乡防段上的四个临时党支部于7月6日宣布成立。

20面鲜艳的党旗在堤坝上迎风飘扬,为原本就已人马沸腾的九里联圩又增添了一道亮丽的风景线……

现年57岁,已有37年党龄的崔圩村支部书记吴泽善,在这次抗洪中,用实际行动谱写了一曲感人的抗天歌。7月5日晚,吴书记接到乡防汛指挥部命令,带领50名民工,连夜赶到指定防段——九里联圩八处险段之一的李家桥防段。

李家桥防段全长600米,堤身单薄,堤内外落差5米左右。为确保这一防段万无一失,县防汛指挥部命令加高加固李家桥全段堤坝。由于连日暴雨,内涝十分严重,李家桥防段背水坡水深已2米多,几公里内无处取土。吴书记当即决定,往返5公里,从本村煤场用四轮车拉土装入草袋,加高加固堤坝,一干就是20个小时,累了,就在大锹把上靠一会;饿了,啃几口方便面,喝一口压井水……

7月12日晚10时,瓦埠湖水位已达24米,超保证水位1米。10时30分,当吴泽善带人冒着倾盆大雨,踏着泥泞的道路巡堤至李家桥过路涵段时,发现有重大险情。过路涵处出现迎水坡塌方,背水坡渗水,且越渗越大,情况十分危急。面对险情,吴泽善沉着应对,一边安排人回指挥所报告险情,一边奋不顾身地跳到几米深的水中,全然忘记了自己是一位年近60岁的老人,一次又一次地潜入水下查险。同时,他还指挥堤上闻讯赶来的党员、民工装土袋、扎草龙、运沙石。凭着丰富的经验,在他的指挥下,漏水的部位迅速用土石袋压实,背水坡又做了一个围堰。奋战了5个小时,险情排除了,但吴泽善却支撑不住了,原本血压就高的他,感到胸闷头晕,瘫软在地上……

孙杨,是一个年仅24岁的乡干部、共产党员。结婚第四天,接到上堤命令,他挥手告别新婚的妻子,按时到达指定防段,一住就是45天!大概是新婚的爱妻思夫心切,一天,她带着一兜好吃的东西来到大堤上看望丈夫。在人群中,她足足有5分钟没有认出已变成了"非洲人"的丈夫。事后,她对别人说,如果不是孙杨笑着向她走来,她根本不敢相认。

九龙乡年轻的水利站站长、共产党员鲍广坤,不仅熟悉全乡水情,有着丰富的防汛经验,而且还是一位能征善战的领头兵。作为一名技术人员和共产党员,他总是哪里需要就第一时间赶到哪里，用自己所学的知识和经验，排除了一个又一个险情。

7月11晚10时，九里联圩丁家冲段一处涵闸迎水坡八字墙塌陷，大坝的另一侧有管涌的迹象。正在大坝上巡堤的鲍广坤为准确了解险情的程度，立即跳进水中，下潜到5米多深的水下找塌陷的准确地点。乡指挥所及时调集民工进行抢险。他们按照鲍广坤制定的抢险方案，对塌陷处填充稻草，压上土袋，然后又蒙上一层雨布再压上土袋。鲍广坤和民工一道找来了6米多长的木桩对塌陷处进行加固处理，就这样一直干到天亮，一身水一身泥的鲍广坤凭着自己强壮的身体和坚强的意志一直在水中浸泡着，并与洪水搏斗着。次日上午，鲍广坤和民工对该处险段再次进行加固。午后1时许，险情再次出现，蒙上雨布堤段的上口再次发生塌陷，而大坝内的管涌已经形成，浑浊的洪水从管涌处冒出。彻夜没有休息的鲍广坤再次跳进洪水中，下潜到6米多深的闸门底部，发现闸门没有完全封闭。乡指挥所及时向县指挥部报告了险情。县防汛指挥部指挥长、县长孟祥新很快赶赴现场指挥抢险。这时，接到命令的武警某部200余名官兵也奔赴险段，对管涌进行围堰加固。鲍广坤则和乡里的民工们一道用土袋封堵闸口和大坝上的塌陷，这样一干又是6个多小时。晚上7时许，一个高达5米的围堰把管涌团团围住，管涌处的浊水渐渐变清。此刻鲍广坤和大坝上所有抢险的人一样，疲惫至极的脸上露出了胜利的笑容。

杨永瑞，是一位有着30年党龄的老同志，九龙乡人大主席。在防汛期间，他负责所有防汛器材的筹集、运输和后勤保障。同志都称他是"杨总后"。"巧妇难为无米之炊"，对于一个穷乡来说，短时间要筹集那么多器材，还要确保民工有吃有住，这可难坏了老杨。为了筹足防汛器材，老杨动用了所有关系，奇迹般地把一车车沙石、一捆捆草包从旱路肩担手提，从水路大小船倒运，及时地送到每个防段。7月18日上午，老杨爱人找到乡防汛指挥部，打听老杨的下落，说老杨已有12天没跟家里联系，担心怕出什么问题。实际上，老杨的手机丢到瓦埠湖里去了，成天运送物资，又没个固定地方，怎么跟家里联系呢？

姚传新，现年56岁，共产党员，县人大副主任，九里联圩防汛副指挥，负责九龙乡境内4.5公里防段。从7月5日三线民工上堤，到8月16日二线民工撤防，整整42天，无论是大雨如注，还是烈日炎炎，姚主任坚持每天往返两次，梳篦式地检查堤坝安全。因该段全是泥路，所以巡堤只能步行，每天要在泥泞的堤坝上步行几十公里。一位民工说："大家放心好了，每天姚传新都要来给我们散两遍烟，上半夜不来散，下半夜肯定来补上……"7月11日，九里联圩丁家冲段出现大面积塌方，情况十分危急。当时走陆路已来不及了，姚传新跳上小船，命令迎风开船。当时水面风力有7级左右,浪头高达1米,一浪打来,小船顿时颠斜成45度,随时都有翻船的危险。但姚传新心里想的只是尽快赶赴出险处,处理险情,早把个人安危置之度外。

三

7月12日至15日,淮河上游再次普降暴雨,淮河第二次洪峰已经形成……

7月15日晚,县委副书记、九里联圩防汛指挥部总指挥李承鲁再次召集担负圩堤主要防护任务的九龙、寿春两乡镇主要负责人开会,李书记传达了省、市、县主要领导对确保九里联圩、确保寿县城区的一系列重要指示,同时命令九里联圩必须确保,只能确保!

就在这一天,县直机关200多名干部背着铺盖、带上锅碗来到了大堤上,与"泥腿子"一同驻防。

民工们看到平时尊贵的局长、科长此时与他们同守一个大堤,同睡一个帐篷,他们说,这才是共产党人!

夜雨潇潇,60里圩堤灯火通明!汹涌的涛声使人们心弦绷紧,不敢有丝毫懈怠!

7月16日凌晨3时,夜巡组民工发现,九里联圩高西段一穿堤建筑物出现"窜腮"险情,涌水流量约0.2立方米/秒。接到报告,九龙乡党委李书记、朱乡长带领水利站站长鲍广坤、副站长李坤火速赶往现场。已在现场处理险情的副乡长陈振元和乡纪委副书记李继成已数次潜入几米深的水中试图堵住窜腮,但没有效果。眼看涌水越来越大,这时,水利站站长鲍广坤再次冒着生命危险,潜入3米多深水下,查找窜腮部位。据鲍广坤报告,这个窜腮部位在穿堤涵的上口,不但难堵,而且由于堤内外落差大,十分危险。

乡长朱新杰立即命令驻防在高西段左右1公里内的民工留下巡堤人员,全部赶到高西涵抢险,并命令民兵抢险队、干部预备队20分钟内赶到出险地点。乡武装部部长马庆华、党委委员赵怀德分别带领民兵抢险队和干部预备队火速赶到现场。霎时间,人们从四面八方聚拢过来,分不清谁是干部,谁是群众。拉石抬沙、扎草袋、运泥土,大家都一样。

"呀,李书记,你什么时候来的?"人们发现,县委副书记李承鲁满身泥泞,也在抬土队伍中。

正在这个紧要关头,县长孟祥新带领400名武警官兵赶到了现场!

已奋战了半天,疲惫不堪的民工们看到来了亲人解放军,个个又长了精神,他们一声高喊:"与解放军们一起干!"一个个泥人又扑上去,抬土袋、打木桩……风在呐喊,雨在呼啸,人与洪水展开了一场恶战!

高庄村55岁的村委会主任鲍贵广,一连七八个小时与鲍广坤一起站在水里当"人标",水压脊背,浪击胸口,泥沙灌进鼻孔、嘴里,年轻力壮的人又能坚持多久?终于,鲍贵广昏倒在水中,双手还死死抱着木桩……

老天爷也似乎是有意刁难,越是抢险最紧张的时候,大雨竟像是往下倒似的,但经12个小时的奋战,险情排除了,太阳也出来了……

从7月16日这次抢险开始,九里联圩便进入了最难熬的30天……

7月16日以后,一方面太平洋副热带高压长时间控制安徽省,另一方面,由于淮河上游仍频降暴雨,使淮河水位长时间居高不下。这样,瓦埠湖水位持续20多天维持24米以上……

高温煮沸了楚国故土,洪水泡透了九里联圩,险情一个接一个发生……

7月26日下午4时左右,九里联圩黄台涵塌方后,堵在涵管上口的土袋被洪水冲出20多米,形势万分危急,必须尽快堵塞涵管,否则后果不堪设想……

正在九里联圩上检查防守情况的九龙乡党委李书记、朱乡长闻讯后带领300名增援民工火速赶到。乡留守的干部、民兵突击队也迅速赶来。附近的村民不分男女老幼也自发地赶来帮忙。由于水流太急,无数个装满土的草袋被捆在一起投下去立即就被冲走!村民方心菊等见土袋挡不住,主动要求把自家的门板下下来堵缺口,由于水压太大,一连冲断了七块门板也未能挡住洪水。此时,县委书记李国庆,县委副书记李承鲁,县委常委、常务副县长金德元,县人武部部长刘斌等领导先后赶到现场,并紧急调集堰口、保义两镇200名民工前来支援。

洪水仍然汹涌而下,卷起条条白龙,撞出高高水柱。见此情景,乡水利站站长鲍广坤不顾众人劝阻,冒险率先跳入水中,副乡长尚文山、宣传委员袁绪汉等人也纷纷跳入水中,摸查险情。关键时刻,人们从附近窑厂拆下两块楼板,对准漏洞,投下去,洪水终于被控制住。经过紧急会商,现场指挥李承鲁副书记,金德元副县长果断决定,从迎水坡打一月牙堤护住涵管和堤坝,从背水坡打一围堤,堵住出水口。一时间,抢险工作在坝上坝下水中紧张有序地展开,男的挖土装袋打围堤,女的则帮着扎袋口,27位村民自发地开着各式车辆轮番装运土袋,几十位民工在水中站成两排传递土袋,一袋袋土填下去,一车车土运过来。八里村村民周庆锋在出险时,从邻居家借来一辆四轮车,第一个带车赶来抢险。周寨村村民周庆永,腿被油箱烫伤,缠着编织袋,仍坚持开着三轮车,快速运送土袋。黄台村村民郑新友,年近七旬,也冲在抢险队伍的最前面,只见他抱起百十斤重的土袋,迅速地传递到水中民工的手中,一刻也不休息。当有人劝他"现在抢险的人多,你年纪大了,休息一下"时,他很朴实地笑笑,说:"我不累,这点活算什么?要不是有高血压,我早就下水了,再说也是为了保住我自己的家园。"在37℃的高温下,所有人都在挥汗如雨,默默无闻地同洪魔做斗争,渴了喝一口从附近压井里打出的凉水,没有一人叫苦叫累、偷懒耍滑。傍晚时分,九龙乡党委副书记高良华带领兴隆、周寨两村的80名增援民工也赶到一线,寿县华联超市经理带着150箱矿泉水送到大堤,献上一份真情。经过1000余人次连续9小时的艰苦奋战,险情终于被排除,肆虐的洪魔被广大群众阻挡在了堤坝之外。

7月27日,九里联圩的头号险段——玉皇叉段一穿堤建筑物再次出现窜腮。汹涌的洪水从窜腮口喷涌而出,一泻千里……

九龙乡副乡长、玉皇叉段指挥所指挥陈振元,乡纪委副书记、指挥所副指挥李继成带领驻守干部、民工手拉手跳进汹涌的洪水中,筑起了四道"人体围堰"。

接到险情报告后,刚处理完黄台段抢险的乡党委李书记深知玉皇叉段是整个堤坝最薄弱环节,且两面靠水,无处取土。李书记当即命令杨脑指挥所火速增援200名民工,必须在20分钟内赶到指定位置;命令兴隆村紧急动员100名预备队30分钟内赶到指定位置。

接到命令的乡党委副书记、杨脑指挥所指挥高良华、兴隆村支部书记顾建军立即组织人员赶赴出险地段。许多民工未来得及穿鞋穿衣,就赤着脚,光着背,跑步赶往出险地段。正在陡涧叉段组织加固堤坝的乡长朱新杰,来不及穿上救生衣,便跳上冲锋舟,风驰电掣般地驶向玉皇叉。来到出险地点,朱乡长二话没说,便跳进汹涌的洪水中,加入"人体围堰"当中。

刹那间,1000余名民工迅速会集于玉皇叉。人山人海,党旗飘扬。民工们在窜腮上下口排成了五道"人体墙"。村民从家里抱来了被套,抬来了门板……

正在这一紧急关头,县委副书记李承鲁,县委常委、常委副县长金德元再次赶赴现场。他们满头大汗,衬衣汗得能拧出水,他俩一个在上口,一个在下口,一边组织指挥,一边与民工一道抬土传袋。乡水利站站长鲍广坤、湖光村支部书记鲍广富几十次冒着生命危险潜入水中,查排险情。

经过近千名民工10个小时的奋战,窜腮的上口终于被堵住,下口又筑起了一个半圆形的防洪新堤,10个小时完成了1000多土方任务。英雄的九龙儿女再次创造了惊人的奇迹!乡党委主要负责人在现场接受记者采访时,掷地有声地承诺:"九龙人民有决心、有信心克服千难万险,确保九里联圩安全度汛。"

7月28日上午9时,九里联圩王圩段再次出现险情,再次被堵住!

7月28日下午,九里联圩杨郢段出现大面积"管涌",又再次被堵住!

7月29日、30日、31日,天天有险情……一位省报记者风趣地对乡党委的李书记说:"你们就像在演电视剧,一天一集。"

在九里联圩防汛最艰难的时刻,省委副书记王明方,省委常委、常务副省长任海深,副省长赵树丛,市长叶文成等省、市领导先后来到九里联圩!

各级领导的殷切关怀,更加坚定了九龙干群死保九里联圩的决心和信心!

四

历史不会忘记2003年,九龙人民更不会忘记2003年!笔者也亲自参与指挥了保卫九里联圩这场旷日持久、惊心动魄的战役!

在这场猝然而至的特大自然灾害面前,九龙乡4万余干部群众,经受住了苦与乐、公与私,甚至是生与死的考验,他们栉风沐雨、踏水蹈浪、奋勇抗洪的精神,激励已经搁笔多年的我决心记下这波澜壮阔、感人肺腑的一幕!

历史犹如大河之水,永远逝者如斯。但是,它在人们记忆中,留下了一幅幅或波平如镜,或回澜漩流,或浊浪排空的图画;录下了一条条或启迪人生,或激励创业的生活哲理。录下这些图画,记下这些哲理,是慰前人、启后人的善举!

庙堂伟器：寿州孔庙的前世今生

楚仁君

按照《辞海》里的注释，孔庙是祭祀孔子的祠庙。孔子（前551—前479年），春秋末期思想家、政治家、教育家、儒家创始者。孔子创立的儒学，是中国传统文化的主要组成部分，为中国、东方乃至世界文明的发展做出了重大贡献。以儒学为主体的中国文化，是人类古文化中唯一从未中断、延续至今的一种文化。中国儒学历经数千年，在中国、日本、朝鲜、越南等国家长期的封建社会里，一直被当作"唯有是从"的指导思想，成为统治阶级治国安邦和平民百姓修身立业的准则。被誉为"九流十家之首"的孔子学说，至今仍在现实生活中发挥积极作用。其创立的儒家思想和学说已走向全球，目前，全世界已设立282所孔子学院和272个孔子课堂，遍布

寿州孔庙大成殿（图片提供：王晓珂）

在亚洲、欧洲、美洲、非洲和大洋洲88个国家和地区,占总数的近40%。

孔庙作为庙堂建筑,除具有权威性和庄严性外,还是祭祀孔子或祭祀与地方学馆合一的地方。天下孔庙共有四类:第一类是曲阜孔庙,这是祭祀孔子的本庙,是分布在中国、朝鲜、日本、越南、印尼、新加坡、美国等国家及内地2000多座孔庙的范本;第二类是流落各地的孔子后裔所建的家庙;第三类是京师孔庙(北京孔庙),为中国元、明、清三朝祭祀孔子的场所;第四类是地方孔庙。前两类属于家庙,后两类属于官庙。古时立学必祀奉孔子,京师和各地的孔庙虽然被列入国家礼仪和庆典活动场所,但它们又是官府修建的庙堂与学馆合一的设施,其特点是庙堂依附于学馆之中,其功能是祭祀先圣孔子和培养地方人才。

寿州孔庙属于典型的地方性官庙,具有"庙学合一"的显著特征。寿州孔庙又称黉学、学宫、文庙,文人雅士称其为夫子庙、至圣庙、先师庙、先圣庙、文宣王庙等。《寿州志》(清光绪)记载:"寿州宫学(孔庙),唐宋并在城内东南隅,元时移建于西清淮坊。"据此可以明确,寿州孔庙唐时在城内东南角,元泰定年初移至西街今址,距今已有1100多年历史。寿州孔庙坐北向南,清代规模最大时占地2万多平方米(30多亩),占寿州古城3.65平方公里的1/180,范围包括东到今大卫巷以西、南到今县卫校以北、西至今北小长街以东、北到今黉学新村以南,原五进重院,建有万仞宫墙、训导署、仰高坊、泮宫坊、快睹坊、棂星门、奎文阁、文昌宫、儒学门、忠义祠、节孝祠、戟门、大成殿、学正署、敷教坊、明伦堂、崇圣祠、敬一亭、尊经阁等建筑30余处,规模宏大,气势雄伟,布局严整,步步深入,开朗明畅,四通八达,是一座反映儒家观念的典型古建筑,也是当时皖北地区建筑体量最大的孔庙之一。

寿州孔庙自创立以来,当地文运昌盛,人才辈出,尤以明、清两代为最盛。此后,为了祭祀孔子、尊崇儒生,奖励读书、以教启智,保持寿县文化运势的兴旺发达,当地历史上曾多次重修孔庙,把各时期寿县人民对文化的理解、对生命的理念,都凝聚在孔庙的建筑之中。元马祖常在《寿州孔子庙碑记》中曰:"孔子道大,天地日月不可象也,然古之学者入学必祀先圣先师,后世庙孔子以学春秋,天下崇祀孔子,所谓推本其始,而喻之以义也。"寿州孔庙经元、明、清三朝建设,格局多变,见于历史记载的修建、修缮就达42次。元时选址新建,并在泰定年间(1325年)安丰路扩建孔庙,使规模初具。明洪武二年(1369年),在元代孔庙旧址上重建。正德十年(1515年)知州林僖"大修明伦堂尊经阁及师生居处之所共百余间",使明代孔庙的规模基本确定。当时新建的主要建筑有明伦堂、尊经阁、进德斋、修业斋、育才斋、师生居处、饮食之所、牌坊等。到嘉靖年间,随着全国文庙的变化,寿州孔庙也有了一定厘革,建有戟门、名宦祠、乡贤祠、崇圣祠、明伦堂等建筑。清顺治六年(1649

年),"大水入城,尊经阁、敬一亭俱圮,书籍尽没",孔庙遭受较大破坏。顺治七年(1650年)、十二年(1655年)两次重修,使孔庙恢复主要功能。嘉庆末至道光初,乡绅孙氏一族组织大修孔庙,使之达到清代最大规模,改变泮池位置,新修三坊(仰高、泮宫、快睹)、文明坊、万仞宫墙,形成主体建筑群南侧的广场,又改建文昌祠为奎星楼,州学署也自学宫西北移至东侧。到民国时期,随着科举制度的废除和尊孔思想的变化,寿州孔庙的原有功能逐渐被其他功能所替代,建筑格局被破坏、占用或蚕食,孔庙建筑群东西两路的道冠古今坊、德配天地坊、敷教坊、文明坊、文笔亭、万仞宫墙、训导署等建筑基本废弃。寿县籍书法家、考古学家司徒越老先生在《寿县黉学(孔庙)历史沿革》一文中记载:"民国十余年间直到抗日战争胜利后,这里(孔庙)曾举办过'盲稚学校''职工学校''简易师范学校'等。"中华人民共和国成立后,随着寿县粮站的建立,孔庙东北部的崇圣祠、敷教坊等建筑相继被拆除,西路的忠义祠、节孝祠被改作住宅区,古建筑被翻修、拆除。"文革"时期,孔庙的棂星门和大成殿内清康熙至光绪年间历代皇帝御书的近10块匾额悉数被毁,后又因要改建西大街与城西门呈一直线,拆除了德配天地坊、道冠古今坊、文明坊、文笔亭和大照壁等建筑。至20世纪80年代,经文物部门普查,寿州孔庙建筑群中除三坊、泮池、名宦祠、乡贤祠、大成殿、明伦堂、奎光阁等清代建筑外,棂星门、敷教坊、两庑、学正署等附属建筑毁灭殆尽,面积锐减至不到原来的三分之一,古建筑物数量亦不及原来的一半。

"东边日出西边雨,道是无晴却有晴。"伴随着新世纪的曙光,寿州孔庙迎来了柳暗花明的春天。2001年,寿县县委、县政府把重修寿州孔庙、恢复历史风貌工作列入重要议事日程,先后组织人员赴山东曲阜、江苏南京和本省的桐城、蒙城等地考察搜集资料。在充分考察论证、广泛征求意见的基础上,按照"修旧如旧,保持原貌"的原则,采取向上争取、市场运作、社会捐助等形式,共集资230万元,相继实施了棂星门恢复,大成殿及三坊、戟门、泮池、东西廊庑、乡贤祠、名宦祠等古建筑维修,恭塑孔子及四配塑像,设立孔子圣迹图及其礼器,恢复悬挂"万世师表"等匾额和楹联等一系列重修工程。整个工程历时三年,于2005年全部竣工,寿州孔庙"亭台重叠、殿宇恢宏、古树掩映、碧水潆洄"的圣景得以重现。2011—2012年间,寿县文物部门又投资270万元,对明伦堂进行落架大修,使明伦堂重又"上下内外整洁,辉煌焕然改色"(郑泰《重修寿州凤台县儒学记》)。全面整修开放后的寿州孔庙,与南侧的楚文化博物馆交相辉映,成为寿州古城最集中、最亮丽的风景名胜区。寿州孔庙于2013年被国务院公布为第七批全国重点文物保护单位(编号7-1051-3-349,明至清),现为AAA级国家旅游风景区、全省爱国主义教育基地、安徽省直机关摄影家协会创作基地。当地文化部门把寿州孔庙作为弘扬优秀传统文化、丰富群众文化生活的一块重要阵地，利用东廊庑建成了安徽省县级首家非物质文化遗产陈列馆，将西廊庑建成书画展览厅，经常开展书画、摄影等艺术展览。同时利用寿州孔庙浓厚的文化氛围，时常在大成殿月台前举办各种重大文化活动，还在戟门前开辟娱乐场所，满足城区中老年人文化、健身、娱乐需求，这里已成为古城区游览观光、休闲娱乐、艺术培训和进行优秀传统文化教育、爱国主义教育的重要文化荟萃之地。目前，寿县正在委托北京大学科技开发部和考古文博学院编制寿州孔庙保护规划（2016—2030），按照真实性、完整性、延续性的原则，对寿州孔庙的保护范围、保护措施、展示利用、社会调控等进行科学合理规划，为寿州孔庙编织起一张纵向到底、横向到边的"保护网"。再过几年，随着寿县文化艺术中心的建成并投入使用，原在这里办公的寿县文化馆、寿县图书馆将整体迁出，寿州孔庙建筑群将回归文物本体，继续发挥其史料作用、借鉴作用和教育作用。

寿州孔庙历经千年沧桑和时代变迁，其兴衰演变的历史，就是古寿州的一部厚重的文化史，也是中华民族灿烂文化的一部博大的文明史。研究和探索寿州孔庙悠久的历史和发展的历程，必将对我们铭记历史、展望未来，弘扬传统、传承文化，产生积极而深远的影响。

寿县"中国书法之乡"申报回顾

夏长先

寿县人民热爱艺术,尤其热爱书法艺术。宋代黄庭坚、米芾,元代赵孟頫,明代董其昌等在这里留下了数十方刻石。清代以来,在淮河流域就有"怀诗寿字定文章"的美谈。据史料记载,清代著名书法家梁巘于乾隆三十九年(1774年)应寿州知府张佩芳之邀,到寿州任循理书院山长十余年,邓石如、萧景云、姚莲府、王鲁庵、许春林等皆出其门下。这里名家辈出,孙蟠、薛鸿、孙家鼐、张树侯、柏文蔚、汪以道都十分擅长书法。改革开放以来,寿县涌现出司徒越、余国松、王家琰、春卉、刘蔚山、陈孝全、梁启忠、张煜等许多颇具影响力的书法家。

鉴于此,历届寿县县委、县政府高度重视书法艺术事业的发展,把繁荣书法艺术作为打造寿县文化品牌、推进文化强县的重要抓手。2012年初,新一届县委、县政府围绕建设"南工北旅"生态县战略全局,力争国家级第二张文化名片——中国书法之乡。

当时,中国书法家协会对各地申报"中国书法之乡"有明文规定,即《关于"中国书法之乡"推选原则和办法》。其中第二章"推选原则"第三条规定:"申报并命名'中国书法之乡'活动主要面向开展书法活动卓有成效的市、县、乡级行政单位……"第三章"推选条件"第五条规定:"申报'中国书法之乡'的地方政府应对本地书法艺术的发展具有足够的热情和高度的重视,并给予相应的政策扶持及经费支持。"第六条规定:"申报单位必须具有健全的书法组织和稳定的书法队伍,并且在本地书法活动中发挥重要作用。在人才方面应有中国书协会员若干人,省级书协会员若干人,市级书协会员若干人。"第七条规定:"申报单位应具有一定规模的书法展览场馆及书法活动场所,并且举办过连续性书法展览、赛事、书法节或与书法艺术有关联的文化活动。"第八条规定:"申报单位应当举办过全国或省、市一级书法展览、赛事或其他相关活动,在书法界具有一定的影响。"第九条规定:"申报'中国书法之乡'的地区应当具有比较广泛的群众书法基础,并且开展有本地特色的群众书法活动。有条件的地方还应建立规范有序的文化市场机制。"第十条规定:"申报单位应充分重视书法教育工作,本地区须有不同层次、不同形式的书法教学活动或相应机制,从而保证书法事业的可持续发展。"凡此种种,均已说明我县申报"中国书法之乡"的条件已经趋于成熟。

2012年3月29日,寿县县委、县政府成立申创"中国书法之乡"组委会办公室,县委办正式下发文件(办〔2012〕21号),申创"中国书法之乡"工作全面启动。时任县委副书记、县长从维德同志任"申创"组委会主任,时任县委常委、宣传部长陶良慧同志任"申创"办公室主任,办公室副主任三名分别为时任县人大财经委主任、县书协主席祝锦玉,县委宣传部副部长、县文广新局局长李延孟,文联副主席黄先舜。

5月14日,寿县申报书法之乡办公室正式办公,从全县各单位抽调来的工作人员已到位,并进行了明确分工。黄先舜同志负责全面工作,陈茂华同志负责办公室财经管理及内务,鲁克望同志负责基层分会、展览培训,林伟同志负责编辑出版,余涛同志负责舆论宣传,史秀前同志负责书法教育、书法市场,我则配合先舜主席积极撰写《"中国书法之乡"申报书》。

寿县申报书法之乡办公室设在县委大院原文明委院内,有办公室三间、小型会议室一间。办公室同时新添置了近十套办公桌椅,工作人员全部配备电脑等办公设备。

在这前后,为积极配合申创工作,县委、县政府及有关单位围绕书法(画)艺术开展了许多活动,如"寿州之春"首届诗书画歌会,并邀请寿县籍书法名家王家琰、刘蔚山、张煜、柴立梅、陈孝全、杨怀志等齐聚古城参加书法联谊活动,共商申创"中国书法之乡"大计(4月8日)。县书协邀请扬州大学艺术学院教授、硕士研究生导师、副院长贺万里及著名书法家徐正标、霍宝华等一行三人莅临寿县,与寿县书法家们进行交流(4月30日)。寿县申报"中国书法之乡"组委会办公室一行六人到"中国书法之乡"河南固始考察(5月30日)。县委、县政府在聚宏盛农庄召开全县申报"中国书法之乡"工作动员会。县委、县政府主要领导、局级机关及乡镇主要领导、书画协会法人(画院、研究会等)、县书协基层分会负责人参加了会议(6月4日)。6月16日至17日,省书协在我县开展"安徽省书法培训下基层"活动,方斌、史培刚、桂雍等为我县近百名书法骨干授课。除此之外,寿州书画院、寿州书法研究会迁入古城区留犊祠巷时公祠,并举行揭牌仪式(17日)。寿县书法家协会各基层分会分别利用乡镇综合文化站等场所揭牌或举办展览。

基层分会的成立,有力地推动了乡镇书法艺术的发展,仅在省书协举办的"第十一届书苑新人作品展"中,我县就有28人入展(7月)。

7月12日下午,寿县"中国书法之乡"申创工作调度会申创办公室会议召开,时任县委常委、宣传部长陶良慧出席。8月12日上午,省文联副主席、书记处书记吴雪,省书协副主席、秘书长王亚洲来到寿县,检查指导我县申创"中国书法之乡"工作,对寿县申创工作给予充分的肯定。此时,经过修改后的《"中国书法之乡"申报书》已正式印刷完成。26日,县委、县政府即向省书协递交《关于命名寿县为"中国书法之乡"称号的请示》(寿〔2012〕17号)。9月6日,安徽省书法家协会向中国书法协会递交我县申创相关资料。

鉴于当时国家有关"创建考评"政策的变化和我县"申创"关键节点,县委、县政府主要领导几次北上南下,与中国书法家协会有关人员进行沟通,并加强与省书协的交流,积极补差补缺。9月21日上午,县人大常委会副主任陈玉宝一行调研申创"中国书法之乡"工作。11月,由吴雪题签的《寿州书法文集》在"中国书法之乡"申创办公室全体人员的努力下付梓。

12月,《寿县书法图录》作为《"中国书法之乡"申报书》的辅助材料出版。图录共分领导关怀、组织建设、活动交流、场馆设施、教学研究、产业市场、创作成果等七个篇章,近百张照片。

2013年新年过后,在迎接中国书法家协会对我县"中国书法之乡"创建工作考察的这段时间里,我县青年书协、女子书(画)协相继成立,一大批书法家及爱好者入展国家、省、市书协举办的展览,为我县赢得了广泛的声誉。

3月23日下午,"2013年省书协主席团扩大会"在合肥召开,鉴于我县书协在书法展览、书法创作、书法教育及"中国书法之乡"申创等方面取得的成绩,寿县书法家协会被授予"安徽省优秀县(市区)书协"称号,同时受表彰的还有在全国第二届老年展获奖作者我县书家许磊。

2013年4月2日至3日,是我县"中国书法之乡"申创工作成功与否的关键。中国书协理事、中国书法名城(之乡)联谊会副会长顾亚龙、戴小京、胡崇炜等一行在寿县考察"中国书法之乡"创建工作。时任六安市委常委、宣传部长何颖,寿县"四大班子"主要领导陪同考察。在此期间,考察组一行先后参观了楚文化博物馆"翰墨流芳"展厅,观看了"墨舞寿春——寿县书法作品综合展"一、二、三展厅。在博物馆广场,现场观摩了寿县百余名书法爱好者参加的百米书法长卷创作;在县申创办,查看了书法之乡创建工作资料。考察组一行还深入实地,现场考察了寿县宾阳门书画街、寿州书画院、寿州书法研究会、寿县实验小学书法教育、县书协双桥书法分会等。

在寿县创建"中国书法之乡"工作汇报会和总结会上,县委书记、县长分别致辞，介绍了寿县县情及创建"中国书法之乡"工作开展情况。随即，考察组成员对我县申报"中国书法之乡"工作进行了认真评议。考察组一致认为，寿县具有深厚的文化底蕴和扎实的书法基础，管理措施健全，硬件设施完备，书法创作队伍实力强，书法特色鲜明，成绩突出。考察组还对寿县书法的基础教育、推广提升、场馆建设、地方法规、人员编制等方面提出了具体意见和建议，对《寿州书法文集》给予很高的赞誉。考察组认为寿县具备"中国书法之乡"所要求的条件，将建议中国书协尽快授予寿县"中国书法之乡"称号。

寿县创建"中国书法之乡"工作资料翔实，工作扎实，得到书法界一致好评。5月11日下午，《书法报》执行主编毛羽、编辑江红、张永彬一行三人在六安市书协主席杨怀志，副主席唐云洲、冯新的陪同下深入寿县开展座谈及"市县平台"选稿活动，寿县书法家协会主席祝锦玉，副主席黄先舜、史秀前，寿州书法研究会会长虞卫毅参加座谈。6月12日，《书法报·市县平台》栏以《寿县书法好声音》为题，用三个版面报道我县书法概况，并刊登作品19幅。

2013年7月20日，中国书法协会正式命名寿县为"中国书法之乡"，授牌仪式在文化馆举行。中国书协副主席、秘书长赵长青亲临授牌。寿县是我省继宿州市埇桥区之后的第二个"中国书法之乡"。

7月25日，寿县申创"中国书法之乡"组委会办公室解散，"寿县书法艺术发展中心"正式挂牌。

寿县申创"中国书法之乡"的成功，首先是得天独厚的寿县书法底蕴，其次是当时县委、县政府主要领导的高度重视。除此之外，近当代一大批寿县书法家、书法理论家为弘扬传统文化做出的贡献，也正因为有了对书法文化的敬畏者、追随者，才让书法的文脉得到延续，教育得到普及，书法艺术才有了可持续发展，这更是推动寿县书法市场繁荣的有利条件。一年多的申创，时间短，任务重，我深知这张国家级"名片"来之不易。反观当下，传统与创新、专业与业余、普及与提高、保护与破坏、理想与现实、政策与落实……还存在着许多不尽如人意之处，如何用好这块国字号"金字招牌"，值得寿县每个书法人深思！

寿县第一中学整体搬迁记

李春鸣

被誉为"淮上明珠"的寿县一中,前身是明天启二年(1622年)的循理书院,位于寿县老城区的春申坊大寺巷内。清光绪二十七年(1901年),时任学部大臣的邑人孙家鼐捐资扩建循理书院,创办寿州公学,这是寿县新式公学的开端,也是安徽省最早的中等学校。此后经岁月洗礼,历战火纷飞,直到"文革"结束,学校数易校名,几迁校址,但最终都又回到循理书院旧址。1974年,学校定名为"寿县第一中学",简称"寿县一中"。改革开放后,百年老校焕发了青春,以累累教育硕果享誉江淮两岸。1981年,学校被安徽省六安地区行政公署认定为六安地区重点中学。2000年3月被安徽省人民政府认定为安徽省示范高中。2010年,陈蓓同学获得安徽省高考文科第一名。

中共寿县县委、县人民政府深感寿县一中旧校条件简陋,校园逼仄,经多方求证,上下求索,以"保护古城,建设新城,提升名城"为纲,于2010年6月1日,对寿县一中新校区进行了测量定位,在县城东南的东津村征地330亩,筹建新校。2011年3月6日,寿县一中新校奠基,投资2.56亿元,工程分两标段,分别由浙江舜江

寿县一中老校区(图片提供:王晓珂)

建设集团有限公司、中城建第六工程局集团有限公司以 BT 形式承建。2012 年 12 月,基础工程竣工。历时不足两载,新校即告落成,融现代化、信息化于一体,呈生态化、园林化。凤栖梧桐,龙潜碧池,2013 年 2 月 24 日,寿县一中高一、高二师生率先乔迁到新校区;至 6 月初,老校区停止使用,寿县一中完成整体搬迁,移址出城。

  新的寿县一中位于新城区楚都大道以北、时苗路以南、状元路以东、瓦埠路以西,占地 264 亩,建筑面积 14 万平方米,总体规划布局的三个区域为循理书院,教学楼、图书馆和实验楼,生活区和运动场。其中,循理书院系根据《寿州志》上所载循理书院的图样而仿建,同时用寿县一中老校的孙大光先生捐资助建的"春晖楼"的名字来命名新校的图书馆,用老校的"挐云楼"和"扣星楼"两栋教学楼名来命名新校第一、第二栋教学楼,意图将寿县一中老校的文脉和精神带到新校。目前,学校拥有 86 个教学班,4000 余名学生,340 余名在职教职工,学历达标率 100%(含研究生 20 人),其中,全国模范教师 1 人,全国优秀教师 1 人,省级优秀教师 2 人,特级教师 2 人,正高级专业技术职称 1 人,高级教师 129 人,中级教师 149 人,市级学科理事 16 人,县级学科理事 34 人,省优质课一等奖获得者 10 余人,市、县级"教坛新星""教学能手"20 余人。

  寿县一中新校园内芳草吐绿,桃李灿荣,黉舍巍峨,布局合理,美轮美奂。漫步大光路,驻足劝学广场,瞻仰春晖楼,流连如登阁,听修篁鸟语,观方塘云影,雅趣盎然,令人心旷神怡。

  当下,寿县一中人缅思先贤精神,感念各界关怀,体会肩负重任,正恪遵"循理"校训,同心同德,共创新的辉煌成果,续写教育华章,以孚社会各界赞誉期望之实,以尽国家时代树人大业之责。

寿县三中迁校记

王继林

2015年9月1日，寿县三中从位于城内东大街的老校整体搬迁至现在的新校，转眼又是几年。时至秋天，整个校园里漫溢着桂花的香味，秋雨过后，草木开始发散着幽远的气息。时光匆匆，百年三中，不论新校、老校都在历练中点亮了岁月光华，站在新校的制高点上，心中荡漾着郁郁青葱，那些匆匆往来的校友成了眼前岁月的群像。

在这百年建校史上，大大小小事件不断，人事匆促，颠沛流离。家国失所，命运如寄。如今这所老校一如往昔，安静地停泊在草木幽深的庭院之中。大门两侧古乐亭构架精巧，墙体浑厚，苍苔越径，桃李满园；二道门古朴厚重，柱础润泽。立柱高悬，屋脊威严，进得大门，开局阔大，一株大银杏遮天蔽日，深秋时节，金黄的叶片纷纷落下，落在一号楼前，落在巨松的冠顶，值日生总是站在金黄之中，将落叶用扫

寿县第三中学（图片提供：宋桂全）

寻撮起,一堆一堆又屡屡不绝,在记忆的世界里营建出一道道美丽的风景。

这座"庭院"的前身就是乾隆二年(1737年)建的寿春镇总兵署。1996年版的《寿县志·军事·驻军》一节,寿县驻军历史悠久,明代有"寿州卫","清初,择要冲设营驻兵","清顺治二年(1645年),寿春营设副将1员,驻寿州","乾隆二年(1737年),改寿春营副将署为寿春镇总兵署(即镇台衙门,今为三中校址),置总兵官1员,统辖中、左、右、六安、庐州、亳州、泗州7营,隶于江南提督"。寿春镇第一任总兵就是被乾隆皇帝御题为"矍铄专阃,节镇耆英"的吴进义,《清史稿·卷三百十七·列传一百四》有记。

从乾隆二年(1737年)到光绪三十三年(1907年)的170年中,寿春镇总兵共计79人,从第一任总兵吴进义到最后一任总兵李振国,据《寿县文史资料第二辑》洪仁辅《从寿春镇总兵到皖北镇守使》一文,李振国于宣统三年闰六月初三(1911年7月28日),"在淮上军起义前潜逃"。

辛亥革命后,这座"庭院"又成了北洋政府临时的地方军事机构——皖北镇守使署驻地,遭遇过国民革命军与直鲁军阀的激战,日本鬼子三陷寿州城,直到抗战胜利,迁往乡下的寿县县立中学辗转回到寿县民众教育馆(寿县第三中学老校址)。1949年1月,寿县解放。1949年2月27日,县立中学、省立中学、简易师范三校合并,在寿县三中老校址建立皖北区公立寿县中学。新中国成立,国家百废待兴,学校更是宣传和教育阵地,寿县人民政府三任县长刘伟、董完白、赵子厚兼任皖北公立寿县中学校长,寿县人民政府第一任县长兼皖北公立寿县中学校长刘伟在同学录中写道:"1949年1月17日,是寿县划时代的一天,寿县解放了。年轻的伙伴们,集中我们的精力和时间,英勇地向壮丽的新中国的图景突击啊!"

新中国成立以来,这座280年的庭院重新焕发出勃勃生机,沐浴着党的阳光雨露茁壮成长。创业之初,方竹荪、孙骊方、顾毓禄、李应麒、黄荫庭、孙剑鸣等一大批毕业于复旦大学、武汉大学等知名学府的师长,带头回到家乡支援新中国的教育事业。春风化雨,润物无声,这所老校不负众望,人才辈出,寿县三中知名学子、科学家魏鼎文获1978年科学大会两项大奖。2014年,时为寿县三中八年级学生张经纬等同学,代表安徽参加央视《汉字听写大会》,晋级参加2014年度央视《汉字听写大会》总决赛,展现了安徽中学生的风采,寿县第三中学也给全国观众留下美好的印象。

沐浴着党的阳光雨露,寿县三中这座校园春风荡漾,草木华滋。2015年底,寿县正式划入淮南;同年9月,为改善办学环境、促进教育均衡发展,寿县第三中学整体搬迁至新城区,盛世双庆,载歌载舞。一片赤诚三尺讲台传薪火,百年名校万棵桃李沐春风。昔日的兵署,庭院深深,桃李桑槐,草木葱茏,风声、雨声,定格为青春最美最动人的记忆;崭新的校园,蓝图宏伟,不改初心,继续前进,努力、拼搏,用最好的业绩为新时代献礼。

文博非遗

关于楚晚期都城寿春的几个问题

张钟云

战国晚期楚国都城寿春的地理位置,在文献中主要有三种说法:今寿县城、城西四十里以及城西南四十里的丰庄铺。《史记·楚世家》载:(考烈王)二十二年,与诸侯共伐秦,不利而去,楚东徙都寿春,命曰郢。先秦有寿春地名,战国晚期青铜器铭文上有确切的证据,如20世纪60年代在天津征集的战国晚期楚式"寿春府"鼎。因此,人们一般都认为楚晚期郢都在寿春,即今寿县。至于文献中提及的另外两处晚期楚郢都的位置,遗址已经在淮河河堤改造工程中被全部平毁。在遗址中发现了大量商代墓葬,据说还出土了很多青铜器,应该是商周时期的遗址,从年代上已经否定了这种可能。因此,寿春城遗址位于寿县县城的说法应该是可以肯定的了。

对寿春城的研究始于20世纪80年代,当时寿县的文物工作者在调查过程中,发现寿县县城东南一带有大量的板瓦、筒瓦和一些陶器碎片以及水井等遗存,并陆续在一些基建工程中发现了重要的青铜器、金币郢爰等高等级器物。同时,在寿县城周围,即西南的双桥一带,发现了一些随葬战国晚期青铜器的墓葬,有的墓葬还存有高大封土;东边的朱家集已经发现楚幽王墓和杨公墓葬群,还有一些未知的大型封土墓葬;北边八公山也发现大量的中小型战国晚期墓葬。在这样一个大的范围内,形成了城址在中央,各等级墓地在周围的布局,这样更加肯定了现寿县城一带就是楚寿春城的位置了。

一、寿春城的考古调查、发掘和研究

尽管在寿县城东南一带发现了大量遗迹、遗物,有的学者也做了一些综合研究,但是对于寿春城的具体位置还是没有确定。在这样的情形下,1983年春,以丁邦军先生为领队的寿春城考古工作组成立,工作组将寿县东南作为工作重点,开展了大量的调查工作。同时,随着多学科研究的深入,科技手段逐渐应用于考古研究中,安徽省文物考古研究所开始了对寿县楚故城遗址有计划的考古工作。

1984年,寿县为了拓宽寿蔡公路,在东边柏家台南发现了一些铺地砖和建筑用板瓦、筒瓦。安徽省文物考古研究所立即对其进行了考古发掘,发掘面积680平方米。这里是一座建在一曲尺形台基之上的大型建筑,据记载,台基东西最长210米,南北最宽130米,残高0.8—1米;台基上的建筑面阔53.5米,进深42米,总面积2000多平方米;发现了一些排列规矩的石柱础,还有完整的排水设施、大型槽形砖和铺地砖;最能反映这座建筑物地位的是大量的凤鸟纹瓦当,这些凤鸟纹瓦当在周围其他的建筑遗迹中没有再发现。在后来的大量研究中,学者们根据这个建筑物的大小,认定它是宫殿类大型建筑。

所有这些重要的考古发现,都集中在寿县县城及东南,种种迹象表明这一带应该是战国晚期楚都寿春城的位置所在。1987年5月,寿春城城址工作组和安徽省地质研究所遥感站合作,利用1954—1980年先后成像的6套院片或卫星彩像资料对方县城东南地区进行了通感研究。经过通感专业人员的判读,绘制了1∶1万的遥感解译图,主要包括以下成果:确定了外郭城、护城河及城外相关水系和煤城内的水道系统。1988年1月,进一步采用对称四极电阻率法,在双更楼一带南城墙位置做了物探,来验证遥感考古的研判正确性。同时,通过对遥感解译图的分析,在比较清楚的"西墙""南墙"的部分区域进行了考古勘探和发掘,在南城墙葛小圩东和西墙中部确定了两个门道,进而认定南门有三个门道,在遥感解译图的北部,工作组还通过考古调查和钻探等手段,发现了29个夯土台基。通过这些工作,工作组认定战国晚期楚寿春城的位置为北纬32°31′05″—32°34′37″,东经116°45′46″—116°48′35″,整个城址呈东北—西南向,北偏东约3度,在整个城址的研究中,工作组对西墙、南墙的认定是很肯定的,东边和北边推测的成分比较大。西墙从寿县城南门向南,经马家圩、小岗上至范河南250米,残长4.85千米;南城从范河南向东经葛小圩、小刘家圩至柏家寨一带,残存3千米。"考虑到兴隆集和柏家台两处大型建筑群应包括在寿春城之内",推测寿春城东西长6.2千米、南北宽4.25千米,总面积约26.35平方千米。

二、对寿春城城墙位置的疑问

从2000年开始,寿春城的考古工作在中断了10多年后再次得以继续。由于工作负责人发生了变化,前期工作的成果和记录也无从找到,所以再开始时的工作首先是对前期工作进行梳理,重新建立工作思路和整理资料信息。

在收集整理前期资料的工作中,很幸运的是1987年的遥感解译图很完整地保存了下来,这也是重新开始工作的基础。通过对安徽省地质遥感所走访,他们对当年的遥感资料没有保存,从参与人员的回忆中也没有得到比遥感解译图更多的资料信息。因此,实地考古验证是重新开始寿春城研究的首要工作。通过几个月的调查、验证,直接的印象是城址太大。在平面上看不到任何与城墙有关的遗迹,地面起伏也很小,所谓的大型台基也很少发现,地面纵横交错的水道清晰可见。地表所能见到的遗物主要分布在县城东南,北起柏家台北,南到黄台,西自小岗上、前边井,东到淝水,但是在表面看见最多的是残瓦片,很少见到陶器等生活用具残片。寿县城内由于都是房屋建筑,不能做简单的调查,北边空地除了水塘之外,地表发现有瓦片和汉唐时期的陶瓷器残片。

经过重新调查,在地表没有看到与城墙有关的迹象,因此工作人员对城墙的具体位置有了怀疑。是由于相隔时间久远,地表经过20多年的不断改造,尤其是经过多次洪水的冲刷(寿县几乎每年都会发生轻重不一的洪涝灾害),和当年绘制遥感解译图提供的地形图有非常大的差异,导致现在在地表看不到与城墙相关的遗迹,还是原来的工作不足导致城墙位置出现了偏差?这个问题一直困扰着我们。所以城墙的查找核对成为工作重点。

从遥感解译图到现在,又经过了10多年,原来地表的参照物已经很难找到,在现场定位的时候有比较大的困难。因此必须要找到一个相对稳定的地点作为查证城墙的依据点。在小宋家台北边,是北墙自西向东穿越之处,这里还有一个水塘,据当地群众说,村子北边到水塘的地貌一直没有改变,从地图到实际地点定位应该是正确的,而且水塘到村子距离不远。因此工作人员在这里发掘了南北向的5个5米×5米的探方和一条20米×2米的探沟,发现了明清村落一处,西汉中期土坑墓3座,宋代墓葬1座。发掘区将水塘到村子的空地全部发掘完毕。如果这里如解译图所标示的那样是寿春城北墙经过的位置,发掘区应该包括了城墙的位置。令人不解的是,不仅没有战国时期的城墙基址,即使是战国时期的遗存也没有发现。

2002年,由于在小宋家台北边没有找到城墙基址,先前的结论更加使人怀疑,故对比较肯定的西墙、南墙重点进行验证。除沿西墙、南墙进行钻探外,还选择了范河南、新塘村和葛小圩西、张家圩进行了发掘。在沿西墙的钻探工作中,没有发现与城墙基槽有关的遗迹现象。所以,对原来西墙的位置怀疑就更大了。

河南是城墙的西南角,那里的地貌变化不大,经过调查,现在还可以清楚看到南北向河流,只是比先前面积要小很多,水流量也不似从前,东西向的河流已经干涸。但是槽状河床的位置还能辨别,所以这两条河流的交汇点应该就是原来城墙西南角的位置。从现在地貌分析,这两条河流是来自西南方向的河流在范河南分成的两支,就是传说中的"娘家河",是古代"娘娘"省亲开凿的运河,可能与入南护城河的大香河相连。既然西南城墙是比较确定的,那么西南角应该也没有问题,这里的河流位置也存在,所以这个位置也是不会有问题的。因此,在范河南开挖一条探沟应能找到假设存在的城墙。探沟东西向,东西长87米、宽2米,里面地层堆积只有两层,第一层为耕土,第二层为褐色黏土,包含物非常少。第二层之下为生土。第一、二层合计只有40—50厘米。在南城墙上发掘的探沟情形也基本如此。范河南偏东的新塘村南,发掘了一条南北长55米、宽2米的探沟,此处地势较高,传说这里原来有一座庙,当地称之为庙台子。这里堆积较厚,一直有包含瓷片的堆积,可能是庙宇拆除后的堆积。没有发现其他形态的堆积现象。在张家圩北,也开了一条南北长58米、宽2米的探沟,这条探沟的位置位于1989年试掘探沟以西10米左右(本来准备将原来的探沟挖开,但现在是农户的稻场,没有协商成功)。这里的地层性质和范河南也没有本质的区别,只是地层中包含物稍多。

东边由于泚河的长期冲刷,近年地表多改造成鱼塘,基本没有做考古发掘工作。

这几处探沟的堆积情况表明,原本认定的西、南、北城墙是很值得怀疑的。进一步说,楚国在江陵纪南城长期定都,纪南城面积不过16平方千米,纪南城是楚国最鼎盛的时期;而在寿县仅19年,且已是日落西山之时,从理论上说,这个26.35平方千米寿春城也是值得怀疑的。

三、蔡国下蔡位置的推定

在探讨寿春城位置的工作中,蔡国的位置是个不可回避的课题。不仅当时蔡国是楚国的附属国,文献上说的楚寿春城位置和下蔡的位置也相去不远,而且蔡国迁到下蔡的具体位置也没有弄清楚,在学术界也有不同的说法,基本上有两种:凤台说和寿县说。那么,下蔡和楚寿春城的位置是不是有某种前后承继发展关系呢?

蔡国是姬姓封国,位于江淮之间的汶水中游,早期都城在今河南省上蔡县境内。楚国崛起后,楚文王六年(前684年)伐蔡,败蔡师于莘;十年(前680年),蔡入楚,自此蔡沦为楚的附庸。公元前493年,蔡昭侯二十六年,蔡迁到当时属于吴的州来,称为下蔡。经历成侯、声侯、元侯、齐四世46年,于公元前447年为楚所灭。下蔡位置的凤台说和寿县说两种观点,凤台说主要是依据文献资料,但是对文献资料多有误解。二者主要分歧是前者将汉代的下蔡误认为即是春秋时期的下蔡。汉代的下蔡仅仅指淮北之下蔡,而春秋时期的下蔡包括淮南两岸的凤台和寿县等地,或者是更早期州来位置的误判造成的。在迄今为止的所有考古发现中,在凤台没有发现与之相关的文物遗存。因此,从考古学上说,春秋时期下蔡在凤台说是缺乏依据的。也就是说,下蔡不应该在凤台县境内。

1955年因修建水利工程,在寿县县城西门内北侧,发现了一座大型墓葬,经过发掘获得了大量的青铜器。该墓为土坑竖穴墓,平面近似正方形,长8.45米、宽7.1米、深3.35米,无墓道,无台阶,发现的遗物有将近600件,包括青铜器、玉器和骨器等,引人注目的是在这些器物中青铜器就有486件,有铭文的近70件,绝大多数是礼乐器。铜器形态种类繁多,只要在楚墓内发现的器形,在此墓中多有发现,仅铜鼎就有升鼎、乔归、汤鼎等,量、敦、缶(尊缶和盟缶)、鉴、盖豆等基本都是春秋晚期的标准器。现在比较一致的观点认为这个墓葬是蔡国君蔡昭侯之墓。蔡昭侯墓的发现,对下蔡位置的研究提供了非常有力的证据。

同时,在寿县周围尤其是寿县县城西南"西圈"一带,发现了非常多的中小型春秋墓葬。这些墓虽然不是很大,但是很多墓里都出土了青铜器和玉器等级别比较高的随葬品。很多随葬品显示的信息,尤其是一些带有蔡铭文的铜器,都表明这里应该是一处蔡国重要墓地。在北面八公山一带,1971—1973年,在珍珠泉水泥厂墓地,也发现了一些春秋时期的墓葬。1984年,在东津的一座小型墓葬中发现了"蔡"铭错金戈。1958—1959年,在淮南八公山赵家孤堆发现了两座战国早期墓葬,M1长3.4米、宽2.17米,M2长3.25米、宽2.15米。这里距离寿县城仅7.5公里。在古代都属于寿县范围,这两座墓葬发现了3件蔡侯产铭文戈,发现者认为也是蔡侯的墓葬。

所有这些与蔡国有关的墓葬都发现在淮河南岸的寿县、淮南一带,尤其以寿县县城西南地域为中心,加上为学术界所认同的蔡声侯墓就在寿县县城西门内北侧,因此,完全有理由认为,蔡国的下蔡应该就在寿县县城周围地区,当时蔡国的都城也就很可能在现在寿县城墙范围内。其实这种观点陈梦家先生在《寿县蔡侯墓出土遗物》编辑后记里早就论述过,他认为:"此地区(寿县)迭为州来、吴、蔡、楚所据之地,先后为蔡、楚的国都,更前当为殷代南方诸侯的疆域。"需要说明的是,淮南赵家孤堆两座出土"蔡侯产"铭文兵器的墓葬,它们的大小和随葬品的等级和蔡昭侯墓有很大的区别,蔡昭侯墓墓室面积有60平方米,而淮南赵家孤堆两座墓葬的大小仅仅7个多平方米,随葬品等级也差别甚大;而且凭蔡国当时的实力和传统,也不太可能将几个侯的墓葬分开这么远的距离分别埋葬。因此,笔者认为,淮南赵家孤堆两座墓葬不应该是蔡侯一级的墓葬。蔡迁都下蔡之后的其他几个侯的墓葬应该也在寿县城内,也就是蔡昭侯墓的周围,只不过由于考古工作的局限,这些墓葬还没有被发现罢了。

四、楚都寿春城位置的推定

虽然城墙位置出现了问题,或者说原来认定的城墙不复存在,但是我们对寿春城在寿县县城及其东南一带是没有怀疑的。主要基于以下几个方面:首先,在邢家庄和邱家花园一带发现的鄂君启金节、大府铜牛等青铜重器说明了这一带曾是楚国非常重要的地域。其次,在阎家圩、周家油坊等地出土大量戳印金币,非楚国高级贵族不能拥有。第三,柏家台大型建筑的存在,2001—2002年,在邢家庄北、东,通过钻探和发掘,发现了多组建筑基址,有一座稍大的建筑和柏家台建筑中轴线基本吻合,因此,柏家台、邢家庄、邱家花园一带应该是楚国都寿春后的非常重要的区域。第四,围绕寿县县城、柏家台至邱家花园分布的墓葬区:东边朱家集周围大型高级贵族墓葬、西南双桥中型贵族墓葬和北边八公山小型墓类。这些墓葬区是经过严格规划布局分布的,它们之间的中心应该是楚国晚期的政治、经济、文化中心,这个中心就是楚国郢都寿春。但是经过这么多年的考古工作,将原来确定的城墙又否定了,是不是当时楚国就没有来得及建城墙?寿县周围的自然环境还是非常不错的,北边八公山、西北边淮河、东边淝水都是天然屏障,易守难攻之所;再者,楚国从河南退守到寿县都郢至被秦灭亡仅仅19年时间,没有城墙或者没有来得及完工城墙也存在可能性。但是以列国历史看,自春秋战国以来,列国都城迄今还没有发现哪个都城或者城市没有城墙的,筑城卫君,筑郭卫民,城墙既有保护城内达官贵族安全的作用,也有等级高低区别的意义。再说,这个时期的楚国已是强弩之末了,战事连绵,具有防卫作用的城墙应该是它首先考虑的防御工事,因此,没有城墙的寿春城是不太可能的。那么是否因为寿县历史上经常发生大的洪涝灾害,经过无数次洪水的冲刷,在地表已经看不到城墙了?这种可能也应该不存在。正因为寿县经常发生大的洪水灾害,当地非常重视兴修水利,每年都会兴修水利工程或者加固一些已经存在的水利工程。为保卫生命财产安全,只要有可能阻挡洪水的高地等建筑形态都会得以完好保留。寿县城人口非常多,现存南宋嘉定七年(1214年)后重修的城墙已经严重阻碍城市的发展,但是由于这个城墙具有很好的防洪作用,不仅得到了很好的保护,而且每年都会进行加固维修。

那么寿春城的城墙在什么位置?应该把目光转向已经有的南宋城墙,对这个城墙的研究应该对寿春城城墙的研究具有很好的指导作用。

现在所见到的寿县古城墙,从城墙中镶嵌的部分铭砖分析,一般认为是南宋嘉定七年重修后的。但是这个城墙的始建年代,好像没有学者研究过。从文献看,寿县城的历史可以追溯到下蔡和州来。学术界根据文献记载,对州来、下蔡都城地理位置有凤台地和寿县地两说。但无论怎么样,基本同意下蔡是在州来基础上发展而来的,它们在地理位置上有前后承接关系,楚都寿春是在蔡国的基础上发展而来的。陈梦家先生在《寿县蔡侯墓出土遗物》编辑后记里写道:此地区选为州来、吴、蔡、楚所据之地,先后为蔡、楚的国都。既然认为它们是在同一地点先后建立起来的都城,那么只要找到一个,其他的城也就找到了。1955年5月,在寿县西门内侧北发现的蔡侯墓,现在一致同意是蔡昭侯墓。在寿县城西南一带,当地称之为"西圈",包括马家圩、陶家圩、杨圩等几个圩子,这里曾经发现了春秋中晚期的各种类型墓葬,但多数已经被盗。稍大的墓葬出土有很多青铜车马器,有的墓葬还发现有青铜器残件,说明它们是春秋晚期比较高级贵族的墓葬,西圈就是蔡国的墓葬区。城北八公山区也有春秋晚期墓葬发现,在现珍珠泉水泥厂工地就发掘过一些春秋墓葬。1958年和1959年在淮南八公山赵家孤堆发掘了两座墓葬。其中一座墓葬有的学者认为是蔡声侯墓,虽然不能确定墓葬的主人是否就是蔡声侯,但是通过铭文考释,这两座墓葬应该是蔡国贵族的墓葬。与后来在东津渡西发现的出土蔡侯铭文戈的墓葬以及在史家圩发现的两件铜方壶,这些墓葬和城内的蔡侯墓相呼应,现在寿县城应该就是当时下蔡都城。其前身也就是州来城。

既然州来、下蔡就是现在的寿县城,那么楚郢都寿县也应该在此。根据《汉书·地理志》、《水经注·浩水》、唐杜佑《通典》等文献关于寿春(寿州)的记载,从汉代开始一直到唐宋时期,其位置的大致范围始终没有大的变化。《通典》认为唐代寿州的州治寿春县为"汉旧县",并说郡罗城是"楚考烈王所筑",明确指出当时寿州所在的寿春县城的外城就是楚考烈王的都城和汉寿春城,再往前推应该就是下蔡城和州来城了。现存南宋寿州城墙周长7800多米,城内布局是十字街对应四个城门,十字街内还有一些小的十字街,这种棋盘式的布局很符合唐代城市格局。但是十字街北边大于南边,南北不对称,北部还有完整的小十字街布局,而南部不很完整。在这个问题上,2001—2002年在南护城河南的牛尾岗工作基本解决了这个问题,在牛尾岗的两处考古发掘中,发现了最早可以早到汉代的遗物,由于地下水的缘故没有发掘到底。发现了可能属于北宋的夯土墙基,有的地方可早到汉代。由于牛尾岗南北宽阔,北面临护城河之处历年加固取土等因素,考古发掘工作又没有足够的地点,因此,对牛尾岗的具体叠压时间的判断还需要更多资料。但是它作为一段城墙应该是没有歧义的。这样,如果将南城墙向南移到牛尾岗上,南宋寿县

城墙就基本是一个南北东西对称的城了。其周长大约8500米,从大小上来说它小于江陵纪南城,而大于来寿春之前的淮阳陈城周长的4500余米。这个结论从文献来看是比较合理的,也已经被国内一些专家学者所接受。但是由于现在的寿县城内几乎都被后期建筑物所占,没有地方可以通过考古手段进行验证,虽然从前在城内也出土过一些战国时期的遗存遗物,但是城墙还没有直接的证据。至于城外柏家台、邢家庄、邱家花园、阎家圩等地发现的建筑物和金币等遗存,应该是居住在这里的大臣、贵族们留下的。这种情形类似国君居于城内而其他臣僚居于城外的现象。

破解安徽寿县寿春镇计生服务站汉墓主人之谜的几件藏品

许建强

2009年6月在安徽寿县寿春镇兴建计生服务站综合大楼施工时,曾经发生一起古墓被毁、出土遗物遭哄抢案。后在县公安部门的全力出击、紧密追踪下,立破此案,并追缴了被哄抢的部分遗物,现藏于安徽寿县博物馆。遗物中有金器、玉石器、漆器扣件、铜器和铁器,涉及的器物有带扣、玉佩、松石雕串饰、水晶串饰、玉衣片、鎏金银刻纹铜舟、鎏金银刻纹铜盆、鎏金银刻纹铜熏炉、漆器铜扣件、细颈铜壶、铜甗、铜镜、铁镜以及五铢钱等,共计29件套。鎏金银刻纹铜盆、铜熏炉、铜甗、铜壶以及鎏金铜扣漆器等一批非常珍贵的文物遭到严重损毁。其中的金器、玉器、鎏金银铜器和鎏金铜扣漆器制品,用料讲究,制作工艺水平之高,皆属皇宫的精品之作。可以说是继寿县李三孤堆楚王墓、蔡侯墓发现之后又一次重要的新发现。

人们一提及此事,不免发出古墓是哪个朝代的、玉衣片、墓主人是谁,是淮南王刘安墓吗等等一连串的疑问。笔者对追缴汉墓出土的以下几件重要藏品做一简述分析的同时,结合历史文献,就墓葬的时代、等级、主人之谜,做初步探讨。

四件耐人寻味的龙纹玉佩

为破解墓主人之谜引导正确的思路。镂雕螭龙心形玉佩,长8.2厘米,宽4.7厘米,白玉质,洁净纯正,莹润剔透,局部有黄色和鸡骨白的皮子。玉佩以一心形镂空环为中心,一周由三条相互缠绕的圆雕螭龙构成(图1)。透雕"长宜子孙"双龙璜形玉佩,长12.3厘米,宽4.3厘米,厚4厘米,白玉质,纯净温润,半透明,有黄褐色沁斑,表面有白色冬瓜霜。佩呈璜形,双面对称透雕向两端做爬行状的回首龙,龙嘴衔以透雕云气纹,其中透雕小篆"长宜子孙"四字,龙身和云气用阴线精雕出嘴、眼、鼻、爪等细部纹饰。在汉代的玉器作品中雕有"长宜子孙""宜子孙"文字的一般多见于出土的玉璧上,雕饰在玉佩上甚为少见(图2)。透雕双龙璜形玉佩,长9.7厘米,宽3.6厘米,厚4厘米,白玉质,半透明,一面因受沁玉呈现黄褐色,另一

图 1　镂雕三螭龙纹心形玉佩

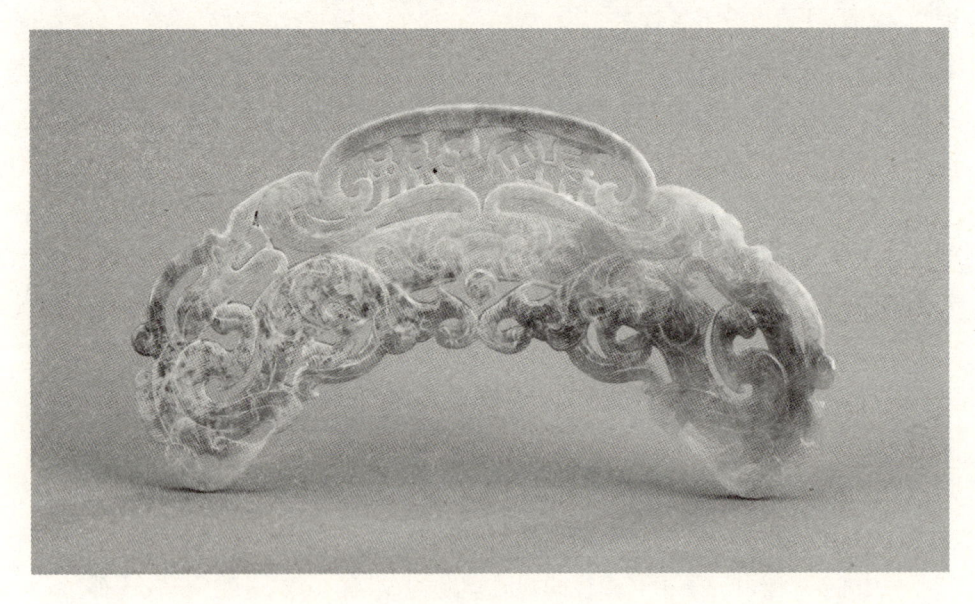

图 2　透雕长宜子孙双龙璜形玉佩

面有白色冬瓜霜。主题纹饰双面透雕双龙，龙首相对，一龙尾在上部，中部龙身隐于背后，前躯翻卷一端，龙首上昂，呈现上下翻腾状；一龙尾在下部曲体翻卷于另一端，呈弓形，龙首上昂；龙身用阴线琢刻出嘴、眼、耳、鼻、爪等细部纹饰（图3）。透雕龙纹玉佩残件，残长6.5厘米，宽2.5厘米，厚0.4厘米，白玉质，半透明，受沁所

图3　透雕双龙纹璜形玉佩

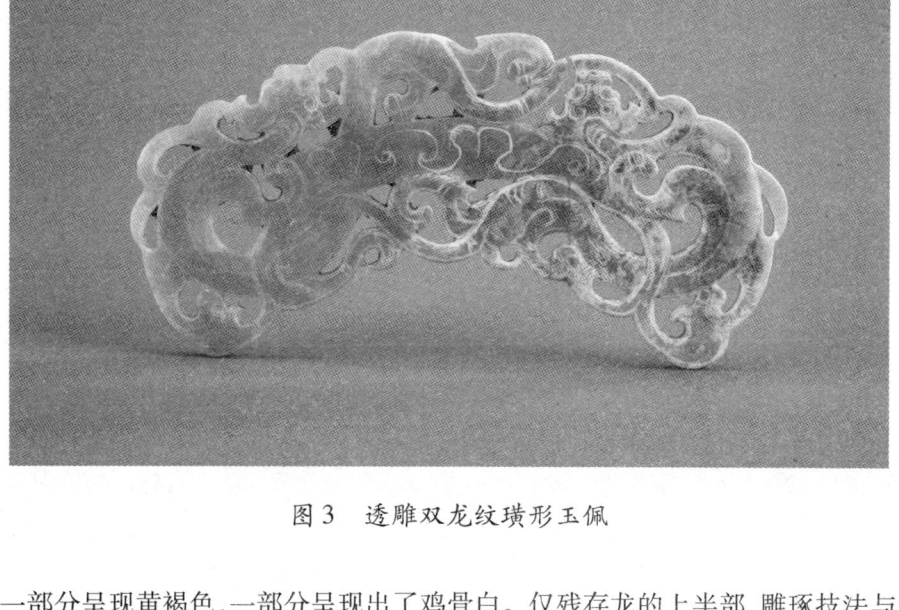

致一部分呈现黄褐色,一部分呈现出了鸡骨白。仅残存龙的上半部,雕琢技法与透雕"长宜子孙"双龙璜形玉佩和透雕双龙璜形玉佩相同。从残存的部分形制推测可能是玉觽的残件(图4)。

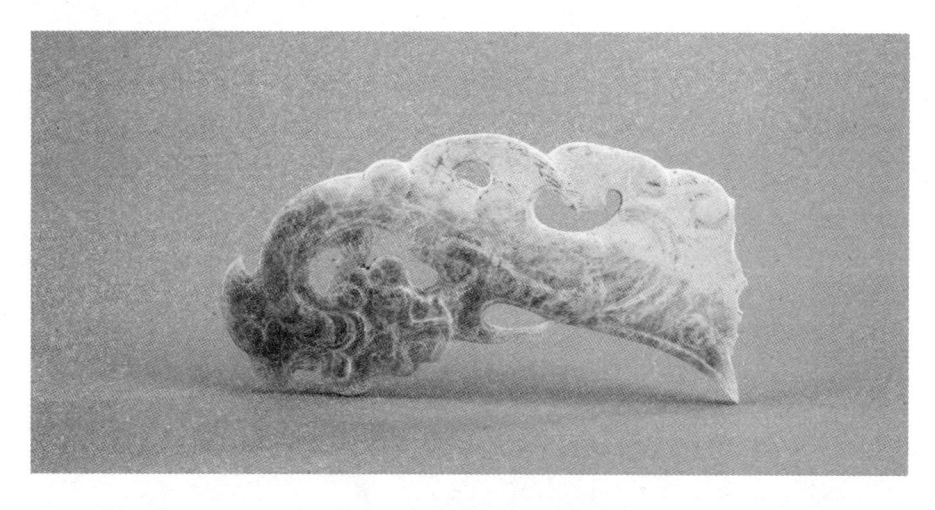

图4　透雕龙纹玉佩残件

四件龙纹玉佩,精挑细选的和田白玉,别具匠心的巧妙设计,采用镂雕、圆雕、透雕、巧雕、阴雕等多种技法,精雕细琢,真实展现了我国汉代极高的琢玉水平。婀娜多姿的螭龙身躯,或昂首瞩目,或隐身于后,若隐若现,给人虽静犹动的感觉,增添了几分神秘的色彩,表现了龙的无拘无束、自由自在遨游于天地的娇媚之态,仿佛在呼风唤雨,充满着天然的灵气和皇家的霸气。同时伴随出土的还有数件形如大豆般的微雕松石和青金石瑞兽饰串以及水晶珠串,疑似一组组合型玉佩挂饰,让人打眼一看,就十分耐人寻味,感觉非同寻常,其拥有者绝非一般的达官富商;加之刻有"长宜子孙"铭文,使我们更有理由怀疑墓主人应当与皇亲国戚有关。

十余件残存玉衣片的出现

明确了墓主人的等级地位。残存的玉衣片呈灰白色中泛绿,有的呈黑色,不透光或半透光,均为长方形,在四角处皆有径0.2厘米的穿孔,长3.7—4.7厘米,宽2.2—3厘米,厚0.4厘米。追缴的玉衣片,虽然距一套完整的玉衣片数相差甚远,但它提供了墓主人是穿着玉衣下葬的一个非常重要信息,为我们分析判断墓主人的身份等级起到了关键性作用。汉代皇帝死后,用"金缕玉衣";"诸侯王、列侯,始封贵人,公主薨,皆令赠印玺、玉柙银缕;大贵人、长公主铜缕"。范晔《后汉书·礼仪志》的这段记载,明确了汉代玉衣葬制分为金缕、银缕和铜缕玉衣三种,对应的身份,分别为皇帝、王侯、贵人公主三个等级。可见无论是哪一个等级,只要穿着玉衣下葬的墓主人,都当属于皇族。那么,该墓主人是属于哪一等级?我们认为首先要排除金缕玉衣皇帝的可能性;其次考虑到有纹饰的器物多是以龙纹为元素,从这个意义上讲,只能是汉代诸侯王一级的皇族(图5)。

图5 玉衣片残件

意外发现的一件锈蚀铜舟

决定了汉墓的具体时代。在追缴的一堆所谓"破铜烂铁"中,一件沿口处隐约闪烁有鎏金已锈蚀的铜舟,引起了注意。在经过仔细地清洗处理之后,有令人意外的惊喜发现,此器制作极精,并有"元和二年"等五十字的纪年铭文和鎏金银神兽刻画纹饰,铭文中的"乘舆"直接告诉我们,这是一件工官制造的东汉时期皇宫器物,属于墓主人生前使用的器物。器高5.7厘米,口径17.9厘米,底径9.9厘米,重524.2克。器形似盆,小如钵,折沿,弧腹,矮圈足。器身上部有一道双凹面宽带腰箍和一对铺兽衔环。器表通体施黄(金)白(银)相间的鎏金银工艺,同时伴随有纤细流畅的针刻纹饰。口沿及沿下器外表分别刻饰一周黄白相间的云气纹;宽带腰箍上刻饰两周黄白相间的锯齿纹;腰箍向下的器腹刻饰一周并鎏金银的神人、神兽、神鸟、云气纹至底部圈足处再刻饰一周金银相间的锯齿纹;在外底部圈足的内侧刻有章法严谨,字体工整挺秀的汉隶铭文款:"元和二年,蜀郡西工造乘舆黄白涂舟,中铜五升粉铫,铸工陵、涂工歆、文工顺、洀工来、造工世,护工掾敦、长延、丞盱、掾嗣、令史况主。"这件纪年皇宫器物意外的发现,为判断墓主人和遗物下葬的时间,不会早于东汉章帝元和二年(85年),找到有力的物证(图6、图7、图8)。因此,墓主人只能在东汉元和二年以后不久下葬安徽寿县的符合诸侯王等级的历史人物中来寻觅。

要知道,寿县在东汉前期公元87年以后曾是阜陵王的都城。据《后汉书·肃宗孝章帝纪》和《后汉书·光武十王列传》记载,东汉章帝刘炟于章和元年(87年)

图6 元和二年鎏金银神兽刻纹铜舟

图7 元和二年鎏金银神兽刻纹铜舟底部铭文

图8 元和二年鎏金银神兽刻纹铜舟纹饰展开图

南巡至九江郡治寿春（今安徽寿县），诏见阜陵侯刘延，恢复了其阜陵王的爵位，同时还赐给钱千万，布万匹，安车一乘，以及夫人、子女都得到了不同程度的赏赐，并将都城由阜陵迁至寿春。自东汉章和元年（87年）以后至献帝建安间一百三十多年里，寿县相继经历了质王延、殇王冲、顷王鲂、怀王恢、节王代、恭王便亲、孝王统和王赦八位阜陵王。"元和二年"纪年鎏金银神兽刻纹铜舟所反映的作器时间（85

294

年），稍早于阜陵质王复封爵位的章和元年（87年）两年，从时间上讲与阜陵质王复封受赏赐时间是基本一致的，甚至不排除该器就是当年章帝刘炟赏赐的可能性。所以墓主人应该是这八位阜陵王中距此时间较近的某一位，或者说可能就是阜陵质王刘延。

一件嵌松石八龙纹金带扣

锁定谁是墓主人。金扣略呈长方形，一端稍大呈弧形边，长9.2厘米，宽7厘米。正面主饰一条高浮雕的螭龙，周围衬饰七条小龙，托底以镂空的云气纹将龙纹相连，并有松石镶嵌物；在一周的边缘处，用金丝绞拧成绳纹边，再在其内侧用金丝饰一周菱形纹带，其间嵌饰绿松石；背面边缘一周上勾成槽并有20个固定底托的钉孔（图9）。整个金扣制作工序复杂，先将黄金锻造成形的薄金片，按纹饰构图要求錾凿成镂空状毛坯，再经过模压、锤揲工序制成凹凸起伏的一条浮雕主龙和七条小龙的初形，并在其表面采用细如毫发的金丝勾勒出龙纹和云气纹轮廓以及龙的眼、嘴、须、爪等细微部分，然后再根据龙体扭动部位起伏的变化需要，在龙身上缀满大小不等排列有序的金珠和嵌饰上松石。最为令人惊叹不已的是，龙身上缀饰繁缛有序的极小金珠和细如毫发的金丝制作工艺，而这种工艺是无法用焊接技术

图9　嵌松石八龙纹金带扣

直接固定如此细小的金珠和金丝,应是采用汞剂(水银)掺入事先加工好的金珠和金丝,将其涂抹粘合在龙身表面所需要的部位,再进行加热烘烤处理,待汞蒸发后,金珠和金丝就被牢牢固定在金扣上。这种制作工艺技术绝非民间所能及,属皇家制作之物。

由于"元和二年"纪年鎏金银神兽刻纹铜舟确定了墓主人下葬时间,当在公元85年以后较近的几年间里下葬。这样就可以把八位阜陵王的人数范围和时间,缩定在公元87年至91年间死去的质王刘延和殇王刘冲。质王刘延为东汉光武帝刘秀郭皇后所生四子,死于和帝永元元年即公元89年,在他恢复爵位后的第三年就死在寿春。殇王刘冲为质王刘延的少子,死于和帝永元三年即公元91年,嗣位仅一年半多点时间就死在寿春,且无后嗣位。在此二位阜陵王中,质王延是在位时唯一直接受皇帝赏赐的阜陵王,发现大批的皇宫器物,当与章和元年公元87年的封爵赏赐有关。这件嵌松石金带扣,是集模压、捶揲、錾刻、鎏焊、镶嵌等多种复杂制作工艺于一身的皇家作器;尤其重要的是在纹饰的寓意中,所呈现的八条龙纹数,凸显了其拥有者身份等级是仅次于皇帝九条龙数的皇子或者皇兄弟。由此可见,东汉时期章帝元和二年(85年)以后,在寿春(今安徽寿县)能符合这一身份等级的皇子或皇兄弟者,只能是阜陵质王刘延。

综上所述,通过对追缴部分遗物中龙纹玉佩和玉衣片、"元和二年"纪年鎏金银神兽刻纹铜舟、嵌松石八龙纹金带扣的分析与研究,不仅使我们了解墓主人身份为东汉诸侯王一级的皇族,同时更进一步确定墓主人是死于东汉和帝永元元年(89年)的光武帝刘秀之子——阜陵质王刘延。至于墓葬的形制结构、规模范围,将有待于对尚存的部分墓室做进一步考古发掘与清理后,方能做比较全面的了解。

寿州锣鼓

陈 卓

寿州锣鼓于2006年入选第一批安徽省非物质文化遗产名录。它作为江淮民间艺术的一枝奇葩,已声名远扬,目前是寿县乃至安徽省的一大文化艺术品牌。

一、历史渊源

寿县古称寿春、寿阳、寿州。夏禹分天下为九州,寿县属扬州,殷商时是南方诸侯的封地,公元前447年,楚惠王灭蔡,此地属楚所辖。《史记·楚世家》记载:楚考烈王二十二年(前241年),"楚东徙都寿春,命曰郢"。这是文献上最早出现的"寿春"名称。当时这里已是舟楫如梭、商贾云集的万户以上的繁华都市了。而楚人喜爱锣鼓的习俗也随之影响着生活在这块土地上的人。屈原的《九歌》中就有木腔皮面鼓的记载。随着冶炼术的发展,青铜器成了中国古代文明的标志之一。楚青铜器作为楚文化的代表,除了制作兵器、礼器以外,还用来制作乐器,特别是敲击乐器,用于祭祀。作为楚文化后期集中地的楚国都会寿春,在鼓乐方面也是比较兴盛的。楚文化深厚的积淀,在寿县当然也包括鼓乐,千百年来一直伴随着楚国后裔的生活。而那时,人们敲锣打鼓,一是祭祀时为驱逐邪魔妖怪,为人们增添幸福平安;二是丰富节庆文娱活动,增添节日欢乐气氛。人们敲锣打鼓,更多场合下是自娱自乐,形式灵活多样,也不论什么场合和时间(与现在的众多流派的锣鼓参加大型的文艺活动相比,意义有所不同)。

近代,寿县城关有王家班锣鼓队,正阳关有邓家班、宋家班。共和国成立初,正阳关的吴守林、朱茂森等拜宋家班的宋廷献为师,于60年代初组建县建筑公司打击乐队,后又下传陈家礼、王春林等人。

二、基本特征

1. 从演奏的器乐看,有钢锣、大筛锣、大小钹、中鼓等,主奏乐器为锣和鼓。寿州锣鼓的演奏乐谱,是综合了江淮地区传统的"十八翻""花鼓歌""凤凰三点头""兔子扒窝""长流水""大小绞丝""双绞丝""小五翻"等锣鼓谱的精华。特别是所使用的主锣体积小,但厚重,音频与其他铜器有明显区别,打击时如同敲击空缸发出"缸、缸、缸"的声音,因而称之为"钢锣"。这种钢锣,演奏时声音十分洪亮、清脆,传播距离长,数华里之外都能听得清楚,具有浓郁悠长的楚文化韵味,在沿淮地区独一无二。

寿州锣鼓(图片提供:宋桂全)

2. 从演奏指挥的形式上看,北方的锣鼓多以旗手为指挥,而寿州锣鼓的演奏是以钢锣、沙锣手轮流指挥,再辅以鼓手、锣手交替指挥,和沿淮地区花鼓灯锣鼓不一样。这样便避免了常规演奏时动作单调、格局僵化的现象,形成了动静交替、配合默契的表演局面。因而它的演奏既具有我国南方锣鼓特别是福建、江浙一带"舟山锣鼓"和"十翻音乐"的舒缓、柔和的特点,也具有北方中原地区"威风锣鼓"的高亢、激昂的特点,具有浓郁的淮河风情,极富感染力,被称为"会说话的锣鼓"。

三、主要价值

1. 历史价值。寿州锣鼓是古老楚文化积淀的产物,是楚音乐的遗存,发掘、抢救、保护寿州锣鼓可以更好地研究楚文化、楚音乐史及淮河流域的民风、民俗和淮河文化史。

2. 艺术价值。寿州锣鼓的演奏风格既不同于北方的"威风锣鼓",也不同于南方的"十翻锣鼓",而是兼容了南北锣鼓的特点,形成了自己的独特演奏风格。

3. 实用价值。由于其演奏方式灵活、方便,不受条件限制,宜于参加各种节日和喜庆活动,很受广大人民的欢迎,对丰富人民群众的文化生活、提高人民群众的素质、构建和谐社会产生重要的促进作用。

四、已采取的保护措施

1. 从1990年开始每两年举办一次"寿县文化艺术节",县组委会规定寿州锣鼓作为传统节目,必须参加每次的艺术节。后期因诸多因素,寿县停办文化艺术节。

2. 1994年为参加第三届安徽省花鼓灯会,由县文化馆牵头组建了以中青年人为主寿州锣鼓队,创作编排锣鼓戏表演《拾玉镯》,获得创作、演出二等奖,并参加了安徽省建国45周年国庆晚会。

3. 2004年为使寿州锣鼓后继有人,寿县文化广播电视局从全局干部职工中抽出60名青年人充实寿州锣鼓队,聘请寿州锣鼓传承人罗西林传授技艺。经过半年的刻苦训练,参加第六届安徽省花鼓灯会,技压群芳,获得金奖。

4. 为弘扬民族传统文化,开展"非遗进校园"活动。2014年,由县文广新局牵头,县实验小学挑选近60名小学生,由罗西林等寿州锣鼓传承人,亲临学校开课传授寿州锣鼓技艺。从娃娃抓起的保护措施,使寿州锣鼓技艺得到传承和延续。2017年,寿州锣鼓走进安徽现代信息工程职业学院,对该院艺术传媒系学生进行技艺培训,学生们在锣鼓文化的浸润下,不仅增加了传统文化保护与传承的意识,还让课余文化生活变得更加丰富多彩。

5. 文化"走出去",通过"国字号"舞台和省内外各种不同平台的展示,展现了寿州传统文化的魅力。"寿州锣鼓"作为寿县乃至安徽省的一大文化艺术品牌,先后在首届中国·福保乡村艺术节、第三届淮河风情文化节、上海国际旅游节、数届安徽省花鼓灯会中登场亮相,参加过央视"心连心"艺术团、《欢乐中国行——魅力六安》、"第一、二、三届中国农民歌会"、"第一、二届中国大别山山水文化旅游节开幕式暨海峡两岸三地'十大华语电影'颁奖盛典"等国字号的大型演出,随旅游卫视《六安之旅》和安徽卫视《鼓舞天下》及凤凰卫视走向国内外。2004年,在第六届安徽省花鼓灯会上,获得金奖;2006年,参加在安徽省凤台毛集举办的"第二届淮河风情文化节"再获金奖;2009年参加在山西洪洞参加举办的"远中杯"全国鼓王邀请赛中一举夺得"最佳鼓王奖";2010年参加第八届中国民间艺术节暨第九届中国(大同)云冈文化艺术节,荣获银奖;2016年10月参加在陕西韩城举办的中国"司马迁杯"第三届锣鼓大赛暨"伟力远大杯"鼓王争霸赛获入围奖;2017年2月参加在广东东莞举办的第十三届中国民间文艺山花奖·优秀民间艺术表演(民间鼓舞鼓乐)活动入围进入终评评选。应中国民协邀请,寿州锣鼓作为安徽省唯一代表队于同年10月参加在陕西省洛川县举办"我们的节日——喜迎十九大·全国优秀民间欢庆锣鼓展演活动"。

非遗让古城名扬四海

时洪平

2005年7月,一个陌生的概念——"非物质文化遗产",首次出现在我们的面前。文化部在全国开展第一批国家级非物质文化遗产代表作申报工作,省厅、市局对寿县倍加关注,要求抓住机遇,吃透精神,全力推进。

在不到两个月的时间里,县文广局抽调专人,组成班子,上省城请教专家,下基层遍访老艺人、老文化工作者,夜以继日,完成了从项目筛选、资料采集到形成文本、摄制录像片等大量工作。谁料初战告捷!在安徽省向国家最终推荐的32个项目名录中,竟有寿县"正阳关'三阁'""八公山豆腐制作技艺"2项,占全省十六分之一的份额。这个出乎意料的结果,极大地激发了我们申报非遗名录的积极性,从此和非遗交上了朋友。

2006年12月,安徽省公布第一批非遗名录,寿县又以4项(加"寿州锣鼓""寿春紫金砚"2项)入选,仅次于黄山市,位居全省第二。不久,又在六安市率先完成了国家、省、市、县四级非遗名录申报工作,建立了名录数据库,将散落在民间即将流失的记忆与技艺重新唤醒与点亮。六大类118项非遗,像颗颗珍珠撒落在古城大地上,光耀着中华。

常言道:"不识庐山真面目,只缘身在此山中。"之前,我们对古城非遗的历史渊源、艺术特色、代表人物、生存现状等几乎一无所知。比如,正阳关"三阁"何时、从何地传入、有何特点?经过申报

司徒越题字(图片提供:高峰)

才弄清,原来是明清时期中原地区的山西、河南经皖北地区的阜阳,沿颍河流域传入的。当时的正阳关是淮河中游水路交通总枢纽,"商贩辐辏,利有鱼盐,淮南第一镇也"。因而,码头搬运业十分发达。这种传统艺术需要有强壮体魄方能表演,因而深受码头工人们的喜爱,他们争相展示男子的阳刚之气,在他们中深深扎下了根,成为当地节庆活动和传统祭祀活动的主要民俗之一。正阳关"三阁"与山西省夏县水头镇的"背肘"、河南省陕县大营村的"平垛"、广东省台山市浮石和吴川梅菉镇的"飘色"相比,体现出高、难、险、美的特点,所到之处,万人空巷,因而能够流传至今。

被视为中国古代第五大发明的豆腐,在当时的区划环境下,开始全省仅寿县独家申报,这充分表明了古城人对豆腐发源地的自信。上下几千年的史料,无可辩驳地证实了八公山就是中国豆腐的发源地。古往今来,被誉为"东方龙脑"的豆腐独占世界传统食品文化之林的一席之地,是中华民族对世界人民的杰出贡献。而对它的水源特征、原料特征、工艺特征、产品特征以及历史价值、保健价值、文化价值的认识,都是史无前例且理性的,令人耳目一新。

而认知最深的莫过于寿州锣鼓了。其源远流长,可追溯至先秦。"鼓钟将将,淮水汤汤",《诗经·小雅·鼓钟》中就有"淮夷"先人尚鼓的记载。尤其是楚人,喜乐善舞,祭祀、宴饮均离不开鼓。鼓乐一直伴随着楚国后裔的生活,长盛不衰。寿州锣鼓所用乐器、鼓点及指挥,在沿淮地区独一无二,是有别于花鼓灯又兼容南北锣鼓的一种流派,极富感染力,被央视"心连心"艺术团导演称为"会说话的锣鼓"。

自从和非遗交了朋友,我们发现这个朋友竟是那么慷慨无私。经过"心连心"和"首届农歌会",寿州锣鼓人员成倍增长,规模空前扩大;经国家级专家精心编导,创新了演奏方式,多次登上"国字号"舞台,或为序曲,或参加开(闭)幕式;不仅参加各种综合性演出,还涉足山西"鼓王邀请赛"、陕西"鼓王争霸赛"等专业领域。2007年11月,远赴昆明,参加"首届中国·福保乡村文化艺术节"巡游和闭幕式演出,和侗族大歌、彝族酒歌、朝鲜族农乐舞等26个少数民族非遗,成为民族大花园中的一朵奇葩,耀眼夺目,深受各族人民的喜爱;2008年11月9日,寿州锣鼓像一匹"黑马",连过音乐总监、执行导演和总导演"三关",闯进了"首届中国农民歌会"的开幕式,各新闻媒体齐赞"寿州锣鼓热情奔放的鼓点,敲出8亿中国农民的心声,展示中国农村改革发源地安徽人民崭新的时代风貌"。2009年清明时节,又应邀参加"第十九届中国洪洞大槐树寻根祭祖节'远中杯'全国鼓王邀请赛",与安塞腰鼓、稷山高台花鼓、兰州太平鼓、洪洞威风锣鼓等19支中华名鼓齐聚槐乡,获得了邀请赛的最高奖项——"最佳鼓王奖",登上了自有寿州锣鼓队以来所获荣誉的最高峰,震撼了三晋大地,引起了《中国文化报》、人民网、山西电视台、《山西日报》等多家主流媒体和当代打击乐大师赵季的广泛关注。

2008年6月,正阳关"肘阁抬阁"成为第二批国家级非遗名录,先后在"第五届安徽省花鼓灯会"、"合肥万民闹元宵大型踩街"、欢迎芬兰瓦尔考斯市市政代表团、"南京旅游交易会"、淮南"第十二、十三届中国豆腐文化节"、合肥"第十三届中国艺术博览会"等重要活动中尽展风流,央视《魅力六安》、旅游卫视、凤凰卫视、安徽卫视等各大主流媒体争相报道表演盛况。2008年10月,在"飘色艺术之乡"广州番禺区沙湾镇,"正阳关'三阁'"《小二姐游春》以古朴精湛的技艺,一举夺得"第七届中国民间艺术节暨'山花奖'中国民间飘色艺术展演与评奖活动"金奖,古老的"三阁"艺术,在改革开放的前沿阵地珠江两岸焕发出耀眼夺目的光彩。2010中国上海"世博会"上,八公山豆制品公司产品又荣获豆制品类唯一"金奖",央视《舌尖上的中国》、东方卫视和安徽卫视先后做了热情洋溢的报道。2014年冬,经过10年漫漫申遗路,"豆腐传统制作技艺"终于入选第四批国家级非遗名录榜,古城寿县又一次名扬四海!

浸透着楚风汉韵、具有浓郁淮河风情和魅力的古城非遗,从濒临灭绝的境地,逐渐成为中华文化盛宴中的"一碟菜",香飘四海,让中国和世界一次次认识古城、了解古城、关注古城。我们在咀嚼了抢救保护的苦辣之后,品尝到保护传承的酸甜,对它的未来充满了憧憬和希望。

无疑,非遗对宣传推介古城起到了其他宣传方式起不到的重要作用,正成为古城一张新的名片,堪称今后寿县发展弥足珍贵的文化资源,已引起全社会的高度关注和重视。寿县建立了安徽省首家非遗陈列馆,成立了非遗保护协会,兴办了非遗企业,建立了非遗传承基地,进行保护性商标注册,申报国家地理保护标识,开设电视专题讲座,创制歌曲MV,出版图书,开展"'非遗'进校园"活动——从娃娃抓起,从青少年抓起。2018年6月10日,首届"寿州锣鼓展演"活动又在古城孔庙拉开序幕,将保护传承推向了巅峰。

多年来,寿县"在发展中求保护,在保护中求发展"的传承之路,引起了许多专家学者的高度关注。上海音乐学院、安徽大学、皖西学院、淮南师院、温州大学音乐学院、南京社科院报社朱晓谷、朱慧子、马育良、周庆恬等教授、记者都先后来古城,对非遗保护传承进行深层次的调查研究,在更高层次上提出了保护传承的指导性意见。

"长风破浪会有时,直挂云帆济沧海。"蕴含着古城人特有精神价值、思维方式、想象力和文化意识的非遗,是古城历史见证和文化发展的重要载体,体现着古城人的生命力和创造力。保护传承非遗,任重道远,只有进行时,没有完成时。要留住我们的乡韵,记住我们的乡愁,唯有在守护与传承中重放光彩,续写辉煌。

《淮南子》与二十四节气的创立

陈广忠

2016年11月30日,中国申报的"二十四节气",被列入联合国教科文组织人类非物质文化遗产代表作名录。二十四节气的完整、科学记载,出自《淮南子·天文训》。

一、先秦二十四节气的文献记载

中国二十四节气的研制,经过了漫长的岁月。早在《尚书·虞书·尧典》中就记载:"日中,星鸟,以殷仲春。日永,星火,以正仲夏。宵中,星虚,以殷仲秋。日短,星昴,以正仲冬。"日中,指春分。日永,指夏至。宵中,指秋分。日短,指冬至。《左传·昭公十七年》载:"玄鸟氏,司分者也;伯赵氏,司至者也;青鸟氏,司启者也;丹鸟氏,司闭者也。"用玄鸟、伯赵、青鸟、丹鸟,代表四季。《吕氏春秋》中有立春、日夜分(春分)、立夏、日长至(夏至)、立秋、日夜分(秋分)、立冬、日短至(冬至)、雨水、白露等10个节气。先秦时期,诸侯混战,天下动乱,科研条件有限,二十四节气的体系和名称尚未确立,属于前期研究阶段。

二、二十四节气的科学依据

汉朝的建立,结束了长期的战乱局面,天下安定,经济恢复,文化繁荣,学术发展,百家争鸣。在这样的条件之下,二十四节气的研究,才能得以进行,最终在西汉淮南王刘安(前179—前122年)的《淮南子·天文训》中得以完成,并流传至今。

1.北斗运行与二十四节气

《淮南子·天文训》中确定二十四节气的标准,是北斗的运行方向。北斗的运行,同月亮、太阳、五星、二十八宿相配合,组成了一个完整的、科学的历法、天象体系:

> 两维之间,九十一度(也)十六分度之五,而(升)[斗]日行一度,十五日为一节,以生二十四时之变。
>
> 斗指子,则冬至,音比黄钟……
>
> 加十五日指报德之维,则越阴在地,故曰距日冬至四十六日而立春,阳气冻解,音比南吕……
>
> 加十五日指常羊之维,则春分尽,故日有四十六日而立夏。大风济,音比夹钟……
>
> 加十五日指午,则阳气极,故日有四十六日而夏至,音比黄钟……
>
> 加十五日指背阳之维,则夏分尽,故日有四十六日而立秋,凉风至,音比夹钟……
>
> 加十五日指酉,中绳,故曰秋分。雷戒,蛰虫北乡,音比蕤宾……
>
> 加十五日指蹄通之维,则秋分尽,故日有四十六日而立冬,草木毕死,音比南吕……
>
> 阳生于子,故十一月日冬至。

二十四节气,构成了一个天象、历法、气温、降雨、降雪、物候、农事、音律、干支等的综合体系,成为古代中华民族生存发展,从事农业生产,顺应自然规律,和谐"天人"关系的理论基础。

2. 月亮运行与二十四节气

二十四节气,同月亮的运行密切相关。月亮的运行是阴历。设置闰年,就是根据二十四节气中的"冬至"而设立的。这样,根据太阳和月亮的运行规律,阴阳合历就制定出来了。《淮南子·天文训》中说:

> 月,日行十三度七十六分度之二十六,二十九日九百四十分日之四百九十九而为月,而以十二月为岁。岁有余十日九百四十分日之八百二十七,故十九岁而七闰。

这段的意思是:月亮每天进行 13 26/76 度,29 499/940 日而为一月,而把十二个月作为一岁。每年尚差 10 827/940 日,不够 365 1/4 日。因而十九年有七次闰年。

比如,2014 年闰九月,2017 年闰六月。

3. 太阳运行与二十四节气

《淮南子·天文训》中运用太阳的运行规律,来划分二十四节气。主要有两种方法:

①圭表测量。圭表,是中国古代观测天象的仪器,可以用来定方向、测时间和制定历法等。《淮南子·天文训》中记载测量"冬至""夏至"的方法:

  日冬至,八尺之脩,日中而景丈三尺。
  日夏至,八尺之景,脩径尺五寸。

②利用太阳与二十八宿的关系。《淮南子·天文训》中说:太阳正月处于二十八宿中的营室的位置,……十二月处在虚星的位置。

比如,"营室",正月中,雨水。"虚星",十二月节,冬至。

4. 二十八宿度数与二十四节气

《淮南子·天文训》中说:二十八宿与天球赤道的夹角可以分为不同的度数:角宿十二度,亢宿九度,……轸星十七度。总共二十八宿365 1/4度。

二十八宿与北斗、太阳运行度数相同。比如,立春,在"危十七度"(今测十六度)。立秋,"翼十八度"(今测十五度)。

5. 十二律长度与二十四节气

《淮南子·天文训》用十二律度数来表示二十四节气的时间变化,其中说:黄钟处在十二地支子位,它的长度数是八十一分,主管十一月之气,下生林钟。……无射的管长四十五,主管九月之气,上生仲吕。

比如,"冬至"的时候,与十二律相配的为林钟,逐渐降为最低音;"夏至"的时候,与十二律配合的为黄钟,逐渐上升为最高音。

6. 十二月令和二十四节气

《淮南子·时则训》中记载了十二个月与斗柄、二十八宿、二十四节气等的相互关系。

  孟春之月,招摇指寅,昏参中,旦尾中。其位东方。立春之日……
  孟夏之月,招摇指巳,昏翼中,旦婺女中。其位南方。立夏之日……
  孟秋之月,招摇指申,昏斗中,旦毕中。其位西方。立秋之日……
  孟冬之月,招摇指亥,昏危中,旦七星中。其位北方。立冬之日……

三、二十四节气与中国气候分界线

秦淮一线,是中国南北气候、地理自然的分界线。西汉前期,位于淮河中游的淮南国,成为当时重要的文化学术中心。而它的倡导者,就是淮南王刘安。

淮南王刘安"好读书鼓琴",博学多才,著述宏富。刘安的著作大多已经失传,而被胡适称为"绝代奇书"的《淮南子》,却得以幸存。《汉书·淮南王传》记载:"初,安入朝,献所作《内篇》,新出,上爱祕之。"淮南王刘安和门客研制成功的二十四节气,收在《淮南子·天文训》之中,在汉武帝即位第三年,献给了朝廷,并且得到了皇帝的喜爱。那么,二十四节气体系的完成和发布,至今已有 2155 年。

淮南王刘安为王 42 年,都城为"寿春",即今安徽省淮南市寿县,正是位于分界线的中点线上。在我国冬季一月份等温线图零度的走向上,江苏洪泽、安徽蚌埠、河南桐柏,一月份平均温度为一摄氏度。淮河—秦岭一线,四季分明。春季:洪泽、蚌埠、桐柏,平均 59 天;夏季,平均 111 天;秋季,平均 61 天;冬季,平均 133 天。这就说明,春季时间短,夏季时间长,秋季和春季相仿,冬季时间长。正好体现了二十四节气两"分"两"至"的特点。

春秋齐国晏婴在《晏子春秋·内篇·杂下》中说:"橘生淮南则为橘,生于淮北则为枳。"2500 年前人们就发现了淮河具有南北分界线的特点。所以,淮南王刘安在天时、地利、人杰等条件齐备之下,成功研制了二十四节气。

从古代文献对豆腐的最早记载谈刘安与豆腐的关系

楚 樵

《山海经·海内经》中有这样一段载录:"西南黑水之间,有都广之野,后稷葬焉。爰有膏菽、膏稻、膏黍,百谷自生,冬夏播琴。"

《尚书·禹贡》解"黑水"为"黑水西河惟雍州"。历代经学家对黑水的地理位置说法不尽相同,近代有人认为是古人假想的一条水系,实际上并不存在。但不管怎样,雍州,大致是指今之陕西中部,属中原的西南地区。《史记·周本纪》说后稷又名"弃",乃周的始祖,所居之地在邰(即今之陕西武功县),这个地方也在陕西中部。并说后稷"好种树麻、菽,麻、菽美。及为成人,相地之宜,宜谷者稼穑焉,民皆法则之。帝尧闻之,举弃为农师"。

何为"都"?《周礼·地官·小司徒》说:"四甸为县,四县为都。"《广雅·释地》则云:"五里为邑,十邑为都。"按照这种解释,"都广",当是比"都"更为广泛的意思,其所指当是周人的发祥地及其周边地区。

所谓"膏菽、膏稻、膏黍",西晋郭璞有注,说是"言好味,皆滑如膏"。这显然不是直接在说菽、稻、黍这三种粮食作物,因为这三种作物的原态原质与"滑如膏"是不沾边的,其所指当是它们比较精细的加工制成品。我们知道,稻即米,可以做成"糕";黍即高粱,可以做成"饴"。古往今来,这都是食之精品,在古代可以哺幼,可以养老,或是供给达官贵人享受,膏稻、膏黍所指当是类此。那么"膏菽"应该是什么呢?对于"膏菽"之"膏",其解释至关重要。《说文解字》解"膏":"肥,从肉。"段玉裁注曰:"肥当作脂。"朱骏声《通训定声》解得更为细致:"凝者曰'脂',释者曰'膏'。"菽即黄豆,用黄豆做成的像肥肉或像凝脂一样的东西,而且"好味""滑如膏",这种制成品又会是什么呢?它只能是千百年来世人所熟悉的豆腐!只有豆腐,才能给人以"滑如膏"的质感,不过当时不做此称罢了。因为它是以菽为原料做成的,所以被叫作"膏菽"。按照现代汉语的语法讲,应该叫作"菽膏"。

朱骏声说"释者曰'膏'"。他的这个"释",当是分解、磨碎的意思。黄豆加工成豆腐,也需要分解、磨碎的过程,所以"豆腐"之"腐"不可解为"腐烂"之"腐",它

中国豆腐第一村（图片提供：宋桂全）

也是"释"的结果，实际上与"膏菽"之"膏"完全同义。

资料显示，所谓"豆腐"之称，大约自宋代才出现，于此之前，各个时代、各个地区都有不同的称谓。古时物称湮没者多，为今人所知者少，对于豆腐的别称，较为可靠的仅见南宋的陆游《邻曲》一诗中"洗釜煮黎祁"一句，自注"黎祁"是当时四川人对豆腐的称谓。不过，这类称谓带有方言的意思，而"膏菽""豆腐"之称却是对黄豆加工制成品原物质，结合制成形态的直接称谓。

《山海经》一向被认为是"小说最古者"。郭璞（276—324年）是西晋后期著名文士，官至著作郎、尚书郎，曾注释过《尔雅》《楚辞》等书。此人将《山海经》注毕交晋帝时，奏称此书为舜帝之时伯益所著，但书中又有"文王皆葬于其所"之句，暴露了它成书的时间范围不会在西周之前。先秦时期，诸子著作也无人提及《山海经》，这又说明它在春秋战国时期尚未刊行。于郭璞之前，司马迁在《史记·大宛列传》中提到了此书，其言曰："《禹本记》《山海经》所有怪物，余不敢言之也。"

司马迁晚于淮南王刘安三十五年，生活在汉武帝时期，《史记》成书于汉武帝末世，即公元前1世纪初期。依这句话看，在西汉中期，《山海经》正在刊行于世。这就是说，《山海经》大致是西汉前期的产物，作者是汉代人，他可能转抄、摘录了先秦诸子著述的某些内容，自己创作了主要部分。既然是汉代人写的书，所载录的某些地情资料就可能多是汉代的事，它的记载至少证实了这么一个事实：早在2100多年前，中国确实已经创制出了豆腐！再按郭璞"滑如膏"的注解看，西晋时期肯定已经在盛行豆腐，郭璞也是见过或吃过豆腐的人。

《山海经》言事荒诞，所讲的一些地名、事物不可细究，也不可深考，至于所说的"西南黑水"以及"都广之野"，会不会就是豆腐的发源地，这是没有必要多做考虑的。重要的是，它确切地表示了当时那里的人们已在食用豆腐与其他粮食作物加工制成品了，这仍然不会动摇豆腐发源于淮南地区的这个先入观念。

西汉前期，是淮南王刘安的生活年代。这时大多数人的寿命只有四五十岁，有的甚至只能活到二三十岁，几代汉帝亦多如此。汉文帝时期的丞相张苍是战国时期的人，在秦始皇时期当过御史，却因吃人奶活到了一百多岁，在汉代又经历了高、惠、文、景四代皇帝。如《史记·张丞相列传》载："苍之免相后，老，口中无齿，食乳，女子为乳母……苍年百有余岁而卒。"

自秦始皇起到汉代，皇帝总想不死，千方百计寻找永生的方术，王公贵族也步其后尘，风气盛行开来，竟成为时尚。这种以人乳为食的养生之道创造出了离奇的、令世人叹为观止的长寿范例，即便其人尚在人世，在当时都要产生巨大的轰动和影响。豆浆的出现当与此事有很大关系，它也许是吃不到人奶，或是不愿吃人奶的人研制出来的代用品。发明豆浆并不困难，只要把黄豆分解、磨碎，在用其粉末制作什么的时候，偶尔一次加入过多的水，稍延时间，那种乳白色的汁液就会自然出现。从流质的观感上讲，豆浆与人奶是没有区别的，而且较人奶更胜一等，因为人奶有腥味，而煮熟了的豆浆却是馨香的。人们很有可能选择它作为一种饮品，尝试它是否与人奶有着相同的功效。事实确乎如此：豆浆可以养生，无论是古人还是今人，一经食用，马上就能感觉到这一点。张苍住汉京长安，长安也位于陕西中部，按《史记·周本纪》关于后稷的记载看，此地亘古以来就是黄豆的产区，受其影响，以豆浆为食的风气自然是先在长安形成，而后再向周边扩展。

1968年，在河北满城中山靖王刘胜的墓室中，人们发现了配有青铜漏斗和承接容器的石磨。石磨可以把谷物、小麦加工成面粉，当然也能对黄豆进行加工，而后制作出豆浆。此类器械的出土，起码可以证明刘胜有服食豆浆的可能性，同时也无可争议地说明西汉时期已经具备了把黄豆加工成豆浆的条件。其实，在汉代以前，中国人可能早就在食用豆浆了。如《穆天子传·卷六》载："盛姬求饮，天子命人取浆而给。"穆天子即周穆王，西周第五代国君，所治之世距今2900多年。《穆天子传》一书出于战国魏令王墓，魏令王死于公元前299年。

豆腐制作工具（图片提供：宋桂全）

　　张苍死时,身为诸侯王的刘安已年满三十岁,他也是一个研究长生的人,而且非常专业,张苍吃人奶而得以长寿的事不会不引起他的注意,以豆浆替代人奶的事他也不会不去试行。按《淮南子》中多次提到"菽"的情况看,淮南也是黄豆的产区,在日常生活中,用黄豆制成的食品肯定占有一定的比重。刘胜与刘安同祖,属刘安侄辈,死于刘安身后九年。刘胜既有石磨,说明刘安也会有石磨。在刘安时代,世人既然已经掌握了把黄豆加工成豆浆的技术,那么也就具备了制作出豆腐的可能性。刊行于汉代中期的《山海经》关于"膏菽"的记载,恰恰佐证了这一点。

　　尽管发明豆浆并不困难,但是,按照今天制作豆腐必备的条件要素来看,豆腐的产生则不会来自一个平平常常的偶然机遇,或是像一些民间传说的那样,来得那么有趣、那么容易。这种非同一般的精加工、用化学手段才能制作出来的食品,应当是物质、物理反复研究中的试验成果。谁能进行这样的研究与试验呢？答案只有一个：方术之士。方术之士自秦始皇时期昂然进入庙堂,至汉代更为活跃,其中荦荦大者必须懂得炼丹之术,平时总要接触一些物质、物理的实际研究。相关的历史资料和《淮南子》所反映的内容非常清楚：在西汉前期,刘安门下所招纳的方术之士最多,这些人与门客中的其他人士对物质、物理现象以及一切学问都进行了研究。在当时,他们的研究具有无人可及的系统性、权威性和主导性,而且可能是独有一家的。按照《山海经》的这一记载,基本可以肯定西汉前期已经有了豆腐,如果我们还可以肯定这一食品是当时某种研究的结果,那么当时只有八公山中的刘安这一帮人才有这个能力。因为这一帮人拥有南宋朱熹所说的"淮南术","制豆腐之法"自当产生于此术之中。

豆腐是淮南王刘安及其门客中的方术之士研制出来的,虽然这只是一种可能,但是细检历史具备的一切条件,我们不难发现其中的必然因素。摒除那些缺乏资料依据、近代才产生的所谓很古老的传闻以及种种道听途说,认真参阅所有比较可靠的史料、文献,似乎再也找不到第二种更能让人信服的可能性。

豆腐制作(图片提供:宋桂全)

古城沧桑水文章

苏希圣

公元前278年,秦大将白起攻占楚都郢(即南郢,故址在今湖北江陵),楚王室东迁陈城(今河南淮阳),君臣在这里徘徊了37个春秋,最后于公元前241年正式将国都定在了寿春(今安徽寿县)。楚国选定这个地方作为国之都城除了其他因素外,一个重要的原因就是水。

"寿州当长淮之冲,东据东淝,西扼涡颍,襟江而带河。"自春秋以降,中原通往江南地区的西道,即沿颍水、涡水入淮,又沿淝水、施水入长江,寿州正好处于冲要位置。史书记载,当年孔子高徒宓子贱为鲁国出使吴国走的就是这条水路。春秋时期,楚国还曾在此创建大型陂塘工程——芍陂,集灌溉、养殖、水运等综合功能于

山环水绕寿州城(图片提供:史学辉)

一体，被后人誉为江北第一水利。

楚都寿春城的建造充分利用这一地区的自然水系条件，着意规划，以大香河（今废）为纽带，南引芍陂之水与淝水交络城中。城中水道与水道相交，构成一个个矩形方块，自然形成生活、生产等方方面面的功能分区。"引流入城，交络城中"，既保证了城内的生产、生活用水，又构成了城内的航道网，充当了城内水上交通线，以作为陆路交通的补充。

水资源还构成了迷人的城市景观环境。《水经注·淝水》："淝水又西经东台下，台即寿春外郭东北隅阿之榭也。东侧有一湖，三春九夏，红荷覆水，引渎城隍，水积成潭，谓之东台湖。"当年寿州的"西湖晚照"也曾名列"寿阳八景"之一。金乌西沉，云淡风轻，婀娜西湖，妩媚静娴。远山透紫，岸柳披红。苍苍蒹葭，点点鸥鹭，一派泽国气象。

寿州城依山包水，城垣临淝水绵延曲折，都城内外，兰舟穿行，俨然一大水都，堪称古代"东方威尼斯"，在我国城市建筑史上放出了异彩。

随着时间的推移，水文也发生了很大的变化。黄河夺淮，淮河与淝河河床不断提高，城址地势相对变低。当年城池"傍淝水畅其流"也逐渐形成了淝水阻滞，难畅其流的状况。如遇连日大雨，淮淝悉涨，内涝频发，不堪其苦。清末状元孙家鼐在其《重修（寿州）沿城石堤及东门桥记》中曾说"纵观（州城）地势大抵恃水为险，而亦时时虞水为灾"。

所谓"恃水为险"，就是利用州城所处地理环境，以水势为屏障的一种军事防御手段。《五代史》记载：（后）周显德二年（955年）至四年（957年），世宗率领大将赵匡胤攻打寿州城，守城节度使刘仁赡"恃水为险""固守甚险"，赵匡胤"乘皮船寿春濠中，城上发连弩射之"，州城"三年不能下"。

但是，这种情况的另一面则是"其患恒由于水"，"时时虞水为灾"。《寿州志》所载的仅明代永乐七年（1409年）至清光绪十年（1884年）这400多年所进行的27次修城，全部由水患引起。于是人们不得不进一步强化城市的防洪与排水设施。寿州古城也就兼具了御敌与防洪的双重功能。也正因为此，当冷兵器时代的战争结束，墙垣基本失去军事防御的功能后，其所兼具的防洪功能却使城垣得以完好保存至今。

古代寿州城的防洪与城内排水主要有四个方面。第一，护城石堤的创建，它顶住了洪水骇浪对城墙根基的啃咬，堪称城外城。古人赞其"若生铁之熔铸"。第二，东、西、北三处城门与瓮门在门向上采取平行错置或九十度转角的变通处理。这种城门设置，不仅有利于军事防御，尤其是能改变洪水进入瓮城后的冲击方向，大大减弱对主城门的强大冲击力,有效保护了阻挡洪流的第二道防线。这是古人在与洪水的搏斗中对于力学原理的科学实践。第三,开挖城内河塘,如称为泄浦的四隅内城河以及皮塘、撒金塘等的分布,不仅能改善城市的空气环境,而且在雨水季节能有效回纳沉泄城市积水,便于及时通过城涵排于城外。第四,创建了城涵(水关)月坝,以其科学的机械调控功能避免了城内积水成灾的无奈,也终于消除了外水倒灌入城的副作用。一位外地学者参观后将城涵(水关)与境内的芍陂并列誉为寿县古代水利工程的两颗明珠。

寿县古城墙(图片提供:史学辉)

战国寿春城内充利用水利之便,为城市带来勃勃生机;宋、明、清寿州城则做活水文章,采取用、治并举,为后人留下了一份珍贵的文化遗产。翻开寿县古代城建史,透溢出浓郁的水文化信息。水与人类息息相关,总结寿县古代城市用水治水理念,探讨其深厚的水文化内涵,无疑是一件很有意义的事情。

略释国保单位寿州古城墙碑文

王建国

寿州古城位于淮水之滨、八公山下,是目前国内保存较为完整的古代城墙之一,历来为兵家必争之地,交通要塞,曾为三朝都府。

为迎接安徽省第五届花鼓灯艺术节在寿县召开,减小与会期间车辆的阻塞,2001年11月16日,县文物部门对靖淮门(即北门)瓮城内东北角的封土进行清理。在施工过程中发现了头部残缺的石碑,立即进行了抢救清理,在距地表以下1.1米处完整地清理出了两块残碑。两碑呈"丁"字形紧紧相靠,一块石碑坐东向西,碑身腐蚀严重,碑文漫灭不清,碑上部和底座皆残,但座背部采用浮雕,龟形纹饰和鳍鳞,雕刻细腻,形象逼真,栩栩如生。另一碑坐北向南,碑上部也残,但碑文残缺可辨识。此碑最高点为140厘米,最低点高难度125厘米,宽100厘米,厚35厘米,重3—4吨,龟形为座,鳍、龟背边缘弧线,其雕刻手法娴熟,整体线条流畅;四肢锋利,藏于盖下;头部雕刻细腻,眼帘下垂,两耳微竖,面部表情丰富、祥和,老诚稳重,憨态可掬。

此碑是目前发现较早对寿春古城受洪水破坏之后,进行详细介绍的唯一块碑刻。笔者对现存文进行摘录,正文共计19列,现存669字,残文开篇为"……寿春者,盖其负重山,右濒湖水,左带淝津,纤折蜿蜒绕其后,以达于淮",描述寿春城的地理位置,重山指寿春城北麓八公山,湖由地理位置考证应为现寿春城西面的寿西湖遗址,淝是淝河;古城背靠八公山,两面环水,右面濒临寿西湖,左有淝河之水,两水蜿蜒绕其后,到达淮河。这种天然的环境适合古代人商居,以使寿春古城商业繁荣具备了首要条件。这块碑的记述为当时的寿春城的天然水系之发达、交通之便利提供了佐证。但今天的寿西湖已经俨然变成了一个鱼塘,寿州八景之一"西湖夕照",也只能在历史的文献和老照片中寻觅其芳踪。

"……其险,决策出奇,以扼敌冲,虽以十万之众未易窥也。""……质钥之固矣。"论述古寿春城的重要战略位置,地势险要,易守难攻,可谓"一夫当关,万夫莫开"。古城历来为古代军事重镇,在《方舆纪要》中称之为"西北之要枢,东南之屏敝";《陈书》云:"寿春者古之都会,襟带淮、汝,控引河、洛,得之者安,是称要害。"碑中的叙述和文献中的记载都是一致的,著名的"淝水之战"和赵匡胤困南唐,就是一个历史证明。

在残文中作者"……乃视仓廪、乃阅武库"后笔锋一转,以神来之笔描绘了"……遂登城堡而望之,属目之际,雉掩映表里,湖山连络如绣……"的优美画卷。这里有的是五光十色华丽羽毛的鸟类,雉在这里代指城墙雉堞。飞鸟、古城、寿西湖、八公山等自然风光融为一体,犹如一篇优美的诗篇,引来历代无数迁客骚人到此吊古抒今,如唐代大诗人刘禹锡的《寄杨韩人寿州》,"风猎红旗入寿州,满城歌舞向朱轮。八公山下清淮水,千骑城中白面人。桂岭雨余多鹤迹,茗园晴望似龙鳞。圣朝方用敢言者,次第仍须旧谏臣",给世人留下千古绝唱的诗篇。

寿春古城在漫长的历史长河中,屡受战火和洪水的破坏,"……故此年水溢淮、淝,冠犯汝、颍,焚溺震荡,破略无遗,而寿卒"。碑文记述了当年寿州古城屡受淝河、淮河的洪涝之灾,整个城池"焚溺震荡,破略无遭,而寿卒"。"……佣力于民,不足而檄以蒙、霍之丁夫;模甓于陶,煅灰于冶,不足而又以北山矿石敦(通磩)……";重新修筑城,在文中介绍修筑城所涉及的两个问题:民工和材料。民工的不足,以告示招相邻的蒙(霍)之人而用;造砖模,煅石灰,修筑城墙因材料不足,就地取材,又以北山矿石为城墙的基磩;现在在城墙的基部随处都能找到石基,矿

定湖碑刻(图片提供:高峰)

石为基,陶砖为墙,石块呈"丁"字形错缝排列,与城墙砖浑然融为一体,使得古城更加雄伟、敦实。

"……杀其半,周匝十有三里,葺其旧有十之三,作而新者十之七,垣有四隅,旧有基而无楼,今各构一门,有……通淝、曰定湖、曰靖淮。"从上面的残缺文字记载中,可以看出当时的古城被洪水破坏十分严重,重新修筑的工程面积已经达到十分之七:"垣有四隅,旧有基而无楼",当时旧城只剩四个城门的门基,施工者对四个城门进行了科学复建,"今各构其一门有……通淝、曰定湖、曰靖淮"。文中残缺的应为宾阳门,其中的东(宾阳门)、西(定湖门)、北(靖淮门)三个城门修筑成具有内外两个城门的城,两门相错,减小洪水的冲击力,增强了防洪能力。据明嘉靖《寿州志》记载,除南门(通淝门)外,东、西、北三门内外门道,均呈90度直角,呈"U"形门道:这种设计在防洪和战争中具有一定的科学道理。其一,双城门在战争中,当外门被打开,内门仍然可以拒敌,同时院城内形成易守难攻的局面,起到"瓮中捉鳖"的作用;其二,当洪水入瓮城后,形成涡流,可减轻对内的压力,1954年、1991年的特大洪水,寿州古城安然无恙,这和城门的科学设计不无关联。

残文又对当时施工的主要负责人员进行简短的叙述,"乃召父老问状,对曰:谋之者为东平梁公,成之者为青邑袁公","……画(通'划')甫定,公迁官去寿。乃功弗成,众为寻,幸天俾袁公来代其任,众乃翕然向之"。在现存的历史文献中,已很难求证梁公、袁公的真实姓名和当时的职务了,但这两位官员在修建城墙过程中,"时梁公躬罹其忧,乃攘臂奋曰:是非有司责邪,爰谋于……","公(袁公)……率其急祛顽,以弭其奸,嘉善违以协于底而度绩,昔之倾者以立卑者,以崇削者,以砻密而……",作为当时的执政者能够以身作则、"躬罹其忧",为修建城墙不计个人得失、身先士卒,为世人留下了宝贵的物质和精神财富。

残碑的落款为"璫李荣华、吏目章,儒学学正黄玉维、崇绍同立石,柳茂镌"。"儒学学正",据史料记载,寿州州学,唐代初设文学1人,助教1人;元代,扩其规模,置安丰路学正1名,儒学、蒙古学、医学、阴阳学教授各1名,又置寿春县儒学教谕1名;在明代始设寿州州学置学正之职,为州学之长,亦为掌一方教之学官。从这段文字和历史文献记载,可以说明此碑的年代不会早于明代;从碑文只出现"自乙亥……"一处残断时间来看,明代有此时间的有洪武二十八年、景泰六年、正德九年、万历三年。另在清理两碑的同时出土了一条古代墙基,墙基为东西走向,两碑砌于墙体之中,据光绪《寿州志》记载此墙基遗址是明隆庆四年(1570年)建成的真武庙的一段墙基,由此可见,此应在明隆庆四年以前建成的。寿春孔庙内有一块为正德甲子年(1504年)的重修孔庙碑刻,其雕刻者也为柳茂,由此可以定为此碑为正德年间建,记述的事件也应在正德年间。

  这块碑的出土填补了明代寿春古城的防洪和战略的实物资料,印证了寿州古城屡受洪水之困的史实,对考证古代修筑城墙所采用方法、手段以及原料的来源、民工的招募等问题,提供了有力的参考,其更大的史料研究价值有待进一步考证。

读城隍庙碑记

王继林

2016年9月16日,原位于县城东大街的寿县三中的3件文物顺利搬迁新校,其中一件是"城隍庙修缮功德碑",碑额为"作善降祥",碑序为"修两廊房宇接换石础暨皂隶棚辕门鼓楼厅并土地大殿卷棚等处碑记",正文是捐款者,落款为"中华民国九年,岁次庚申秋九月"。中华民国九年即1920年。细读此碑,并做初步统计发现,它不仅证明三中悠久的办学历史,同时也提供了丰厚的历史信息。

此碑正文部分共计17行,涉及的捐款单位共32个,捐款人218人。捐款单位大致可以分为三类,皖北镇守使及其名下的安武军统领、营务、各路帮统、管带等;银号、绸庄、公司、杂货店;与道教有关各种道会。此碑右上方首位捐款人"皖北镇守使殷",民国二年(1913年)北洋政府在寿县设置"皖北镇守使公署",镇守使为一地区最高军事长官,民国九年殷恭先在任。殷恭先,字寿铭,清武童生。安武军是民国初年由倪嗣冲创立的一支新军,北伐胜利后,被南京国民政府改编为第二十七军和第三十一军,成了国民革命军的一部分。

正文第二行有"益丰"银号。银号即钱庄,是旧中国早期的信用机构,"民国初年我县当铺和全国一样,纷纷倒闭,'钱庄'应运而生"(陈伯衡《民国年间的寿县金融概况》);绸庄有"泰纶""荣兴"绸庄;公司有"阜丰""利兴""义记"公司,其中阜丰公司,即阜丰面粉厂,光绪二十三年(1897年),寿州人孙多森、孙多鑫兄弟在上海集资银圆20万两创办,位于上海莫干山路;日用杂货店则是不胜枚举,尹琅轩在《解放前的寿县城关工商业》一文中写道,"抗战前的煤油经销处,城关共四家,即(福记公司、裕华公司、柏隆兴杂货店)……德兴裕杂货店,经理樊绳武,经销德士古煤油",碑文上赫然有"樊德兴裕",我多次走进北街新生巷的樊家大院,此院落当年的主人就是德兴裕老板樊绳武。

碑文中还有很多陌生的名词,北香亭会、中路醋炭会、南醋炭会、葡萄架会、签筒会、西大炉会、走阁香桌会、三皇会,这些以"会"为名的处所,已然无考,大致推测应与城隍庙有关。其中"三皇会"大约是旧时说大鼓书的盲人们的一个自治组织,所谓"三皇"即天皇、地皇、人皇,主要由长、副、判、管、律、政、臣、理、拘、查十个职位组成,与"城隍"系统别无二致。城隍庙的道教活动一直持续到解放,"解放后,城隍庙原有房屋,部分拆除,改作寿县第三中学"(陆教菊《六安较大的道教宫观》),城隍庙成了寿县三中办学场所重要的组成部分。

闵大洪赠画

赵　阳

早晨上班途中,接到县文化部门一位领导的电话,说今天北京来人到我县捐赠名人字画,上午在县博物馆交接,但不让举办捐赠仪式。我随口问,谁这么低调?电话里说,中国社会科学院的教授,柏文蔚的后人,闵大洪先生。

闵大洪!中国极少数贯穿学术界和互联网业界极有影响力的活跃人物,头衔一长串,国务院新闻办公室互联网新闻研究中心客座研究员,中国社会科学院新闻与传播研究所网络与数字传媒研究室主任,中国互联网协会互联网新闻信息服务工作委员会委员,新闻出版总署报业专家顾问团顾问,北京网络新闻信息评议会主任,北京网络媒体协会会长,等等。每年撰写的"年度中国网络媒体和网络传播",成为业界最全面的总结和概括,众多专著被誉为网民学习现代传媒学"最鲜活的教科书"。

作为从事网络宣传的一分子,闵先生的大名如雷贯耳:这是大师级人物啊?人家不让报道,我们去一睹风采,总可以吧?

走进博物馆大门,见馆长陪着一位老人正在欣赏厅内四壁悬挂的图片。老人穿着件白色短袖衬衫,花白头发,面容慈祥,年近古稀却精神焕发。馆长转过脸介绍说,这是从北京来的闵先生。闵先生笑吟吟地伸出手来与我握手。知道我是专程赶来拜望老人的后,老人一迭声地说:"不要麻烦你们的!"一起来到馆内小会议室坐下,端起桌上的一次性纸杯喝茶聊天。原来,闵大洪先生系民国先烈柏文蔚的外孙,其母柏心慧生前保存父亲柏文蔚留下的一幅书画作品,系1936年柏文蔚居住南京时,邀请老友于右任、张大千、方介堪、经亨颐等聚会,三位画家当场作画,于右任即兴题诗。今年适逢柏文蔚140周年诞辰,又是作品创作80周年,柏文蔚的后人们商议,决定将作品无偿捐赠给家乡寿县博物馆收藏。

上午10时,县分管文化的领导及文物专家陆续到齐,闵先生站起身来,捧起桌上一幅泛黄的画轴,小心翼翼地徐徐展开。首先映入眼帘的是两枝墨竹,"冗繁削尽留清瘦,画到生时是熟时",笔法苍劲老到,画风随意随性。竹节左侧飘过一抹兰叶，循其探望，画作中间斜生着一株婀娜多姿的兰草，幽枝浮动，暗香袭人，花姿卓尔不群。兰下左角有两朵灵芝，潜身一隅，抱一守真。左侧是几行草书，龙飞凤舞。细辨，是于右任的题诗及款识："为有明灯照砚池，须臾兰竹写幽姿。主人自抱风流赏，应叠雄篇付紫芝。廿五年二月玄武湖柏园酒罢，颐渊写兰，大千竹，介堪紫芝。烈武老兄命题，右任。"

好一幅尽显大家气派的《兰竹芝图》！

整幅画作六尺对开，横幅，保存完好。众所周知，于右任是中国近现代享有盛名的政治家、教育家、书法家，复旦大学、上海大学等著名高校的创办人；张大千被西方艺坛赞为"东方之笔"，是20世纪中国画坛最具传奇色彩的泼墨画工；方介堪曾任西泠印社副社长，为中日兰亭书会名誉顾问；经亨颐也是享誉民国及后世的教育家、书画家。而柏文蔚的书艺也不同凡响，"其北碑楷书颇具松下之风"。可以说，这幅作品无论历史价值、艺术价值、收藏价值，都弥足珍贵。我们啧啧连声，赞叹不已。领导现场接过画作，一边向闵先生由衷表示感谢，一边要求县博物馆的同志，一定要把这幅珍贵的作品保护好、展示好。闵先生摆摆手说，感谢不敢当。《兰竹芝图》得存寿县博物馆，相信老辈们在天有知，也会展露慰颜。

闵先生所说的"老辈们"，自然是指柏文蔚等。

柏文蔚，字烈武，号松柏居士，1876年出生，安徽寿县柏家寨人，同盟会员，武昌起义后任第一军军长兼北伐联军总指挥；二次革命时宣布安徽独立，任安徽讨袁军总司令；1924年国民党一大上当选为中央执行委员；北伐战争开始后，任国民革命军第三十三军军长；1930年任北平国民党中央党部扩大会议常务委员；九一八事变后，柏文蔚主张抗日，未获批准；七七事变后再度请缨，"当局不准"，赋闲湘西写就自传《五十年革命经历》；抗日战争胜利后，任国民党中央政治委员会委员兼国府委员，1947年病逝上海。

据文史专家王继林考证，九一八事变后，由于与蒋介石政见不同，柏文蔚过起隐退生活。1932年，先生在上海赁屋而居，"后几年，一年中在桐城县松柏山房与昆山者居九到十个月，而居南京仅一两个月而已"。民国廿五年（1936年）早春的这场雅集并留下墨宝，难能可贵。通过查阅《张大千年谱》，王继林得出结论：《兰竹芝图》诸作者在1936年前后过从甚密，"1926年仲夏，在曾熙家结识温州籍篆刻家方介堪"，"1927年，参加'寒之友'画会，会友有于右任、何香凝、经亨颐、陈树人、黄宾虹等"，"1935年，'张大千、方介堪、于非闇书画篆刻联展'在北平举行"，"1936年集体创作的《兰竹芝图》应该别有一番意味：兰，幽芳高洁；竹，气节刚直；紫芝高贵，有绝处逢生、遇难成祥的希冀和祝福。书朋画友应有鼓励柏文蔚东山再

闵大洪赠画

起的意思"(王继林《兰竹芝图》)。

看博物馆的工作人员把画作收将起来,闵先生收拾好手边资料,准备离开。我迎上去,试图请先生谈谈感受。老人愣了下,了解采访意图后,连连摆手:"不要宣传的,谢谢你们了!"婉拒了主人派车相送的好意,匆匆离去。

望着先生的背影消失在馆前广场的人群中,我陷入了沉思:比起社会上好多"黑眼珠见不得白银子"的人,闵大洪应算一个特立独行、高风亮节的人。他的真诚与淡定、安然与从容,令接触的人如沐春风清泉洗心,同时也感受到家教与门风的滋润与养成。闵大洪不是寿县人,但一幅《兰竹芝图》将其与寿县紧密联系到了一起。寿州"十大文化"中有"廉政文化"一章,寿县博物馆展厅中也辟有"廉政文化"板块,真诚希望有关方面在合适时候,将《兰竹芝图》陈列其中,供人瞻仰缅怀,让我们能够不断学习先生的高尚品质,净化心灵,修行向善,使文物以教化人的功能得到充分发挥,以不辜负闵先生一家心系故土的深情厚谊。

廉颇墓地何处寻

黄家忠

大约十几年前，听说寿县北山纪家郢孜后面放牛山坡子孤堆前立了一块廉颇墓碑，后又陆续读了些有关廉颇墓的考证文字。但我奇怪地发现持坡子孤堆为廉颇墓说者，竟拿不出一条翔实的证据。这本是一个尚待研究的问题，可最近见6月8日《安徽日报》载文说寿县近有整修廉颇墓的举措，这就使我觉得似有讨论一下的必要了。

这里想先谈谈这些考证文章中引用的材料：

一、《廉颇墓》（见《寿县文史资料》第一辑），这篇文章为了证实坡子孤堆就是廉颇墓，引用了唐张守节的《史记正义》，但引文未引全句。《史记正义》说："廉颇墓在寿州寿春县北四里。"而坡子孤堆距寿县城一十五里，引文便不引"四里"二字。文中又引《太平寰宇记》引《古今冢墓记》的话，"廉颇葬于肥陵牛麓原"，可引文又截去"原"字，说："'牛麓'或即放牛山"。这两处引证都是削足适履，实难令人凭信。

二、《廉颇墓》（见1986年9月14日《淮南日报》），这篇文章引用了清代著名学者凤台县令李兆洛考证"信平君墓砖"（即廉颇墓砖）的文字，但讹误较多，不仅墓砖的大小数字有误，而且在引文中还多出"掘得墓砖"四字。作者虽很推崇李兆洛，可惜未去读他的其他有关文章，因而尽管未提坡子孤堆，可也无法指出牛麓原的位置。

三、《神秀八公山》（黄山书社1988年12月出版），内有一章《落霞夕照吊廉颇》，其中错误更多，不仅照搬了以上两文的内容，更有甚者还臆造出这样一段话："李兆洛曾多次查访廉颇墓……几年以后，有人在八公山中放牛山的廉颇墓边挖掘出了一块墓砖，墓砖文曰：'癸亥信平君之墓'。"这与李兆洛的原话根本不符。他是这样说的："四顶山樵人于丛榛灌莽间得一砖，携为砺者有年矣。予偶见其侧隐隐有文字，乞归洗刷之，蜃灰垩黝中稍辨点注。篆文凡七，曰'癸亥信平君之墓'。"（见《光绪寿州志》引《凤台县志》）

四、《古寿春漫话》（黄山书社1989年12月出版）内有《廉颇墓》一节，也照抄了《寿县文史资料》上的错误。另外,引用《寿州志》也不严谨,转述的内容用了引述的形式。

从上述材料看,坡子孤堆是否为廉颇墓地?答案当然是否定的。

那么廉颇墓地何处寻呢?其实前人已做过一些工作。李兆洛在他撰写的《赵廉将军墓碑》中列述有三项材料,除上述《史记正义》和《太平寰宇记》引《古今冢墓记》外,还有萧景云的《古墓考》中说的"廉颇墓在五株山西南麓"。"五株山"又在哪里呢?嘉庆《凤台县志》说:"今城(按:指寿州城,当时凤台县的治所,设在寿州城中)北盛家湖即船官湖地,其直北今俗名五株山。"由此看来,它就是葬有汉淮南王的"老母猪山"。"母猪"与"五株"谐音,寿县人说"母猪"时习惯在前面冠以"老"字。五株山(老母猪山)距寿县城正是四里。这里我们还可以从李兆洛的另一篇文章侧面来看一看廉颇墓的方位。他在《玛瑙泉别墅记》中说:"北山多名泉。玛瑙泉在廉将军墓左,孙景贤上舍营别墅焉。"玛瑙泉在五株山下,说"在廉将军墓左",廉将军墓不就在五株山的西南麓吗?在《赵廉将军墓碑》中李兆洛还批驳了传说中的两个谬误:其一,他说:"相传数十年前土人私葬其地,毁去碑碣,遂误指五株山东南麓淮南王墓为廉颇墓,且有东廉颇墓西廉颇墓之称,谬矣!"其二,他又说:"北山坡陀间古墓多毁没,存者十二犹累累然,意皆楚徙都时贵臣遗冢也。昔人称为十二连坡古墓,俗遂讹为十二廉颇墓。尤谬!"坡子孤堆就是"北山坡陀间古墓",现在竟有人说它是"经李兆洛勘查确认"的廉颇墓(见《神秀八公山》),而地方有关部门又立起了墓碑,这真是"冤枉了大老爷"!

李兆洛确很崇敬廉颇和关心廉颇墓。他考证了"信平君墓砖"并把它记入了志书;他又让萧景云考察了墓地,然后谨慎从事,大致确定了廉颇墓的方位,写了《赵廉将军墓碑》,在五株山西南麓立了石。这些做法他在碑文和《凤台县志》中都做了说明。他说:"余既属萧生稽访其地,因立石表其道……"他又说:"予来凤台即求将军之墓,而土人所指无定处,数年始约略其地,树碑而表之。"以后他又写了《祭廉将军墓文》。

以上所谈虽仅限于文献资料,但在没有进行科学地勘查或探掘之前,总算是言之有据,而说坡子孤堆是廉颇墓者能在文献资料中找出(哪怕是)片言只字的证据来吗?

寿州锣鼓中的【长流水】

罗西林

在我的记忆中,20世纪50年代末期,从北门外来了一支锣鼓队,他们光着膀子,头扎白色毛巾,上身老粗布坎肩,下穿大腰裤、黑布鞋,完全一副淳朴的农民打扮。演奏开始时,一段【疾风骤雨】,一段【蛤蟆跳井】,配合默契,形成了【大长流水】曲牌,让人听了如痴如醉。也就是这段锣鼓节奏,让儿时的我彻底迷上了锣鼓,一辈子离不开锣鼓。

寿州锣鼓曲牌流传已久,如今保留下来的曲牌有【兔子扒窝】【大头和尚戏刘翠】【紧急风】【十八番慢三锤】【小长流水】【大长流水】【长流水】【锣鼓对话】等等。在锣鼓演奏中每逢曲牌变换时,都要用【长流水】做连接。寿州锣鼓里面有几种【长流水】,节奏也各不相同。【长流水】来源是什么?这么多年来,我天天都在琢磨它。

一年前,朋友李玉锁来我处闲谈,看到锣鼓照片,说他的老家涧沟镇黄郢子也有这样的"钢锣",以前家乡用水车车水灌溉农田时,就用到这种"钢锣"指挥车水。他即兴哼了一段踩水车的打锣节奏,和【小长流水】的节奏几乎完全一致,我当时高兴得不知怎么形容,感觉答案似乎就在眼前。

其后不久,我和县非物质文化遗产办公室马晓源、鼓友柴德宣三人一道前往涧沟镇、丰庄镇一带进行实地调查。寿县属于丘岗地形,高岗田地需要水车车水灌田,当年用水车最为普遍的地方就是现在的涧沟镇、丰庄镇,20世纪70年代此地的生产队还在使用大型水车进行灌溉。

在调查中发现,当年踩水车的老人还有健在的,并且是当年在水车上负责打锣指挥的人,老人名叫柴力怀,在柴岗村居住,已有八十多岁,有点脑梗,但语言表达能力还行。

通过老人的介绍,我们得知水车还有大小之分。大水车需七人,叫"七令头";小水车需五人,叫"五令头"。车水时,一人在中间打锣指挥,两边人员对称用力。踩水车时根据"钢锣"打出来的节奏,以求步骤一致。水车的中轴上系有细线,当线团线绞完时锣音停止,踩水车的壮汉们随之止步,整个过程完全靠打锣者掌握指挥。

据老人讲,他爷爷辈也是打锣指挥踩水车的,一代一代传下来。当年每村都有一班踩水车的壮汉,他们不仅要年轻力壮,还要有较好的节奏感,因为踩水车时有一人节奏跟不上,众人的力量不能合一,轻则水车闷水,重则踩水人的腿面骨就有可能被打折了。交谈时,老人还将自家保存的老"钢锣"拿出来让我们看,它和现在的"钢锣"几乎一样,只是在重量上有些许差别。柴老先生说这种钢锣浑厚响亮、传播远,嘈杂声再大也盖不住"钢锣"所发出的有穿透力的声音。

我试着用嘴哼唱了一段【小长流水】【紧急风】的原节奏,老人家立即高兴地和我一道哼唱起来,节奏完全合拍。老人家兴奋地说,虽然永远踩不上水车了,但这个车水的调子会永远记着。

由此可见,【小长流水】【紧急风】曲牌即来源于寿县本地农民千百年来车水灌田时"钢锣"指挥打出的节奏。这段车水调经过历代艺人的加工已经成为今天寿州锣鼓演奏中用的常用曲牌,并且在演奏中占据了举足轻重的地位。

宗教民俗

报恩寺恢复佛事活动始末

高 峰

寿州古城内东北角,城墙根下,内城河畔,东菜园旁,一条巷陌的幽深之处,有一座千年古寺——报恩寺。殿宇辉煌,法相庄严,晨钟暮鼓,香火旺盛。每月初一或十五的早晨,东大寺巷、西大寺巷、北梁家拐巷、箭道巷等周围的几条巷子里,都是络绎不绝前去敬香拜佛的人,一派和谐安宁的景象。

一

寿州佛教活动历史悠久,据《水经注》记载,早在南北朝时期就有名师僧导建有"导公寺",位于"石涧、淝水交合处",当时从学者达三千众,史称"寿春系",盛极一时。唐、宋以降,寿州佛事建筑活动延续不断,报恩寺就是这一时期的产物。明、清延续,至民国日趋凋零。

寿州报恩寺是江淮之间的名刹古刹,相传始建于唐贞观年间,旧名"东禅寺",明洪武年间改称"报恩寺",距今已有1300多年历史。千年以来,报恩寺的沿革如何?如此宏大的建筑规模如何逐步形成?除了碑文史志的零星记载之外,都随着历史的烟云逐渐隐淡。现在,让我们重新来梳理一下它历经劫难却又重现生机的历史脉络。

我们今天所能看到的解放之后最早一份有关报恩寺的资料,是1966年六安专区文物工作组的《寿县报恩寺复查报告》。报告之中对报恩寺的历史沿革及历代修缮、增建皆有记录,大致如下:一、寺始建于唐贞观年间;二、宋天圣五年(1027年)建阿育浮图(塔),其余房屋亦多半重加修葺;三、明正德九年(1514年)"以历年既久,致以风雨凌蚀,日就圮坏,复加修建";四、明嘉靖十八年(1539年)又进行简修;五、清乾隆三十三年(1768年)遭火灾,"大殿、后楼,一烬无余",嘉庆十六年(1811年)复修大殿,在殿后建毗卢阁,移山门于中,对殿、塔进行维修、添造僧舍,开设丛林;六、清同治元年(1862年)塔倒塌了六级,仅存三级,光绪八年(1882

年），在西禅堂院中晾晒的军火爆炸，炸毁大殿及其他房屋多处，寿春镇总兵郭宝昌被迫重修。另外在光绪年间，蓼秋和尚于毗卢阁东，僧祖堂后新建"涤尘精舍"四间，又于僧祖堂东建小楼一座。

解放后，大寺粮站设驻于报恩寺内。1956年11月22日，安徽省人民委员会公布寺内的泥塑"十八罗汉"为省级重点文物保护单位。1962年、1963年先后拨款共计一万五千元进行建筑物的全面维修。1968年11月，寿县人民委员会指示，"将县博物馆址、县文管会会址移入寺内"，并确定"该寺周围围墙以内所有土地，附属建筑物均划归文物保护范围以内"。

二

寿县博物馆迁入报恩寺之后，自然不会再有住持和尚，也不会开展佛事活动。但由于县博物馆迁入，有了文物保护的规划和规定的"尚方宝剑"，报恩寺得到了保护。县博物馆因地制宜，利用报恩寺的原有建筑和房屋进行办公和展览，大体上没有破坏原有建筑格局，院内的古树、古碑、古井等也一并得到保护，尤其是寺庙没有被社会侵占，院内没有新建现代化的楼房，这是报恩寺最值得庆幸的地方。

现在报恩寺的主要古建筑物是大雄宝殿，从历代维修的记载和现有建筑风貌来看，应是清代的建筑。它建在1.1米高的石基上。面阔五间，进深三间，前出一廊，外檐石柱呈方形，其中一柱柱础刻作两羊跃起相触状，比较生动，乃寿县内八景之一的"石羊抵头"。大殿重檐歇山顶。殿内东、西山墙下砖台上的泥塑十八罗汉为省级重点文物保护单位。据清乾隆四十五年六月张佩芳《重修报恩寺碑》云："乾隆三十三年（大殿）毁于火。越八年，准提庵僧际清募化重修……越三年，殿工竣。"另据同年秋月，李世祥《劝捐各善士姓名碑记》亦云："国朝乾隆戊子再火，大殿、后楼，一烬无余。"根据以上记载推测，十八罗汉的塑造当在乾隆四十五年至四十六年之间。1966年六安专区文物组还与大殿西边第一尊罗汉背上长方形空洞里发现一块木牌，上有"大清乾隆四十六年十一月初二日装修罗汉一尊开光"字样，可为佐证。

大雄宝殿内原有铜鼎一座，重百余公斤，上刻寿州城池图像，群众称之为寿县内八景之"城内城"。

大雄宝殿东檐墙上赵孟頫书"南无释迦牟尼佛"七字，字径67厘米。据大殿西檐墙上嵌的梁巘《右七字跋》云："右七字，元赵广敏公榜书，结体遒紧，牵力古劲，绝似苏灵芝铁像碑。往余游宣州得之……乾隆四十三年夏……适重建报恩寺，遂刻石壁间,以永其传……"

报恩寺宋塔在山门内,二佛殿前,平面呈八角形,原为九级,当时应该是寿州城的制高点和标志性建筑。苏轼《出颖口初见淮山是日至寿州》有云"寿州已见白石塔,短棹未转黄茅冈",诗中的白石塔即是报恩寺宋塔。佛塔的外壁条石平砌,素平无饰。砖雕斗拱,挑出走廊。塔的东、南、西、北四面各有一个门券,或为孔道或为佛龛,佛龛里均有石刻佛像一座。北边的佛龛里有明嘉靖十八年"明重修报恩禅寺赞碣"一块。清同治年间塔倒塌,仅存三级,残高二十二米。1977年,为了安全起见,拆除了余下的三级残塔,发现了地宫、壁画等,出土文物有金棺、银棺以及舍利子等,均为国家一级文物。

三

报恩寺法会(图片提供:王玉明)

寿州报恩寺历史悠久,规模宏大,寺藏文物较多,文化底蕴丰厚。解放后,在党和政府的正确领导下,彻底改变了过去的陈腐面貌。尤其是改革开放的新时期以来,随着经济社会的全面发展、宗教政策的落实,这座千年古刹又焕发新的生机。

报恩寺法会(图片提供:王玉明)

报恩寺法会(图片提供:王玉明)

今天的报恩寺,以其规范的佛事活动、旺盛的香火、优美的景观和丰富的文物吸引着广大的善男信女和全国各地的旅游者。

为发挥寿县历史文化名城优势,充分利用现有的宗教文化资源,促进旅游经济快速发展,2000年,经县委、县政府研究并报省宗教局、文物局同意,决定将原寿县博物馆从报恩寺里迁出,全面恢复佛事活动。省宗教局以皖宗[2000]1号文件批复,同意恢复报恩寺为佛教活动场所,并推荐九华山佛教协会常务副会长兼秘书长、古拜经台住持释圣明担任住持,对报恩寺进行恢复重建。

2001年4月,县委、县政府成立寿县恢复报恩寺领导小组,时任县委书记何洪江亲自率县委统战部、宗教局、文物局等单位主要负责人,先后两次前往九华山拜访释圣明住持,商讨报恩寺委托管理和恢复佛事活动有关事宜,后经省宗教局批准,与释圣明住持达成初步接管协议。2001年7月,释圣明住持和东南亚居士一行十余人首次前来寿县,实地考察报恩寺。其间,众居士为寿县县委、县政府的诚意所感动,为寿县厚重的历史文化所折服,他们对犹豫不决的释圣明住持说:"老和尚,这个庙不错,有历史,有文化,您来做,我们支持您。"这一番话语坚定了释圣明住持接收报恩寺的信心。紧接着双方就报恩寺内博物馆搬迁、现有土地确认、重新规划、设计、房屋修复,院落道路、水、电等方面进行具体的协商,都得到满意的答复和承诺。2002年4月,释圣明住持再次来到古城寿州,在原县委大院县委办三楼会议室与寿县政府签订《寿县报恩寺恢复重建交接协议书》,从此,释圣明老和尚就在寿县报恩寺住了下来。

当时,县博物馆刚刚搬迁,整个寺内杂乱无章,一派颓败景象。屋顶坍塌,墙体开裂,门窗损坏,道路坑洼,老和尚一行连个住的地方都没有,要迅速恢复佛事活动,谈何容易?过去县博物馆的办公室、展览室、职工宿舍等,有的要进行拆除重建,有的要开门留窗,按照佛寺的格局重新修缮,恢复报恩寺古建筑物的原始风貌。报恩寺重新规划设计通过专家评审后,释圣明住持多方筹措资金,开始紧锣密鼓的重修工程。那些日子,为了节约每一分钱,老和尚吃在工地,住在工棚,生活十分清苦。2003年重修山门、两旁的居士寮及流通物等附属建筑;2004年完成维修大雄宝殿,整修道路院落管网;2008年,重建毗卢阁大殿;2010年建成五百罗汉堂……完成投资500万元左右。

在重新修缮了大雄宝殿工程之后,报恩寺于2004年农历三月十五日举办第一堂水陆法会,算是正式启动恢复佛事活动。从此,古老的寿州古城内,人们又重新听到来自东北隅的暮鼓晨钟,一座千年古寺又重续了香火。2004年释圣明住持圆寂后,释圣宏住持依钵佛缘,继续接管。因释圣宏年岁渐高,2010年,年轻的监院

释广德住持又担起重任。他们利用的水陆法会的机缘，不辞辛劳，前往广东及东南亚等地，宣传寿县历史文化，发动善心募捐，那些来过寿州的居士纷纷兑现了当初的承诺，给予无私资助和坚定的支持。报恩寺从 2004 年开办第一堂水陆法会至今，已连续举办了 20 堂，那些虔诚的居士就像候鸟一样，雷打不动，在每一年的春三月准时来到寿州，完成一次内心的信仰之旅。目前，寿州报恩寺信众遍布东南亚各国，广东、广西以及省内的合肥、池州、蚌埠、淮南、六安、阜阳等地。佛事活动的恢复，有力推动了寿县文化旅游事业的发展。现在，报恩寺已按照 AAA 级景区的要求，设置了旅游公厕、停车广场、标识等，随着佛事活动影响日益扩大，必将为寿县文化旅游事业做出更大贡献。

四

如今的寿县，是许多旅人的向往之地，报恩寺又是许多礼佛之人的眷恋之所。从东大街经箭道巷再拐入东大寺巷，经"三步两桥"一直向前，一座古朴幽雅的寺庙展现在你的眼前。当你游览了古城墙、八公山、安丰塘等名胜古迹之后，身心累了，又不想回去，那么就到最后一站——报恩寺，你或烧香拜佛，或聆听梵音，或驻足佛堂，或绕行佛塔，或者干脆什么也不做。"曲径通幽处，禅房花木深"，一千多年的光阴过去了，两株古老的银杏树，历经风雨雷电。日月星辰，俨然两位明心见性的佛陀。它们已经寿近千年了，还要活多久？是不是与这寺庙的香火一样永续？坐在夏日的浓荫里，坐在院前的条石上，歇歇脚，发发呆，享受这千年大寺给予你的宁静、悠远和开示，人生有限，因果循环，苦乐之事，尽可坐享。

四顶山奶奶庙"抱娃娃"习俗的人类学考察

郭福亮

一、四顶山奶奶庙的解读

四顶山位于安徽省寿县境内,坐落于八公山山脉。汉代淮南王刘安曾在此召集宾客,著成《淮南子》。传说刘安与"八公"在此修道炼丹,后得道成仙。现在山上仍留有"羽化台""一人得道,鸡犬升天"的遗迹。

关于四顶山名字的来源,据当地一些居民讲"四顶山有四个山头,所以叫作四顶山",可知"顶"为量词。但由于开采石料,山体面积大幅度减少,周围已看不出其有四个山顶。关于"顶"的另外一种说法是"顶"为名词,如武当山"金顶","碧霞元君庙无论建在山上,还是平地,都称之为顶。北京有东、南、西、北、中五顶,东顶在东直门外,大南顶在左安门外马驹桥、南顶在永定门外,西顶在西直门外蓝靛厂,北顶在德胜门外,中顶在右安门外草桥"。京师各顶,主要指北京城外几个有名的崇拜碧霞元君的祠庙。之所以称为"顶",是指"祠在北京者,称泰山顶上天仙圣母"。清人则说得更具体,"祠庙也,而以顶名何哉?以其神也。顶何神?曰:岱岳三元君也。然则何与于顶之义乎?曰:岱岳三元君本祠泰山顶上。今此栖此神,亦犹之乎泰山顶上云尔"。当然,除了碧霞元君各顶,也有其他寺庙被称为顶,但无论如何这些顶都与朝阳门外的东岳庙发生了一定的联系。《嘉靖寿州志》四顶山条"州北七里,八公山上有东岳祠"。据皖西学院关传友先生考证"四顶山庙为'东岳庙',始供奉神妃碧霞元君"。据前文所述,可知四顶山的"顶"是与东岳庙有关的道教建筑物的称谓,而非人们普遍认为的量词四个"山顶"(山头)的意思。

有关四顶山老奶奶的传说可谓家喻户晓。据李家景讲,"从前,有一个小孩在四顶山上耍,遇到了一只老虎,老虎要吃掉这个小孩。这个时候老奶奶刚好路过,就踢出一只鞋,把老虎吓跑了,救了小孩。老奶奶救了小孩后,就走掉了。小孩家人为了感谢老奶奶,就到处找她,在山上找了很久,没有找到老奶奶的下落,只发现了老奶奶留下的一只鞋。后来,人们为了感激老奶奶,就在发现绣花鞋的地方建了个庙,来纪念她","每年三月十五有上百万人上山进香,开始只是个木头雕的老奶奶,面容慈祥,木雕不高,下面是莲花,大家都喊老奶奶,可能叫碧霞元君,五连洲公司开发四顶山,从泰山请来了碧霞元君,把碧霞元君的形象具体了,和全国各地的碧霞元君都统一了"。

现在四顶山上建有碧霞祠,供奉碧霞元君。碧霞元君作为泰山神之一,在"明代中期以后,一方面被道教吸纳进神灵系统,并得到官方的认可;另一方面又被民间宗教所吸收,使她在民间得到更为广泛的传播"。北京丫髻山的碧霞元君庙就是"明嘉靖中有王姓老媪发愿所建"。明中叶以来的民间宗教大多是由北方向南方扩展,逐渐演变成南方本地的民间宗教,碧霞元君也渐渐传到南方,成为人们生活的一部分。历史上,寿县"北阻涂山,南抗灵岳名川,四带有重险之固,是以楚人东迁,遂宅寿春,徐、邘东海亦足守御,且漕运四通无患空乏",为兵家必争之地,另外当地位于淮河、淝水交汇处,水灾频发,长期的战争和水灾造成大量群众死亡和流离失所。明朝初年徐贲(曾任河南左布政使)曾有《舟行经寿州》载"问知古寿春,地经百战后;群孽当倡乱,受祸此为首;彼时土产民,十无一二有;田野满蒿莱,无复识田亩"。"战争、灾荒、疾病和贫穷导致群众存在较高的死亡率,人们不得不祈求神灵保佑平安健康,祈求多子多福,并导致了同样普遍的对生育的重视及高生育率"。所以,即使引起高死亡率的因素逐渐减少以后,那种多子多福、不孝有三无后为大以及重男轻女等传统观念,造成了碧霞元君信仰的延续。由于寿县地区多战乱和灾祸,当地人死亡较多或流离他处,现在的居民多为明洪武二年(1369年),朱元璋迁山东济宁老鸹巷充凤阳府的移民后裔,所以寿春镇现在的饮食、方言等与山东济宁保留一些相似处,如胡辣汤、蛤蟆、"银个子"(硬币)、"黄子"(脏话"东西")等。明清时期,随着京杭大运河和淮河航运的发展,一些江淮商人来到山东经商,山东商人也到江淮地区经商,他们不仅发展了经济,而且促进了文化的交流。济宁"江淮百货走集,多贾贩","士绅之舆舟如织,闽广吴越之商持资贸易,鳞萃而猬集"。寿县地区的上述情况,都为碧霞元君信仰在当地的传播提供了文化环境,也保证了碧霞元君祠香火久盛不衰。

四顶山奶奶庙庙会是以四顶山上的庙宇为依托,在每年农历三月十五日举行的群体活动。民国时期,淮河水运发达,寿县城内商业繁盛,庙会期间,居民祭祀神灵、祈求愿望,并伴有商业贸易、文艺表演等,山上和山下到处搭满各种棚铺,出售货物,更有各种特色小吃,北京烤鸭、天津大麻花等,应有尽有。一些有商业头脑的人,抓住香客心理和商机,在路边卖洗脸水,给进香人洗脸净面用,顺势吆喝着"洗洗脸,净净面,前面就是阎王殿"。据李家景讲:"过去阎王殿位于山脚下,是上山进香的第一站,殿内有阎王塑像,烧香人在这里开始烧香上山。我老奶奶活着的时候,每年都去烧香,烧拜香,带磕头的,就是拿个小板凳,非常小,板凳上有个插香的香座子,到森林公园的山坡下面,就开始点着了,点着就开始一走一跪,往上一直到顶子,磕头到上面,看你真心不真心。还有过去呢,烧肉香,她把香——过去那盘香——搞身上,使针线串上,从身上串通、挂上,用针扎通,使线串上,挂到肉高头,磕头上去。这类人呢,都是有大难之人,或者犯了很多大错误,做了很多不好的事情,赎罪,香灰落在身上,烫的全是疤。"去阎王殿进香有诗云:"四顶高山庙接天,烟云袅袅情绵绵;河南信女敬香客,一叩一瞻到山巅。"卖香人喊唱着:"烧香敬敬神,保你头不疼;一步步,一层层,抬头就到南天门。"现在五连洲公司整合进香路线,把阎王殿改建为"白事阁",内供奉阎王和地藏王菩萨,旁有牛头马面。"南天门"现为景区的十字路,向前直走,为奶奶庙建筑样,向西南为"一人得道,鸡犬升天"景点,向东北为"福禄寿"景点。

新中国成立后,道教活动在一段时间内被看作封建迷信,庙会也被作为破"四旧"对象,长期遭到封杀。改革开放后,附近居民又自发地于农历三月十五日上山烧香还愿、抱娃娃,庙会逐渐兴盛起来。20世纪80年代以来,当地人民政府因势利导,利用古庙会举办物资交流大会,取得了较好的效益。

二、"抱娃娃"仪式的"民族志"描述

四顶山奶奶庙,因传说老奶奶"虎口救子"保佑孩子平安,人们纷纷上山进香,香火日盛。随着四顶山老奶奶信仰的发展,人们普遍认为碧霞元君神通广大,能疗病救人,尤其能使妇女生子,儿童无恙。于是,庙会期间居民多来此"抱娃娃"。抱娃娃习俗兴起于何时,今已不详。现存史料最早记载"抱娃娃"习俗的是嘉庆《凤台县志》:"上人相传祈子辄应,每岁三月十五,焚香膜拜者,远自光、固、颍、亳,牵车鼓楫而至,云集雾会,自昏彻旦。"民国时期,学者胡朴安《中华全国风俗志·寿春岁时记》载:"奶奶殿侧有一殿,亦塑一女神,俗呼曰送子娘娘。庙祝多买泥孩置佛座上。供人抱取,使香火道人守之,凡见抱取泥孩者,必向之索钱,谓之喜钱。抱泥孩者,谓之偷子,若偷之人果以神助而得子,则须更买泥孩,为之披红挂彩,鼓乐而送之原处,谓之还子。"当时,胡朴安认为"其事最可笑"。时过八十多年,中经"文革",庙会期间上山抱娃娃者仍不计其数。

笔者曾于2010年、2011年两次参加庙会,并对"抱娃娃"习俗进行跟踪调查。根据"抱娃娃"期间不同角色的参与,可以分为许愿者、还愿者和碧霞祠管理者。

来抱娃娃者多为婚后不孕不育者或者想生儿子者,偶尔有一些新婚夫妇在父母的陪同下来抱娃娃。被抱取的娃娃分为男女,由布料、石膏、彩绘等材料制作。首先,许愿者要寻找要抱取的娃娃,古时称为"偷子",是在庙里进行的,现在要去草丛中寻找还愿者隐藏的娃娃。其次,许愿者找到可以抱取的娃娃后,要进行筛选,大多数先选择红布包裹着的"老娃娃"(注:老娃娃为之前许愿者抱走的娃娃,生孩子后归还的娃娃),然后看"老娃娃"是否完整,身体各个部位无裂纹、无残缺,选择性别、美丑。接下来选择一个或者两个娃娃,多数抱娃娃者会选择一个男孩或一男一女。选择好娃娃后,抱娃娃者则用自备的红布,将娃娃包裹起来,放在备孕的妇女怀中(腹部),然后给老奶奶磕头烧香、捐功德钱。完成上述仪式后,许愿者要抱着娃娃回家,回家途中不要回头,如果离家较远,晚上赶不到家,需要投宿在宾馆或旅店,绝不能住亲戚或朋友家。抱娃娃者回到家后,将娃娃放在床头后侧七日,七日后取出放在安全的地方,妥善保管以免损坏。如果许愿者三年内生了娃娃,则要等庙会时上山还愿,如果三年之内,没有生娃娃,也要去还愿,将抱回家的娃娃送回山上。

还愿者,分为祈愿应验者和不应验者。许愿者愿望实现后,要上山还愿,将在山上抱回的娃娃取出,这个先前抱回的娃娃,此时则转化成"老娃娃",老娃娃被赋予了灵验的神力。还愿时,除了将老娃娃送回,还要准备一些新娃娃,这些新娃娃被抱娃娃者赋予了老娃娃的子孙或下属,并且还愿者通过这种形式实现了自己子孙繁盛和高贵无比的愿景。同时,还愿者准备糖果、红鸡蛋(喜蛋)、香火、鞭炮等,上山还愿。还愿时,要把"老娃娃"和新娃娃放到一个石膏做的圆盘中,然后将其放到纸盒内,趁天黑放到山坡的草丛中,放置娃娃也有一定的技巧。放置娃娃,隐蔽程度一定要适中,人们认为如果放置的太暴露,容易被人发现,自己的娃娃长大后则不尊贵,不会成为人上人;当然,更不能太隐蔽,太隐蔽许愿者找不到自己隐藏的娃娃,娃娃不被许愿者抱走,不吉利,说明自己孩子没人"接",没有被延续,象征无人"接子",人们认为有断后之嫌。还愿者隐藏好娃娃后则放鞭炮烧香,向参加庙会的人们发糖果、鸡蛋,然后进大殿给老奶奶捐钱磕头。等到第二、第三年时,还愿者只放鞭炮、磕头、捐钱即可,则不需要准备娃娃。

当然,一些抱娃娃者,并不一定能够实现愿望,等许愿后的第三年庙会,许愿者也要上山还愿。大多数不应验者还愿,抱男生女者,要购买几个女娃娃。其他仪式和应验者差不多。当然,一些许愿者三年之内无生育者,要将自己抱回的娃娃送回山中,这个娃娃被认为"恶婴",如果继续留在家中,会不吉利,所以许愿者不管情愿不情愿,都要上山还愿,将这个抱回家的娃娃放回山上,然后磕头、捐钱,这种情况只需上山还愿一次。

三、抱娃娃习俗的人类学分析

当地人谈到四顶山老奶奶,都会讲非常"灵"。他们首先会从庙会期间的"洗山雨"和"刷山雨"说起。据说每年三月十五日庙会期间,四顶山都会下很大的雨。李家景讲,庙会前,老奶奶会下雨,让那些心地善良、一心虔诚的人,干干净净、心情爽快地上山进香,此雨叫作"洗山雨";三月十五庙会过后,老奶奶又会下雨,因为庙会期间人来人往,鱼龙混杂,好人坏人都来进香,老奶奶通过下雨将这些不够虔诚的人的气息、污秽全部冲刷掉,所以叫"刷山雨"。2010年农历三月十四下午,开始非常晴朗,但走到半山腰,天气骤变,狂风大作,降起大雨,虽然当时有伞,但山上无处躲闪,人还是被淋湿,好在大家已经习惯了庙会期间下雨。2011年庙会期间没有下雨,直到十七日才下了雨,但当地居民还是无数次向笔者讲"洗山雨"和"刷山雨"的故事,说老奶奶是多么灵验。灵验是老奶奶受到祭拜的最为核心的特质,这种灵验暗示着一方在"求",而另一方要"应"的顺畅交流。因为灵验,权威才可以被称为权威。当然,如果不灵验,"求"和"应"的交流便终结了,这种权威自然也就随之消亡了。显然,抱娃娃者大多知道许多时候他们抱娃娃并不能时时都能够应验。据调查,许多患有不孕不育症者,虽然抱了娃娃,但仍坚持治疗,直到看好病,生了娃娃。虽是在医院看好了病情,人们仍坚信是老奶奶保佑的,并不能抹去老奶奶在他们心中灵验的地位。赵旭东教授在对河北范庄龙牌进行考察时指出"社会的灵验,并不遵守物理因果律,它强调无一例外的灵验,这种无一例外的灵验之所以可能,是因为其背后有一种基于时间意义上的历史感在支撑,这种历史感是依循社会的秩序得以建构的"。许多口头流传的灵验故事,正是因为有这种历史感,其影响力才会如此长久,随时讲来对听者都具有一定的影响力。四顶山奶奶庙"洗山雨"和"刷山雨"的灵验故事,"老奶奶虎口救子"的传说,当地群众抱娃娃实现了求子的愿望,这些最初产生于个人的经验,在历史的长河中得到了公共表述的确认,进而演变成一种"地方性知识",得到认可。"这种认可便不能够通过不断的试验而得到否定,它永远是在对后来的肯定性灵验的个体经验加以吸收,而对不能应验的个人体验加以排斥。因此,个人祈求的不灵验,并不能够否定社会建构所直接强加来的灵验,很多时候祈求失验者往往都会反躬自问,反省自己的行为是否有什么不周全的地方惹怒了神灵，由此而出现失灵的情形，而不会把责任追究到龙牌自身的不灵验上去。"同样，抱娃娃中许愿者经历的不灵验，也会追溯到抱娃娃仪式过程中的各种禁忌、个人和家庭成员的品行经历，甚至祖先的保佑、风水等都会成为不灵验者扪心自问的因素。总之，他们不会归罪于老奶奶的不灵验。反而，一些所谓灵验者的体验，即使是因为治疗或者试管婴儿得以生子，也归结为老奶奶的保佑。这种灵验的经验一传十、十传百地累积传播，更奠定了四顶山奶奶庙的灵验神奇，崇信者增多，而不灵验者也就更加怀疑自身，也变得"失声"。

结构功能主义学派大师涂尔干，指出我们在研究某个社会现象的时候，应当注意区分现象出现的原因和它所起到的作用以及满足的功能。抱娃娃习俗，是我国子孙观念的反映。在我国，父母与子女的关系是两代人之间的联系和互动，夫妻生儿育女不仅是个人之间的事情，而且是一种社会性的行为，社会性的关系总是相互的，父母一代给予子女的是抚养教育、经济与服务性的支持和帮助，子女给父母的是赡养和情感安慰，所以，造成了东、西方社会具有不同的代际关系模式。中国社会主张家庭养老，相邻上下两代人具有抚养教育和赡养的相互责任与义务，因而两代人的关系是反馈"模式"。"你小的时候我养你，但等我老了的时候，你要养我"的简单行为逻辑。而西方国家大多没有家庭养老的传统与习惯，只有上代人对下代人的抚养义务，而没有下代人赡养上代人的责任反馈。这部分责任转移到社会机构上，比如养老院、福利院等，因而两代人的关系是接力"模式"。中国社会代际之间的反馈模式造成了中国人子孙观念的强烈，无子求子心切，一定程度上促进了抱娃娃习俗的出现，也奠定了碧霞元君信仰在全国的传播。

人与动物的区别是人可以使用符号。我们知道象征符号是具有至少两层意义的符号，第一层是符号的本意，第二层是符号经过类比或联想获得的具有象征性价值的意义。福柯认为"符号与其所指的关系形式，通过适合、仿效，特别是同感这三者之间的相互作用"，又说"为了让符号成其为所是，符号在呈现为被自己所指称的物的同时，还必须呈现为认识的对象"。抱娃娃的仪式过程中，"娃娃"则为符号，所谓巫术的符号，象征参加抱娃娃仪式习俗者的孩子，是有生命的，所以与现实中的孩子一样，具有男女、美丑、健康与不健康、祖先和子孙、高官和平民，仪式过程中，充满了选择，这选择即是情感行为，也是现实生活的反映。泥娃娃作为表述、交流和传达居民生育、生活观念等信息的媒介，泥娃娃大致包含有三种功能：一是"指述功能"，主要指泥娃娃具有指述"娃娃"本身的命名、泥娃娃泥质、形似孩童的物理属性及其象征人们"子孙"的功能；二是"表述功能"，主要指泥娃娃具有显示人们的子孙观念、重男轻女观念、家庭观念，隐喻或象征着人们对子孙的期盼，反映了子女在家庭中的重要地位和意义;三是"传达功能",主要指泥娃娃在抱娃娃仪式过程中传达"神灵"与抱娃娃者的恩赐与感应。

在现代社会,科学技术高度发达,治疗不孕不育症的医学水平得到提高,出现了试管婴儿,甚至可以实现"克隆人",但是当地居民在相信科学的同时,仍上山抱娃娃。这说明,技术并不能解决所有的问题,尤其是情感的缺失,这个时候上山抱娃娃满足了人们的情感需要,是他们心灵的追求和寄托。科学的、现实层面人们进医院治疗不孕不育,而抱娃娃则主要体现他们的精神层面,两种不同的认知模式,并不冲突。总之,抱娃娃习俗为我们了解寿县地区民风民俗,理性认识乡土社会提供了契机和思路。

耿仲夷诗与淮上方言

黄家忠

最近在网上浏览清末和民国时期著名诗人和学者陈衍的《石遗室诗话续编》,见有一则诗话是评论寿县诗人耿仲夷的诗作的,感到非常高兴!这则诗话开头说:"孙伯朋(易)出其师和州耿仲夷《清意楼集》诗四卷,使余评骘。"孙伯朋,一作孙百朋,考古学家和古文字学家,家住寿县城内郝家巷。当年他正在无锡国专读书,曾代自己塾师去向陈衍请益,即这里陈衍所说"评骘"事。诗话对耿仲夷评价不低,对其诗风评价是"兴趣似诚斋,面目似巢经巢"。这是借两位诗人——宋杨万里(号诚斋)和清郑珍(著有《巢经巢诗钞》)来做比的。对其语言评价是"皆潇洒无习见语"。这则诗话还完整收录了耿仲夷《郊居纪事》(共十首),并又摘录了其他诗中的一些句子。

《郊居纪事》开头两句是:"浩荡淮王国,郊居细事多。"我见这些"细事"中作者用了不少淮上方言,便想在这里试作一点解说,来与读者分享。

第一首诗有"看儿钓骆驼"句。这里的"骆驼"是指虎甲虫的幼虫。因为它背上有个小鼓包,有的地方便叫"骆驼虫",淮上方言干脆,就叫"骆驼"。"钓骆驼"是一种儿童游戏。旧时夏日,常见小孩喜用灯草到空地上去钓骆驼,小小的圆洞,只要插进灯草,不一时灯草便会动弹,一提便是一只骆驼。也有的小孩久等不见灯草动弹,便急得唱起歌来:"骆驼骆驼你出来,给你家门口搭戏台!"

第二首诗有"山里红茶叶"句。往时春天,八公山山民有采野茶习俗,常采的是酸枣树叶、老和尚耳朵(一种野生植物的叶子)和山里红叶子等。山里红是山楂的别称,这里是指野山楂,它的叶子可以泡茶。

第四首诗有"厨娘蓄酵头"句。淮上人饮食中的主食米面都有,吃面食又分死面和发面,做发面需要酵母。方言中,"酵母"就叫"酵头"(或"酵子""面头")。先买来酒酿(方言叫"糯米酒"),加入少量面粉让它发酵,这方言叫"兜酵头",然后做发面。以后每次吃发面都要留下一小团面备作下次再用,这就是诗中的"蓄酵头"(口语是"留酵头")。

第六首诗有"植木宜樗树"句。椿树有香臭之分。"樗"的方言就是"臭椿"。淮上适宜生长,李兆洛《凤台县志》就记载有"木则槐、榆、椿、樗"。

第七首诗有"仙井碾黎祁"句。"仙井"是指八公山上涌泉庵旁的"淮王丹井"。《淮南王歌》有"后园凿井银作床,金瓶素绠汲寒浆",据传写的就是这口井。"碾"是指碾豆,就是磨豆。豆腐,淮上没有方言词,"黎祁"是四川方言。陆游《邻曲》:"拭盘堆连展,洗釜煮黎祁。"自注:"蜀人名豆腐曰黎祁。"

第八首诗有"灯前腾土狗,请俟雨如膏"句。"土狗"是蝼蛄的俗称,淮上方言有时加"子"字,叫"土狗子"。这里前句是写蝼蛄的习性,它昼伏夜出,且又具趋光性。灯前土狗乱飞,民间有时还认为这是一种雨前征兆,所以后一句说"请俟雨如膏"。

第九首诗有"门外斜阳好,檐前宿雨收"句。"宿雨"方言叫"连阴雨"。淮上俗谚有"晚晴十八天",这两句诗与谚语一样,都是赞久雨新晴的好气象的。这首诗还有"曳鞭来蝎虎,负甲走蜗牛"句。"蝎虎"就是壁虎。苏轼诗有"黄鸡啄蝎如啄黍,窗间守宫称蝎虎"。"蜗牛"也有方言词,诗中未用,淮上方言叫"油螺"。有首旧儿歌有它:"油螺,油螺,你出角!上山打水给你喝!"

最后一首诗有"造醝丸白药,求硷渗青灰"句。"造醝"的"醝"是盐,寿县产盐吗?产,旧时产一种硝盐。它是制硝所得的副产品。往日城中隙地(土话叫"空场子")都可见到一长排制硝的硝缸。"丸白药"的"白药"是指造小曲酒的酒曲,"丸白药"就是把小曲酒的酒曲做成丸子。方言把它叫作"小药子","药"要读"方"音,有时也指代酒。如那时要说"来二两小药子",就是"来二两用小曲烧造的高粱酒"。"青灰"是草木灰的淮上方言。旧时淮上人家生活节俭,几乎户户都"淋灰汤",有了"灰汤"洗衣就不用买碱了,所以说"求硷(硷即碱)渗青灰"。

我在释完这些词语以后,就觉得淮上方言词语丰富是丰富,但作者这里不是写方言诗(或说用方言写诗),而是撷择即选用,可他用得得当,用得自如。我作为家乡人,这里除觉陈衍评价精当外(当然不是仅指方言),还有感受,那就是觉得这里既有"地域的神味"(刘半农曾说过方言是一种"地域的神味"),又有乡语的亲切。

最后再说说诗人生平。耿仲夷,名清,以字行。祖籍和州,客籍寿县(迁寿已三世),家住寿县南门外接官亭附近。曾开粮行间或经营木头场(销售竹木),也"教私塾",可谓一位儒商。著有诗集《清意楼集》四卷。张树侯《淮南耆旧小传初编》有传。

"鞅掌"古今谈

石云孙

"鞅掌"一词出自《诗经·北山》，很古了，今天来谈它，即今考古，虽是一词之微，却可见出语词很强的生命力，而它的遗落又饶有兴味。文化人读《诗经》，做雅言来释读，而有些地方的老百姓做俗语挂在口头，虽心知其意，但多莫名其形。我有一段始惑而后悟的经历，说来倒还有趣。

60年代初，我到安徽寿县迎河集农村待过近一年的时间，朝夕跟当地的农民群众接触，同他们交谈，开会听他们发言，常常听到老少口头上说出"yang zhang"一语，意思是事多烦忙，如"好多事一块来，真yang zhang"，意可会而字竟一时写不出来，多次询问有文化的农民，都说不晓得怎么写，问地方干部，也都说不知道。我以一个语文工作者的癖性，感到群众的这个口头语很有点地方色彩，想探个究竟，不得已只好用近音字"羊丈"二字记下备考。过了若干年，一次出差到淮南，又偶然听到这个话，说话人是市教育机关的文化人，我当即问他是哪里人，他说就是本市人，紧接着向他请教这二字写法，他愣了一下，然后回答说：不知道。我说我在寿县农村常听到这个话，但没有找到答案，今天在这里又听到，很有启发，这个词流传的范围可能不止寿县。他随即告诉我，寿县有这个话，淮南、凤台等地也有流传。请教不到答案，只好又搁置下来。后来治训诂，读到《小雅·北山》"或栖迟偃仰，或王事鞅掌"，忽然联想到从前未能找到答案的寿县大众的那个口头词，正是这个"鞅掌"了，当时实在有"众里寻他千百度，蓦然回首，那人却在灯火阑珊处"的欣喜。经过研究，我确认寿县的"yang zhang"就是《诗经》里这个"鞅掌"，是古语遗落保存在民间地方俗语中的一个显例。

"鞅掌"一词，汉以后训诂家有种种解释，或解字面义，或释指意，大体上跟寿县人口头语表达的含义相合。《毛传》训作"失容"。这个训诂不大好懂，所以孔颖达《正义》要加以疏解："《传》以'鞅掌'为烦劳之状，故云（失容），言事烦鞅掌然，不暇为容仪也。今俗语以职烦的鞅掌，其言出于此《传》也。"因为事烦忙碌，没有闲暇修饰容仪，故称"失容"，言有失容仪。《毛传》不训字面义，只明指意。所释

"烦劳之状""职烦",正与寿县人语义相合。值得注意的是孔疏所说的"今俗语","今"指唐代,由此知唐代已当作流传的"俗语"了。这一点对我们这儿谈的问题特别有价值。东汉郑玄为《诗经》作笺,与《毛传》稍稍有异,他笺云:"鞅犹何也,掌谓捧之也,负何捧以趋走,言促遽也。""何",今字作"荷"。对郑玄的这个笺训,孔颖达有详细的分疏,"鞅"犹负荷,是把"鞅"读作马鞅之鞅,因为负荷物就须鞅来持载。"掌",手掌,以手掌执物叫"捧持",负荷捧持而趋走,自然是"促遽"了。"促遽"犹今言急急忙忙。认为上半"以鞅掌为事烦之实",下半"促遽亦是失容","但本意《传》异"。孔疏守"疏不破注"原则,所以这里只好《传》《笺》分疏,不做评论,仅仅指出《笺》本意与《传》异而已。后世为《诗经》做注释的,训"鞅掌"多没有越出毛、郑的范围,大抵是依毛义的多,朱熹《诗集传》即从毛不取郑,便是一例。

自《诗经》出现"鞅掌"这个词,后人就用开了。《庄子·在宥》:"游者鞅掌,以观为妄。"成玄英疏:"鞅掌,众多也。"王先慎集解:"有鞅在手,言出游也。"此言游者众多之意。又《庚桑楚》:"拥肿之与居,鞅掌之为使。"郭象注作"自得",崔譔云"不仁善",司马彪云"丑貌"。陈奂《诗毛氏传疏》解毛氏"失容"犹"仓皇失据",引《庚桑楚》诸家训诂后结云:"并与'失容'义近。"王先慎集解:"鞅掌,劳苦奔走之人。"与郑笺"促遽"趋同,"鞅掌之为使"的"为使",意谓供其驱使,故解作"劳苦奔走之人"。且"鞅掌之为使"与"王事鞅掌"里的"鞅掌",旨意同,唯词语之情仍有别,在《诗经》是事烦不自得之意;而在《庄子》为"率性之人,供其驱使",虽劳苦而有自得之貌。按:庄周是安徽蒙城人,蒙城有南华山,庄周即在那里写成《庄子》,故此书后人又称作《南华经》。1989年10月,在庄周故乡蒙城召开全国首届庄子学术讨论会。淮北、涡河流域为道家思想发源地,早于庄周的老子诞生于今涡阳县郭府村(《安徽日报》1995年10月25日),现涡阳已新建成雄伟壮观的老君殿。后于《庄子》的另一部哲学著作《淮南子》产生于现今的寿县。《庄子》两次使用"鞅掌",他是在承用《诗经》成词,从后人注解或《毛传》或《郑笺》可知,除用《诗经》之意,还注入了道家自得的况味。也不排除他是在使用方言俗语的可能,因为蒙城毕竟离寿县不远,且语言有一定的传承性。

《昭明文选》收了嵇康《与山巨源绝交书》,内有云:"心不耐烦,而官亦鞅掌,机务缠其心,世故繁其虑,七不堪也。"李善注引《北山》二句明"鞅掌"出处,意即用《诗经》成词。从"王事鞅掌"到"官事鞅掌",句型同,意义自然同,是用《诗经》语无疑。嵇康是安徽淮北人,那里是否流传这个词,没有调查,不敢妄断。

白居易《寄杨六》诗:"公门若鞅掌,尽日无闲隙。"谓苦于事烦,整天忙忙碌碌,一点闲暇时间也无,语用义与《诗经》"鞅掌"合。

《醒世恒言》卷二十五："老夫深荷令先公推荐之力,得有今日。只因王事鞅掌,未得少酬大恩。"顾学颉注:"鞅掌,忽遽事多的意思。'王事鞅掌',国事烦忙。""王事鞅掌",显然是引《诗经》语,本前人训诂,与寿县人口语意相合。

诸如此类语用例,皆从《诗经》来,历来承用不衰。顺便补充一句,孤陋寡闻如我,至今未发现今人的用例,尽管寿县一带广泛流传"鞅掌"一词,但描写那里大众生活的作品却不见使用。文人用现成语词,雅称用典,即此类。后人注释,少解字义,多取指意,如"失容""自得""职烦""劳苦奔走""忽遽事多""忙忙碌碌"(高亨《诗经今注》),俱其证。前人如此训诂,自有他们的道理,只是没见说出来,不便猜测。明代以后,古音学研究盛行起来,研究古音重在得古义,所以到了清代有人主张"训诂之旨,本于声音"(王念孙《广雅疏证》序),从此训诂开了新生面。陈奂作《传疏》,注明"鞅掌"为叠韵词,"偃仰"为双声词。马瑞辰撰《通释》以叠韵释"鞅掌",并推而广之:"鞅掌"二字叠韵,即"秧穰"之类。《说文》:"秧,禾若秧穰也。"《集韵》:"禾下叶多也。"禾之叶多曰秧穰,人之事多曰鞅掌,其义一也。《传》言"失容",亦言事多之貌。"鞅掌"与"秧穰"都是造韵连语,故可合而通释,"禾之叶多"与"人之事多",义则一。叠韵连语只可做一词解,不能照字面分释,暗亦郑笺不确。自《毛传》至今人皆浑言释之。正因此,今人黄焯先生撰《毛诗郑笺平议》(上海古籍出版社,1985年),其中评议"鞅掌"条认为,《庄子·庚桑楚》以"鞅掌""拥肿"连称,"即由声义相近之故",都是叠韵词,"此类形容词,义多即寓于声,不得逐字生解。……笺乃以'鞅'为马鞅,'掌'为负荷,微持'马鞅''手掌'二物绝不相蒙,即'负荷捧持',亦未见'促遽'之意也"。由此知"有鞅在手"的解释不确,自不待说了。

《诗经》语向称雅言,自孔子删定问世,即存于书面。文人录用,多从书上来,然而民间则以俗语流传,据孔疏至少唐世已然,而语言有继承性,世代相传,因此,唐代流传俗语"鞅掌",唐代以前甚至可以推到《诗经》时代,此语即在民间流传。古有采诗的风俗。《北山》一诗编入《小雅·谷风之什》,小雅为西周国都歌谣,意此诗即采自民间,经加工而载入,诗反映了等级不平、苦乐不均的主旨,具有风诗特点。"鞅掌"也许就是当时社会上流传的俗语,这类俗语一旦入了诗,就变成雅言了。后世读书人当雅言读,做雅言用,几乎不知道是民间俗语了。孔颖达注意到现实中的社会语言生活,在疏中特意点出,扩大了读者的视野。西周国都在今陕西境内,孔颖达作《正义》也身处其境,说"鞅掌"为"今俗语",则暗示承接有自,且流传颇广。由唐及今,"鞅掌"作为俗语流传在现今的淮南、寿县一带,正说明是古俗语的遗存,只是大众会说而不知书写罢了。说的人读过《诗经》的怕不多,即使有读过的,由于语音的变迁、文字的质实、含义的委曲,一下子也难联系起来。当初,《北山》诗的作者、采写者用"鞅掌"记写,可能缘于俗语的含义,只求浑言达意,未必取分言纪实。我当时用"羊丈"二字记写,情形或许有点类古,但既寻到了此语的本字,当然就从古了,那是早就约定俗成了的。虽然"鞅掌"的形式在民间的一些地方已然失传,但它一直存于书面,而作为俗语则长流不息。我曾经在淮南举行的安徽省语言学会年会的一次讨论会上,就"鞅掌"做过发言,那次讲得较粗疏,但与会同志听了很感兴趣,并促我写出来公开出去。后来我在一篇论文中顺带提过(见《安庆师院学报》1991年1月),未能尽意,这里专门谈一下,公诸同好,企盼读者指正。

八公山古庙会

余 涛

随着一场春雨,一年一度的农历三月十五古庙会暨物资交流大会在大雨中降下帷幕,喧嚣的古城又恢复了往日的宁静。会期虽过,但仍给我们留下许多思考,在市场经济的今天,商贸流通活跃,物资供应丰富,市场并不缺少什么,古庙会为何还能吸引众多赶会者?

庙会言庙

既是古庙会,就一定和古庙有着千丝万缕的联系。据《寿县志》记载,四顶山上"奶奶庙",因祀"碧霞元君",又称"碧霞元君庙";嘉靖《寿州志》称"东岳祠";《凤台县志》称元君庙。庙始建年月无考,嘉庆年间修,民国遭火,后仅存庙基。据说"每岁三月十五,焚香膜拜者远自光、固、颍、亳,牵车鼓楫而至,云集雾会,自昏达旦"。多年来香客不断,善男信女们一步一叩首,虔诚至极,祈求五谷丰登,添子增福,金榜题名,光宗耀祖,升官发财。1949年后,庙会一度停止。改革开放后,庙会恢复。90年代中期,我县为加快旅游建设步伐,修复了帝母宫,更吸引了四面八方的游客。四乡八邻的人们三月十四下午就准备上山,行走在大街小巷的熟人一见面,第一句话就是:今晚上不上山?说上就一定得去,不可信口开河,不讲信誉可不好。

其实大多数赶会者,并不了解四顶山是沿淮和皖西地区的道教圣地,老子、南华真人均在此授过道,更不理解道教文化悠久的历史和深厚的底蕴,但也不奢求吃穿和升官发财,仅仅是凑凑热闹,出门轻松一下。瓦东某乡全家人出动,来回车票花了100多元,在山上待了一夜返回,问他们来做啥?说,在家闲得慌,一年到头也没有什么出门机会,借此机会赶赶热闹。

庙会搭台经济唱戏

早在20世纪80年代第一个春天,寿县人民政府抓住古庙会这一契机,因势利导,在古庙会期间,举办物资交流大会,给古庙会赋予了新内容。不到一个月时间,我县的物资交流大会上来自合肥、蚌埠的商家已摆出了色彩鲜艳的拉链"港衫"、带有花纹的"涤棉"上衣等新潮流的服饰和双喇叭收音机,使寿县爱时髦的小青年过了一把瘾。从此,寿县的物资交流大会就引领着周边的消费时尚,极大促进了寿县商品流通,丰富了群众的生活,带动了经济,扩大了古庙会的影响。在古庙会上采购物品,渐渐地成了人们的一种习惯,连平日的生活用品也要等到三月十五才狂买一通。

随着改革开放的逐步深入,古庙会越办越红火,商品越来越丰富,但许多假冒伪劣物品也乘虚而入。80年代末期的庙会上,城区一个体户,身穿白色"老头衫",手持高音喇叭,"大削价、大减价,五元两件,数量有限"。2米宽的摊前,购买者一浪高于一浪,一个庙会下来,自己也不知卖了多少件"老头衫",赚了多少钱。但他开了利用古庙会处理库存的先河,此后古庙会成了大削价、大减价、清仓大甩卖的处理会,许多低劣、假冒商品充斥市场,"跳楼价、大放血、机会不容错过"的叫喊声不绝于耳,古庙会再也无法引领消费潮流。

随着市场经济的健康发展,人们消费心理日趋成熟,平时什么都能买得到的古城人,也没了赶会购买物品的兴趣。即使买点什么,也是等到商品最便宜的最后的一天,才赶会拾拾"地皮"而已。今年庙会一经销低档工艺品的客商,几天下来,连摊位费也没有挣上来,狠亏了一把,后悔不迭。但低廉的商品给许多农民及城市中低收入者带来了实惠,既来赶了会,又买了价格便宜的商品,何乐而不为呢!

赶会专业户

一行生意养一行人,随着各地庙会的蓬勃发展,一批精明的商人把庙会当作赚钱的商机,并把庙会演绎得更加精彩绚丽。

南大街老杨,可谓是商海老手,不知从哪年开始,他做生意再也不需要门面和商店了,二月十九茅仙洞庙会、三月十五、正阳关玄帝庙会等等,一年中不知要赶多少庙会,也不知他从哪搞来那么多能够"放大血甩卖"的商品,凡是有庙会的地方,就有他的身影,就能听到他的叫卖声。虽然每次都放一次"血",但每年赶会有滋

八公山庙会(图片提供:王玉明)

有味,满脸笑容,真不知他能有多少"血"可放。

近年来,寿县古庙会上不仅拥有像老杨这批本地和淮南的"赶会专业户",而且越来越吸引着更远的客商来赶会。既有带着新疆、内蒙古大草原问候的客商,也有来自西藏雪山、四川盆地、山东半岛等地的客商。他们各自经销本地的特色产品,有的身穿少数民族服饰,吹着牛角号,敲打着鼓以招徕顾客,使内地客商用高音喇叭,光着上身,高呼"全部大削价,绝不往回带"的方式,显得既嘈杂又不文明。

纵观整个庙会,虽然很火爆,但笔者认为还有一个缺憾,就是从 80 年代初至 2010 年庙会期间,整个市场上几乎看不到寿县产的商品,像浙江、江西等地产的草席、竹席都占据了一"席"之地,而中国草席城板桥镇盛产的草席却难觅踪影。

笔者衷心地希望,未来的古庙会,当地政府能够认真组织,合理安排,增设公益设施,让赶会者有个"方便"的地方,修复"靖淮桥"栏,消除安全隐患,把变味的"艺术表演""算命看相"等不健康的东西拒之"会"外,提高庙会品位,办一个文明、健康、有序的庙会,树立寿县良好的对外形象,繁荣古城文化,推动经济发展,更希望寿县产的特色产品为庙会增添新的亮点。

古庙会的华丽转身

近年来,随着改革开放的不断深入,寿县经济社会得到快速发展,物质生活空前丰富,像过去以节庆等形式集中购物的方式逐步被越来越多的大型超市、网上购物所取代,庙会也以人们旅游、休闲、放松心情等新的方式登场。同时,国家为节约公务开支,规定政府不准办节庆。

为更好地确保农历三月十五古庙会安全有序进行,助力寿县文化旅游事业发展,每年庙会期间,县政府成立安全指挥部,县委、县政府主要领导现场检查指导安全管理各项具体工作,对景区内消防设备、沿途主要路口卡点进行现场查看,寿县公安、交警、消防、林业、医疗、饮食卫生等相关部门单位组织大量人员、车辆、设备全天候值班在岗,全力抓好庙会期间各项安全工作管理。

特别像今年古庙会恰逢"五一"小长假,人员流量较往年显著增加,为切实保障庙会安全有序,景区内道路、台阶、路灯等硬件整修一新,由于政府高度重视,指挥保障有力,整个庙会在文明、有序中进行。

保义二月二龙灯会历史沿革及变迁

陈立松

保义镇素有"晒网滩"之称。"寿州之南小南海,保义集是晒网滩,比寿州山还高三尺三。"可见,保义地势高,用水难,古已有之。保义张、洪、夏、常、黄五大姓氏基本都是明代迁移而来。正是这样的地理位置,才衍生了一个享誉江淮的保义二月二龙灯会,现已成功申请淮南市非物质文化遗产。

元末明初的农民战争基本上都是在淮河流域发生,保义位于安丰塘畔,也是战略要地。由于长期战争,本土保义人战死的战死,逃亡的逃亡,晒网滩上等于是荒无人烟。当时朝廷下诏曰:"给牛种车粮以资遣广,田地插标为界任其耕种,不用丈量,三年不征其税。"

据保义《洪氏族谱》载:"寿州洪氏……于明朝洪武年间由徽州迁寿,迄今已六百余年。"黄氏族姓"系江夏黄香之后,有江夏郡、扇枕堂之称。始祖黄纲于洪武二十二年(1389年)从江西瓦屑坝调卫迁徙至寿州保义集西,以竹园插标定居,建立基业"。保义夏氏始迁祖碑载:"夏氏始迁祖临于明初自南昌徙寿春。"依保义五大户族谱考察,五户人家于明代迁移到保义是有史可考证的。经过一段时间的休养生息,张、洪、夏、常、黄等五大户在保义渐渐站稳脚跟,就在晒网滩最高处建立了保义集市,寓意保持五户之间的义气。

在发展农业生产时,旱涝灾害在所难免,为了祈雨祈福祈平安,五大户的头人在五谷寺前,敲锣打鼓焚香膜拜,每户扎一条象征自己姓氏图腾的彩龙,在每年农历二月初二"龙抬头"的日子里,由户下精壮男丁舞龙祈雨,祈求年年平安风调雨顺。

保义二月二龙灯会,起于明,兴于清。1941年国民党寿县政府沦陷后县政府一度搬迁保义,前后达三年之久。据健在的老人们回忆,抗战胜利后那一年的二月二龙灯会规模空前。

新中国成立后,由于种种原因,保义二月二龙灯会停止了近三十年。然而,这个扎根于老百姓心里的传统灯会没有被历史遗忘,于改革开放后又焕发了更大的

保义龙灯会(图片提供:王玉明)

活力。土地承包后,农民解决了温饱,虽然当时还不富裕,但是,每家每户都慷慨解囊,有钱的出钱,没钱的出力。1983年的二月二龙灯会让人们感受到了保义龙灯会的神采和魅力。

据《寿州志·民俗》载:"农历二月初二,旧时称龙抬头日。此俗在寿地保义集盛行。每到此日,有洪、张、黄、夏、常五大姓扎彩龙两条,敲锣打鼓,鸣炮奏乐,大玩龙灯。"这一天,四面八方的人们云集保义,看龙灯,跑百病,把保义镇围得水泄不通,就是为了一睹保义二月二龙灯会张、洪、夏、常、黄巨龙腾飞的风采。

如今,保义五大户每一个户下都有许多事业有成的人士,他们或在家经商,或在外打拼,都把保义二月二龙灯会当成重大的节日,都把它当成一种乡愁来看待。每年春节一过,他们就谋划如何把龙灯会玩得更精彩、更壮观。现在已由过去每户的一条龙变成了两条龙。二月二这一天的保义镇,真是十龙腾飞,人山人海,鞭炮齐鸣,烟花绽放,彰显了民俗文化的凝聚力。

寿县佛教发展简述

李家景

寿县古称寿春、寿阳、寿州,位于安徽省中部,淮河南岸,八公山南麓。寿地形胜,古为江东屏藩,中原咽喉,有重险之固,得之者安,失之者危,历朝历代为兵家必争之地。南北政权对峙时期,此地战争尤为频繁激烈,著名的"淝水之战"战场即在寿阳城下。战争犹如拉锯般反复不止,执政者征敛失度,老百姓疲于贡赋,加以自然灾害频仍,虽有"龙泉之陂,良畴万顷",而不能求一夕之安,人民备受蹂躏,累世艰辛。百姓生活困顿不堪,却无力改变现状,就只能转而求心灵上的慰藉,这是佛教在此地流传的现实与思想上的基础。

一、汉魏两晋南北朝时期

据《汉魏两晋南北朝佛教史》载,东汉时期"洛阳以东,淮水以北,佛教已有流传"。其时有光武帝之子楚王刘英,"诵黄老之微言,尚浮屠之仁祠",其事见载于《后汉书》,是佛教流传于中国之最早史册记录。考楚王刘英之封地为楚、庐,寿春(今安徽寿县)一带为故楚之地,可见寿地也是中国早期佛教最发达的地区之一。永平十三年(70年),刘英因罪废徙丹阳郡(今安徽宣城)泾县,随从南徙者数千人,佛教或由此而流播江南。

由汉末至隋初,前后四百余年,是史上最纷乱的时代,而佛教就在这种纷乱不安的环境中发扬光大。三国时期,佛教在安徽境内的影响日益增大,开始有建立佛寺记载。据《安徽通志》记载,"石溪寺,在县(全椒)西七十里,吴赤乌二年建","广济寺,在府北采石山,吴赤乌二年建",以上是见于记载的安徽最早建立的佛寺。到了两晋时期,佛教在淮河流域和长江两岸有了进一步传播,建立寺庙的记载明显增多,如石涧寺、百丈寺、西林寺、大安寺等。

卑摩罗叉,西域罽宾(今克什米尔)人。东晋义熙二年(406年)至长安,与鸠摩罗什同弘律藏。鸠摩罗什逝世以后,他出游关左,居留寿春石涧寺,继承罗什的译经事业,将罗什所译《十诵》58卷译本,做了校改,又改译《毗尼诵》和补译《十诵律毗尼序》,使《十诵》合成为完整的61卷本。由慧观抄传至长安,曾轰动一时,僧尼竞相传抄。卑摩罗叉为历史上弘扬律藏的重要人物,开安徽律宗之先河。

南朝是我国佛教的兴盛时代,宋、齐、梁、陈四代统治者基本上都信佛。其时,僧人分别就佛经的《涅槃》《成实》《三论》《毗昙》等从事研究,形成诸多派系。其中最著名的学派有涅槃师、成实师和三论师,而流行最广的为成实派。成实学派以僧导为代表的寿春系,即在今安徽寿县形成。

僧导,长安人,10岁出家,18岁博读群经,为僧睿所重,曾参加罗什译场,著成《成实论疏》《三论义疏》及《空有二谛论》等,享有盛誉。宋高祖刘裕西伐长安,慕僧导之名,遂与之相见,非常契合。后刘裕东归,留子真义镇守关中,临行时托僧导相护。义真被赫连勃勃围困,僧导率数百弟子前去相救,并护其南来。刘裕感其护子之恩,令子侄及戚属皆拜僧导为师,并在寿春建东林寺,令僧导住持,受业者多至千人。其著名的弟子:县济,河东人,住寿春东林寺,著有《七宗论》;道猛,西梁州人,在寿春修学;僧钟,善讲《成实》《三论》《涅槃》《十地》等经。此外还有道慧、清宠、慧开、慧勇等人,他们都是研习《成实》的著名学者,通称寿春系弟子,其影响遍及大江南北。寿春遂被称为"研习《成实论》之重镇"。

梁武帝萧衍(502—549年)以人王兼法王身份宣布佛教为国教,在寿阳(今安徽寿县)五株山南高滩上建西昌寺,郦道元《水经注》卷三十二所载"肥水左渎,又西径石桥门北,亦曰草市门,外有石梁。渡北洲,洲上有西昌寺。寺三面阻水,佛堂设三像,真容妙相,相服精炜。是萧武帝所立也",可资佐证。

二、唐宋时期

经过南北朝的传播后,佛教逐渐形成本土特色,禅宗开始产生,并传入安徽。佛教崇为禅宗三祖的僧璨,其主要活动即在今安庆地区。禅宗先在西部,后扩展到全省。其他宗派虽有流传,但以禅宗势力最盛。唐代寿州僧人如释智通、道树、玄宗,均为禅宗。

由于长期的统一和安定,经济迅速发展,人民安居乐业,唐时寿州兴建多座寺院。明代黄普纲《报恩寺重修碑记》中记载"寺昔东禅,肇自李唐,玄奘法师首建佛刹",由文可知寿州报恩寺的前身东禅寺即创建于唐贞观年间,至于是否为玄奘所建,尚未见有其他证据。继东禅寺之后,又有寿州建法华院,唐代著名诗人李绅曾撰《寿州法华院石经堂记》一文以记之。另如寿地之资寿寺、净梵寺、崇善寺等寺观也于其时先后兴建,零星见载于方志。

唐武宗时朝政腐败,朋党争斗,国势日衰,武宗认为寺院的发展削弱了朝廷的实力,决定废除佛教。自会昌二年(842年)起,至会昌五年八月,灭佛运动最终令"天下所拆寺4600余所,还俗僧尼260500人,收充两税户;拆招提、若兰4万余所,收膏腴上田数千万顷,收奴婢为两税户15万人"。会昌灭佛给佛教以沉重的打击,继之而起的唐末农民战争爆发,对佛教又是一次冲击。寿州为战略重镇,此地佛教遭受毁灭性打击,寺庙无存,高僧无录,令后代研究者扼腕不已。

五代十国时期,文化中心南移,佛教也受到南方诸朝廷的保护和支持,南唐君臣更是酷好佛教。作为南唐属地的寿州,佛教在此区域恢复生机,继续广泛而又稳定地传播。南唐保大五年(947年),寿春府永庆寺道颙法师刻鸠摩罗什所译《金刚经》于石上,计5150字。此版本《金刚经》信达雅兼备,文气舒缓,流畅自然,饱满醇厚,深刻体现鸠译一咏三叹的韵味。经文于宋代宣和年间传出,备受推崇,流传至今。

宋太祖鉴于前朝毁佛运动影响了民众的安定,下令停止毁佛,以重开佛教作为稳定局势和取得民众拥戴的重要措施。宋太宗虽说浮屠之教"有裨政治",必须"存其教",但又屡诏约束寺院扩建,限定僧尼人数。

北宋天圣四年,寿州富绅皇甫淮等人敬仰僧送舍利,于崇教禅院(今报恩寺)内筹建舍利砖塔一座。该塔历时十年始成,高150尺,共九级,蔚为壮观。苏东坡有"寿州已见白石塔"之诗句,即云此塔。此塔壁中嵌佛会名人碑,镌刻捐施人姓名、住址及所捐款物,涉及人名千余、古寿州地名百处,所记寺院有永庆寺、开元寺、药师院、消灾院、罗汉院、草庵院等,捐施人身份有押司、录事、佐史、讲经座、主院、比丘、行者、女弟子、疏首等,由此可知其时寿地佛教徒之众多,佛事举行之鼎盛,佛法流传之广袤。

南宋时期,淮河流域成为宋与金、与蒙古的鏖战之地,饱经战火,寿地佛教再遭荼毒,备受摧残。

三、元明清时期

1260年,忽必烈即帝位,1271年定都大都(北京),国号大元。1279年灭南宋,成为汉唐以来中国历史上版图最大的王朝。元朝虽以藏传佛教为国教,但对其他宗教如汉地儒释道等教,取宽容姿态。汉地佛教与藏传佛教有许多共同点,均为朝廷所崇尚。元代汉地佛教以禅宗为主流,寿州概莫能外。光绪《寿州志》载:"圆通寺,在北门内。至正元年建,正德十四年修。寺附城根,左为小阁,达城楼。"至正为元惠宗年号,此年号使用达三十年,圆通寺建于至正元年(1341年),可见寿地佛教于元末已有较大恢复。另据嘉庆《凤台县志》载,"金轮寺,在县北山里集金轮山巅,元代建,前明万历六年修",也可资证。

明王朝建立之初,朱元璋对佛教既利用又整顿,加强控制,僧侣只能从事与佛教信仰有关的活动。朱棣以僧人道衍为谋主,发动"靖难之变",夺取帝位,是为明成祖。成祖即位后对佛教多加褒扬,为《法华经》作序,颂扬佛教功绩,又亲撰《神僧传》,树立僧人形象。明代宗景泰二年(1451年)开始卖牒救灾,其后沿袭至明末,由此促使僧尼剧增,寺院竞建。明代时期的僧官制度严密、系统,从中央到各府、州、县,建立四级僧官体系,中央、府、州、县的僧司分别称为僧录司、僧纲司、僧正司、僧会司;中央僧官有善世、阐教、讲经、觉义;府、州、县僧官分别为都纲、僧正、僧会。明代寿州僧正司即设于报恩寺,掌管境内有关佛教徒事务。置僧正一员,僧清然、清净、圆庆等曾任此职。明代佛教仍然以禅宗和净土宗为最流行。

明时寿州属南直隶凤阳府,凤阳府为朱元璋龙兴之地,故人故土,始终令其另眼相看。朱元璋年轻时曾流寓凤阳皇觉寺,建立明朝后,大事营建皇觉寺,赐名龙兴寺。与此同时或稍后,南直隶的州县内,许多毁废的寺庙也都得以重建或扩建,如阜阳资福寺、蒙城慈氏寺、滁州开化寺等。寿州城内原名为崇教禅院或东禅寺的古刹,于"洪武改元之初,更寺名曰报恩","报恩寺"由此得名,且沿袭至今。古寺得以修复,僧徒信众更是热衷于兴建新寺。查光绪《寿州志》载有"古观音寺,在州治南,为旧学宫地,明代改建观音寺""罗汉寺、城墩寺,在州治南罗汉寺坊,明万历四十年建"等处记载。

清朝是满族所建政权。满族原信仰萨满教,金代佛教相当发达,后金受其影响,对佛教也有较深了解。清朝借鉴前明的政治制度,对内地佛教继续采取利用且严控的政策。清朝历代帝王对佛教也有着浓厚的兴趣。清世祖曾先后召憨璞性聪、玉林通琇等禅师入内廷说法;康熙帝六下江南,遇名山大寺,往往书赐匾额;雍正帝自号"圆明居士",大弘禅宗的临济宗派,废除明末以来密云圆悟禅师旁门的汉月法藏禅师法统,且提倡用"周孔"思想指导禅学,从而统一佛教;乾隆帝组织人力将汉文大藏经译成满文。清代时期的僧官制度大体沿袭明制,其特色的是在僧官中实行了正副印、候补制度。惜乎寿州有清一代的僧官未见诸史志,无处稽考。

清代寿州佛教,主要是禅宗和净土宗。光绪《寿州志》载:"(报恩寺)乾隆三十三年毁于火,越八年丙申,准提庵僧际清请曰,'兹寺不治已久,金以际清能胜此,则曷敢废?然治之需万金,愿得一言以募',余姑应之。越三年,殿工竣,楼阁堂寮,工作方兴……际清系出临济三十七世,敝衲粗食,戒律甚严。"由此可知一斑。

清代早期及中期,佛教在寿州广泛传播,大小寺庙遍布城乡各地,前代寺庙得以修复、扩建,同时兴建众多小型寺庙。据地方史志记载:卧佛寺,乾隆五十五年知县陈文矩修;准提庵,乾隆二十二年刑尚宽等捐修;弥陀庵,雍正年间僧静庵重修;观音寺,同治七年王懋勋捐资重修,光绪十五年寺僧募化修葺;现瑞庵,乾隆间重建;五福寺,在州南保义集,乾隆十四年重修;寿佛寺,在州南李山庙集,顺治六年重修;迎水寺,在县(凤台县,时属寿州)北白龙潭西,清初年建。由以上可知,大小寺庙星罗棋布,佛教思想浸入民心,念佛行善蔚然成风。

迨至清咸同年间,寿州大地沦为清军、太平军、捻军、苗练之间的主战场,佛教遭受到沉重打击,是继唐末五代之后又一次毁灭性的灾难。佛像遭毁,经书被焚,烧寺诛僧,空前惨烈,寿州佛教遭此重创,衰敝至极,已无法再现昔日盛况。

晚清光宣年间,欧风东渐,西洋文化思想随基督教会、天主教会俱来,寿州佛教的命运,也随时势推移而有转变。

四、民国时期

光绪末年维新变法,各地兴办学校,多改寺院作为校舍,寿州僧众奋起护教,香火得续。民国之后,寿县虽屡遭战火,但佛法于此处不绝如缕,一直维系至抗战。抗日战争爆发以后,日寇三入寿县,人民遭受空前灾难。寺庙普遍被毁坏,僧尼人心涣散,四处逃难,呈现日益衰落的情景。战局稍稳,1941年寿县成立佛教协会。1944年,果真和尚任报恩寺副事,与监院芥航于《佛学半月刊》发表募经启事,以求"救沉溺诸众生"。与此同时,芥航等42人发起寿县念佛会,其《创建寿县念佛会缘起》一文中说,"惟兹净土,迥异诸宗,虽带惑亦可往生,既往生即不退转,何以故?佛力自力,感应道交故。盖往生乃弥陀本愿所期,而佛性则人人生来皆有也",可知旨趣。民国三十五年(1946年)八月,寿县佛教分会进行筹组改选。改选后分会会员由65人增至92人,其中党政绅商界31人、尼5人、道6人;会员中有国民党员27人。

寿县居士佛教在清末至民国呈蓬勃发展态势。寿县籍的大批政要、学者纷纷研习佛法,希望从佛教义学的宝库中探寻救国救民的良方,代表人物有孙毓筠、袁家声等人。孙毓筠,字少侯,年少时好王阳明良知之学,后读佛典,叹其理论至圆至妙,广大精微,非儒家所及,于是尽弃所学,皈依佛乘。辛亥革命时他被推选为安徽都督,晚年杜门谢客,遍览大藏,洞达诸宗旨意,于法相宗所得尤多,著有《法相宗纲要》一书。观此著作,可知其佛法认知与其探索救国济民的社会改良道路一致。袁家声,字子金,历任国民军第二军十五混成旅旅长、第三十三军一师师长、第二十七军军长等职,1933年起皈依慧明法师,从此潜心研究佛学,1946年任寿县佛教支会理事。1949年后袁家声受安徽省委统战部之邀移居合肥,任安徽省文史馆馆员、安徽省佛教学会会长,1957年曾应邀出席第二届全国佛教代表会议。

  1949年后的很长一段时间,因其时代的特殊性,寿地佛教活动停止。原有僧尼,如准提庵能如,至城关副业加工厂工作,南岳庵尼姑龙城、三圣庵尼元昌皆于青蔬社务农为生。

耆旧诗文

述　　学

孙多慈

吾自束发从父母受书时，以吾父吾母俱嗜文艺，故幼即沉酣于审美环境中，而吾幼弟括，对于绘画音乐，尤具有惊人之天才。姊弟二人，恒于窗前灯下，涂色傅采，摹写天然事物，用足嬉憩。吾父吾母顾而乐之，戏呼为两小画家。初为天性趋遣，直浑然无知也。稍长，吾父授吾以《毛诗》，曰："此诗也，人间之至文也，然亦画也。"授吾以《离骚》、两汉乐府、《古诗十九首》、《孔雀东南飞》诸篇什，曰："此辞赋与诗，人间之至文，然亦画也。"又进而授吾庄列之文，曰："此人间之至文也；然诗也，亦画也。"更近而授吾马迁之史，如易水之别、博浪之椎、鸿门之宴、垓下之驩、田衡之岛，曰："此史也，然亦诗也，画也。汝其识之！"吾于是憬然有悟于文艺领域之广，与夫地位之崇。

既入安徽第一女中，吾所交友，悉与吾同嗜。每于课余，辄取纸笔，任意挥写，墨彩飞溅，相顾而笑，意自得也。或于上课时，窃摹教师尊容，传递戏乐；或写鸡犬村舍，以相赠答。凡此种种，虽不足纪，要皆征吾之于艺，有如盛渴之遇甘露也。在一女中校，教师中对我期许最殷切者，为图画教师胡横一先生、国文教师李则刚先生。同学中则李家应女士与吾自小学、中学以至大学，未尝一日离，情好逾手足。以此之故，吾平日所作画，以写家应者为独多，亦以写家应者为最逼肖。

及中学结束，吾为创造艺术而奋斗之志愿弥坚。慕悲鸿先生艺，乃入南京中央大学。良师益友，济济一堂，于是心有所托，神有所寄，意气飞扬，得未曾有，顿若乘虚御风，为乐无极。吾于古艺，心倾希腊诸家，其至美尽善之未可期，但其理想境界，何移人之深耶！吾承悲鸿先生之教，尊崇自然，以造物为师，刊意写实，唯恐不尽。盖广泛神秘之造物，乃无尽藏之画材，足资吾撷取；取而纳诸玄思妙想之中，镕冶之以成艺，夫而后博大精深，游行自在；夫而后至美尽善，其道非得物象之精华，难具真美。若借口创造，标榜主义，是周岁婴儿，方学步而先趋也，其踬也必矣。

悲鸿先生之历聘欧洲各国也，时驰书与吾。每以 Rosa Bonhem 与 Vigée Le Brun 相勖勉。虽不能至，然心向往之。初吾爱 Millet 之醇朴静穆，其画充满诗意，然自知非吾所近。Rembrandt 之精深华妙，Prud'hon 之幽雅隐秀，皆能令吾意向颠倒恍惚自失。吾不喜 Rubens，以其所作人物常狂易臃肿，滑稽突兀。然悲鸿先生谓吾苟有眼福，得见在 Mnchen 天翻地覆一画，当不再做如是批评，必惊叹其伟大雄奇，而为之五体投地也。姑心质之，未敢臆断。动物作家中，吾最爱 Swan。吾性喜写狮，曾得机缘，从心所欲。于描，吾喜 Holbein 之妙曼简练。以上诸人，皆吾平日服膺至深、观摩最笃者，每于调色划布之顷，固冀其时时一遇之也。

民国十九年，殆为吾生最悲痛之一页历史。吾父参皖政，以政治关系见疑于当道，系狱首都。吾于假日，随吾母与拯兄括弟往狱中慰问老父。至则吾父方与蒋百里先生对弈斗室中，晬面盎背，怡然自得，若忘其身在囹圄者。且进而为吾讲孟子"动心忍性"一章，曰："必如是而后修养人格，能坚强意志，能致力学问，能创造事业；必如是而后至大至刚，塞乎天地，而后富贵不淫，贫贱不移，威武不屈；必如是而后创造文艺作品，能博大雄奇。汝其勉之！"吾因涕泣受教。

迨十九年四月，吾父狱解，而吾幼弟括方就读南京中学，遽以盲肠炎夭折。吾父北行，秘不使知。吾母则悲恸几绝，病于京寓，缠绵床褥者又年余。此年余中，吾则晨入中大听课，归则侍慈母进汤药，忧劳相煎，夜以达旦，然后知吾父为吾讲动心忍性之有因也。非此者，吾几于不能自持。

其后吾年渐长，与社会接触日密，觉人心之虚伪、偏私、阴险、疑忌、刻薄、残忍，充塞于天地之间，几欲致疑孟子性善之章。怅然以悲，毅然以起，誓欲于虚伪、偏私、残酷、险诈、猜忌、刻薄之中，求善求真求美。抑吾不知虚伪、偏私、残酷、险诈、猜忌、刻薄之中，果无美乎？果无真乎？果无善乎？倘使风雨雷霆，供我驰驱，大海波涛，为我激荡，宇宙之大，人情之变，融洽之洪炉也，将欲避其烈焰，突火而出，反身而观，此至繁极赜不可思议之造物，令入我笔端，出我腕底，强使吾艺状其博大，状其雄奇，状其沉郁，状其壮丽，状其高超，状其秀曼。吾之意志，于以坚强；吾浩然之气，至大至刚，与天地无终极，随文运之回旋者，盖古往今来怀宏愿者之所事事，终不以吾之小而抉弃也。人固可言其不知量，但吾所以答吾贤父母良师友殷切之期望者，固无他道，抑自定其为生涯者也。

岁月不居，时节如流；孝陵钟山，鸡鸣玄武，骎骎欲逝，又成追忆。而积画盈箧，狼藉一室。有为友好携出陈列者，复邀时誉。宗白华先生，乐道人之善；舒新城先生，更引掖后进，不以为不可教，而欲侪之于作者之林。古人有言："良贾深藏若虚。"又曰："依乎中庸，遁世不见知而不悔。"矧以吾学之微渺肤浅，不自藏而反张之，其必贻讥于当世贤者，无疑义也。虽然，方哥伦布之探险新大陆也，睹海中一木片，其幻梦之境虽犹未接，固已灿然现于心目之中。艺海之广博浩瀚，诚无涯际，苟吾心神向往,意志坚定,纵有惊涛骇浪桅折舟覆之危,亦有知和风荡漾,鱼跃鸢飞之乐。抑吾探险之程,初未经历,或竟遇平泉曲涧,茂林修竹,鸟鸣嘤嘤,花香载道,则吾安步徜徉,浩歌而跻远山之巅,亦未可知也。虽然,吾终觉此世惟多残酷、险诈、猜忌、虚伪,则吾所指为真善美之资,实无尽藏,一如造物之形之色,千变万化,罔有纪极也。吾尽力以搜求之,撷取之,镕冶之,纳之入吾微末之艺,其无憾乎?其无憾乎?

民国三十四年四月十二日寿州孙多慈

寿县珍珠泉联语辑存

黄家忠

明代

文士赵炯然(凤台县人)联：

崇家满斛山前撒
鲛客盈盘雨样倾

知州杨复述联：

几曲清波飞槛外
一泓碧玉落尊前

文士张晓(凤台县人)联：

石泉清澈泻云窦
珠颗晶莹浮玉渊

清代

景其俊(督学)联：

桂树丛生，好向山阿招隐士
漩源圆折，愿为霖雨到人间

孙稼生("稼生"是孙家榖的号。寿州人，官总理各国事务衙门总办、中外交涉事务大臣，寿县人俗称其为"催贡王子")联：

青山笑我头已白
泉水照人心自清

黄仲则("仲则"是诗人黄景仁的字,又别署"钟泽""宗则")联(两副):

仙源何处觅,自西汉而还,谁更入山问道
清泉知我渴,倘东坡到此,也应扫石题诗

未知明年在何处
且为名山作主人

徐颂阁(督学)联:

曾经过客题诗,江左风流怀往日
可有小山招隐,淮南内外续奇书

方浚师(定远县北炉桥人,官广东肇罗道、直隶永定河道按察使)联:

卅年治水竟难归,看丛桂依然,霜雪盈头怜我老
一勺贪泉差免污,试烹茶坐此,薏珠到眼有人知

蒋毅(知州)联:

逢人都说斯泉好
愧我无知此水清

李少山(邑人)联:

逝者如斯夫,牟尼一串
人生行乐耳,心迹双清

民国时期

高瞻(县长)联：

> 珠泉尽洗贪污气
> 淮域长流正义风

留　痕

司徒越

　　《留痕》系著名书法家司徒越生前为其诗稿所题之名。苏东坡有诗："人似秋鸿来有信,事同春梦了无痕。"司徒越反其意而用之,为的是借用诗的形式记录下自己坎坷人生中的几行脚印,点滴心声。在这本诗稿中,我们可以看到,除"'文革'期间答友人"两首外,其余的诗都是"文革"后所作,"文革"前的诗作已在那场政治浩劫中"灰飞烟灭"。《留痕》所存,大多系唱和之作或应制而为,其量并不多,盖因晚年的司徒越,穷于应付众多索书人,已无暇再在格律上下功夫了。司徒越去世后,友人和学生曾将《留痕》发表在《皖西诗词》上,以为纪念。现将新发现的数首诗补记于此,并依据本人所知,略加小注,以利解读。

半成二〇〇五年五一长假中

"文革"期间答友人(两首)

以沫相濡泥淖中,翻怜涸鲋在筠笼。
不须更作江湖梦,极目中原有巨峰。

偏堕罡风浩劫中,神州屡现血殷红。
人间正气摧残尽,贯日何曾有白虹。

赠白榕(一)

寿阳春色到来迟,幸有黄鹂似旧时。
君向八公山上望,烟波浩渺可题诗。

注:白榕,著名诗人、作家。

寿县第七届政协成立志喜

春风拂大地,"钢铁"变玻璃。
幸雪十年耻,欣逢四化时。
识途有老骥,当户发新枝。
大业今复继,高歌胜利诗。

注:"钢铁"指的是"四人帮"的统治。

和殷涤非先生(一)

涤非同志,赠我以诗,揄扬过甚,非所敢当,勉步元韵,略抒胸臆,辞意鄙俚,即希斧正。

偶随群卉涉重洋,败叶残枝也便香。
自顾不堪孚众望,汗颜未敢诵华章。

附殷涤非原诗:

司徒书法著东洋,篆草深藏翰墨香。
飞白蜿蜒风格异,笔功胜过米元章。

注:殷涤非,考古学家,曾任安徽省文物局考古工作队队长。

一九八〇年六月二日和殷涤非(二)

壮岁驰驱老未休,笑挥二竖自风流。
此生心事谁能识?夏鼎商彝慰白头。

附殷涤非原诗:
庚申春四月潜山、淮南考古兴旺,我卧病榻感而赋之。

冠心博速几时休，尽把春光付水流。
欲问殷周缘底事，青铜无语只呆头。

代蓍艾答暮老即用元韵

不在雕栏玉砌旁，但凭绿叶傲红装。
吟君佳句添惆怅，我本无花那来香。

附暮老（朱暮耕）原诗：
剑鸣书家莳蕲艾一株，茂叶覆根，色味清淡，思念之余，赋七绝以博一粲。

廊下盆花门西旁，独怜翠叶半园装。
无风自有清芬在，不减台前翰墨香。

一九七八年孟冬暮耕

答鲍传鲁同志

红旗论古如昨日，绿蜡翻风又一年。
愧我但同边绍卧，羡君屡着祖生鞭。
未明真谛敢言法，浪得虚名不值钱。
捧读华章倍惆怅，故人情谊薄云天。

注：一九七五年，与鲍传鲁同志同在安丰塘历史研究小组工作，在合肥期间，寓居三孝口的"红旗旅社"。

一九八一年

附鲍传鲁同志原诗：
看电视专题片《精英化作墨芙蓉》喜赋：

飞龙舞凤笔端生，百态千姿气纵横。
绝艺早闻惊远客，盛名又见噪东瀛。
霜刀既已随冬尽，佳卉须当照眼明。
遥祝频频添鹤算，永将翰墨寄精英。

注：《精英化作墨芙蓉》是安徽电视台为司徒越所拍的第一部专题片的片名。

广西藤县明督师袁崇焕逝世四百周年纪念

边关喋血敢辞死，敌间偏能动圣听。
自毁长城祸中国，崇祯不愧是"明君"。

一九八四年五月十五日

湖北沙市解放卅五周年

天堑能飞渡，人民力量强。
明珠放异彩，江汉满春光。

为"十年浩劫"后的小孤山作

盲风怪雨黯江天，华夏兴亡一瞬间。
浩劫十年终历尽，中流重见小孤山。

一九八四年十一月卅日

一九八五年四月二十八日中国书协代表会，和某女代表诗

天教脂粉上楼台，南帖北碑一例开。
"照顾无须"真壮语，会看茂漪又重来。

新疆维吾尔自治区成立三十周年志庆

朔风卷大漠，万象尽峥嵘。
丝路飞花雨，和田产玉精。
昔开坎儿井，新建石油城。
鸿烈卅年创，同心有弟兄。

一九八五年八月二日

中国襄阳米芾书会征稿，粗成七绝一首以应

集古成书颇自奇，诚悬恶札不须师。
东坡画字臣刷字，折纸居然神授之。

一九八五年九月白露后六日

为《皖西日报》复刊而作

东风催送花千树，旧苑新成锦绣堆。
重谱颂歌歌"四化"，人民意气胜奔雷。

一九八五年

为荆州博物馆作

早期楚(郢)都在荆州，晚迁寿春(县)。寿春人为荆州博物馆作书，辞虽鄙俚，意则虔诚。

初晚二郢都，千里不相见。
文化一脉通，精神两无间。

一九八五年十一月七日

徐老赠诗步元韵奉和

回首淮安盛会时，瞻韩得遂未为迟。
乍闻谠论警先觉，旋接清谈胜旧知。
愧我白发少壮志，感君青眼赠新诗。
寄将几幅涂鸦字，敢请先生哂教之。

一九八五年十一月十二日

徐士传向孙老乞对联诗：

人生聚分有定时,相逢白首莫嫌迟。
起居艰苦怜同病,著作精深得相知。
为乞楹联光陋室,也随风雅献新诗。
先生翰墨赠新雨,应笑换鹅王羲之。

注:徐士传,江苏省淮阴市水利局工程师,一九八五年十月在淮河水利史研究会上与司徒越相识。

闻将重建颍西湖喜赋

西湖胜地今何在,遗迹惟存会老堂。
指点欧苏吟啸处,经营应有大文章。

一九八五年九月九日

注:据刘奕云同志《颍西湖考》"会老堂"尚存。

悼旭影四妹

淮上分襟卅五年,京华聚首话从前。
助人为乐情犹昔,嫉恶如仇志更坚。
桃李栽成花烂漫,心肝呕尽意缠绵。
我闻噩耗惊疑梦,北望云天一泫然。

一九八六年元月

注:旭影即孙云方,司徒越堂妹,终生未婚,从事教育工作,人品高尚,临终将积蓄捐赠寿县两所农村小学建教学楼。

茅盾同志逝世五周年

三部曲出世已惊,更能前进拥赤旌。
歌成《子夜》如铸鼎,旷代文章天下闻。

一九八六年十二月十二日(三月七日是逝世纪念日)

为呼和浩特市昭君墓作

和亲传佳话，巾帼事长征。
汉无奇男子，安危系妇人。

洪君烈先生以为此诗大煞风景，不宜置于昭君墓前，其言有理，于是重作：

天子重颜色，佳人多苦心。
安能媚奸佞，不是惜黄金。

一九八六年四月七日

为《治淮》杂志题词

桃李不言，下自成蹊。
群贤毕至，芍陂生辉。

一九八六年四月

红一、二、四方面军会师会宁五十周年纪念

五十年前事，会宁大会师。
已到转折点，胜利更无疑。

一九八六年七月二十一日

为涉故台题词

"夥涉为王"，由陈胜始。
农民起义，此其嚆矢。

一九八六年九月十二日

注：涉故台，秦末农民起义领袖陈胜（涉）、吴广起义处。

湖南耒阳书画院成立志庆

荆楚旧地,蔡伦故乡。
人文荟萃,翰墨芬芳。
画坛新建,艺苑增光。

一九八六年七月二十二日

为浙江李渔研究会题

度曲人传李十郎,舞衫歌扇未全亡。
《闲情偶寄》《风筝误》,奕代犹存翰墨香。

注:《闲情偶寄》《风筝误》均为李渔的作品名。

安徽省博物馆建馆三十周年纪念

聚宝藏珍三十年,虢盘蔡簠并空前。
嬴秦劫火烟消后,今日腾飞猛著鞭。

赠白榕(二)

风口浪尖上,盘根错节时。
至人何所惧,谈笑赋新诗。

约在一九八七年

纪念徐霞客诞辰四百周年及其游(福建)漳平考察三百六十周年

五岳归来不肯停,又移游屐到漳平。
苍茫四百年间事,霞客长留后世名。

一九八七年三月二十九日

《书法》创刊十周年纪念

继往开来,书法是创。
十载辛勤,式符众望。
惠嘉后学,赶超先贤。
宏伟既展,一往无前。

江苏泰县新四军东进旧址曲江楼修复志庆

抗倭风火遍神州,东进雄师奋壮猷。
伟绩丰功仰陈总,教人永忆曲江楼。

一九八七年九月二十一日

注:"陈总"即陈毅元帅。

赠春卉(李家馨)

胸中锦绣辞,笔底龙蛇字。
所以工挥洒,良由勤磨砺。
淮南多坦途,驰驱可称意。

附注:"辞"支韵,"砺"霁韵,"字、意"闻韵。一诗多韵可谓乱弹琴矣。

一九八七年

肖老龙士百岁诞辰,为作"百岁图"并附短颂

百岁上寿,盛世祯祥,惟我肖老,邦家之光。
集万墨点,写百寿字,用作芹献,申我心意:
皖山苍苍,淮水汤汤,艺苑泰斗,山高水长。

注:"百寿图"是用颖拓法,以干墨点成。

一九八七年四月十二日

自贡国际恐龙灯会书法篆刻展览祝词

华灯不夜,飞龙在天。
笔歌墨舞,共赞奇观。

香港爱国同胞沈炳麟先生捐资建寿县二中教学楼,应二中之请,赋诗一首,书赠沈先生。

少陵空遗愿,广厦庇斯文。
今日层楼起,仁风仰炳麟。

为《皖西风物志》题词

大别风光美,长淮气象新。
楚都存遗址,宋塔薄层云。
水库万家福,茶乡千里闻。
皖西多胜迹,载籍赖诸君。

一九八八年十月二十三日

寿春老年书画展题词

锦上添花易,雪中送炭难。
我犹有余热,慷慨献人寰。

一九八八年十一月二日

一九八三年十月,漫游西安,十六日访碑林,感赋。

楚客西来访古都,汉唐宫阙竟何如。
嵯峨幸有碑林在,真迹犹存历代书。

一九八九年三月三日诌成

答友人

一九八九年十二月三日,我做完放疗,从上海返抵故里寿县,读吕世增先生来书,并附七律一首,别来盖已二十七年矣,勉步元韵,以答雅爱。

楚客怀归日,凄凉少畅时。
但闻龙有迹,不见凤来仪。
往事摧肝胆,年光换鬓丝。
故人犹念我,慷慨寄相思。

附吕世增先生诗:

伏虎寺一别二十余年矣,近于电视专题片《司徒越的狂草艺术》中获瞻风采,深感欣慰,敬呈俚句乞正。

忆昔过从日,风风雨雨时。
有情惟意表,无语徒心仪。
夕霁辉虹彩,晴光染鬓丝。
遥瞻步履健,远慰故人思。

注:吕世增,舒城中学教师。司徒越任该校副校长时蒙冤数年,身心受到极度摧残,几近家破人亡。该校地名"伏虎寺"。

一九八九年十一月二十五日

寿州六人诗联

一、朱鸿震：1928年2月—2006年4月，笔名江雨，寿县城关人。中华诗词学会会员，皖西诗词学会理事，硖石诗词学会会员。幼年得寿州鸿儒耿仲夷亲授，一生倾情诗文，精音律，工诗词，长于书法绘画。有《朱鸿震诗词》3000余首。

春夜怀晴川皋城

风帘摇碎绿窗诗，花影移来夜已迟。
春尽故人无远梦，月明何处不相思。
匣中剑气虹千丈，海上龙光笔一支。
自别淮山君记否，朝岚夕晕似当时。

得书有记

迎江寺外日出斜，有客凭高玩物华。
波浪界天弹一线，楼台入臂抱千家。
壮心已化飞帆影，妙句新裁什锦霞。
莫倚危楼频北望，淮南春色绿无涯。

村　居

稻花香里正黄昏，山色新描落照痕。
几带溪流青作网，数家烟树翠成村。
琴因月好秋常弄，书借灯闲夜尚温。
田垄适当金万亩，四邻商略约鸡豚。

夜窗杂感

才煮流泉试品茶，更研香墨赋春华。
檐前疏雨敲青砌，窗上飞虫扑绿纱。
乐得端居当岁稔，盼无征战起天涯。
桑榆不让松杉色，朱紫平分作晚霞。

春　晓

晴光新剪柳边亭，脉脉金眸数点星。
海上欲苏千里醉，天风已放万山青。
林阴樵径穿云滑，岸侧渔舟带水腥。
竹影满窗人乍起，虚怀相照碧珑玲。

春郊漫游

雨晴天净物华新，微觉岚光转沁人。
流水试弦弹小曲，高松秉笔赋阳春。
莺歌度柳风飘翠，鱼跃飞烟浪卷银。
芳草最宜行载酒，醉眠随处好为茵。

雪夜怀人

不见深牵九曲肠,风吹雪阵舞空廊。
烟摇冷壁诗初就,菊恋残枝夜正长。
檐矮倒生琼玉笋,花多新筑水晶墙。
为君坐久寒侵骨,俏里愁添两鬓霜。

清明登山遣兴

春山薄带晓烟痕,日上龙蛇气吐吞。
霞影一篙红雪渡,莺歌十里绿杨村。
天浮翠盖擎堪起,石聚黄羊叱可奔。
绝顶路从云外得,踏青直到九重门。

秋日登硖石山回望茅仙洞

行踏晴岚上翠微,到天手弄五云辉。
龙波倒卷千鳞动,雁阵横书一字归。
茅氏洞门秋漠漠,禹王宫殿草菲菲。
万方烽火人多难,把剑长歌泪满衣。

题陶志固先生诗卷

吟怀相得亦相知,霞染冰笺雪染辞。
贞观高标唐韵律,浔阳家学晋宗支。
檐声已断惊风马,雨色才平洗砚池。
若问春光何处好,桃花源上有新诗。

二、陶志固:1928年2月—2012年1月,寿县人。长期从事教育工作,生前任庐州诗词学会、寿州诗词学会顾问。有《陶志固诗词选集》行世。

永遇乐·访灵岩山韩公蕲王(世忠)祠墓

绿树苍崖,灵岩南麓,葬将军处。首将功勋,中兴事业,总被昏君误。金山振旅,几擒兀术,更羡红颜击鼓。剩沙场残垣废垒,人间几度风雨。骑驴湖上,沽酒沧浪,未是英雄末路。怅望栖霞,烟封雾锁,泪尽鄂王墓。那堪回首,秋风衰草,一样荒寒祠宇。伤怀甚,藏弓烹狗,何分今古?

宜城春望

宜城形胜壮千秋,四野风光一霎收。
雷岸西悬封楚尾,大江东去悍吴头。
长桥如线通南北,樯橹连云截巨流。
广厦高楼平地起,小康齐奔展鸿猷。

感　怀

暮年相聚话家常,对影同惊两鬓霜。
衰病弥知亲手足,风云几变感沧桑。
儿孙竞秀光前业,岁月催人咒夕阳。
最痛雁飞先折翼,南枝今日不齐芳。

谒陈独秀先生墓

昔年抔土掩蒿莱,今日驱车我再来。
岳岳丰碑遮墓道,巍巍祠馆傍崇台。
启蒙功业千秋史,经国文章绝代才。
泉下休吟金粉泪,皖江再暖百花开。

秋晚登南京阅江楼

新起高楼瞰旧京,遥忆钟阜势峥嵘。
千年故垒英雄尽,一抹青山草树萦。
暖靉彩云遮日色,奔腾流水听江声。
赏心不觉登临久,极目秋光送晚晴。

悼亡友石德海(二首选一)

三日前曾聚古城,高谈豪饮意纵横。
朝携长剑参晨练,夜咏奇诗写世情。
喜见八旬犹老健,那堪一别隔幽明。
年来故旧凋零尽,谁道人间重晚晴。

颍州西湖记游

欧公妙句至今传,杭颍西湖昔比肩。
暮霭垂杨烟渺渺,秋空飞鸟影翩翩。
女郎台上胡姬笑,苏子祠前髦叟癫。
池馆流连忘归去,尘氛洗尽乐陶然。

徐君实丈诗词集题词

九二高龄矍铄翁,老来心境仍从容。
几多弟子尊前辈,一卷诗词证旧踪。
扶杖频观春草绿,举杯尤喜醉颜红。
夕阳无限风光好,福寿双全孰与同。

鹧鸪天·悼朱鸿震君(二首选一)

惊报诗翁殒寿阳,才人遭际最堪伤。生平未识鸡豚味,到老不知脂粉香。居陋室,谱华章。修文应召赴仙乡。愁风恨雨皆陈迹,莫诉飘零怨彼苍。

包公祠

庙貌巍峨孝肃堂,清廉千古姓名扬。
泉台别有伤怀事,依旧贪官论斗量。

三、陈益龄:1931年—2012年,寿县人,垂髫习文史,弱冠从医药。一生磊落疏狂,多才多艺,好诗酒,喜皮黄,爱书法,嗜象棋。生前系寿州诗词学会副会长。

感 事

友情花笑无情客,得意形忘失意时。
且赏湖边风物景,欣听座上管弦词。
冰河夜渡当年梦,铁马山腾此日思。
夕照霞空飞鹄振,长天秋水有谁知。

扶桑大国梦

丰臣秀吉始猖狂,大国如痴霸别疆。
梦幻当年摧未醒,鲸吞此日不思量。
安邦自守诚良策,战火灾横是祸殃。
试看神州钢铁志,主权永久属尧唐。

自 慰

逝水韶华白了头,痴情不改唱歌喉。
夜灯红处敲佳句,晓月霜时伫小楼。

三十年来阴寸惜,八旬岁月曲长讴。
斜阳林染丹霞灿,不负生平笔底收。

遣 兴

萧斋一介草茅人,黄卷青衫伴此身。
燕去方知诗咏瘦,客来不觉酒斟贫。
棋敲春夜桐花落,杖履秋风菊露亲。
漫道门前车马少,芸窗静好隔嚣尘。

寄台湾友人

离家投笔海天留,异地风情满目收。
红豆心知撩客梦,绿杨丝荡系乡愁。
西楼望月思君远,北雁飞霜感物秋。
何日浮槎回故土,山川一一看从头。

敬步湘潭陈秀翔先生原韵

依稀竹影旧时林,个字如筛落素襟。
意许溪山多爽约,情痴松柏后凋心。
浮名久掷流云散,佳句尤怜对月吟。
人海先求标格重,词坛方得一知音。

四顶山庙会纪胜

阳春四顶胜江南,怒放梨花愈媚妍。
扑蝶林中人笑语,焚香寺内鼎飘烟。
霞披古壑游仙境,水泄清泉入洞天。
好鸟时鸣如约我,风光旖旎赏明年。

二〇〇九年梨花诗会吟

缀满枝头点额妆,沁人阵阵袭幽香。
眼前疑见天山雪,身畔如临玉海洋。
画景三春游客醉,诗怀千首谪仙狂。
寿州风物蓬莱境,不虚斯赏咏华章。

吟坛感事

阳春白雪美诗魔,雅调于今已不多。
失律焉能声押韵,无腔犹自气吞河。
蛟螭纵小称龙种,瓦缶虽宏岂玉珂。
斑鬓不愁明镜满,怕听唱绝广陵歌。

咏京剧

大吕黄钟震耳声,悠扬细乐管弦清。
高腔激越凌霄汉,轻调低回唱柳莺。
怒色横眉豪杰气,羞容垂首女儿情。
扇摇才子流风韵,剑舞英雄策马鸣。

四、赵振远:1935年—2007年,回族,寿县人。学识渊博,工诗善文,曾任寿州诗词学会副会长。

登庐山

登上匡庐看大千,始知江右有奇山。
苍松长揖仙人洞,素练高悬瀑布泉。
一带岚光收眼底,五峰秀色落樽前。
毛公健笔存诗碣,浩气氤氲贯九天。

病中答友人

微躯小恙不彷徨，拜读华章喜欲狂。
愧我无才通马列，羡君有志演岐黄。
小荷初露遭淫雨，大器晚成濒夕阳。
名利视同身外物，老来尤重气堂堂。

归 去

归去还忧民赋重，春来尚觉暖流迟。
漫消块垒呷新酒，聊发清狂敲古诗。
病树叶稀添鸟噪，娇花根浅看鸡嬉。
寂寥小院无人到，正是酣然午梦时。

重阳风雨登城东门宾阳楼

重阳风雨独登楼，极目苍茫往事稠。
淝水兵戈秦国梦，淮山丹药汉王丘。
老来已悔青云志，归去空怀黎庶忧。
醉卧城头迷望眼，任他鸡犬上天游。

秋游茅仙洞

拾级凌空上翠微，为寻佳境叩玄扉。
神龛肃穆松烟冷，道院清幽竹影稀。
洞隐茅仙遗古迹，崖临淮水映晴晖。
满山秋色留人醉，欲去黄花牵客衣。

四十抒怀

年华四十感沧桑，两眼将花鬓染霜。

革命自甘贫贱乐，斗争何惧鬼蛇狂。
百年有限催人老，一事无成促我忙。
喜读雄文明正道，长风万里永前航。

杭州记游

漫天飞絮到杭州，情注西湖趁兴游。
灵隐寺中登桂殿，湖心亭外驾兰舟。
波平花港鱼初静，香溢龙井茶正柔。
更喜钱塘风物壮，江湖汹涌接天流。

乙卯腊冬风雪夜怀李家馨

风寒夜岭雪茫茫，咫尺淮南思断肠。
梦里佳诗犹惠我，壁间墨宝尚流香。
故园人老情弥笃，远水楼高品自芳。
待得淝陵披绿日，邀君野酌醉春光。

紫金叠翠

一片青苍万树松，层峦叠就翠芙蓉。
云纹石篆紫金砚，珠颗泉飞白玉龙。
柳下听莺添逸兴，花间酌酒任舒慵。
回眸宋祖屯兵处，竹影婆娑绿意浓。

硖石晴岚

秀色晴光罩碧鬟，禹王治水过兹山。
鞭劈峭壁洪魔遁，地溉清流黎庶还。
崖下涛声翻雪浪，日边樯影落沙湾。
鳜鱼肥美村醪熟，醉倒渔家小艇间。

五、李贻训：生前为寿县政协副主席，寿县一中高级教师。

过诗人朱鸿震旧居有感

门锁空斋久不开，一回经此一伤怀。
清才长忆诗书画，高品争夸松竹梅。
一去幽冥神韵绝，几时风雨故人来。
骚坛寂寞思良友，对月低吟无尽哀。

谢台湾李钟律学兄惠赠彩电

感君高谊薄苍冥，赠我荧屏胜画屏。
七彩烟霞来座席，五洲风雨到闲庭。
漫忧镜里发添白，且喜峰头松更青。
明岁重游应尽兴，两翁同醉醉翁亭。

水仙初开

正苦严寒春意薄，乍惊斗室水仙开。
人言仙子凌波至，我道良朋踏雪来。
淡泊自甘无媚骨，清贫不悔绝尘埃。
感君高谊浓于酒，惠我芬芳夜读陪。

论诗，戏为二绝句（选一）

秋兴苍茫推子美，柳枝纤弱耻渔洋。
小诗风格求清健，不法衰清法盛唐。

题　画

秋老疏篱晚圃前，菘含霜露蟹盘烟。
何当一醉酬佳景，满眼西风少酒钱。

山　行

两日山行尘满衣,桥霜店月渐依稀。
忽闻腊鼓催春急,独向深山权作归。

元　夕

斗室萧然寒气生,闭门坚坐欲忘情。
一樽自祝身长健,佳节频逢意已轻。
严鼓近闻夜更久,华灯无胜月空明。
经年去住乏长策,独向山城感寂澄。

留犊祠

来去萧然两袖空,辞官留犊仰廉风。
高标犹似重霄月,一片清辉万代崇。

沁园春·金秋吟

枫叶流丹,菊花绽紫,又是清秋。忆少历贫寒,沪滨苦读;中经忧患,塞北添愁。往事如烟,晚霞似火,琴韵书声常满楼。逢盛世,幸豪情未减,休笑白头。

江山任我遨游,莫辜负佳气葱茏遍九州。喜白下寻奇,长安访古,蓬莱观海,西子泛舟。南国春浓,京华日暖,欲引诗情近斗牛。故园好,今凭栏赏月,一放歌喉。

挽联:痛悼慈母

　　数十年往事齐涌心头,忆塞北慈晖煦煦,寿春慈竹亭亭,最难忘羊石儿时,夜雨青灯聆母训;
　　廿余日沉疴遽归天上,痛楚山秋泪涟涟,淮水秋涛渺渺,更那堪古城急景,西风落木哭亲灵。

六、李广嗣:生前为寿县中学语文研究会副会长,寿州诗词学会副会长。

颐和园怀古

万两军资起寿宫,排云香渺画廊空。
上林宿鸟啼春树,御苑飞花惜落红。
巧敛珍玩来阙下,忍看铁甲丧辽东。
西山古刹昆明水,留住烟霞听晓钟。

处暑日登北门城楼

登临极目楚天空,千里关河一览中。
东去群峰驰骏马,西行高架逐苍龙。
清淮绕郭明秋日,长野浮烟动晚风。
勃勃生机盈厚土,稻黄梨硕大旗红。

芍陂春游

疑是嫦娥落妆镜,拾来楚相作斯塘。
如纱晓雾迷堤柳,似翠清波浮玉光。
人乐天然鸥鸟近,家临洲渚菱荷香。
春来喜遇桃花雨,烟水空蒙墨画乡。

读《谭嗣同传》

积弱斯民瘁,图强国士忧。
忍看百日史,空丧六人头。
对友披肝胆,横刀笑沐猴。
两行悲愤泪,汇涌大江流。

郊　行

漫步怜幽草,行行见草庐。
一泓春水白,几缕柳烟浮。

林静啼山鸟,池清见石鱼。
坐聆自然韵,心远小楼居。

午忙剪影(选一)

两三星火垅头明,一雨争时夜作耕。
戽水人归新月后,起秧户户晚挑灯。

燕来红

不列群芳谱,难为越女容。
三春混小草,苍劲晚秋红。

水调歌头·五十述怀

仕宦岂吾志,深情系国忧。自识才非骏马,甘作奋蹄牛。拼却如霜衰鬓,批阅盈几黄卷,永夜不曾休。惜时争逝水,忍性谢交游。

浴乎沂,风于雩,继前修。教育英才年少,济济逐风流。斩却楼兰妖媚,匡扶中华正气,霜刃试吴钩。余生唯一乐,此外复何求。

秋 雨

小院秋逢雨,青苔绿满阶。
梧桐愁湿重,栖鸟畏风偎。
造化因时异,黄花应节开。
惜时批卷草,暝色上窗台。

酒酣

灯火迷离古井浓,飞觞拼却醉酡红。
酒酣也学时人舞,大袖郎当舞步重。

后　记

《寿县文史资料》（第四辑）终于和大家见面了。

去年8月份，寿县政协十六届六次主席会议审议通过《关于重启〈寿县文史资料〉编纂工作的意见》并作为2018年县政协的重点工作之一。这是一项非常有意义的事情，也是一项承前启后的工作。作为全国历史文化名城，寿县文史宏博，底蕴丰厚，县政协文史委从20世纪80年代即开始编纂《寿县文史资料》。第一辑完成于1985年12月，第二辑完成于1990年12月，第三辑完成于1995年8月。转眼二十多年过去了，现在呈现在大家面前的第四辑，大致延续了前三辑的编纂框架和风格，并力求有所创新。我们坚持"三亲"性、史料性、知识性和可读性，我们希望它是一份尽量接近寿县历史文化原貌的珍贵资料。本辑共收录文史资料百余篇，图片50余幅，分为峥嵘岁月、浩气长存、桑梓人物、流年碎影、史海钩沉、近事存档、文博非遗、宗教民俗和耆旧诗文九个部分，共30余万字。

编纂过程中，县政协主席孙业成亲自担任编委会主任，多次听取汇报，指导工作。县政协副主席戴龙担任副主任，多次带领编纂人员外出参访考察，县政协文史委的同志们积极参与。尤其是编纂团队的几位同志，大家都是兼职，在不影响本职工作的同时，加班加点，不计得失，保证了本辑文史资料的顺利出版。

由于受史料、学识水平等主客观条件的限制，加之时间仓促，还存在一些遗憾和不足，错讹和疏漏在所难免，我们恳请大家批评指正。

编　者

2018年9月